冯天瑜，1942年生，湖北红安人。武汉大学人文社会科学资深教授，教育部社会科学委员会历史学学部委员。从事中国文化史及湖北地方史志研究。

《冯天瑜文存》卷次

中华元典精神

中国文化生成史（上册）

中国文化生成史（下册）

江河万古流——中华文明巡礼

人文论衡

明清文化史散论

中国文化近代转型管窥

月华集

辛亥首义史（上册）

辛亥首义史（下册）

张之洞评传

《劝学篇》《劝学篇书后》注评

“封建”考论

解构专制——明末清初“新民本”思想研究

新语探源——中西日文化互动与近代汉字术语生成

“千岁丸”上海行——日本人1862年的中国观察

中国思想家论智力　上古神话纵横谈

晚清经世实学

中国学术流变（上册）

中国学术流变（下册）

冯氏所著，除文存二十卷外，另有《中华文化史》（与何晓明、周积明合撰）、《日本对外侵略的文化渊源》（与任放合撰）、《东亚同文书院中国调查之研究》（与刘柏林、李少军等合撰）、《国际视野下的大武汉图像》（与陈勇编著）等，又主编《中华文化辞典》，编“冯氏三藏”（《冯氏藏墨》《冯氏藏札》《冯氏藏币》）。

晚清经世实学

冯天瑜文存

長江出版傳媒
湖北人民出版社

图书在版编目(CIP)数据

晚清经世实学/冯天瑜著.
武汉:湖北人民出版社,2019.7
ISBN 978-7-216-09737-6
Ⅰ.晚… Ⅱ.冯… Ⅲ.实学—思想史—中国—清后期 Ⅳ.B250.5
中国版本图书馆 CIP 数据核字(2019)第 138952 号

项目负责:姚德海　王建怀　左泽荣
常务编辑:左泽荣　尚晓梅
责任编辑:左泽荣
封面设计:汪　汉
责任校对:范承勇
责任印制:王铁兵

出版发行:湖北人民出版社	**地址**:武汉市雄楚大道 268 号
印刷:湖北新华印务有限公司	**邮编**:430070
开本:700 毫米×1000 毫米 1/16	**印张**:28.5
字数:463 千字	**插页**:6
版次:2019 年 7 月第 1 版	**印次**:2019 年 7 月第 1 次印刷
书号:ISBN 978-7-216-09737-6	**定价**:128.00 元

本社网址:http://www.hbpp.com.cn
本社旗舰店:http://hbrmcbs.tmall.com
读者服务部电话:027-87679656
投诉举报电话:027-87679757
(图书如出现印装质量问题,由本社负责调换)

ISBN 978-7-216-09737-6
9 787216 097376

笔者自 20 世纪 80 年代开始研习明清实学，尤其注目于晚清经世实学，以为此乃中古学术向近代学术过渡的桥梁。曾发表《道光咸丰年间的经世实学》(《历史研究》1987 年第 4 期)、《试论道咸经世派的“开眼看世界”》(《近代史研究》1991 年第 2 期)等文，并对龚自珍、魏源、曾国藩、张之洞的经世思想作个案考析。2000 年开始与黄长义合作，对清末实学作通贯整理。长义君英年博学，用力甚深。我们合撰《晚清经世实学》，于 2002 年由上海社会科学院出版社印行。今次收入“文存”，笔者有所修订。

目录

引 论 中国文化的经世传统[①]

经世主义是伦理—政治型的中国文化的一种传统精神。晚清勃兴的经世实学，即是这种传统精神在古今中西冲突融会的历史大变局中的一次绝唱。因此，考察晚清经世实学，有必要对中国文化的经世传统略作追溯。

一、“经世”观念探源

所谓“经世”，亦即“治世”或“理世”[②]，意谓“经国家”[③]、“经邦国”[④]。在先秦典籍中，“经”字往往与“纶”字并用，含有“匡济”之义。如《周易》说：“云雷屯，君子以经纶。”[⑤]《周易正义》释云：“经谓经纬，纶谓纲纶。”《中庸》也说：“惟天下至诚，为能经纶天下之大经。”朱熹注曰：“经纶，皆治丝之事。经者，理其绪而分之；纶者，比其类而合之。”[⑥]将丝按类分理为经，按类合一为纶，“经纶”引申为治理。“经世”并用，则首见于《庄子·齐物论》：

> 六合之外，圣人存而不论。六合之内，圣人论而不议。春秋经世，先王之志，圣人议而不辩。

---

① 参见冯天瑜：《儒学的经世传统》，《孔子研究》1987年第6期。

② 见张灏《宋明以来儒家经世思想试析》，见台北中央研究院编：《近世中国经世思想研讨会文集》第3页。其他学者对“经世”词义的解说，也与此类同。如吕实强说：“经世思想，顾名思义，是经国济世，或经世致用之义，它本来就含有改善与维新的倾向。”（《开幕词》，见前揭书第2页）

③ 《左传·隐公十一年》。

④ 《周礼·天官·大宰》。

⑤ 《易·屯卦·象传》。

⑥ 朱熹：《四书章句集注》，上海书店1987年版，第27页。

尽管如王先谦、章太炎等人所说,《庄子·齐物论》中的“经世”作“纪世”解[①],但后世学者,大多援儒入庄,以“经国济世”和“经世致用”来界定“经世”,使“经世”成为中国文化史上一重要观念[②]。秦汉以后,除“经世”外,还常见“经术”(经世之术)、“经济”(经世济民)等用语,皆“经世”之别称。

在英文著作中,“经世”多被译为statecraft(意为“治国才能”“治国之术”)。但实际上“经世”一词在中国文化史上的含义远比statecraft丰富,它至少包含着如下三层意蕴:(1)积极入世,直面社会人生,反对避世、逃世。这是“经世”观念的出发点,也是经世主义的基石和核心。(2)以政治为人生本位,追求经邦治国、建功立业,以“治国平天下”为人生价值的实现路径和表现手段。(3)注重经世之学的研讨与实践。“经世之学”包括“治体”(也称“治道”)和“治法”两个层面,所谓“治体”即经世的指导思想和基本原则,所谓“治法”即在“治体”指导下的各种具体的经国治人之法。由于经世是一种实实在在的学问,具有实体性、实践性特征,绝非空谈虚论所能取代,因此,“经世之学”又往往被称为“实学”“实体达用之学”。

“经世”观念的确立,始于春秋战国。如果说殷商西周时期,治道与巫术未分,那么,晚周思想家的一项重要工作便是把政治从宗教中离析出来,使其还原成现实的治理之道。春秋战国之际的人们曾这样描述政治:“政,不可不慎也。务三而已:一曰择人,二曰因民,三曰从时。”[③]这里的政治已经不再突出“礼神”,而关注“治民”。中华元典作为“尊礼”“近人”的周文化的体现,将殷商盛行的天命鬼神观念虚置起来,不予深论,其实也就是淡化了“礼神”而强调“经世”。

“入世—经世”价值取向的确立,首先与中国古代知识阶层(士人)的起源密切相关。中国古代的知识阶层,其职业大略有三类:其一是司天文,战国

---

① 王先谦《庄子集注》:“春秋经世,谓有年时,以经纬世事,非孔子所作《春秋》也。”章太炎《检论·春秋故言》:“‘经世’者,犹云世纪编年矣。”

② 范晔《后汉书》卷八十七《西羌传》“论赞”中有“忘经世之远略”一语,李国祁认为,经世致用一词的正式使用,不仅与汉儒的通经致用有关,极有可能亦是汉代以后之事。见李国祁:《道咸同时期我国的经世致用思想》,载台北中央研究院《近代史研究所集刊》第15期。

③《左传·昭公七年》。

时期的阴阳家大抵由此类职业者演变而来[①]。其二是司宗教事务，“夫人作享，家为巫史。”[②]在商周，沟通神人的巫、史、祝、卜是当时文化的主要执掌者。其三是人君的政治辅佐者，这类佐理政务的人物，《尚书》称作“谋人”。《汉书·艺文志》认为：“儒家者流，盖出于司徒之官，助人君顺阴阳，明教化者也。”先秦诸子是否分别源于某一王官，儒家是否由掌管国家土地人民、官司籍田，负责征发徒役的“司徒之官”演化而来，一向聚讼未决，但儒家显然已与宗教职业者和专司天文者相分离，从而区别于“出于清庙之守”的墨家、“出于史官”的道家和出于“羲和之官”的阴阳家。同时，又由于儒家与负有“教化”之责的祭师阶层有承袭关系，所以儒家除“助人君”的一面之外，还有“道与艺合，兼备师儒”[③]的功能，从而区别于虽然佐理人君、却“无教化，去仁爱，专任刑法”的“理官”出身的法家[④]。所以，儒家最完整地体现了伦理—政治型文化的特征。

“入世—经世”价值取向的确立，还与先秦历史背景相关。《汉书·艺文志》指出：“诸子十家，其可观者，九家而已。皆起于王道既衰，诸侯力政，时君世主好恶殊方，是以九家之术蜂出并作，各引一端，崇其所善，以此驰说，取合诸侯。”这里有两点值得注意，第一，先秦诸子产生在“王道既衰，诸侯力政”的春秋战国时代，各学派均由剧烈的政治斗争所诱发，所左右。第二，诸子“蜂出并作”，顺应着“好恶殊方”的“时君世主”的需要，纷纷以自己的一端之说“取合诸侯”，足见其政治依附性。

总之，时代对各个学派提出的要求是拿出应世方略，而不是一般意义上的玄妙理论。这就使得先秦诸子大都自觉不自觉地选择了“入世—经世”取向。正如黄宗羲所说：“古者儒墨诸家，其所著书，大者以治天下，小者以为民用，盖未有空言无事实者也。”[⑤]诸子百家虽然政见各异，但其理论目标，都在论证“治道”。所谓“天下一致而百虑，同归而殊途。夫阴阳、儒、墨、名、法、道德，此务为治者也”[⑥]。就连貌似逍遥、超然世外的庄子，骨子里也琢磨着

---

① 《汉书·艺文志》：“阴阳家者流，盖出于羲和之官，敬顺昊天，历象日月星辰，敬授民时。”

② 《国语·楚语下》。

③ 阮元：《研经室文集·国史儒林传序》。

④ 《汉书·艺文志》。

⑤ 《黄梨洲文集·今水经序》。

⑥ 《史记·论六家之要旨》。

何以“应帝王”。

不仅如此，诸子还热衷于政治实践。孔子声言：“苟有用我者，期月而已可也，三年有成。”[①] 孟子宣称：“如欲平治天下，当今之世，舍我其谁也？”[②] 孔子一生，栖栖遑遑奔走于列国之间，寻求自己政治理想的实现。墨子及其弟子“摩顶放踵”，积极制止当时各诸侯国之间的兼并战争。法家更是以实行专制政治、推行社会改革为宗旨，导演了各国的变法活动。即便是老子的归隐，也不过是在实现其“小国寡民”理想无望的情况下政治热情的扭曲表现。

这种特定的社会背景，使伦理学、政治学、历史学等直接探讨社会治理的学科，在先秦首先得到发展。六经之名得于后世，而其内容却出现很早，“孔子之未生，天下有六经久矣”[③]。六经所涉及的学科主要是历史学、伦理学、政治学，所谓“《诗》以道志，《书》以道事，《礼》以道行，《乐》以道和，《易》以道阴阳，《春秋》以道名分”[④]。一言以蔽之，六经皆经世致用之学。孔子要弟子研读六经，也不是为着造就徒托空言的学究。他明确告诫弟子：“诵《诗》三百，授之以政，不达；使于四方，不能专对；虽多，亦奚以为？”[⑤] 清人章学诚指出：“六经皆先王之政典也。……六经皆先王得位行道、经纬世宙之迹，而非托于空言。”[⑥]“夫子之述六经，皆取先王之政典，未尝离事而著理。”[⑦] 鲜明道出了六经的经世主义特征。汉武帝以后，儒学独尊，“通经致用”“六经治世”更成为流行说。通经者方可取士，朝廷的诏令、群臣的奏议，也无不以六经为准绳和依据。

晚周儒者虽然经世心切，却很不行时。《史记》对儒者的评论是“博而寡要，劳而少功”[⑧]。孔子本人的行迹记录是“斥乎齐，逐乎宋、卫，困于陈、蔡之间”[⑨]。然而，儒者的“入世—经世”信念并没有因政治上的不得志和同时代人的不理解而有所动摇。在言词简约、惜墨如金的《论语》中，竟有五六

①⑤ 《论语·子路》。

② 《孟子·公孙丑下》。

③ 《龚自珍全集》，上海人民出版社 1975 年版，第 36 页。

④ 《庄子·天下》。

⑥ 章学诚：《文史通义·易教上》。

⑦ 章学诚：《文史通义·经解中》。

⑧ 《史记·论六家之要指》。

⑨ 《史记·孔子世家》。

处记载隐者嘲笑儒者经世的地方，有些段落还特别长[①]。足见与隐者的交往、论辩，被孔门所注重。这正是春秋间隐者遍布国中，遁世思想影响不可小视的社会状况的反映，而儒家的“经世”观念正是在与“遁世”思潮的论辩中得以阐扬的。

本来，孔子对于乱世中的隐者常常抱有同情，他曾把避世的人们称作“贤者”[②]，并特别夸赞伯夷、叔齐这些“逸民”“不降其志，不辱其身”[③]。这与他“天下有道则见，无道则隐”[④]“邦有道则仕，邦无道则可卷而怀之”[⑤]的处世哲学相通。而且，在整个儒学体系中，“仕”与“隐”始终是互为补充的两个侧面。不过，“出仕”毕竟是儒学的主流，“归隐”仅仅是辅助。儒者即使归隐也往往是“心存魏阙”，所谓“居庙堂之高，则忧其民；处江湖之远，则忧其君”[⑥]。就孔子而言之，他虽然在遇挫时偶有逃世之论[⑦]，但他的基本旨趣却是反对逃世的。他在听罢子路转述长沮、桀溺的避世论之后，很失望地讲：

> 鸟兽不可与同群，吾非斯人之徒与而谁与？天下有道，丘不与易也。[⑧]

表明自己不愿像隐者那样消融于自然之中，与鸟兽为伍，他认定自己只能与人共事，积极地参与世务。这种热爱人生并以匡世救民为己任的积极态度，予后世以深远影响。

孔门高足子夏指出：“仕而优则学，学而优则仕。”[⑨]把“学”与“仕”看作是互为表里的二而一的事情。《说文》在解释“仕”义时明确指出：“仕，学也。”章太炎也说：“言仕者又与学同。”[⑩]总之，儒家承袭了中华元典道、

---

① 参见《论语》“微子”“宪问”等篇。
② 《论语·宪问》：“贤者辟世，其次辟地，其次辟色，其次辟言。”“辟”同“避”。
③⑧ 《论语·微子》。
④ 《论语·泰伯》。
⑤ 《论语·卫灵公》。
⑥ 范仲淹：《岳阳楼记》。
⑦ 《论语·公冶长》：“子曰：道不行，乘桴浮于海，从我者其由与。”
⑨ 《论语·子张》。
⑩ 章太炎：《检论·订孔》。

学、治三者贯通一气的古风。清人程晋芳说：

> 夫古人为学皆以自治其身心而以应天下国家之事，故处则为大儒，出则为大臣，未有剖事与心为二、剖学与行为二者也。[①]

龚自珍则将这种风格概况为：

> 自周而上，一代之治，即一代之学也；一代之学，皆一代王者开之也。……是道也，是学也，是治也，则一而已矣。[②]

这种被后儒所崇奉的“古无经术治术之分”[③]的仕学合一的传统，正是孔子创设的儒学“入世—经世”风格的体现。这种执着的经世致用的价值取向，在中国几千年的历史中，虽有淡化之时，变形之象，却始终延绵不绝，于起伏跌宕之中一以贯之。一般而言，当社会生活平稳，文化专制强大有力之时，经世观念往往作为一种“潜质”深藏在士人古色古香的学术外壳内，隐而不彰；但进入社会危机四伏的关口，国家民族面对纷至沓来的内部或外部的挑战，经世致用的观念就会活跃起来。时局的变动愈剧烈，经世的自觉要求也愈强烈。

应该指出的是，入世精神并非中国所独有，它多多少少存在于每一个高级文化传统中。在西方，对于尘世日常行为的肯定评价“早在中世纪，甚至早在古希腊晚期就已存在”[④]。即使基督教的出世教义里也蕴藏着若干入世精神因子，这种精神的扩大与近代诠释，便是后来新教所热烈倡言的“天职”观念。在南亚，印度教的出世主调中也跳动有入世旋律。印度教的经典——《神赞》如此指引他的信徒们：要想得到最后的精神超脱，每一个人必须在自己的阶级地位上尽到对社会的种种义务。圣雄甘地将这种观念衍化为著名的“淑世精神”。然而，基督教的“天职”观念与印度教的“入世修行”观念，毕竟是建立在天国超世的教义上，以出世和精神解脱为最后归宿，因此，它们认可的

① 程晋芳：《正学论三》，《清经世文编》卷一。
② 《龚自珍全集》，上海人民出版社 1975 年版，第 4 页。
③ 王昶：《经义制事异同论》，《清经世文编》卷一。
④ ［德］马克斯·韦伯：《新教伦理与资本主义精神》，三联书店 1987 年版，第 59 页。

"入世"是有条件的、第二义的[1]。

中国儒家的经世观念则不同，它将入世视为第一义，视为无条件的。它不认为人世以外还有一个更完美的天国或神境，它也不相信人的生命必须离开人世才能得到圆满的归宿，它全力关注的是既存的现实世界。此外，对于基督教的天职观念来说，"上帝保佑上帝的职业"，世俗社会的各种职业均可成为光耀上帝、进入天国的路径。因此，基督教新教所主张的"入世"可以广及社会各种行业，而不限于"治国平天下"的政治行为。印度传统中的"淑世精神"亦如是。所谓"入世修行"就是每一个人各就所属的阶层与职业，完成应尽的义务与责任，由此逐渐积累善果而最终达到精神解脱、灵魂得救。其入世精神同样不以从政为主要表现形式。而中国儒家的入世，一以贯之地以政治为人生本位，它引导衷心服膺"仁政""圣治"的儒者，在嘈杂的世界和困顿的人生中时刻感觉到自己的责任和使命，"以天下为己任"。仕途的回响永远是士人生命的主旋律，即使因宦途遇挫而退居田园、归隐山林，内心也往往充满对现世的忧患，充满撕裂感。因此，在某种意义上可以说，只有抓住"入世—经世"这一线索，才把握了中国人文传统的要义和伦理—政治型的中国文化的真精神。

二、"内圣"与"外王"：秦汉至宋明经世精神的两种走向

在中华元典的伦理—政治型学说体系中，包括内在的伦理修养论和外在的客观政治论这样两个彼此联系着的组成部分。前者被发展为"内圣"之学，后者被发展为"外王"之学。所谓"内圣"，即内修圣人之德，为个体人格的完善。所谓"外王"，即外施王者之政，为个体自我价值的外在实现。所以，荀子说："圣也者，尽伦者也；王也者，尽制者也。"[2]"尽伦"为人道之至，"尽制"为事功之极，前者是主观的，后者是客观的。不过，在孔子的原始儒学中，这两个侧面还浑然统一在一个体系之内。孔子一方面以"仁"释"礼"，

① 参见张灏《宋明以来儒家经世思想试析》，载台北中央研究院编《近世中国经世思想研讨会文集》。

② 《荀子·解蔽》。

强调人的道德自觉[①]；一方面又将修己与治人、修己与安百姓相贯通[②]，主张“下学而上达”[③]。像舜帝那样“恭己而南面”[④]的“圣王”是其最高理想境界。所以，孔子一方面对管仲个人的行为极表不满，斥责他“器小”“不知礼”；但另一方面又对他帮助齐桓公“九合诸侯”“一匡天下”而完成霸业的外在事功大加赞赏，许以崇高的“如其仁，如其仁”[⑤]。

孔子之后，下学与上达、修己与治平这两个侧面开始发生分离。造成离异的原因，是战国以降“天下大乱，贤圣不明，道德不一”，出现“内圣外王之道暗而不明，郁而不发；天下之人，各为其所欲焉，以自为方”[⑥]的局面。这种“道术将为天下裂”[⑦]的趋势，不仅造成统一的元典精神分化为诸子林立的局面，而且在同一学派内部也流别横生。就儒家而言，主要分化出孟轲、荀况两派。前者侧重发展儒学原教中的“内圣”之学，后者侧重发展儒学原教中的“外王”之学。当然，孟、荀两派仍都分别追求着某种程度的“内圣”与“外王”的统一，只不过其侧重面有所不同。

孟子的思想大约是从曾参、子思这条线索传衍下来的。孟子平治天下的方策，要义在于通过“正人心”来“息邪说，距诐行，放淫辞”[⑧]。因此，孟子对于元典经世学说的一个侧面——外在的“礼学”并不重视，他声称：“诸侯之礼，吾未之学也。”[⑨]对于孔子颇为称道的齐桓公、晋文公、管仲这些事功显赫的霸主和权臣，孟子十分反感，并公开声明：“仲尼之徒，无道桓、文之事者。”[⑩]显示出孟子有意贬抑外王倾向，而着力发挥经世学说的另一侧面——“内圣”之学。他发展了孔子的“仁学”，将“仁学”引申到政治领域，提出“仁政”说，认为只要将人内心固有的仁义礼智“四端”掘发、培育起

① 《论语·颜渊》：“颜渊问仁，子曰：‘克己复礼为仁。一日克己复礼，天下归仁焉。为仁由己，而由人乎哉？’”

② 《论语·宪问》：“子路问君子。子曰：‘修己以敬。’曰：‘如斯而已乎？’曰：‘修己以安人。’曰：‘如斯而已乎？’曰：‘修己以安百姓。……’”

③⑤ 《论语·宪问》。

④ 《论语·卫灵公》。

⑥⑦ 《庄子·天下》。

⑧ 《孟子·滕文公下》。

⑨ 《孟子·滕文公上》。

⑩ 《孟子·梁惠王上》。

来，便“足以保四海”[①]。根据这一理论，孟子设计的经世路线是由内而外、由己而天下。孟子说：“人有恒言，皆曰：‘天下国家。’天下之本在国，国之本在家，家之本在身。”[②]思孟学派的代表作《大学》，对这一经世方案作了更具体的阐述：

> 古之欲明明德于天下者，先治其国。欲治其国者，先齐其家。欲齐其家者，先修其身，……自天子以至于庶人，壹是皆以修身为本。

与孟子不同，荀子将着眼点放在对自然和社会外部世界的征服上，即所谓“物蓄而制之”，“制天命而用之”[③]。他强调人的社会性，强调建立人群秩序的基础在于“分”和“辨”，即划分等级尊卑，而将“分”与“辨”条理化、制度化，便是“礼”。他说：

> 礼起于何也？曰：人生而有欲，欲而不得，则不能无求，求而无度量分界，则不能不争。争则乱，乱则穷。先王恶其乱也，故制礼义以分之，以养人之欲，给人以求。使物必不穷乎物，物必不屈于欲，两者相持而长，是礼之所起也。[④]

因此，荀子十分重视“礼”的秩序规范功能，强调“隆礼”。他大胆地援法入儒，着意建立以“礼”为标志的外在事功。荀子的理想境界，是一个在“礼”的规范下，秩序井然，上下等级分明，而又充满外在事功成就的世界：

> 一天下，财万物，长养人民，兼利天下，通达之属，莫不从服。[⑤]

这种“圣王之迹著矣”[⑥]的画面，实际上就是大一统专制帝国的蓝图。秦汉帝

---

① 《孟子·公孙丑上》。
② 《孟子·离娄上》。
③ 《荀子·天论》。
④ 《荀子·礼论》。
⑤⑥ 《荀子·非十二子》。

国的建立，正是这种“外王”方略的成功实践。

秦汉以后，沿着孟、荀指引的“内圣”与“外王”两个方向，儒学分道扬镳。一方面，自从秦皇、汉武这样的专制帝王成为事实上的“圣王”（实际上是僭居圣人角色的王）以后，对广大士人来说，“外王”已衍化为出仕的问题。儒生所能为者，只是努力掌握官僚政体之治术以“得君行道”。在这里，个体的道德修养虽然对建立外在的事功仍很重要，但更重要的是统一的专制帝国的整套官僚行政体制。另一方面，在“外王”路线指引下建立起来的大一统的专制帝国，赢得了显赫的文治武功，秦皇、汉武们的威权和功业都超越前代。但是，大一统的专制帝国这个社会实体很快又被自身的矛盾所困扰，使得统治者和知识阶层（士人）都要对经世方略作新的调整。统治者发现，仅有外在的事功是不够的，也是不牢靠的，还要按照某种特定的模式塑造人们的灵魂，训练勤谨而又安分的百姓。而士人们除了要帮助统治者培养顺民（“灭心中贼”）之外，还希望有一种关于心灵修养的学说来维持人们内心的平衡，并进而教化统治者，直至皇帝本人，通过“格君心之非”促使其“行善政”，即所谓“正心以正朝廷”。这样，思孟学派所发挥的“内圣”之学便重整旗鼓，遇时而兴，“外王”之学反倒退居幕后，尽管继续为统治者所实际运用，却不太为人所称道。

但总的来说，自汉唐直至北宋初年，占主导地位的仍是“外王”之学。无论是董仲舒的“天人感应”的新儒学，或者是儒道释三家鼎立的唐代官方意识，个体操守与行政标准、道德与政治尽管有密切关系，却始终并没有完全合为一体，也不需要合为一体。因此汉代有许多并不符合“内圣”标准却威名赫赫、治绩斐然的“酷吏”，唐代也有或以理财富国著称，或以诡谲多智闻名的安邦定国的名臣贤相。直到中唐，如李泌、刘晏、杨炎、李德裕，也都名重一时，事功显赫。他们并没有什么“内圣”之学，他们的成功也不是修身养性的结果[①]。北宋中叶以后，随着理学的兴起，“内圣”之学才逐渐压倒了“外王”之学。

造成这种情况的原因，是自北宋起，中国形成了权力空前集中的绝对君权。宋代开国皇帝赵匡胤鉴于唐末、五代地方藩镇的割据势力过度膨胀之弊，

① 参见李泽厚：《中国古代思想史论》，人民出版社 1986 年版，第 272 页。

强干弱枝，“尽夺藩镇之权，兵也收了，财也收了，赏罚行政一切收了，州郡遂日就困弱”[①]。中央用“分化事权”“官与职殊”的手段来抑相权、扬君权。无论大事小事，全都仰赖皇帝的“圣裁”，以致宋代不仅没有汉唐那样显赫的事功，连汉唐那样的名相也少见了。范仲淹的“庆历新政”昙花一现，王安石虽得到宋神宗的青睐，但这位改革家仍只落得个解职归乡的下场，最终发出“经世才难就”[②]的慨叹。在朝廷随皇位的传递而进行的变法与反变法的政治斗争延续了几个朝代之后，侧重点终于转到了“内圣”的一面，出现了理学盛行的局面，并逐渐在南宋末年以后占据统治意识的地位。

理学家们发展了孟子的“内圣”之学，将其进一步与“外王”之学分离开来，使“内圣”可以脱离“外王”而具有独立自足的意义。程颐说：“圣人之学，若非子思、孟子，则几乎息矣。”[③]这既是对孟子的推崇，也是对发展外王经世路线的荀学的抨击。理学家还明确提出内本外末、修身为始治平为终的观点：

> 学莫大于知本末终始。致知格物，所谓本也，始也；治天下国家，所谓末也，终也。治天下国家，必本诸身。其身不正，而能治天下国家者，无之。[④]

这就把“正心诚意”为内容的“修身”无限抬高，以至压倒并控制“治国平天下”，甚至认为只有“修身”才具有本体意义，“治平”倒成为一个不需要实际探讨和具体努力的自然而然可以达到的目标。在理学的理论框架中，“正心诚意”的内在“修身”是“经世”的根本，只有先“正心诚意”，然后才能谈得上“治国平天下”；只要能做到“正心诚意”，自然就会“国治民安”。“内圣”之学被高扬至无以复加的地位，以至于发展到后来，只要一讲及“外”就错。如朱熹说：“向内便是入圣贤之域，向外便是趋愚不肖之途。”[⑤]陆九渊

---

①⑤《朱子语类》卷一二八、一一九。

②《王文公集》卷七十四《秣陵道中口占》。

③《河南程氏遗书》卷十七《伊川先生语三》。

④《河南程氏粹言》卷一《论学篇》。

也说："精神全要在内，若在外，一生无是处。"① 因此当时的理学家们"皆谈性命而辟功利"②。

不可否认，无论是程、朱还是陆、王，对现实政治都是异常关心的。如程颐积极参与北宋的政治斗争，朱熹也大谈政治，颇为关心时务，王阳明更是以平定藩王叛乱的赫赫事功而著称于世。但是，他们的重心已转移到对宇宙本体的思考和个人修养的完善上来。只要翻开《朱子语类》《朱子近思录》《传习录》等，就可以十分清楚地看出他们所"思"、所"传"的主要是心性之学，而较少经世实务的具体研究和探讨。正如黄宗羲所说："濂、洛崛起之后，诸儒寄身储胥虎落之内者，余读其文集，不出道德性命。"③ 这实际上是析学问与事功为二途。由于轻视实务，空谈性理，理学"醇儒"们大多是高谈心性则极高明之至，一涉政务便空疏之极。李贽曾嘲笑朱熹说：

> 吾意先生当必有奇谋秘策，能使宋室再造，免于屈辱，呼吸俄顷，危而安，弱而强，幼学壮行，正其时矣。乃曾不闻嘉谋嘉猷，入告尔后，而直以内侍为言，是为当务之急与？或者圣人正心诚意之学，直为内侍一身而设，故不在夫夷狄中国之强弱也，则又何贵于正心诚意为也。④

李贽的讥讽或有片面之处，但"性命之学"的盛行确乎是对中华元典固有的救世风格的淡化，也无法因应两宋以降国家民族面临的严峻局势⑤。这样，与朱、陆相抗衡，以南宋陈亮、叶适为代表的事功学派便应运而起。

陈亮、叶适高举经世致用旗帜，一反朱、陆以理气心性为中心的学术路线，而以国计民生、"当世之务"等社会实际问题为学术出发点。叶适的批评锋芒，更不限于朱、陆，他还指向为理学家所崇为正统的思孟学派。叶适说：

---

① 《陆九渊集》卷三十五《语录下》。

② 《宋元学案》卷五十六《鉴判喻芦隐先生偘》。

③ 《黄梨洲文集·郑禹梅刻稿序》。

④ 《藏书》卷三十五《赵汝愚》。

⑤ 正是在理学大兴之后，空谈性理、轻视实务之风，不但弥漫士林，而且影响了整个政治。"凡治财赋者则目为聚敛，开阃捍边者则目为粗材，读书作文者则目为玩物丧志，留心政事者则目为俗吏。"（见南宋周密《癸辛杂识续集·道学》）

> 曾子之学，以身为本，容色辞气之外，不暇问。于大道多遗略，未可谓至。……而子思作《中庸》，……则高者极高，深者极深，非上世所传。……世以孟子传孔子，殆或庶几。然开德广，语治骤，处己过，涉世疏。学者趋新逐奇，忽忘本统，使道不完而有迹。①

这显然是对思孟"内圣"路线的非议，因而也就包蕴着对荀学"外王"路线的肯定和阐扬。与理学家鄙视外在事功、讳言功利而一心一意致力于"正心诚意"不同，事功学派主张"义利双行，王霸并用"，讲究开物成务。在他们看来，"功到成处，便是有德；事到济处，便是有理"②。陈亮还与朱熹进行了一场思想史上有名的"王霸义利之辨"。可见，"内圣"与"外王"在理学与事功学这里已确然成为二分，而有对峙之势了。

然而事功学在元、明两朝并未得到发展，理学的朱、陆两派则相继大盛天下，其内圣之学也愈益推向极致。"道问学"的程朱派日趋空疏，"尊德性"的陆王派更流于禅释。及至其末流，则完全抛弃了儒学的经世传统，"置四海之困穷不言，而终日讲危微精一之说"③，面对晚明的社会危机和民族危机，其正直者也只能"愧无半策匡时难，惟余一死报君恩"④。

三、明清之际经世思潮的新趋向

从明万历中期以后至清康熙前期，史称明清之际。这是一个"天崩地解"的大动荡时代，更是一个社会、经济、政治、文化上都显示出"转折性"的关键时期。在此一时期，社会经济、政治危机总爆发，地主阶级和农民阶级的矛盾以及民族矛盾空前激化，导致农民战争和民族战争蜂起；资本主义萌芽潜滋暗长，江南各地还爆发了相当规模的市民阶层的反抗运动。大批士子被卷入阶级斗争和民族斗争的旋涡，他们震惊于当时的社会危机，为挽大厦之将倾而奔走呼号。尤其是明清鼎革的创巨痛深，刺激他们深刻反思明亡教训，"哀其所

---

① 《宋元学案》卷五十四《水心学案》。

② 《宋元学案》卷十四《龙川学案》。

③ 《亭林文集》卷三《与友人论学书》。

④ 颜元：《存学篇》卷二《性理评》。

败，原其所剧”[①]。加之此时西学东渐，开始了中西文化的交流和融合。这一历史的大变局使经世思潮遇时而兴，如千帆竞发，万壑争流。

一、“内圣”与“外王”统合

理学家高言性命、讲论性理学风的蔓延，在晚明曾激起一批经世士子的深重忧虑。他们意识到空谈心性对于危机重重的晚明社会不啻是一剂毒鸩，因此竞相推崇“外王”之学，积极追求事功。

徐光启是明清之际经世思潮的先导人物之一，他对于王门后学醉心于娓娓玄谈极为反感，认为这种“竞以旷达相矜夸”的空疏学风“无所用于世”。与性理之学针锋相对，徐光启力主“实学”，“以为求治卒不能易此”，一生为学“务求实用”，志在“率天下之人而归于实用”[②]。

东林党人是晚明经世思潮的力倡者，他们对于王学末流“凭是天崩地陷，他也不管，只管讲学快活过日”[③]的学风深恶痛绝，认为虚玄的心性之学是“以学术杀天下万世”[④]。高攀龙指出，东林党人的历史任务是救治虚症而“反之于实”，“不贵空谈，而贵实行”[⑤]。“风声、雨声、读书声，声声入耳；家事、国事、天下事，事事关心”——这副名联正是东林党人救世济民的理想的映照。在晚明血雨腥风的年代，东林党人“讽议朝政”，抨击阉宦腐朽势力，视死如归，从而以“一堂师友吟风热血洗涤乾坤”的高风亮节，在中国士人史上写下凝重的一页。

以张溥、陈子龙为代表的复社名士“接武东林”，积极投入当时的政治斗争，致力于实学研究，“凡经函子部，迄历代掌故家言，君子小人所以进退，夷狄盗贼所以盛衰，兵刑钱谷之数，典礼制作之大，无不博极群书，涉口成诵”[⑥]。当清兵入关后，黄宗羲、顾炎武、陈子龙、夏允彝等复社巨子领导江南百姓奋勇抗清，“以持残局，而兀然能为中流之一壶”[⑦]。

---

① 王夫之：《黄书·后序》。
② 《徐光启集》卷二《几何原本杂议》。
③ 《高子遗书》卷十一《顾季时行状》。
④ 顾宪成：《小心斋札记》卷三；卷十八。
⑤ 《高子遗书》卷四《讲义·知及之章》。
⑥ 周锺：《七录斋集序》，《七录斋诗文合集》卷首。
⑦ 全祖望：《鲒埼亭集》卷二十七《周布衣传》。

如果说，晚明经世学者主要是从社会现实出发来批判性理之学的空谈无用；那么，清初思想家们则努力从复兴儒学传统的高度上去扫除轻视功利、空谈义理的性理之学。黄宗羲说：

> 儒者之学，经天纬地。而后世乃以语录为究竟，仅附问答一二条于伊、洛门下，便侧儒者之列，假其名以欺世。治财赋者则目为聚敛，开阃扞边者则目为粗材，读书作文者则目为玩物丧志，留心政事者则目为俗吏。徒以"生民立极，天地立心，万世开太平"之阔论，钤束天下。一旦有大夫之忧，当报国之日，则蒙然张口，如坐云雾。世道以是潦倒泥腐，遂使尚论者以为立功建业别是法门，而非儒者之所与也。[①]

在黄宗羲看来，儒者之学，在本质上是经世致用之学，只是在二程之后，学者高谈义理，使义与利相分，知与行互割，才使儒学失去其本来面貌。

顾炎武也持相似看法，他指出，"理学之名，自宋人始有之"。其为学宗旨全然与儒学传统迥异：宋儒所热衷的命题，如"性也、命也、天也"，是"夫子之所罕言"，"孔门未有专心于内之说也"[②]。而孔子、孟子所"恒言"的"出处、去就、辞受、取与之辨"，却为"今之君子所罕言"[③]。顾炎武进一步揭示理学路线与明王朝覆亡的联系：

> 刘、石乱华，本于清谈之流祸，人人知之，孰知今日之清谈，有甚于前代者。昔之清谈谈老、庄，今之清谈谈孔、孟，未得其精而已遗其粗，未究其本而先辞其末。不习六艺之文，不考百王之典，不综当世之务，举夫子论学、论政之大端，一切不问，而曰一贯，曰无言。以明心见性之空言，代修己治人之实学。股肱惰而万事荒，爪牙亡而四国乱，神州荡覆，宗社丘墟。[④]

① 黄宗羲：《南雷文定》卷三《赠编修弁玉吴君墓志铭》。
② 顾炎武：《日知录》卷十八《内典》。
③ 顾炎武：《亭林文集》卷三《与施愚山书》。
④ 顾炎武：《日知录》卷七《夫子之言性与天道》。

总之，理学家将儒家“修己治人”的“实学”传统，变为败坏一代学风的心性清谈，从而直接导致了“宗社丘墟”的亡国惨痛。

唐甄也说：

修非内也，功非外也。自内外分，管仲、萧何之流为宾，程子、朱子之属为主；宾摒不入，主处不出；宾不见阃室之奥，主不习车马之利。自内外分，仲尼之道裂矣，民不可以为生矣。[①]

在唐甄看来，“内圣”与“外王”当是统一的，一旦把二者截然对立起来，事功卓著的管仲、萧何被视为附庸，片面发展“内圣”之学的程朱却占据主宰地位，这不仅割裂了“仲尼之道”，而且使天下的民众无以谋生。

颜李学派的领袖颜元认为：“孔孟以前，理数醇，尚其实。凡天地所生以主此气机者，率皆实文、实行、实体、实用，卒为天地造实绩，而民以安、物以阜。”[②]以此为出发点，颜元批评程朱、陆王两派学术皆是“镜花水月”式的虚幻无用之学。他说：

两派学辩，辩至非处无用，辩至是处亦无用。盖闭目静坐、读讲著述之学，见到处俱同镜花水月；反之身，措之世，俱非尧舜正德、利用、厚生，周孔六德、六行、六艺路径。虽致良知者见吾心真足以统万物，主敬著读者认吾学真足以达万里，终是画饼望梅。画饼倍肖、望梅倍真无补于身也，况将饮食一世哉？[③]

在颜元看来，空谈无用的理学“直是孔门敌对”，因此“必破一分程朱，方入一分孔孟”[④]。

明清之际的经世学者对“外王”之学的张扬，并不意味着他们对“内圣”之学的忽视。在顾炎武的经世思想中，“行己有耻”是与“博学于文”并立的

① 唐甄：《潜书·良功》。
② 颜元：《习斋记余》卷三《上太仓陆桴亭先生书》。
③ 颜元：《习斋记余》卷六《阅张氏王学质疑评》。
④ 李塨：《颜习斋先生年谱》卷下。

两大柱石之一。他说：

> 愚所谓圣人之道者如之何？曰博学于文，曰行己有耻。……自子臣弟友，以至出入、往来、辞受、取与之间，皆有耻之事也。……士而不先言耻，则为无本之人。[①]

> 人之不廉，而至于悖礼犯义，其原皆生于无耻也。故士大夫之无耻，是谓国耻。[②]

顾炎武认为一切道德行为的堕落，皆源于"无耻"。顾炎武的时代，社会堕落："以今观之，则无官不赂遗，而人人皆吏士之为矣。无守不盗窃，而人人皆僮竖之为矣。……君臣上下，怀利以相接，遂成风流，不可复制。"[③]顾炎武希望借着实践性很强的"耻"以立本，作为内而修己、外而经世的道德动力。

虽然明清之际的经世学者大都竞相推崇陈亮、叶适等的事功之学，但他们对事功学派的"功到成处，便是有德；事到济处，便是有理"的观点并不赞同。如黄宗羲说：

> 人唯在事功，则学无原本，苟可以得天下，则行一不义，杀一不辜，亦且为之矣，其成就甚浅。[④]

与顾炎武一样，黄宗羲也十分重视"耻"，他举战国游说之士为例，认为他们"不出机变之巧，及其说行，以此夸耀于列国，景春之徒，欣羡之不置，一时以为经济，岂复知为耻哉？"[⑤]黄宗羲认为，道德与事功是二而为一的，不可妄分。他说：

---

① 顾炎武：《亭林文集》卷三《与友人论学书》。

② 顾炎武：《日知录》卷十三《廉耻》。

③ 顾炎武：《日知录》卷十三《名教》。

④ 黄宗羲：《孟子师说》卷四《人有不为》。

⑤ 黄宗羲：《孟子师说》卷七《耻之于人》。

事功必本于道德，节义必原于性命。离事功以言道德，考亭终无以折永康之论；贱守节而言中庸，孟坚终究不能逃蔚宗之讥。①

自后世儒者事功与仁义分途，于是当变乱之时，力量不足以支持，听其陆沉鱼烂，全身远害，是乃遗亲后君者也。②

因此，明清之际的经世学者主张的是“内圣”与“外王”的统合。需要指出的是，明清之际“内圣”与“外王”的统合，并不是简单地回到原始儒学，“归于孔子”，而是经过一个正—反—合的辩证过程。在明清之际的经世思潮中，无论是“内圣”还是“外王”，在内涵上都有了新的变化。

二、“治体”新变：由尊君转向重民

由于特定的地理—经济环境，中国很早就形成宗法与专制相结合的一种“家国同构”的社会政治结构。就世界范围而言，专制主义的君主制国家制度在中国出现早、发展充分。与这种社会存在相适应，传统“治体”一直以“君权”为本位，政治原则大都从伦理原则引申而来。一方面，由“亲亲”导向“尊尊”，由“孝亲”导向“忠君”，强调君权的神圣和至上；另一方面，从“德治主义”出发，主张“重民”，形成“民为邦本”“民贵君轻”等民本思想。因此，“尊君论”与“民本论”构成中国古代君主论的一体两翼，共同奠定中国古典政治学说的基石。在孔子、孟子、荀子等许多先秦思想家那里，民本主义和尊君主义共存一体，既尊君又重民。

自战国后期开始，特别是秦汉以后，随着专制主义的君主集权政治的确立和日益强化，“民本论”日益受到“尊君论”的排斥和压抑。如战国时的韩非子集法家思想之大成，从天下“定于一尊”的构想出发，提出“事在四方，要在中央，圣人执要，四方来效”③的中央集权政治设计，并规定在这种政治结构内部君对民、君对臣拥有绝对权力，从而把尊君主义发挥到极致，而将民本主义全然抛弃。西汉大儒董仲舒则赋予尊君论以神学理论色彩，他说：“天子

① 黄宗羲：《南雷文定后集》卷一《明名臣言行录序》。

② 黄宗羲：《孟子师说》卷一《孟子见梁惠王》。

③ 《韩非子·扬权》。

受命于天，天下受命于天子”[①]，“王道之三纲（即‘君为臣纲，父为子纲，夫为妻纲’），可求于天。”[②]把君描述成天与人之间的媒介，主张“屈民而伸君，屈君而伸天”[③]。唐代韩愈进一步设计君、臣、民三者的社会使命：“君者，出令者也。臣者，行君之令而致之民者也。民者，出粟米麻丝、作器皿、通财货以事其上者也。君不出令，则失其所以为君。臣不行君之令而致之民，则失其所以为臣。民不出粟米麻丝、作器皿、通财货以事其上，则诛。”[④]大倡尊君抑民之说。此后，二程、朱熹等宋代理学家以更加富于思辨性的理论体系为“君权神授”作论证，将“君为臣纲”归结为“天理”。

这种极端的尊君主义至明代达到登峰造极程度。明太祖朱元璋为了“收天下之权归一人”[⑤]，废除沿袭一千多年的丞相制和沿袭七百多年的三省制，将相权并于君权；撤销行省，设立分别直接受制朝廷的“三司”；废大都督府，分设五军都督府，同兵部分掌军权；此外，还有“不衷古制”的廷杖和锦衣卫的设立。这一切，将君权扩张到极点，真正达到“朕即国家”的程度。传说，朱元璋读《孟子》，深怪这位亚圣对君主不逊，怒曰：“使此老在今日，宁得免耶?”[⑥]遂令“罢孟子配享”[⑦]，将孟子逐出孔庙。洪武二十六年，朱元璋令人删节《孟子》，将其中不利君主的民本言论凡八十五条，一律删除[⑧]。这鲜明地展示了极端尊君主义对民本主义的压制。

明清之际的经世学者正是“有鉴于明季秕政”[⑨]，向极端尊君论发起进攻，并从对“明季秕政”的批判发展到对整个君主专制制度的总体清算，在当时激起一股抨击君主专制的潮流。黄宗羲的《明夷待访录》，就是当时最深刻、最尖锐地声讨和批判君主专制制度的檄文。

针对“天下受命于天子”，臣民必须“顺上为之”等尊君论的基本观点，黄宗羲树立一个“天下为主，君为客”的古代理想社会，对“以君为主，天下

① 董仲舒：《春秋繁露·为人者天》。
② 董仲舒：《春秋繁露·基义》。
③ 董仲舒：《春秋繁露·玉杯》。
④ 韩愈：《原道》。
⑤ 王世贞：《弇州史料》卷十一。
⑥ 全祖望：《鲒埼亭集》卷三十五《辨钱尚书争孟子事》。
⑦ 《明史》卷五十《礼制四》。
⑧ 黄佐：《南雍志》卷十八。
⑨ 周寿昌：《思益堂日札》卷五。

为客”的君主专制制度进行锋利的批判。他说：

> 古者以天下为主，君为客，凡君之所毕世经营者，为天下也。今也以君为主，天下为客，凡天下之无地而得安宁者，为君也。是以其未得之也，屠毒天下之肝脑，离散天下之子女，以博我一人之产业，曾不惨然，曰：“我固为子孙创业也。”其既得之也，敲剥天下之骨髓，离散天下之子女，以奉我一人之淫乐，视为当然，曰：“此我产业之花息也。”然则，为天下之大害者，君而已矣！[①]

将专制君主视为荼毒万民的刽子手和“天下之大害”，否定了君主专制制度的合理性。依据“客君”理论，黄宗羲提出了颇为详备的抑制绝对君权的方案。

首先，黄宗羲主张建立平等的君臣关系以限制君权。他认为：“缘夫天下之大，非一人所能治，而分治之以群工。故我之出而仕也，为天下，非为君也；为万民，非为一姓也。”[②]君臣的名分是由共同为民服务的关系而来的，二者如“共曳木之人”，彼此的关系是平等的。“臣之与君，名异而实同。”[③]因此臣不仅不是“君之仆妾”，而应是“君之师友”。黄宗羲还反对以父子关系比拟君臣关系，他说：“父子一气，子分父之身而为身，……君臣之名，从天下而有之者也。吾无天下之责，则吾在君为路人。”[④]在这里，黄宗羲划清了政治伦理与宗法伦理的界限，动摇了君尊臣卑的理论基础。

其次，黄宗羲主张以“天下之法”取代专制君主的“一家之法”，以法制来约束君主专制。他认为三代以下的法是专制君主“不胜其利欲之私以创之”，“为一己而立”的“一家之法”，是保障君主专制权力的“非法之法”[⑤]。要抑制专制君权，就必须废弃“一家之法”，建立“天下之法”。黄宗羲不同意传统儒家的“有治人而无治法”的理论，指出：“自非法之法桎梏天下人之手足，即有能治之人，终不胜其牵挽嫌疑之顾盼”，难有作为；倘先有公正之法，“其人是也，则可以无不行之意；其人非也，亦不至深刻罗网，反害天下。”[⑥]因此他特别强调“有治法而后有治人”，通过法治的巨大约束力，把君主制度纳

---

① 黄宗羲：《明夷待访录・原君》。

②③④ 黄宗羲：《明夷待访录・原臣》。

⑤⑥ 黄宗羲：《明夷待访录・原法》。

入“公天下”的轨道。“有治法而后有治人”，实际上是对儒家“修身齐家治国平天下”伦理政治理论的重大修正。

第三，黄宗羲主张“公非是于学校”，通过舆论监督来制约君权。他认为，学校不仅是培养人才的场所，更重要的，学校还制造舆论，议论朝政，“使治天下之具皆出于学校”。通过学校议政，使“天子亦遂不敢自为非是，而公其非是于学校”[①]。有人认为，黄宗羲的学校议政已含有资产阶级代议机关的性质，此说虽有拔高之嫌，但黄宗羲的思想确乎具有超越君主专制制度的轨范而接近近代民主政治的意味。

《明夷待访录》并非时代的“孤儿”。黄宗羲的上述观点，不同程度地存在于他的许多同时代人的思想中。顾炎武曾自称其思想“同于先生（黄宗羲）者十之六七”[②]，他认为中国幅员辽阔，政事万端，“固非一人所能操也”，专制君主却出于“执大利”的目的，“尽天下一切之权，而收之在上”[③]，从而导致民众疾苦，国家穷困。因此，顾炎武反对“独治”而主张“众治”，他说：“人君之于天下，不能以独治也，独治之而刑繁矣，众治之而刑措矣。”[④]与黄宗羲、顾炎武一样，王夫之也抨击“家天下”，向往“公天下”。他说：“以天下论者，必循天下之公，天下非一姓之私也。”[⑤]他的理想社会是“不以一人疑天下，不以天下私一人”[⑥]。其旨趣同《明夷待访录》相当切近。吕留良也是当时批评君主专制的健将。他指出：“自秦汉以后许多制度”其本心“绝是一个自私自利，惟患失却此家当”[⑦]；就君臣关系而言：“天下统一于君，遂但有进退而无去就。嬴秦无道，创为尊君卑臣之礼，上下相隔悬绝，并进退亦制于君而无所逃，而千古君臣之义为之一变。”[⑧]吕留良认为，如果“此一伦不正，上体骄而下志污，欲求三代之治未易得也”[⑨]。至于唐甄在《潜书》中谴责专制帝王的尖锐程度，在当时更是可惊可骇的。他斥“自秦以来，凡为帝

---

① 黄宗羲：《明夷待访录·学校》。

② 《亭林佚文辑补·与黄太冲》，《顾亭林诗文集》，中华书局1983年版，第239页。

③ 顾炎武：《日知录》卷九《守令》。

④ 顾炎武：《日知录》卷六《爱百姓故刑罚中》。

⑤ 王夫之：《读通鉴论》卷末《叙论一》。

⑥ 王夫之：《黄书·宰制》。

⑦⑧⑨ 吕留良：《四书讲义》卷二十九、三、二十七。

王者皆贼也”[①]，认为导致天下动乱的罪责在君，导致亡国之祸的罪责也在君。他说：“治天下者惟君，乱天下者惟君。治乱非他人所能为也，君也。”[②]为此他提出“抑尊”的主张，要求抑制君主至高无上的尊严和威权。

黄宗羲、顾炎武、王夫之、吕留良、唐甄等对君主专制的批判和对未来政治的设计，使经世思想在“治体”上发生了新变。以往的种种经世学说，无论是“尊君论”，还是“民本论”，“尊君”是共同的，其治世的原点都是“君”，只不过“尊君论”是尊一切君，而“民本论”尊的是明君。但在明清之际的经世思潮中，变“尊君”为“罪君”和“抑君”，“民”成为治世的原点。即所谓“天下之治乱，不在一姓之兴亡，而在万民之忧乐”[③]。强调了“民”在维护自身权益中的主体作用。这较之先秦民本主义者仅仅批评暴君，景仰“王道”“仁政”的思想大大前进了一步，而具有一种冲破千年专制网罗之潜势。

三、“利用厚生”思想的新发展

“利用厚生”思想是中国经世思想的重要内容。“利用厚生”一词出自《尚书·大禹谟》：“正德、利用、厚生，惟和。”南宋蔡沈注曰：“利用者，工作什器、商通货财之类，所以利民之用也。厚生者，衣帛食肉、不饥不寒之类，所以厚民之生也。”[④]因此，“利用厚生”思想类似于我们今天的经济思想。与明中叶以来资本主义萌芽的历史现实相联系，在明清之际的经世思潮中，“利用厚生”之学受到普遍关注，并闪现出若干新思想的火花。

1.“非王者之所得私”和“惟农为有田”的土地思想

明代自嘉靖、万历以来，皇室贵戚及地方豪绅疯狂掠夺和兼并土地。皇室和权臣以“官田”名义，垄断了全国耕地总面积的七分之一。加之豪绅们千方百计转嫁赋役于劳苦百姓身上，以致出现“田连阡陌而户赋不满斗石者，贫无立锥而户赋至数十石者”的情况。土地兼并和赋役的苛重，使大批农民陷入贫困，沦为流民。农民起义此伏彼起，其滚滚洪流最终将明王朝覆灭。有鉴于此，明清之际的经世学者非常重视对土地问题的研究。其中，最值得注意的是

① 唐甄：《潜书·室语》。
② 唐甄：《潜书·鲜君》。
③ 黄宗羲：《明夷待访录·原臣》。
④ 蔡沈：《书经集传》卷一《大禹谟》。

王夫之、黄宗羲和颜李学派的观点。

王夫之认为，在上古时代还没有土地私有制度，也没有强制性赋税，“田无定主，国无恒税”；三代以后，才由王者“划井分疆，定取民之则”；汉以后则“世业相因”，“民自有经界，而无烦上之区分”[①]。从这种历史进化论出发，他否定了“普天之下，莫非王土”的传统观念，主张“有力者治其地”。他说：“若土，则非王者之所得私也。天地之间，有土而人生其上，因资以养焉。有其力者治其地，故改姓受命而民自有其恒畴，不待王者之授之。”[②]认为古代根本不存在所谓的授田之制。

黄宗羲也对“普天之下，莫非王土”的传统观点提出质疑，他说：“先王之时，民养于上。其后民自为养，又其后横征暴敛，使民无以自养。《诗》云：普天之下，莫非王土……田出于王以授民，故谓之王土。后世之田为民所买，是民土而非王土也。”[③]鉴于明末土地兼并严重从而激起农民大起义而使明王朝覆灭的历史教训，黄宗羲竭力主张改革田制。他提出了一个特殊的“复井田”的方案，其具体办法是：把全部国有土地（官田）分授于民，规定每户授田五十亩，只授不还；授田余下的官田，听任“富民之所占”。如此“则天下之田自无不足，又何必限田、均田之纷纷，而徒为困苦富民之事乎！”[④]这一方案显然同古代以土地国有为前提的井田制思想完全不同，实际上是借“井田制”的形式把全部官田化为私田。

颜李学派的主要代表颜元、李塨和王源，都很重视对土地问题的研究。颜元说：“使予得君，第一义在均田，田不均则教养诸政，俱无措施处。”[⑤]明确地把解决土地问题，作为其根本的政治主张。他反复深入研讨土地问题，提出了“天地间田，宜天地间人共享之”思想[⑥]。其弟子王源在此基础上，进一步提出“不为农则无田”“有田必自耕”“惟农为有田”的土地思想。他说：“明告天下以制民恒产之意，谓民之不得其养者以其无立锥之地，所以无立锥之地者以豪强之兼并。今立之法：有田者必自耕，毋募人以代耕。自耕者为农……

① 王夫之：《宋论》卷二。

② 王夫之：《噩梦》。

③ 黄宗羲：《破邪论·田赋》。

④ 黄宗羲：《明夷待访录·田制二》。

⑤ 《习斋言行录》卷上《三代》。

⑥ 颜元：《存治编·井田》。

不为农则无田。士商工且无田，况官乎！官无大小皆不可以有田，惟农为有田。”[①] 具有明显的否定封建土地所有制的倾向。不仅如此，王源还设计出以赎买（或报以爵，或酬以资）为主、没收等为辅的“收田”政策来实现其“僵田制”理想。

土地兼并是自战国秦汉以来一直困扰中国社会的一个周期性病症，两千多年来许多思想家为它开过医方（如孟子的“井田论”、董仲舒的“限田论”等），也有许多政治家为它动过手术（如王莽实行的“王田制”、北魏实行的“均田制”等），但综括起来，都不过是在现有土地所有制上的“均田”和“限田”。明清之际的经世学者则突破了传统的思想，如果说王夫之、黄宗羲还只是对古代土地制度产生质疑的话，那么，王源则直接终结了中国古代土地思想，从而开启了近代“耕者有其田”思想的先河。

2.“工商皆本”思想和“听民自为”的经济自由主张

“工商皆本”的思想，自 16 世纪初即已在中国酝酿。从王阳明晚年倡“四民平等”说[②]始，迄于明末，有何心隐提出“商贾大于农工”说[③]，有李贽抗辨“商贾亦何鄙之有”[④]，有汪道昆鼓吹“良贾何负闳儒”[⑤]，有东林党人赵南星提出“士农工商，生人之本业”说[⑥]，有冯应京主张“九流百工皆治生之事”[⑦]，还有王徵提出“商人者，财用发生之根本”[⑧]的鲜明的重商主义命题。正是在此基础上，黄宗羲否定了以工商为“末”的传统观点，明确提出“工商皆本”论。他说：“今夫通都之市肆，十室而九，有为佛而货者，有为巫而货者，有为倡优而货者，有为奇技淫巧而货者，皆不切民用，一概痛绝之，亦庶乎救弊之一端也。此古圣王崇本抑末之道，世儒不察，以工商为末，妄议抑之。夫工固圣王之所欲来，商又使其愿出于途者，盖皆本也。”[⑨] 认为对“本”与“末”的划分，不应按农业与工商业的界限来划分，而应把凡是有利于社会

① 李塨：《平书订》卷七《制田》。
② 《王阳明全书》卷二十五《节庵方公墓表》。
③ 《何心隐集》卷三《答作主》。
④ 李贽：《焚书》卷二。
⑤ 汪道昆：《太函集》卷五十五《诰赠奉直大夫户部员外郎程氏赠宜人闵氏合葬墓志铭》。
⑥ 《赵忠毅公文集》卷四《秦仰西雷翁七十序》。
⑦ 冯应京：《月令广义》卷二《岁令二 · 授时》。
⑧ 王徵：《两理略》卷二《恤商裕国》。
⑨ 黄宗羲：《明夷待访录 · 计财三》。

财富增长的生产和流通行业均看作本业，凡是损耗或浪费社会财富的行业则皆是末业。“工商皆本”论打破了传统的“重本抑末”思想的束缚，它的提出是中国自嘉靖、万历以来资本主义萌芽的必然反映，昭示了中国社会从传统的以农为本、以农立国迈向以工商为本、以工商立国的新趋向。

与“工商皆本”的思想相关联，明清之际的一些经世学者还主张国家对各种经济活动不强加干预和限制，“听民自为”。如王夫之十分重视人们在经济生活中的自利自为，他说：“人则未有不自谋其生者。上之谋之，不如其自谋。上为谋之，且弛其自谋之心，而后生计愈蹙。故勿忧人之无以自给也。”[①]认为听民自谋自为，尽量减少国家干预才是最合理的。他主张开放盐的流通领域，允许商人自由贩运。他还主张取消盐的地界限制，指出无地界之限的好处是“盐价恒平，商之利亦有恒”[②]。对于当时处处设卡、限制商人自由经营的“钞关”制度，他坚决反对：“夫四海之内……商旅行焉，以通天下之货贿，可无用关也。而古之为关者，以非常之变，恐为行者之害而讥察之，以使无忧。今则暴君敛之，污吏侵之，奸民因起而刻削之，刑罚日加，争夺日甚矣，暴虐商旅而已矣。”[③]与王夫之一样，顾炎武竭力反对盐铁专卖，指出由商人自由贩卖才是“得中正之法”[④]。唐甄也主张“听民自为”的自由放任政策，他认为财富的生产和增值是一个自然而然进行的过程：“海内之财，无土不产，无人不生，岁月不计而自足，贫富不谋而相资。”所以经济的发展不需要国家插手，政府应该做的事情就是听任这一过程的自然进行：“圣人无生财之术，因其自然之利而无以扰之，而财不可胜用矣。”[⑤]有学者认为，明清之际经世学者的“听民自为”的经济自由主张有些接近于亚当·斯密让“看不见的手”充分发挥作用，而政府只充当守夜人角色的理论观点[⑥]。此说虽有些拔高，但“听民自为”的主张的确反映了当时市民阶层反对官府干涉、自由发展工商经济的要求。

3. 民富先于国富的“富民”论

---

① 王夫之：《读通鉴论》卷十九。

② 王夫之：《噩梦》。

③ 王夫之：《四书训义》卷三十八。

④ 顾炎武：《天下郡国利病书》卷三十五《山东》。

⑤ 唐甄：《潜书 · 富民》。

⑥ 马涛：《论明清实学中的自由经济思想》，《开封大学学报》1998 年第 4 期。

在中国思想史上，就富民与富国的关系而论，存在着两种相反的观点：一为富国第一，这种观点与国家对经济实行干预的观点相应，主张对经济应实行官营禁榷，突出国家财政的意义。二为富民第一，不赞成政府对经济的强权专卖，反对“与民争利”，肯定老百姓对自身物质利益追求的合理性，主张民富先于国富。明清之际主张“听民自为”的经世学者多是持这种观点的代表人物。如王夫之就非常看重“求富”。他说：“国无富人，民不足以殖。”[①] 在王夫之看来，富人在关键时刻可以养贫民，是“民之司命”：“卒有旱涝，长吏请蠲赈，卒不得报，稍需岁月，道殣相望；而怀百钱，挟空券，要豪右之门，则晨户叩而夕炊举，故大贾富民者，民之司命也。”[②] 因此，他极力反对用政治手段来抑富济贫，认为这无异于是“割肥人之肉，置瘦人之身，瘦者不能受之以肥，而肥者毙矣”[③]。他大声疾呼：“纾富民，而后国可得而息也。”[④] 黄宗羲也一再强调，解决土地问题不能“夺富民之田”，不要“为困苦富民之事”，不仅主张对富民也进行授田，而且还应将授田余额拿出来，“听富民之所占”[⑤]。唐甄则进一步把“富民”提高到治国方略的高度，他说：“立国之道无他，惟在于富，自古未有国贫而可以为国者。夫富在编户，不在府库。”[⑥] 强调治国首先在于富国，而富国必先富民。“为治者不以富民为功而欲幸致太平，是适燕而马首南指也”[⑦]。他认为“富民”的作用非常之大：“千金之富，可惠亲友；五倍之富，可惠邻里；十倍之富，可惠乡党；百倍之富，可惠国邑；天子之富，可惠天下。”[⑧]

尽管在明代以前就有许多思想家提出过“富民”思想，但他们所重视的仍然是“本富”，所强调的致富手段仍然是或主要仍然是“强本”“务本”。而明清之际提出的“富民”思想有着新的时代内容。首先，他们所重视的富，主要已不是“本富”，而恰是古代不很重视的“末富”。他们所同情、关心并希望其致富的人，更多的是从事商品生产和商品流通的“末民”（即工商业者）。

① 王夫之：《读通鉴论》卷二。
②④ 王夫之：《黄书·大正》。
③ 王夫之：《宋论》卷十二。
⑤ 黄宗羲：《明夷待访录·田制二》。
⑥ 唐甄：《潜书·存言》。
⑦ 唐甄：《潜书·考功》。
⑧ 唐甄：《潜书·富民》。

其次，他们主张的安富、保富的“富民”政策，在当时主要是反对专制国家打着抑兼并的旗号来压制、侵夺自己的财富。这代表了当时随着商品经济的发展，一些富民尤其是工商富民扩大财富、发展自己经营的积极要求。

四、广采博纳外域新知，会通中西

16、17世纪之交，以利玛窦为代表的耶稣会士远涉重洋，联翩来华，将西方近代早期文化导入中国，从而揭开近代中西文化冲突与交融的序幕。耶稣会士传入的西学，主要包括西方的自然科学知识和人文知识两个方面。在自然科学方面，他们带来了西方的天文学、地理学、数学、物理学、生理学、医学、生物学等学科的新知识。诚如朱谦之先生所说：“来华耶稣会士对于吸收当时世界最新的科学已经尽了最大的努力了。”① 在人文学方面，他们带来西方的哲学、宗教学、伦理学等知识。这些西学的输入，拓宽了当时中国人的视野。在明清之际的经世思潮中，徐光启、李之藻、王徵、方以智等一批经世学者，以开放的文化心态，广采博纳外域新知，把西学融入自己的经世思想体系。

针对明末“空谈心性，不务实际”的空疏学风，徐光启、李之藻等人赞扬西学的务实精神。在《刻同文算指序》中，徐光启说，自己“相与从西国利先生游，论道之隙，时时及于理数。其言道言理，既皆返本遮实，绝去一切虚玄幻妄之说”②。李之藻更把西方传入的科学技术看成是一种“儒者实学”，他指出：“夫经纬淹通，代固不乏玄樵；若吾儒在世善世，所期无负霄壤，则实学更自有在，藻不敏，愿从君子砥焉。”③ 从经世致用的愿望出发，徐光启、李之藻等人对传教士输入的“格致穷理之学”积极迎受，将介绍传播西学作为他们挽救时艰、富国强兵的一项重要内容。如徐光启翻译《勾股义》，是因为在他看来“西北治河，东南治水利，皆目前救时至计”；为此有必要汲取西方有关学术，“广其术而以之治水治田之为利巨、为务急也，故先之”④。他呼吁学习西洋火器制造术，是为了抵御关外清兵的进攻，“惟尽用西术，乃能胜之”⑤。王徵译绘刊刻邓玉涵的《奇器图说》时，有人责问他：“今兹所录，

① 朱谦之：《中国哲学对于欧洲的影响》，福建人民出版社1985年版，第107页。
②④⑤ 《徐光启集》，中华书局1963年版，第80，84、82，289页。
③ 《李之藻集》卷四《浑盖通宪图说序》。

特工匠技艺流耳，君子不器，子何弊弊焉于斯？”王徵明确回答：“兹所录者，虽属技艺末务，而实有益于民生日用，国家兴作甚急也。”[①]他们曾作过一个规划，准备在十年内将传教士带到中国的图书，择其“有益于世用者，渐次广译”[②]。

徐光启、李之藻等人对西方宗教神学的推崇和信仰，在相当的程度上出自于危机意识和经世愿望。他们认为，在晚明社会危机频仍，理学无补大局，西学具有补强作用。诚如徐光启所一再申明的：“余尝谓其教必可以补儒易佛”[③]；“必欲使人尽为善，则诸陪臣所传事天之学，真可以补益王化，左右儒术，救正佛法者也”[④]。“若崇信天主，必使数年之间，人尽为贤人君子，世道视唐虞三代且远胜之，而国家更千万年永安无危，长治无乱。”[⑤]孙元化亦断言：“一还吾三代之隆懿，非泰西教学不可。”[⑥]冯应京更将天主教神学视为急不可缓的“救世神药”[⑦]。

值得称道的是，明清之际的经世学者不仅广采博纳外域新知，而且还主张会通中西。徐光启认为：“欲求超胜，必须会通。”[⑧]他曾计划根据“度数旁通十事”的构想，以西学全面改造我国的气象学、水利学、音乐学、医学、会计学、建筑学、机械工程学、军事学等自然科学。他负责的修历工作“熔西人之精算，入大统之型模；正朔闰月，从中不从西；定气整度，从西不从中”[⑨]，既吸收了西洋历法中能准确反应天象的技术，又继承了传统历法中能为农业生产提供科学依据的合理成分。李之藻亦力主会通中西，《浑盖通宪图说》《同文算指》便是他“会通一二”[⑩]的努力。至方以智，则进一步提出了“借远西为郯子，申禹周之矩积”[⑪]的会通主张。他认为明末传教士输入的西学“详于质测，而拙于言通几；然智士推之，彼之质测，犹未备也”[⑫]。从西

---

① 王徵：《远西奇器图说录最·序》。

② 《李之藻集》卷一《请译西洋历法等书疏》。

③④⑧ 《徐光启集》第66、432、374页。

⑤ 徐光启：《答乡人书》。

⑥ 孙元化：《则圣十篇引》。

⑦ 艾儒略：《大西西泰利先生行迹》。

⑨ 阮元：《畴人传》卷四十二。

⑩ 《李之藻集》卷四《浑盖通宪图说序》。

⑪ 方以智：《物理小识·总论》。

⑫ 方以智：《物理小识·自序》。

学“详于质测”这一认识出发，方以智主张“以远西为郯子”，学习西方的科学技术，为我所用。同样地，他基于西学“拙于言通几”这一认识，坚决反对传教士的宗教神学。徐光启、方以智等的会通主张，在清初为王锡阐、梅文鼎等人所继承。如梅文鼎在西学问题上，既反对“专己守残而废兼收之义”，也反对“喜立异而缺稽古之功”，而主张“法有可采，何论东西；理所当明，何分新旧”[①]。正是在这一会通过程中，中国传统科技开始突破重实用、轻理论的思维局限，形成具有近代意义的“质测之学”。

中国经世传统一直存在着重政务、轻自然、斥技艺的倾向，明清之际的经世学者广采博纳外域新知，会通中西，将西方科技作为挽救危亡、富国强兵的重要手段，突破了重道轻艺的传统，极大地充实了中国经世实学的社会内涵。

五、经世之学的独立

虽然经世观念的源头可以追溯到元典时代，经世思想在中国文化史上可谓源远流长，但经世之学作为一门独立的学术则萌芽于北宋中叶，而形成于明清之际。

北宋中叶，以“庆历新政”为契机，在学坛上兴起一股复兴儒学、注重经世的社会思潮。范仲淹、欧阳修等一批有识之士，“先天下之忧而忧，后天下之乐而乐”，高标儒家“名教”，严辨“君子”“小人”，“以通经学古为高，以救时行道为贤，以犯颜纳说为忠”[②]，在学术上排佛老，斥时文，主张通经术，重实用。特别是被称为“宋初三先生”之首的胡瑗，大力倡导“明体达用之学”，将儒家的“内圣外王”理想具体化为“经义治事”的“笃实之学”[③]。把经义与政事、治体与治法统一起来。根据“明体达用”的指导思想，胡瑗创造性提出了分斋教学法，分设“经义”“治事”二斋：“经义则选择其心性疏通、有器局、可任大事者，使之讲明六经；治事则一人各治一事，又兼摄一事，如治民以安其生，讲武以御其寇，堰水以利其田，算历以明其数是也。”[④]“经义”重在“明体”，“治事”重在“达用”。胡瑗的“明体达用之

① 梅文鼎：《堑堵测量》卷二。
② 《苏东坡全集》卷二十四《居士集叙》。
③ 《宋元学案》卷二《泰山学案》黄百家案语。
④ 《宋元学案》卷一《安定学案·胡瑗传》。

学”和分斋教学法，在中国学术史上无疑是一个了不起的创举，它标志着经世之学的萌蘖。“庆历新政”虽然昙花一现，但由它引起的士林风尚和学术格局的变化却方兴未艾。

明清之际，胡瑗的“明体达用”思想得到更进一步的发展。针对当时王学末流空谈心性本体、不务实学的禅学玄风，东林党人提倡学与事统一的有用之学。高攀龙说：“事即是学，学即是事。无事外之学、学外之事也。然学者苟能随事察，明辨的确，处处事事合理，物物得所，便是尽性之学。若是个腐儒，不能事务，不谙时事，在一身而害一身，在一家而害一家，在一国而害一国，当天下之任而害天下。所以《大学》之道，先格物致知，后必归于治国平天下，然后始为有用之学也。”[①] 在倡导经世致用方面，东林党人相当突出，虽然他们的经世活动依然以个人的道德修养为起点，强调以修身为本，但已把经世致用放到最高地位。

东林党人之后，黄宗羲、顾炎武进一步把学问与事功统一起来，强调经世之学的重要性。黄宗羲说：“心无本体，工夫所至，即其本体。”[②] 又说：“道无定体，学贵适用。奈何今之人执一以为道，使学道与事功判为两途。”[③] 主张学道与事功、治体与治法的统一，反对理学家们的“明体”自然“达用”的思想。这样，黄宗羲以“工夫”为媒介把学术与经世致用结合起来，为经世之学的独立摇旗呐喊。

顾炎武论“为学”目的，也强烈提倡经世致用。他说：“君子之为学也，非利己而已也。有明道淑人之心，有拨乱反正之事，知天下之势之何以流极而至于此，则思起而有以救之。”[④] 又说：“君子之为学，以明道也，以救世也。徒以诗文而已，所谓雕虫篆刻，亦何益哉？”[⑤] 可见，“明道救世”是顾炎武为学的归宿。顾炎武所谓“明道”的“道”，是“圣人之道”，它包括“博学于文”和“行己有耻”两个方面：

---

① 《东林书院志》卷五《东林论学语》上。

② 黄宗羲：《明儒学案·原序》。

③ 黄宗羲：《南雷文定五集》卷三《姜定庵先生小传》。

④ 顾炎武：《亭林余集·与潘次耕札》。

⑤ 顾炎武：《亭林文集》卷四《与人书二十五》。

> 愚所谓圣人之道者如之何？曰博学于文，曰行己有耻。自一身以至于天下国家，皆学之事也；自子臣弟友以至出入、往来、辞受、取与之间，皆有耻之事也。[①]

这里所说的文，绝不仅仅限于文字、文章之文，而是人文，是包含着广泛内容的社会知识。正如顾炎武自己所说："君子博学于文，自身而至于家国天下，制之为度数，发之为音容，莫非文也。"[②]在宋明理学中，虽然各派对于"道问学"或"尊德性"各有偏重，但就学的最终归趋而言，"道问学"的目的仍然是为了"尊德性"。此在陆王一系固不待言，即使程朱一系也不例外。顾炎武将"博学于文"与"行己有耻"并举，已在无形中划分它们为两个各自独立的领域，突出了客观知识即"学"的地位，为"经世之学"的独立奠定了坚实的理论基础，从而克服以客观知识为道德之附庸这一传统儒学最严重的缺陷。

值得一提的是，在明清之际，胡瑗的分斋教学法，也受到广泛的重视。明清之际学者陆世仪在批判理学末流的空疏学风时，就大力提倡胡瑗的分斋教学法，主张在学校中"当仿安定湖学教法，而更损益之。如经义则当分为《易》、《诗》、《书》、《礼》、《春秋》诸科，治事则宜分为天文、地理、河渠、兵法诸科。各聘请专家名士，以为之长"[③]。清初颜元亦十分推崇胡瑗的学术思想，指出："惟安定胡先生，独知救弊之道在实学不在空言，其主教太学也，立经义、治事斋，可谓深契孔子之心矣。"[④]又说："秦汉以降，则著述讲论之功多而实学实教之力少。宋儒惟胡子立经义、治事斋，虽分析已差而其事颇实矣。"[⑤]颜元晚年执教漳南书院，分设六斋：一曰文事斋，教授礼、乐、书、数、天文、地理等科；二曰武备斋，讲授黄帝、太公、孙、吴诸子兵机，攻守阵营，水陆诸战法，射御、击技等科；三曰经史斋，讲授十三经，历代史、制诰、章奏、诗文等科；四曰艺能斋，教授水学、火学、工学、象数等科；五曰理学斋，皆习程朱陆王之学；六曰帖括斋，制举者居之。这显然是对胡

---

① 顾炎武：《亭林文集》卷三《与友人论学书》。

② 顾炎武：《日知录》卷七《博学于文》。

③ 陆世仪：《思辨录辑要》卷二十。

④ 颜元：《存学编》卷三《性理评》。

⑤ 颜元：《存学编》卷一《明亲》。

瑗的分斋教学法的扩充和发展。颜元弟子李塨也在新的历史条件下发挥胡瑗的实学思想，主张“分科以为士，曰礼仪、曰乐律，经史有用之文即附二科内；曰天文，历象、占卜、术数即附其内；曰农政、曰兵法、曰刑罚、曰艺能，方域、水学、火学、医道皆在其内；曰理财、曰兼科；共九科”[①]。胡瑗分斋教学法在明清之际的推广和发展，说明经世之学作为一门独立的学问已越来越受人重视。

经世之学在明清之际独立的一个重大标识，是“经世文编”的涌现和“经世文编”体例的初步成熟。

与经世之学的萌芽相对应，“经世文编”这一文化现象也萌芽于宋代。宋代以“经世”或“经济”为名的著作共有三部，分别是邵雍的《皇极经世书》、万季机的《经济文衡》和唐仲元的《帝王经世图谱》。由于当时占主导地位的是注重“内圣”之学的理学，所以其内容多谈修养心性、天地万物变化、阴阳消长、宇宙生成等形而上问题。

元代有官修的《经世大典》问世。《经世大典》类似“政书”，共分十篇：君事四篇、臣事六篇，君事四篇为“帝号”“帝训”“帝系”“帝制”，臣事六篇仿唐六典之制分为“天”“地”“春”“夏”“秋”“冬”，下分细目“治典”“赋典”“礼典”“政典”“宪典”“工典”，收录了元代文宗以前各君主对臣下的诏诰敕语，及朝臣讨论财政、军事、行政、宗庙礼制、河渠城郭、车服食货等奏疏。这表明“经世文编”的内容已由“内圣”之学扩展到“外王”之学。

进入明朝，尤其万历以后，编纂冠以“经济”“经世”的“文编”，渐成风气。如黄训编《皇明名臣经济录》、万表编《皇明经济文录》、黄仁溥编《皇明经世要略》、郑善夫著《经世要谈》、冯应京编《皇明经世实用编》、万廷言著《经世要略》、郑璧著《经世宏策》、俞琳斩编《经世奇谋》、沈一贯编《经世宏词》、冯琦、冯瑗等编《经济类编》、陈其愫编《经济文辑》、张文炎编《经济文钞》、张鍊编《经济录》、陈仁锡编《八编经世类纂》、颜季亨著《经世急切时务》、陈子壮编《昭代经济言》和《经济宏词》、陈子龙等编《皇明经世文编》等。上述18部经世文编，刊行于万历以前的只有3部，其余15部

① 李塨：《平书订》卷六《取士》。

均刊行于万历以后。其涉及的内容既有谈心性的“内圣”之学，也有谈人伦日用的生活常识，而更多的是谈治国平天下的“外王”之学。万历以后，随着社会危机日趋严重，经世思潮随之高涨，与这种学风桴鼓相应，一批有资于治道和国计民生的经世文编竞相涌现，其中影响最著者，即为陈子龙领衔的《皇明经世文编》。

《皇明经世文编》“网罗本朝名卿巨公之文有涉世务国政者”，共508卷，洋洋400万字。在“以资世用”的选编原则下，特别强调了“明治乱”“重经济”“详军事”“存异同”。内容涉及时政、弹劾、谏诤、刑法、职官、科举；军务、边防、边情、边墙、兵饷、马政、海防、火器；财政、赋税、徭役、商课、工匠、钱币、盐茶、漕运、屯田、水利、农事、灾荒；贡市、番舶；礼仪、宗室等。记录了有明一代各个时期的政治、军事、经济、文化、民族关系、对外关系等各个方面的具体情况和典章制度，真实地反映了明代270余年间的风云变幻、治乱兴衰。陈子龙、宋征璧、徐孚远、李雯等复社君子呕心沥血编印《皇明经世文编》，其目的是为了转移晚明“士无实学”的空疏学风，开创“通今”“实用”的新风，挽救明末的社会危机。

《皇明经世文编》不仅是一部内容翔实的史书，又是一部“治乱攸关”的政书，更是一部晚明经世实学的巨著。当时的复社领袖张溥称赞道：“伟哉是书，明兴以来未有也。”[①] 吴晗高度评价此书是“一部从历史实际出发，总结明朝两百几十年统治经验，企图从中得出教训，用以改变当前现实、经世致用的书。这部书的编辑、出版，对当时的文风、学风是一个严重的挑战，对稍后的黄宗羲、顾炎武等人讲求经世之学，也起了先行者的作用”[②]。实际上，《皇明经世文编》的意义不止于此，它还标志着以“经世文编”这一选本形式作为经世之学的载体已经初步走向成熟，成为经世之学独立的一个显著标识。

综上所述，明清之际的经世思潮突破了以往经世思想的发展路径，呈现出一系列新的趋向，不仅将中国经世思想推向一个新的发展阶段，而且孕育了启蒙思想，使经世思潮与启蒙思潮相互交织，显示出一种新的时代精神的萌动，成为晚清经世实学的直接先导。梁启超认为，晚清学术是“残明遗献思想之复

---

① 张溥：《皇明经世文编·序》。

② 吴晗：《影印明经世文编序》，《明经世文编》第1册，中华书局1962年版，第1～2页。

活”[①]。又说：“于是以其极幼稚之‘西学’智识，与清初启蒙期所谓‘经世之学’者相结合，别树一派，向于正统派公然举叛旗矣。此则清学分裂之主要原因也。”[②]王国维也说：“道咸以降，涂辙稍变，言经者及今文，考史者兼辽金元，治地理者逮四裔，务为前人所不为，虽承乾嘉专门之学，然亦逆睹世变，有国初诸老经世之志。”[③]都明确地将明清之际的经世思潮看作是晚清学术变动的直接源头。

---

① 梁启超：《中国近三百年学术史》，中国书店1985年版，第29页。

② 梁启超：《清代学术概论》，东方出版社1996年版，第65页。

③ 王国维：《观堂集林》卷二十三《沈曾植七十寿庆序》。

第一章　19世纪上半叶的“世运潜移”与学术不变

第一节　清朝中衰与“数千年未有之变局”

乾隆朝（1736—1795）是清朝由盛到衰的转折点。乾隆帝即位之初，承康熙、雍正之治，敬事慎谋，励精图治，无论是文治还是武功都超迈前古。社会稳定，经济繁荣，声威远被，“在有清260余年中，固属绝无仅有之时代，即在我国历史上，亦可以媲美汉唐，光延史册”[①]。然而，像中国历史上的所有王朝一样，清朝未能摆脱治乱循环的历史怪圈。乾隆帝晚年，骄奢日盛，挥霍无度，怠倦政事，宠信贪婪无厌的和珅，政治日趋腐败，社会矛盾日益尖锐激化。此时“外面的架子虽未甚倒，内囊却也尽上来了”[②]。1795年，湘黔苗民和川陕白莲教大起义的爆发，为“承平六十年”的乾隆朝画上一个惨淡的句号，清朝的历史由此滑向嘉道以降的“衰乱之世”，内忧外患，接踵而至。但与以往的历代王朝相比，清中叶以降所患的这种“末世综合症”又有新的内涵。首先，在“内忧”方面，中国两千多年的专制政体至清中叶已发展到极致，由此引发了政治、经济、社会等的全面危机，任何一种沿袭过去的改革都难以解决这种制度性的社会危机；其次，在“外患”方面，所面临的已不再是那些来自“西北口外”“纵辔长驱”的夷狄，而是从海上来的经历工业革命洗礼、拥有“坚船利炮”的西洋人。西方殖民势力的骎骎东来，对传统的中华世界秩序提出严峻的挑战，使中国面临着殖民化的危机。总之，跌入“衰乱之世”的清王朝面临着的是一个“数千年未有”的历史大变局。

---

① 萧一山：《清代通史》卷中，中华书局1984年版，第258页。

② 曹雪芹、高鹗：《红楼梦》，人民文学出版社1990年版，第16页。

一、官僚政治的总体性腐败

腐败本是中国专制官僚政治的痼疾。一般而言，在一个王朝的初期政治相对清明，此后吏治就日趋败坏，至王朝末期多是腐败不堪，无从救药，新的王朝就会取代旧的王朝。黄炎培将这种现象称为“历史的周期律”。而清朝以少数民族入主中原，为笼络怀柔汉人官僚，清初一直政尚宽大，以至于到清中叶，腐败现象已极为严重，几乎任一社会政治角落均贪污成风。乾隆帝痛论：“各省督抚中洁己自爱者，不过十之二三；而防闲自竣者，亦恐不一而足。”[①]同时，由于清代官僚政治的专制程度已达极致，臣僚们有职无权，实际沦为办事员式的吏胥，因而，其风气日益敝坏，诚所谓：“权不重则气不振，气不振则偷，偷则敝。”[②]而专制帝王的个性、能力、好恶等个体特性对他所支配的官僚政治机器的具体特点乃至成败兴衰都有影响。乾隆的虚骄、尊荣是宠信佞臣和珅的原因，加剧了腐败之风的滋长和蔓延。和珅任军机大臣 24 年，长期柄政，“善伺高宗意，因以弄窃作威福。不附己者，伺隙激上怒陷之。纳贿者则为周旋，或故缓其事，以俟上怒之霁”[③]。因而“纳贿谄附者，多得清要；中立不倚者，如非抵罪，亦必潦倒”[④]。一些“督抚司道，畏其倾陷，不得不辇货权门，结为奥援”[⑤]。致使吏治废弛，纲常大坏。“盐政、河工素利薮，以征求无厌，日益敝。川楚匪乱，因激变而起，将帅多倚和珅，靡饷奢侈，久无功。”[⑥]到嘉、道时期，整个官僚体制已腐败不堪，形成颓风难挽的局面。

首先是贿赂公行，贪污成风。当时“印官上任，书役馈送辄数万金；督抚过境，州县迎送必数万金”。而“州县有千金之通融，则胥役得乘而牟万金之利；督抚有万金之通融，则州县得乘而牟十万之利”[⑦]。因此几乎是无官不贿，无官不贪。廉与不廉的区别仅仅在于“廉者有所择而受之，不廉者百

---

① 《清高宗实录》卷一四八四。

② 《龚自珍全集》，上海人民出版社 1975 年版，第 35 页。

③⑥ 《清史稿》卷三一九《和珅传》。

④ 《朝鲜李朝实录中的中国史料》第 11 册，中华书局 1980 年版，第 4881 页。

⑤ 薛福成：《庸庵笔记》卷三《入相奇缘》。

⑦ 章学诚：《章氏遗书》卷二十九《与执政论时务书》。

方罗致，结拜师生、兄弟以要之”[①]。而具有讽刺意味的是，当时各级官僚的各种贪污竟还逐渐公开化、合法化为各种“陋规”，相沿成习。这样，人人聚敛，上下交征，贪风日炽。有的捏灾冒赈，有的侵吞地丁钱粮，有的私造印信冒支库银，手段翻新，不一而足。而且上下相蒙，曲加庇护，狼狈为奸，最终导致了今天的社会学家称之为“系统化贪污”的现象。如甘肃布政使王亶望谎报旱情、冒领赈粮一案，同案犯竟达 70 人之多，其中冒领两万以上被判死刑者就有 22 人[②]。尤其值得注意的是，当时各地书吏、幕友乘机作弊，私造印信，肆意侵吞公款的现象，所在皆有，而数量之巨，为历朝从所未有。如直隶藩司司书王丽南等，私刻藩司及司库官印信，上下串通，自嘉庆元年至十一年以“虚收虚抵，重领冒支”等手段，侵盗地丁、耗羡、杂税 31 万余两；又如工部书吏王书常、蔡泳受等私造假印，勾结部曹，冒领库银十四次之多，数目不下千万。侵盗之巨，骇人听闻。清史专家萧一山曾对此感叹不已，他说：

> 当时一省大小官员，通同舞弊，罔上行私，相护恶习，牢不可破。然犹不过私描串票，行于乡曲，寖假而藩司书吏，以假印虚收虚抵矣。寖假而工部书吏，亦以假印冒支国帑矣。州县舞弊，不过数万，省司则至数十万，部府则至千百万。此犹书吏耳，而堂官大吏，又从可知也。[③]

各级官吏的层层朘削，最终都得从老百姓身上搜刮。正所谓“督抚司道等则取之州县，州县则取之百姓，层层朘削，无非苦累良民，罄竭膏脂，破家荡产”[④]。因此当时各地巧立名目、横征暴敛的情形十分严重。如四川有所谓“放炮”“倒炮”“太平炮”等敛财办法，花样翻新，闻所未闻。“官将去任，减价纳税，名曰放炮。繁剧地方，放炮一次，可得万金，或五七千金不等”。新官到任，“亦减价催税，名曰倒炮”，所得比“放炮”更多。甚至既不是新任，也没有去任，却故意放出谣言说官将去任，要“减价催征”，欺骗老百姓去完税，美其名曰“太平炮”。总之，不管哪种“炮”，所得税款，绝大

① 冯桂芬：《校邠庐抗议》卷上《厚养廉议》。
② 《清史稿》卷三三九《王亶望传》。
③ 萧一山：《清代通史》卷中，中华书局 1984 年版，第 278 页。
④ 《清仁宗实录》卷七十五。

部分被私吞[①]。嘉庆四年（1799），乾隆帝驾崩，嘉庆帝亲政。为挽救统治危机，嘉庆帝将和珅治罪，查抄了他的家产，并逐步撤换、贬斥了和珅在各省政务中的一大批有权势的追随者，重用了一批曾反对和珅的大臣，希望以此来刷新吏治，但终因积弊太深而收效甚微。1820年，道光帝继位，为扭转日益严重的贪污之风，曾下旨冻结各级官僚机构的各种“陋规”，由于受到官吏的普遍反对，最后不得不被迫取消。

其次是因循苟且，百务废弛。在但知求财纳贿的风气下，“稍有洁己自好者，不惟白首下僚，无望夫官阶之转，而参劾随之；而贪污者流，既以肥身家乐妻子，而升擢之荣岁且数至”[②]。因此，当时占据要位的，不为贪官，即为庸吏。他们大多“以模棱为晓事，以软弱为良图，以钻营为取进之阶，以苟且为服官之计”。至于“国计民生，非所计也”[③]。嘉庆在位二十五年，朝廷重臣虽多清廉自爱，而昏庸无能者实亦居其大半。嘉庆帝曾痛言：“诸大臣全身保位者多，为国除弊者少；苟且塞责者多，直言陈事者少；甚至问一事则推诿于属员，自言堂官不如司官，司官不如书吏。”[④]在道光朝当权最久的，前为曹振镛，后为穆彰阿。曹振镛为三朝元老，一生奉行“多磕头，少说话”[⑤]的为官之道，谦柔自持，拘谨无为。而穆彰阿庸暗无识，只知结党营私。“自嘉庆以来，典乡试三，典会试五，凡覆试、殿试、朝考、教习庶吉士散馆考差、大考翰詹，无岁不与衡文之役。国史、玉牒、实录诸馆，皆为总裁。门生故吏，遍于中外，知名之士多被援引，一时号曰穆党”[⑥]。

当时有人曾写《一剪梅》，辛辣讥讽官场的腐败之风：

> 仕途钻刺要精工，京信常通，炭敬常丰；莫谈时事逞英雄，一味圆通，一味谦恭。
>
> 大臣经济在从容，莫显奇功，莫说精忠；万般人事在朦胧，议也毋庸，驳也毋庸。

---

① 张集馨：《道咸宦海见闻录》，中华书局1981年版，第116页。

② 刘蓉：《养晦堂文集》卷三《致某官书》。

③ 《清史稿》卷三五六《洪亮吉传》。

④ 郑观应：《盛世危言·书吏》。

⑤ 李岳瑞：《春冰室野乘》。

⑥ 《清史稿》卷三六三《穆彰阿传》。

八方无事岁年丰，国运方隆，官运方通；大家赞襄要和衷，好也弥缝，歹也弥缝。

无灾无难到三公，妻受荣封，子荫郎中；流芳后世更无穷，不谥文忠，便谥文恭。[①]

梁章钜也在《归田琐记》中揭露当时官场的怠玩弊习：“近时作首县十字令者，一曰红，二曰圆通，三曰路路通，四曰认识古董，五曰不怕大亏空，六曰围棋马钓中中，七曰梨园弟子殷勤奉，八曰衣服整齐言语从容，九曰主恩宪德满口常称颂，十曰座上客常满樽中酒不空。”[②] 道光帝对“因循苟且，尸禄保身”的积习也多有指陈[③]，但因积重难返，“虽再三告诫，舌敝唇焦，奈诸臣未能领会”[④]。

黑暗、污浊的官场风气，昭示着统治系统的紊乱和行政效率的低下，而这一切正是王朝衰落的标志。各级官吏们因循苟且，亟亟营私，致使百务废弛，讼案山积。漕运、盐政、河工为清代的三大要政，此时无一不坏。四川庆符县关押一名无罪犯人竟达 35 年之久，而无人过问。正如道光帝所言：“四川一省如此，他省恐亦不免。”[⑤] 至于钱粮的亏空与积欠，全国各地更比比皆是。道光十九年（1839），田赋税课的积欠已达 2940 余万两之多，差不多相当于当时全国一年收入的田赋总额[⑥]。“各省大局，岌岌乎皆不可以支日月”[⑦]。

二、人口压力下社会的病变

清代人口在 1741—1840 年的 100 年间，连续突破 2 亿、3 亿、4 亿大关，到咸丰元年（1851）中国人口已达 4.3 亿，110 年间增长了 2.9 亿，超过以往所有历史时期的增长量，年均增长率达至 1.0%，其增速举世罕见。人口的急剧膨胀，导致资源与人口比例的严重失调。据统计，乾隆十八年（1753）全国人均占有耕地约 4 亩，以后历年递减，乾隆三十一年（1766）3.75 亩，乾隆四十年（1784）2.66 亩，嘉庆十七年（1812）2.36 亩，道光二年（1822）2.03

① 转引自戴逸：《简明清史》第 2 册，第 377 页。

② 梁章钜：《归田琐记》卷七《首县》。

③④⑤⑥ 《清宣宗实录》卷二〇一、一三〇、二四五、三二三。

⑦ 《龚自珍全集》，上海人民出版社 1975 年版，第 106 页。

亩，至咸丰元年（1851）仅 1.75 亩（见表 1.1）。人口增长已大大超过自然经济的负载力。根据当时的生产力水平，“一人一岁之食，约得四亩”[①]，则全国至少三分之一的人口处于饥饿和半饥饿状态。

表 1.1　1753—1851 年间全国人口、耕地及人均耕地数

年度	人口数（人）	耕地数（顷）	人均耕地数（亩）
1753 年	183678259	7352218	4.00
1766 年	208095796	7807290	3.75
1784 年	286321307	7605694	2.66
1812 年	333700560	7889256	2.36
1822 年	372457539	7562102	2.03
1851 年	432164047	7562857	1.75

资料来源：孙毓堂、张寄谦：《清代的垦田与丁口的记录》（《清史论丛》第一辑，第 117～120 页）。

人口与资源比例的严重失调，不仅激化了传统生产方式的固有矛盾，而且还产生一系列新的社会问题，使清中叶的经济与社会呈现出种种病变。

首先，人口的高速增长直接导致生活资源的极大消耗，致使物资短缺，物价腾涨。乾隆年间，粮食短缺已成为全国性问题。各省常平仓贮谷量日渐减少，乾隆中期各省常平仓缺额即已达 326 万石[②]，迨至道光年间每年差缺都在 1000 多万石，“几及储额之半”[③]。连产米之区的江苏、安徽、浙江、江西、湖北、湖南六省，亦出现了粮食不敷的现象。由于粮食的短缺，粮价和田价扶摇直上。据乾嘉时期的钱泳记载，苏、松、常、镇四府，“雍正、乾隆初，米价每升十余文。二十年虫荒，四府相同，长至三十五文，饿死者无算。后连岁丰稔，价渐复旧，然每升亦只十四五文为常价也。至五十年大旱，则每升至五十六七文。自此以后，不论荒熟，总在二十七八至三十四五文之间，为常价

① 洪亮吉：《卷施阁文甲集》卷一《意言 · 生计》。

② 《清朝续文献通考》卷六十三。

③ 《清宣宗成皇帝圣训》卷一二一《仓储》。

矣”[①]。与钱泳同时代的洪亮吉也说：“闻五十年以前吾祖若父之时，米之价以升计者钱不过六七，布之以丈计者钱不过三四十。今者不然，昔之以升计者钱又须三四十矣，昔之以丈计者又须一二百矣。”[②]可见米之常价，乾嘉间已升至四五倍矣。关于田价上涨的情况，钱泳亦有记载，他说：“本朝顺治初，良田不过二三两。康熙年间长至四五两不等。雍正间，仍复顺治初价值。至乾隆初年，田价渐长。然余五六岁时（乾隆三十年左右），亦不过七八两，上者十余两。今阅五十年（嘉庆二十年），竟长至五十余两矣。”[③]从康熙年间的每亩四五两，到嘉庆二十年的每亩五十余两，一百五十余年间田价增长十倍。而其中从乾隆三十年到嘉庆二十年的五十年间，田价就增长了六七倍。

其次，人口的高速增长导致人多田少，流民数量激剧加增，整个社会日趋动荡。乾隆中叶以后，生齿日繁，人多地少、无田可耕的矛盾日趋尖锐。在内地平原地区，人口密度高度集中，但“水陆可耕之地俱经垦辟无余”[④]，土地开发已达饱和点，现有土地已不足养活当地人口。官僚、地主、商人受粮价、田价腾涨的刺激，乘机疯狂兼并土地。早在乾隆年前期，“田之归于富户者大约十之六七，旧时有田之人，今俱为佃耕之户”[⑤]。嘉道时期，土地集中的情况愈益严重，富者田连阡陌，而贫者无立锥之地。嘉庆时，大学士和珅占地达 80 万亩，就连他的两个家丁，也占有土地 6 万亩。广东巡抚百龄，在不到一年的时间，就兼并土地 50 余万亩。道光时的大学士琦善，拥有土地高达 256 万余亩，占地之广超过和珅三倍。至于千亩万亩的地主，更是比比皆是。土地的高度集中，更进一步加剧了当时人多田少的矛盾。大批丧失土地的农民，其中一部分成为地主的佃户和雇工，而绝大部分沦为无业游民。为了谋求生路，他们纷纷向外迁徙。一部分流入城市以乞讨为生或进入工场做工，一部分流往海外侨居谋生，而大部分涌向深山老林或海岛边疆垦荒。内地省际边区，如川陕楚交边山区、湘鄂西山区、湘南山区、皖南山区、湘赣边山区、闽浙赣交边山区，以及边疆的云贵、台湾、海南、蒙古、东北等地区，无不有流民垦殖的

① 钱泳：《履园丛话》卷一《旧闻·米价》。
② 洪亮吉：《卷施阁文甲集》卷一《意言·生计》。
③ 钱泳：《履园丛话》卷一《旧闻·田价》。
④ 《清高宗圣训》卷八十《爱民》。
⑤ 杨锡绂：《陈明米贵之由疏》，《清经世文编》卷三九。

足迹。除了流向上述地区外，各地的帮会组织也吸收了大量的流民。各种帮会组织在乾、嘉以后迅猛发展，以致当时的中国社会“伏莽遍地”。

再次，人口的高速增长导致经济发展的停滞和劳动阶层的贫困化。过剩人口的普遍存在和不断涌现，意味着劳动力越来越便宜，资源和资本越来越昂贵。这样，对劳动替代型技术的需求也因之降低，致使科学技术长期停滞不前，经济的增长日趋“过密化”，陷入一个“高水平均衡陷阱”：一面是人口的迅猛增长，土地资源日益短缺，传统技术的潜力已经挖掘殆尽，整个社会生活水平处在“饥寒界限”以下；一面是科技的停滞和劳动生产率的降低，以致产出的任何增加都只能依靠人口和消费的增加。据推算，明代每个劳动力年产粮食在 4027 斤水平线上，清代却下降至 2262 斤[①]。当时单位面积产量的提高，依赖的不是科技的进步和劳动生产率的提高，而是更多的劳动投入，如施肥、深耕、复种等。对此一问题，嘉道时期学者包世臣说：“凡治田不论水旱，加粪一遍，则溢谷二斗；加做一工，亦溢谷二斗。”[②]据现代学者推算，当时水田一亩需八九个工，按亩产 1.5 石计，则加一个工只增产 30% 而已。在复种的场合，情况亦然。如加种一季春花，增产的粮食不过相当于秋粮的 20%～30%；种双季稻亦只比种单季稻增产 20%～35%。尽管亩产量在增加，但单个劳动力的劳动生产率却在下降[③]。而单个劳动力的劳动生产率的降低，就意味着劳动力边际效益的降低。与此同时，大量过剩人口的存在，使劳动者阶层的就业压力空前增大，以致争佣争佃事件不断发生。而地主、商人则乘机增租夺佃，压价工价，使在业劳动者的实际收入日益减少。在沉重的人口压力下，农民既苦于劳动所得低于维持生活所需，又不得不在边际效益降低的情况下继续投入大量的劳动，以致“所入者愈微，所出者益广”，即使“终岁勤劳”，仍要“毕生惶惶”[④]。“其得以暖不号寒，丰不啼饥，而可以卒岁者，十室之中无二三焉”[⑤]。

此外，在人口膨胀和生存压力的驱动下，各地疯狂垦殖，严重破坏生态

---

① 胡戟：《从耕三余一说起》，《中国农史》1983 年第 4 期。

② 包世臣：《齐民四术》卷二《庚辰杂者》。

③ 许涤新、吴承明：《中国资本主义的萌芽》，人民出版社 1985 年版，第 200 页。

④ 洪亮吉：《卷施阁文甲集》卷一《意言・治平》。

⑤ 章谦：《备荒通考》，《清经世文编》卷三十九。

环境，导致各种自然灾害连年发生。在内地山区地带（主要是川陕楚交边山区、湘鄂西山区、湘南山区、皖南山区、湘赣边山区及闽浙赣交边山区），由于流民的大量涌入，已是“老林无多”，“山渐为童”[①]，森林资源和植被遭到严重破坏。“每遇大雨，泥沙直下，近于山之良田尽成沙地，远于山之巨浸俱积淤泥。以致雨泽稍多，溪湖漫漫，田禾淹没，岁屡不登。至于水遇晴而易涸，旱年之灌溉无由，山有石而无泥。”[②]严重的水土流失，对生态环境的影响是非常广泛的。首先是使垦殖的山地“沃土无存，地力亦竭”，甚或“有石无泥”，“山形骨立”，无法耕种；其次是流失的沙石祸及近山平地，致使良田变为硗确沙瘠；再次，泥沙淤积江河湖泊，破坏水利设施；另外，森林资源的急剧萎缩，自然植被的破坏，还削弱了对气候的调节功能，导致“雨旸不时”，使水旱灾害增多。在平原湖河地区，盲目围垦河湖陂塘海涂的活动也非常严重。其中，长江、黄河沿岸和东南沿海地区的围垦尤为严重。江河洲滩大多被垦种，河道被严重挤窄，陂塘堙废围垦的更是不计其数，水面积迅速萎缩，以致遇洪涝无地蓄泄，干旱年无水灌溉，水旱灾害明显增多。在北方地区，过度的垦殖，特别是在农牧交错地带盲目毁草开荒，以农侵牧，引起大面积土地沙漠化，使得本就干旱少雨的北方地区生态环境更加恶化。总之，在生存压力下的盲目垦殖，严重破坏了生态环境，使得自然灾害连年不断。据陈高佣先生统计，1794—1853 年的 60 年间全国共发生各种自然灾害 488 次，平均每年高达 8 次之多[③]。而当时各级官吏大多只知骄奢淫逸，“竭泽而渔”，根本不顾人民的死活，使得民众进一步陷入贫困、饥饿和死亡的深渊。

在天灾与人祸的交相煎迫下，民生日蹙，民变四起。从嘉庆元年（1796）至道光二十年（1840）四十五年间，规模较大的农民起义就有十余起。主要有：

乾隆六十年至嘉庆二年	湘黔苗民起义
嘉庆元年至嘉庆九年	川陕楚白莲教起义
嘉庆六年至嘉庆八年	云南傈僳族起义

① 同治《房县志》卷四《赋役》，严如熤：《三省边防备览》卷六。

② 汪元方：《请禁棚民开山阻水以杜后患疏》，《道咸同光奏议》卷二十九。

③ 参见陈高佣：《中国历代天灾人祸表》“历代天灾人祸统计表”，上海书店影印出版社 1986 年版。

嘉庆七年至嘉庆十四年	东南沿海蔡牵起义
嘉庆十八年	直鲁豫天理教起义
嘉庆十八年至嘉庆十九年	陕西岐山木工起义
嘉庆二十五年	新疆回民起义
道光二年	河南新蔡起义
道光十一年	广东黎民起义
道光十一年至道光十二年	湘西瑶民起义
道光十三年	四川粤雋厅彝民起义
道光十五年	山西赵城曹顺起义
道光十六年	湖南武冈瑶民起义
道光十七年	四川凉山彝民起义
道光十八年	贵州谢法真起义[①]

平均每三年就爆发一次较大规模的农民起义，而且往往是此伏彼起，连续不断。涉及的地区也十分广大，从清朝的统治心脏北京以至各行省，如直隶、山东、河南、陕西、湖北、湖南、甘肃、四川、广东、广西、云南、贵州、新疆等，几乎遍及全国各地。清王朝的统治基础已日趋动摇，呈现出“日之将夕，悲风骤至”[②]的乱世景象。

三、西方资本主义世界的挑战

当中华帝国处于衰败、萧条与动荡之中的时候，西方世界却突飞猛进、日新月异。从 15 世纪到 18 世纪的 300 多年间，资本主义在西方世界得到长足发展。正如马克思、恩格斯所说：“美洲的发现、绕过非洲的航行，给新兴的资产阶级开辟了新的活动场所。东印度和中国的市场、美洲的殖民化、对殖民地的贸易、交换手段和一般的商品的增加，使商业、航海业和工业空前高涨，因而使正在崩溃的封建社会内部的革命因素迅速发展。”[③]1640—1688 年的英国资产阶级革命、1774—1783 年的美国独立战争和 1789—1799 年的法国大革

① 参阅《清仁宗实录》及《清宣宗实录》。

② 《龚自珍全集》，上海人民出版社 1975 年版，第 87 页。

③ 《马克思恩格斯选集》第一卷，人民出版社 1972 年版，第 252 页。

命，确立了资产阶级在西欧和北美的政治统治，为资本主义的飞跃发展廓清了道路。18世纪60年代，英国首先发生了工业革命，成为世界上第一个工业化国家。继英国之后，比利时、法国、美国、德国等国也于18世纪末19世纪初先后开始了工业革命。蒸汽机和新的工具机把工场手工业变成现代大工业，从而使工场手工业时代的迟缓的发展进程变成生产中的真正的狂飙时期。早在1848年，马克思便以惊奇的心情对西方社会所发生的巨变作了这样的描述："资产阶级在它的不到一百年的阶级统治中所创造的生产力，比过去一切世代创造的全部生产力还要多，还要大。自然力的征服，机器的采用，化学在工业和农业中的应用，轮船的行驶，铁路的通行，电报的使用，整个整个大陆的开垦，河川的通航，仿佛用法术从地下呼唤出来的大量人口，——过去哪一个世纪能够料想到有这样的生产力潜伏在社会劳动里呢？"[①] 总之，19世纪初期的西方资本主义世界，呈现出一派咄咄逼人的势态。

工业革命的兴起在西方掀起新一轮的殖民主义狂潮。一方面，工业革命为欧洲的世界霸权提供了强大的经济基础和军事优势；另一方面，不断扩大日渐增多的商品的销路和掠夺工业原料的需要，"驱使资产阶级奔走于全球各地"[②]，去开辟更多的"不受外国竞争影响的市场"——殖民地。特别是随着周期性的资本主义经济危机的出现，他们不得不加紧夺取新的市场，更加猖獗地利用近代文明所创制的"坚船利炮"，不断地向东方伸展其殖民势力。对于西方世界来说，中国这样一个幅员辽阔、人口众多的未开放国家无疑是一个十分诱人的潜在市场。因此，打开中国的大门，便成为西方资本主义国家，特别是资本主义高度发达的英国所梦寐以求的事情。

乾隆五十八年（1793），英国派遣马戛尔尼使团来到中国，希望通过外交途径为英国谋求在华"政治上的和商业上"的权利[③]。然而，沉溺于"天朝上国"迷梦之中的清朝统治者，对英使来华的复杂的国际背景毫无知悉，仍以贡使之礼接待。这场"聋子的对话"尚未开始就注定要失败。马戛尔尼拒绝向中国皇帝行跪叩礼，只以觐见英王之礼入觐中国皇帝，并要求与中国建立对等的外交关系和贸易关系。马戛尔尼的举动和要求，首次向东亚的华夷秩序及其朝

①② 《马克思恩格斯选集》第一卷，人民出版社1972年版，第256、254页。

③ ［英］斯当东：《英使谒见乾隆纪实》，上海书店出版社1997年版，第25页。

贡制度提出公开挑战。以“十全老人”自诩的乾隆皇帝以“天朝疆界严明，从不许番人等稍有越境掺杂”和“天朝物产丰盈，无所不有”[①]为由，严辞拒绝马戛尔尼的要求。马戛尔尼使团虽无功而返，但中英之间的这一场真正的较量却远未结束，而只能说是刚刚开始。嘉庆二十一年（1816），英国再次派出阿美士德使团使华，去完成二十多年前马戛尔尼使华未能完成的使命。由于双方在觐见礼仪上各执一端，使团未能觐见即被遣送回国，致使阿美士德的访华比马戛尔尼更为失落。

在英国政府进行外交交涉的同时，英国商人伙同西方其他各国商人大肆向中国走私鸦片，通过罪恶的鸦片贸易牟取暴利。英国东印度公司在印度各地鼓励和强迫当地农民大量种植罂粟，使印度成为鸦片的主要产地。为获取更大的利润，东印度公司于1773年实行鸦片专卖制度，垄断了鸦片贸易。1797年，东印度公司又进一步垄断了鸦片的制造权。1800年，鉴于当时清政府的禁烟政策，东印度公司停止了它在广州的鸦片贸易，虽然它表面上不再是鸦片的直接出口商，可是却成了鸦片的生产者。据马士统计，英国由印度运到中国的鸦片，乾隆三十八年（1773）为1000箱左右，嘉庆五年（1800）达到4570箱，道光十四年（1834）猛增至21880箱，前后不过60年便增长了20多倍[②]。当时英国商人每年向印度输出大量的制成品以交换印度的鸦片，再把鸦片运到中国，后又从中国购买茶叶、生丝等土产品运到本国或欧洲销售，形成了环环相扣的贸易链条，而鸦片显然是这个链条中最重要的环节，英国政府则从中获取了大宗的税收[③]。

1825年、1837年，英国连续爆发了两次经济危机，危机波及英国的各个经济部门。为摆脱经济危机，英国资产阶级夺取中国广阔市场的欲望此时显得尤为强烈。在英国资产阶级看来，“开放”中国这个“目标是太重要了”，

---

① 梁廷枏：《粤海关志》卷二十三“贡舶三”。

② 马士：《中华帝国对外关系史》第1卷，三联书店1957年版，第198、239页。

③ 据马士和格林堡研究，19世纪30年代，英印政府平均每年从鸦片税中得到它全部收入的1/10（即200万英镑），而英国政府本身平均每年又从茶叶税中取得它全部收入的1/10（即330万英镑），两项税收合计起来平均每年高达530万英镑（参见马士：《中华帝国对外关系史》第1卷，第202页；格林堡：《鸦片战争前中英通商史》第3页）。

必须“采取各式各样的办法来扫除妨碍达到目标的障碍”①。一方面，英国加紧在南洋的殖民活动，“凡南洋濒海各国，远如明呀喇、曼达喇萨、孟买等国，近如吉兰丹、丁加罗、柔佛、乌土国，以及海中三佛齐、葛留巴、婆罗诸岛，皆为其所胁服而供其税”②。其势力日益逼近中国。另一方面，英国国会于1833年通过新法案，废止了东印度公司对华贸易专利权，鼓励英商在东方自由贸易。大批英国（当然也包括美国等其他各国）鸦片贩子竞相涌向中国，猖狂地走私鸦片。虽然中国政府三令五申严禁鸦片进口，但在英国政府的怂恿和炮舰支持下，鸦片走私和鸦片贸易却是愈演愈烈。鸦片走私不仅在数量上呈现惊人的增长速度，而且在范围上也由伶仃洋扩大到广州城外及整个东南沿海。据不完全统计，1834—1838年的5年间鸦片输入数量翻了一番，从20000多箱上升到40000多箱，平均每年增长约4000箱，其增长速度超过以往任何时期。

鸦片走私和鸦片贸易给英国资产阶级和英国政府带来巨大利益，却对中国的社会经济、政治、军事及人民的身心健康造成极为有害的影响。如前所述，在鸦片大批输入前的中外正常贸易中，中国一直处于有利的出超地位。但随着鸦片走私的逐年增加，中国的入超越来越严重，白银开始大量外流。据统计，1814—1839年，中国共外流白银55338359两；其中，在1834—1839年间平均每年外流白银就高达4281033两。白银外流的结果，直接导致银价的剧烈上升和铜钱的大幅度贬值，严重破坏了中国的金融秩序，不仅使广大的贫苦农民深受其害，而且使清朝政府的财源枯竭。由于鸦片是带有强烈麻醉性的毒素，因此鸦片的泛滥毒害了成百万吸食者的身心健康。普通的下层人民因吸食鸦片而深深陷入颓废消沉和极端贫困之中，引起社会下层各类犯罪行为的增加；军官和士兵因吸食鸦片而使军队逐渐堕落，丧失战斗力；贵族官僚集团因吸食鸦片而使行贿受贿、贪污腐化更加猖獗。因此，鸦片的泛滥已经不只是一个经济问题，而是关系到国家民族的生死存亡。虽然自雍正七年（1729）始，清政府屡颁禁令，然而鸦片贸易和鸦片走私不但没有获得有效的禁止，反而愈禁愈滥，成为当时中国社会的一大毒瘤。

---

① 严中平：《英国资产阶级纺织利益集团与两次鸦片战争史料》，见列岛：《鸦片战争史论文专集》，三联书店1958年版，第34页。

② 何大庚：《英夷说》，小方壶斋舆地丛钞再补编第十一帙。

1838 年 6 月 2 日（道光十八年闰四月十日），黄爵滋上了一道严禁鸦片的奏折，即著名的《请严塞漏卮以培国本疏》，由此导致清廷一场关于鸦片的大讨论，并开始了一场全国性的禁烟运动。然而英国资产阶级却不肯放弃鸦片贸易，极力破坏中国的禁烟运动，并进而要求英国政府出兵保护鸦片贸易。1838 年 7 月 13 日，英国东印度舰队司令马他仑率兵舰到达中国洋面，以武力胁迫中国让鸦片贸易合法化，使鸦片贸易摆脱“萧条的实际状况”。这时道光帝已决心禁烟，而不是让它合法化。1838 年 11 月，道光帝任命林则徐为钦差大臣前往广州查禁鸦片。1839 年 3 月 10 日林则徐到达广州后，立即开始严厉查禁鸦片。

中国的禁烟运动是英国鸦片贩子及其受益者——英国资产阶级所不能容忍的，他们梦寐以求的就是要打开中国的大门。因此，他们立即把中国的禁烟运动作为发动侵略战争的“最好理由”。1840 年 2 月，英国政府任命懿律为侵华英军总司令，负责对华战争和交涉大权。同年 4 月，英国国会正式通过了侵华议案。1840 年 6、7 月间，英国远征军到达中国海域。这样，一场由英国挑起的，旨在侵略中国、打开中国大门的鸦片战争就正式爆发。由于当时中国无论是在综合国力上还是在军事装备上都远远落后于英国，加之清朝最高统治者对战争的态度始终摇摆不定，军事调度和用人决策又屡屡失误，致使中国在军事上一败再败，最终被迫于 1842 年 10 月签订城下之盟，天朝紧闭的大门终于被强力撞开。在英国之后，美国、法国、葡萄牙、比利时、瑞典、挪威等西方国家也蜂拥而至，相继效尤，强迫中国与之签订一系列不平等条约。随着国门的洞开，中国被强行纳入资本主义的世界体系，西方的商品和资本主义文化汹涌而来，其速度之忽，力度之烈，势头之猛，皆前所未有，从而造成一种旷古未见的历史“变局”。

第二节　从“纯学术”走向“致用之学”

伴随着 19 世纪上半叶的“世运潜移”，中国的学术思潮也发生着剧变。一方面，呈兴盛表象的乾隆六十载，无可挽回地向嘉、道以降的“衰乱之世”滑落，造成一种巨大的迫力，促使一部分以治国平天下为己任的敏感士子率先觉醒，他们纷纷从古籍考证和玄学思辨中抬起头来，把眼光转向活生生的、充满矛盾的现实社会，转向中国人十分陌生的、色彩斑斓的外部世界，“相与指天画地，规天下大计”[①]，使沉寂一百多年的经世致用学风再度兴起。魏源是晚清经世实学的开拓者，他在《圣武记叙》中开宗明义地直陈社会剧变给一个敏感士子造成的心灵震撼，十分典型地勾勒了嘉、道以降经世实学兴起的历史必然性。他说：

> 荆楚以南，有积感之民焉。生于乾隆征楚苗之前一岁，中更嘉庆征教匪、征海寇之岁，迄十八载，畿辅靖贼之岁，始贡京师，又迄道光征回疆之岁，始筮仕京师。京师，掌故海也。得借观史馆秘阁官书，及士大夫私家著述、故老传说。于是我生以后数大事，及我生以前上讫国初数十大事，磊落乎耳目，旁薄乎胸臆。因以溯洄于民力物力之盛衰，人材风俗进退消息之本末。晚侨江淮，海警沓至，忾然触其中之所积，乃尽发其椟藏，排比经纬，驰骋往复，先出其专涉兵事及尝所论议若干篇，为十有四卷，统四十余万言，告成于海夷江宁就款之月。[②]

在这里，魏源明确指出，他之所以撰述《圣武记》一书，是因为天下大势动荡不安：白莲教起事遍及大江南北，天理教徒攻入紫禁城，西北边疆战事频仍，加之西方殖民者入侵造成“海警沓至”，东南西北中可谓无一安宁之地。时势的刺激使作者“忾然触其中之所积”，于是“排比经纬，驰骋往复”，终于完成这部四十余万言的经世史著。魏源通过个体性心声的抒发，昭显当时士子具有普遍性的心态转化。

另一方面，由于清王朝的盛极而衰，嘉、道以还，积威日弛，统治阶级对意识形态的控制大为松弛。早在乾隆末年，迫于阶级矛盾的激化，文网已逐渐松动，对一些文字案件，竟也开始不予“吹求”[③]。进入嘉、道以后，国政疲软，动乱四起，统治者更无暇、无力在文字上捕风捉影了。为挽救日趋严重的统治危机，嘉庆、道光两朝都曾多次诏求“直言”，以广开言路。如上迹象，皆暗示着文化专制主义政策的缓解。正是在这种政治氛围下，思想学术界渐趋

① 梁启超：《清代学术概论》，东方出版社 1996 年版，第 69 页。

② 《魏源集》上册，中华书局 1983 年版，第 166 页。

③ 《清代文字狱档》第 7 辑，乾隆四十七年五月三日谕。

活跃，许多以前绝不能议论的敏感问题，尤其是现实社会问题，得以日益公开地展开讨论。由此而来，士子们“相与指天画地，规天下大计”方有可能，“不泥于古而切于时务”的经世著作亦才会竞相涌现。对嘉、道以降文化专制主义政策的缓解于当时士林风气的影响，清史专家孟森论述颇详：

> （仁宗）尽失两朝（雍正、乾隆）钳制之意，历二十年之久，后生新进，顾忌渐忘，稍稍有所撰述。虽未必即时刊行，然能动撰述之兴，即其生机已露也。若赵翼之《皇朝武功纪盛》，严如熤之《苗防备览》《三省边防备览》，皆有涉世之作。但在嘉庆朝为极少数。至道光时则时事之接触，切身之患，不得不言有三端：曰盐、曰河、曰漕，议论蜂起。当时亦竟有汇而刻之以传世者，贺长龄之《经世文编》是也。未几海警渐动，士大夫急欲周知外事，疆臣为倡，林则徐之译各国图志，徐继畬之译《瀛环志略》，皆为筚路蓝缕之功。而纪蒙古之《游牧》，作藩部之《要略》，皆在于此时。道光间学士大夫之著作，非雍、乾之所有，亦可谓非嘉庆朝之所有矣。[①]

总之，从“纯学术”走向“致用之学”，是乾嘉到道咸的一种带有趋势性的学术转向。在乾隆朝曾经极一时之盛的朴学逐渐衰落，潜心考据的汉学家开始关注风俗人心，颂法朱熹的理学家也讲起经济事功，并出现善于用危言耸动舆论的今文经学派，沉寂达百年之久的经世致用学风再度昂扬起来。

一、“汉学”的衰落与蜕变

所谓“汉学”，是指“用汉儒之训诂以说经，及用汉儒注书条例以治群书”[②]。此种学风兴起于清初，流行于乾、嘉二朝，尤以乾隆中期为其鼎盛期。所以，“汉学”又往往被称为“乾嘉汉学”或“乾嘉学派”。乾嘉汉学按其流派主要可分为以惠栋为代表的吴派和以戴震为代表的皖派。吴派好博尊闻，崇奉汉儒；皖派则重精审，贵创造，“实事求是，不偏一家”[③]。两派风格虽不

---

① 孟森：《明清史讲义》下册，中华书局1981年版，第614～615页。

② 刘师培：《左庵外集》卷九《近代汉学变迁论》。

③ 钱大昕：《潜研堂文集》卷三十九《戴先生传》。

尽一致，但“说经皆主实证，不空谈义理”①。其总体性学风都是“由声音文字以求训诂，由训诂以求义理”②。当时学者皆以此种学风相矜尚，以致“家家许、郑，人人贾、马”③，考据之风充满国中，学术界遂成一“汉学专制”之局。在他们看来，“但当正文字、辨音读、释训诂、通传注，则义理自现，道在其中矣”④。

客观地说，汉学家“由声音文字以求训诂，由训诂以求义理”的治学方法确有一定的科学性，但说“非有义理出乎训诂之外者也”⑤，就过分夸大了训诂的作用，其片面性显而易见。汉学的训诂、考证工夫可解决经典中的名物、典制、音读、史实、地理等具象问题，毫无疑问，弄清这些问题是探明经典义理的前提。但弄清这些问题并不等于就弄清了经典的义理。对于经典中的天人之际、人伦之辨等抽象义理，不仅需要作超越性的哲学思辨，而且还需要治学者身体力行、精研证悟方能获得深解。训诂在这里只能提供思辨的材料基础，并不能代替思辨本身。正如颜元所说：“书之文字固载道，但文字不是道；犹车载人，车且是人？”⑥汉学家的最大失误就在于夸大了文字与义理的关系，将训诂、考证看成是探求义理的唯一路径，而忽视了“义理有时实在语言文字之外”⑦。因此，他们往往抱小遗大，流于琐碎。汉学家们本来的目的是想“灼然知古今治乱之源”⑧，所以汉学的学术内容，在吴派固然重在追寻三代制度，而皖派更是犹精于“三礼”的考证。然而除极个别杰出者外，绝大多数汉学家一生都疲精瘁神于文字，繁称杂引，沉溺于考据之中而不得所归。一字聚讼，动辄数千言，以致“毕世治经无一言几于道，无一念及于用”⑨。因此早在乾隆中后期汉学正炙手可热之时，一些有识见的学者就对汉学流弊提出了批评。如纪昀在《四库全书总目提要》中指出，汉学家的考证论辨虽然“徵实不诬”，但往往在“嗜博”中“失之拘执”⑩，“一字音训动辨数百言”，恰似

① 皮锡瑞：《经学历史·经学复盛时代》。
② 钱大昕：《潜研堂文集》卷二十四《经籍纂诂序》。
③ 梁启超：《清代学术概论》，第 66 页。
④ 王鸣盛：《十七史商榷叙》。
⑤ 方东树：《汉学商兑序》。
⑥ 颜元《存性编》卷一。
⑦⑨ 方东树：《汉学商兑》卷中。
⑧ 段玉裁：《戴东原先生年谱》。
⑩ 《四库全书总目提要》卷三十三《九经古义》条。

“散钱满屋”，“未及排贯”[①]。因此主张兼采汉、宋，以救正其弊端。而戴震、汪中、章学诚更是出身于汉学又超出汉学，以自己的学术主张和学术实践开一代学术新风。

戴震（1724—1777）既是清代汉学的一代宗师，同时也是致力于从考据中开出义理以明道救世的先驱。一方面，戴震继承和发展了顾炎武的“读经自考文始，考文自知音始”的朴实学风，在文字、音韵、考证、训诂及校勘诸方面成就卓然。另一方面，戴震又“不随时俗”，株守于博雅考订、训诂名物一途，而是高扬顾炎武“明道救世”的旗帜，一生“志存闻道”。他以“字义疏证”的形式，对高踞庙堂的程朱理学“以理杀人”进行揭露和鞭挞，阐发“欲出于性”“理存乎欲”的新义理观，提出“体民之情，遂民之欲”[②]的王道政治主张。

汪中（1744—1794）治学，“尤服膺顾处士炎武为经世之学”[③]，一生致力于“用世之学”，而耻为无用之学。“故于古今制度沿革，民生利弊之事，皆博问而切究之，以待一日之遇。”[④]因此，汪中在治学中不斤斤于字训句考，而重在“推六经之旨以合于世用”[⑤]，对社会现实表示出强烈的关心。他考证《周礼》，是因为“婚姻之道可以观政”[⑥]；他研治墨学，是因为墨学能够“救衰世之弊”[⑦]。他对处于水深火热之中的黎民百姓表现了极大的同情，因此他对治水、修桥、农桑、商税等有益于民生的学问都很重视。而正是基于对民生的关注，汪中主张建立各种社会赈济机构，如贞苦堂、孤儿社、养济院、育婴堂、漏泽园等，来“恤老慈幼，以周万民艰扼”[⑧]。这种以民生为学问之本的思想，充分体现经世精神和人道主义情怀。

主张学术经世，是章学诚（1738—1801）的为学宗旨。他说：“学问所以经世，而文章期于明道，非为世人树名地也。”[⑨]如果学问不用于经世，文章

① 《四库全书总目提要》卷六《易例》条。
② 戴震：《孟子字义疏证》。
③ 汪中：《广陵通典·跋》。
④ 汪中：《述学》别录《与朱武曹书》。
⑤ 汪中：《述学》别录《与巡抚毕侍郎书》。
⑥ 汪中：《述学》内篇《释媒氏文》。
⑦ 汪中：《述学》内篇《墨子述》。
⑧ 汪中：《述学》别录《与剑潭书》。
⑨ 章学诚：《文史通义》内篇四《说林》。

不用于明道，则学问、文章根本就没有必要存在。章学诚之所以强调学术必须经世，是因为在他看来，学术乃政教所系，学术坏而政教必衰，而能够匡正人心、持世救偏的也唯有学术：

> 学业将以经世也……学业者，所以辟风气也。风气未开，学业有以开之；风气既弊，学业有以挽之。人心风俗，不能历久而无弊，犹羲和、保章之法，不能经久而不差也。因其弊而施补救，犹历家之因其差而议更改也。①

因此，章学诚一生以匡正学术为己任，希望通过挽救学术偏弊，来扭转吏治腐败、人心乖漓的社会风气。在其代表作《文史通义》中，章学诚“逆于时趋”，对当时“擘绩补苴”的汉学和“空谈性理”的宋学都进行批评，提出“六经皆史”和“因史明道”的著名命题，试图重新高扬浙东学派的经世学风。

上述诸学者的思想潜动和学术主张，虽然在当时备受冷落，但实开嘉道之际学术转向之先河。乾隆末年以后，清王朝由盛转衰，“太平盛世”已成明日黄花，呈现出政治腐败、经济衰敝、社会动荡的乱世景象，学者们再也不可能“镇日书帏校勘劳”了，汉学赖以生存和发展的社会环境和物质基础已不复存在。而同时，在社会变动面前，为考据而考据的乾嘉汉学显得苍白无力，其“烦琐碎裂”“不适于用”的流弊暴露无遗。于是，“士大夫多喜言文术政治，乾嘉考据之风稍稍衰矣”②。在此一形势下，汉学内部也发生着种种蜕变，呈现出内部更新的趋向。

其一，从考古转向通今。一些汉学家一改过去与现实社会政治的疏离，积极地关注、研究、参与时政。这里有两种倾向：一种是回到西汉今文经学，寻求微言大义，从而援经议政，以经术为治术。我们将在下面专门讨论此一倾向。另一种是直接参与现实政治，研究现实问题，洪亮吉为其典型。

洪亮吉（1745—1809）为乾嘉时期的著名学者，“词章考据，著于一时，尤精研舆地”③。然而洪亮吉又与一般汉学家有所不同，于考证经史之外，对

---

① 章学诚：《文史通义》内篇三《天喻》。

② 《清史稿》卷四八六《梅曾亮传》。

③ 《清史稿》卷三五六《洪亮吉传》。

当世之务甚为关注。他对民间疾苦异常关心和同情，因此深虑于民生问题，对于当时十分严重的人口问题作了深入研究，并提出自己的治平对策。对于当时政治的腐败和吏治的黑暗，他更是无所顾忌，大胆予以揭露和抨击，充满了社会批判精神。嘉庆元年，白莲教起义烽火连天，洪亮吉上《平邪教疏》，“指陈规画，慷慨千余言”[①]。嘉庆四年，乾隆帝驾崩，嘉庆帝亲政，洪亮吉又直言进谏，指斥朝廷弊政，罗列内外官员罔上负国者四十余人，责备嘉庆帝受“群小荧惑，视朝稍宴”，希望嘉庆帝改弦更张，亲贤任能，励精图治，“一新天下耳目”[②]。因其言词过于急切，引起嘉庆帝的盛怒，一时几遭杀身之祸。当时，值康、雍、乾大兴文字狱之后，士大夫相率钳口结舌，不敢稍议时政。洪亮吉不仅大胆议论朝政，而且公然批评当朝天子，这种勇气确非一般士大夫所能及，于当时士风影响巨大。

其二，从考据回归义理。一些汉学家对当时盛行的为考据而考据的学风深为不满，主张以训诂求义理。根据所求义理的不同，也存在两种倾向：一是继承戴震的思想，致力于新义理观的疏证，其代表为焦循；二是继承纪昀的思想，主张汉、宋兼采，调和汉、宋，其代表为阮元。

焦循（1763—1820）虽属汉学家营垒，但却对拘守汉儒传注、为考据而考据的学风十分不满，认为“考据之名，不可不除”[③]。他批评道：

> 近之学者，无端而立一考据之名，群起而趋之。所据者汉儒，而汉儒中所据者又惟许、郑。执一害道，莫此为甚。专执两君之言以废众家，或比许、郑而同之，自擅为考据之学，吾深恶之。[④]

因此主张融会众说，以纠正当时学术界据守一隅的积习。焦循虽非戴震的及门弟子，却深得戴学精神。他最佩服戴震的《孟子字义疏证》一书，认为这本书最能代表戴震的“生平所得”[⑤]。曾作《申戴篇》，以发明戴学义旨。一

---

① 支伟成：《清代朴学大师列传 · 洪亮吉》。
② 洪亮吉：《乞假将归留别成亲王极言时政疏》。
③ 焦循：《雕菰楼集》卷十三《与孙渊如观察论考据著作书》。
④ 焦循：《里堂家训》。
⑤ 焦循：《雕菰楼集》卷十二《国史儒林文苑传议》。

生治学，以戴震为楷模，致力于新义理观的疏证。其《孟子正义》，即是在戴震《孟子字义疏证》的基础上著成的。与戴震一样，焦循也主张“欲本乎性”，倡导“体民之情，遂民之欲”的王道仁政。

阮元（1764—1849）曾创办学海堂、汇刻《皇清经解》，有汉学“护法”之美誉。针对汉学界株守考据的流弊和学术界对汉学的非难，阮元反复强调以训诂求义理的必要性。他说：

> 圣人之道譬若宫墙，文字训诂其门径也。门径苟误，跬步皆歧，安能升堂入室乎？学人求道太高，卑视章句，譬犹天际之翔，出于丰屋之上，高则高矣，户奥之间未实窥也。或者但求名物，不论圣道，又若终年寝馈于门庑之间，无复知有堂室矣。①

既反对摒弃训诂、直求义理的倾向，也反对“但求名物，不论圣道”的倾向，而主张“崇宋学之性道，而以汉儒经义实之”②。

明道的目的是为了经世，因此无论是焦循还是阮元，都十分强调学以致用。焦循认为，“习先圣之学”是为了“立正身经世之法”，学而不用“非圣学也”③。阮元则非常推崇顾炎武的“博学于文”而又“留心于经世之务”的学风，主张把“稽古之学”与“政事之学”结合起来，以达到“鉴古以资治”的目的④。与此相联系，焦循和阮元都对天文、地理、水利、数学等“切于民用”“裨益民生”的自然科学十分重视。这种把问学与致用相结合的思想，既是对乾嘉汉学为考据而考据、重学不重用流弊的批判和矫正，也是对清初顾炎武“经世致用”和颜元“习行”思想的恢复和发扬。

其三，从治经过渡到治史。汉学的学术内容本以经学为中心，史学仅为经学附庸。因此，“自惠、戴之学盛行于世，天下学者但治古经，略涉三史，三史以下茫然不知”⑤。18 世纪中叶以后，王鸣盛、钱大昕、赵翼等将起初在经典考证中运用的方法推广于史学研究之中，他们的努力成功地恢复了史学的声

---

①② 阮元：《研经室一集》卷二《拟国史儒林传序》。

③ 焦循：《孟子正义・离娄章句上》。

④ 阮元：《研经室一集》卷十一《石刻孝经论语记》。

⑤ 江藩：《汉学师承记》卷三《钱大昕传》。

望和地位，把众多学者吸引到史学领域。史学地位在学术界迅速上升，与经学几乎分庭抗礼。经学为体、史学为用的界限受到质疑。如王鸣盛认为，经与史“二者虽有小异，而总归于务求切实之意则一也”[①]。钱大昕则进一步提出了“经史非二学”的命题，将经学与史学同等对待[②]。而正是在此基础上，章学诚提出了他的“六经皆史”说，从而最终把六经变成了史学研究的对象。虽然当时一般史家都以考据治史，集精力于博考古史，但是史学较之经学更能切近人事。所以尽管王鸣盛、钱大昕、赵翼等人一再宣称治史者“不必横生意见、驰骋议论”[③]，但在他们自己的史学著作中，“驰骋议论”、借古喻今之处却时有所见。尤其是赵翼的《廿二史劄记》，力图超越狭隘的史学考证，举凡“古今风会之递变，政事之屡更，有关于治乱兴衰之故者”[④]，皆著于编。所以钱大昕推崇《廿二史劄记》为“儒者有体有用之学，可坐而言，可起而行”[⑤]。赵翼自题劄记诗云：“一事无成两鬓霜，聊凭阅史遣年光，敢从棋谱论新局，略仿医经载古方。”[⑥]由此可见他的一片用世之心。嘉道之际，内忧外患接踵而至，“士大夫懔于商羊石燕之警，惧有梁倾压侨之祸。于是自陇亩以至庙堂，相与讨论朝章国故，古今利病，边陲离合，绝域政教。而史学兴焉，而经世之音振焉”[⑦]。

上述动向表征着汉学在嘉道之际已发生了某些质变，此时汉学虽然仍是十分重要的学术派别，但学者们对汉学脱离现实、脱离政治的为考据而考据的学风态度已日渐不满，对经世主张和经世实学日趋重视。尤其值得注意的是，一批终生埋首考据的学者已认识到乾嘉汉学这种学术路径于世无甚裨益的弊端。如段玉裁晚年，慨叹自己一生“喜言训故考核”，是“寻其枝叶，略其本根”，最终落得个“老大无成，退悔已晚”[⑧]。他在去世前不久读到外孙龚自珍纵论天下利病的经世雄文《明良论》时，大加赞赏：“四论皆古方也，而中今病，岂必别制一新方哉？耄矣，犹见此才而死，吾不恨矣。”[⑨]一代考据大师的慨

①③ 王鸣盛：《十七史商榷叙》。

②⑤ 钱大昕：《廿二史劄记叙》。

④ 赵翼：《廿二史劄记小引》。

⑥ 赵翼：《瓯北集》卷四十一《再题廿二史劄记》。

⑦ 陆宝千：《嘉道史学——从考据到经世》，台湾中央研究院《近代史研究所集刊》第 4 期。

⑧ 段玉裁：《经韵楼集》卷八《朱子小学恭跋》。

⑨ 《龚自珍全集》，上海人民出版社 1975 年版，第 36 页注。

叹和赞赏，从另一个角度反映了当时学术转向的大势。

二、“宋学”的复兴和“汉宋之争”

这里所谓的“宋学”，主要是指程朱理学。清朝沿袭明制，崇程、朱为正统，科举考试“一宗朱子”，因此在有清一代宋学一直高踞庙堂。然而经过明末清初思想家们的批判之后，知识界已很难再建立起对理学的虔诚信念。“其沾沾而谈程朱者，不为势利之徒，即为陋儒”[①]。章太炎在清末总结清代学术史，已指出“清世理学之言，竭而无余华”[②]。乾隆以后，汉学渐盛，“治宋学者已尟”[③]。宋学仅仅成为士子们科举入仕的敲门砖，一旦成功即弃之而转治它学。据昭梿《啸亭杂录》记载：“自于、和当权后，朝士习为奔竞，弃置正道。黠者诟詈正人，以文己过。迂者株守考订，訾议宋儒。遂将濂、洛、关、闽之书束之高阁，无读之者。余尝购求薛文清《读书记》及胡居仁《居业录》诸书于书坊中，贾者云：‘近二十余年坊中久不储此种书，恐其无人市易，徒伤赀本耳！’”[④]连一些宋学家如王白田、李穆堂等人也深受汉学考据风气的影响，以考证来讲义理。但随着清王朝的由盛转衰和汉学流弊的充分暴露，宋学又逐渐活跃起来。姚鼐、方东树、李元春、潘德舆、管同、唐鉴、倭仁、夏炯、李棠阶、吴廷栋等人，重整程朱理学的旗鼓，对汉学施以最猛烈的攻击。他们从儒家的德治主义传统出发，把清王朝衰败的根本症结归因为“道德废，人心坏，风俗漓”，认为排斥程朱理学的乾嘉汉学应对此负责。如潘德舆说：“程朱二子之学，今之宗之罕矣。其宗之者率七八十年以前之人，近则目为迂疏空滞而薄之，人心风俗之患，不可不察也。夫程朱二子学圣人而思得其全体，所谓德行、言语、政事、文学，殆无一不取而效之。……今人不满之者，每能确指其解经不尽吻合圣人，制度名物往往疏而不核，诚不为无见。不知此特二子之文学有所不备，而其德行、言语、政事荦荦大者，固孔孟以后必不可无之。……而七八十年来，学者宗汉唐之解经与百家之杂说，转视二子不足

① 萧一山：《清代通史》卷中，中华书局 1984 年版，第 781 页。
② 章太炎：《检论·清儒》。
③ 皮锡瑞：《经学历史·经学复盛时代》。
④ 昭梿：《啸亭杂录》卷十《书贾语》。

道，无怪乎其制行之日趋于功利邪僻而不自知也。”[①] 因此，在他们看来，“欲救人事恃人才，欲救人才恃人心，欲救人心则必恃学术”[②]。所谓“恃学术”，就是依靠程朱理学来维护纲常礼教，规范社会，匡正人心。

早在乾隆年间，“桐城派”的奠基人姚鼐（1775—1812）即对乾嘉学派的纯考据学风十分不满。他主张“因文见道”，以孔、孟、韩、欧、程、朱之道统自任，与汉学相抗衡。他继承发展了其乡先辈方苞的“义法”说，提出了义理、考据、词章合一的理论。他说：

> 余尝论学问之事，有三端焉。曰义理也，考证也，文章也。是三者，苟善用之，则皆足以相济，苟不善用之，则或至于相害。今夫博学强识，而善言德行者，固文之贵也；寡闻而浅识者，固文之陋也。然而世有言义理之过者，其辞芜杂，俚近如语录而不文。为考证之过者，至繁碎缴绕，而语不可了当。以为文之至美，而反以为病者，何哉？其故由于自喜之太过，而智昧于所当择也。夫天之生才，虽美不能无偏，故以能兼长者为贵。而兼之中，又有害焉。岂非能尽其天之所与之量，而不以才自蔽者之难得与？[③]

这种义理、考据、词章三者合一的理论，既肯定了以义理为核心的宋学，又吸收了以考据见长的汉学，而又批评了“言义理之过者”和“为考证之过者”所造成的芜杂、繁碎等弊病，主张义理、考据、词章三者不可偏废，“必义理为质，而后文有所附，考据有所归”[④]。

姚鼐的主张在嘉道之际得到广泛地信守奉行，“学者多归向桐城，号桐城派”[⑤]。其成就卓著者主要有安徽的方东树、姚莹、刘开、戴均衡，江苏的管同、梅曾亮、吴德旋，江西的吴嘉宾，广西的朱琦、龙启瑞，湖南的曾国藩、孙鼎臣、吴敏树、郭嵩焘等人。其中，方东树、姚莹（一说刘开）、管同、梅曾亮号称姚门四大弟子，名重一时。桐城派的崛起，对于嘉、道之际宋学的复

① 《养一斋集》卷十八《任东涧先生集序》。
② 《养一斋集》卷二十二《与鲁通甫书》。
③ 《惜抱轩全集·文集》卷四《叙庵文钞序》。
④⑤ 《曾文正公文集》卷一《欧阳生文集序》。

兴起着不可忽视的推动作用。这种作用在方东树身上表现得尤为突出。

方东树（1772—1851）青年时代即师事姚鼐，专攻古文，成为姚门著名弟子。中年后改治学术，以朱子为宗，强调重新确立程朱理学在学术界的独尊地位，反对所有程朱理学的对立派，尤其对汉学的抨击不遗余力。道光初年，他写成《汉学商兑》一书，全面、系统、尖刻地批判了汉学，极力推崇程朱理学。他说：“汉学诸人，言言有据，字字有考，只向纸上与古人争训诂形声。传注驳杂，援据群籍，证佐数百千条，反之身己心行，推之民人家国，了无益处，徒使人狂惑失守，不得所用。然则虽实事求是，而乃虚之至者也。”[①] 慨叹汉学的兴起，败坏了一世学风。他甚至认为，汉学所造成的危害远远胜过“杨墨佛老”“洪水猛兽”：“今汉学家首以言理为厉禁，是率天下而从于昏也。拔本塞源，邪说横行，较之杨墨佛老而更陋，拟之洪水猛兽而更凶。何者？洪水猛兽害人，此害专及学士大夫，学士大夫之学术昧，则生心发事害政，而野人无噍类矣。”[②] 他从捍卫程朱理学的立场出发，对汉学作了系统的考察，认为汉学存在如下六大弊端：

其一，力破理字，首以穷理为厉禁，此最悖道害教。

其二，考之不实，谓程朱空言穷理，启后学空疏之陋。不知朱子教人，固未尝废注疏，而周、程诸子所发明圣意经旨，迥非汉儒所及，固不得以是傲之也。至于俗士荒经，古今通弊，不得概以蔽罪程朱，如世之治狱并案办理也。

其三，则由于忌程朱理学之名，及《宋史》道学之传。

其四，则畏程朱检身，动绳以理法，不若汉儒不修小节，不矜细行，得以宽便其私。故曰宋儒以理杀人，如商、韩之用法；骎乎舍法而论理，死矣，更无可救矣。所谓不欲明镜之见疵也。

其五，则奈何不下腹中数卷书，及其所慧小辨，不知是为驳杂细碎，迂晦不安，乃大儒所弃余而不屑有之者也。

其六，则见世之科举俗士空疏者众，贪于难能可贵之名，欲以加少

---

① 方东树：《汉学商兑》卷中。

② 方东树：《汉学商兑》卷下。

为多，临深为高也。[①]

所论虽然充满了门户之见，但旗帜鲜明，言词犀利，颇能切中汉学流弊，如一缕清风，给那些长期困扰于汉学的士子打开一扇思想的天窗。因此，《汉学商兑》的刊行在当时学界产生巨大震动，改变了以往宋学在汉宋对峙中处于守势的地位，使汉宋之争出现新的变化，成为宋学复兴的一个重要标识。不仅如此，方东树的主张还影响到桐城派后来的发展路向。在他之后，众多桐城派古文家皆潜心于性理之学，使桐城派的理学色彩更加浓厚，成为嘉道之际宋学复兴的一支骨干力量。

除桐城派外，湖湘学派也对宋学的复兴起了重要的推动作用。湖南自南宋张栻、朱熹讲学岳麓，即播下理学的种子，长期以来一直保持着重视义理之学的传统。乾隆年间，“汉学风靡一时，而湖湘学子大都专己守残，与湖外风气若不相涉”[②]，形成独特的湖湘学派。嘉道之际，湖湘学派成为宋学复兴的一大重镇，涌现出像唐鉴这样的有全国性影响的理学家。

唐鉴（1778—1840）治学宗主程朱，潜研性道，笃敬力行，一时推为醇儒。累官至布政使，致仕后主讲金陵书院，以著述讲学有名于时。其由布政使内召为太常寺卿时，许多达官名流如倭仁、吴廷栋、何桂珍、窦垿、曾国藩等都从其考德问业，声誉颇隆。唐鉴辨学甚严，对陆王心学、汉学都持反对态度。道光二十五年，著成《国朝学案小识》一书，分为“传道学案”“翼道学案”“守道学案”“经学学案”“心宗学案”五大部类，用程朱理学的观点总结清代学术史，提出了一个以陆陇其等四人为正宗的清代学术谱系，极力维护程朱道统。在该书的序中，唐鉴开篇即说：

圣人之学，格致诚正修齐治平而已。离此者畔道，不及此者远于道也。……还吾程朱真途辙，即还吾颜曾思孟真授受，更还吾夫子真面目。界线清而后所知定，堤防密而后所守严，志趋坚而后所行笃，践履实而后所立卓，真儒之为真以此。夫学之所以异，道之所以歧，儒之所以不真，

① 方东树：《汉学商兑》卷下。

② 《湖南文献汇编》第2集，第111页。

岂有他哉？皆由不识格致诚正而已。习空谈者索之于昭昭灵灵而障于内，守残编者逐之于纷纷藉藉而蔽于外。治国平天下之事……惟格致诚正者能之。[①]

批评陆王心学是“障于内”的空谈之学，汉学是“蔽于外”的守残之学，认为正是这些“诐辞邪说”的泛滥导致了空前严重的社会危机，所谓“学术非则人心异，人心异则世道漓，世道漓则举纲常伦纪政教禁令无不荡然于诐辞邪说之中也”[②]。在他看来，能够挽救统治危机的，惟有“格致诚正”的程朱理学。其卫道面目跃然纸上。梁启超曾批评该书“主观太重”，“纯属讲章家争道统的见解”[③]。这一评价从反面说明了唐鉴此书在嘉道之际宋学复兴中所占的重要地位。

嘉道之际复兴的宋学，与宋明时期不同，其重点不在对性理义蕴的阐发，而是着重强调程朱理学的经世功用。因此，宋学的复兴从一个侧面反映了嘉道学术从考据转向经世的总趋势。然而，把当时的社会危机简单地归约为道德的危机从本质上说仍是一种皮相之论，宋学家们的一些经世主张看似高明之至，但一涉政务，便空疏之极。因为理学式的自我道德修养和道德重建丝毫改变不了当时所面临的总体性制度危机，而“以忠信为甲胄，以礼义为干橹”（倭仁语）更不可能在对外战争中“折冲樽俎”“制敌之胜”[④]。嘉道之际的一批治世能臣，如严如熤、陶澍、贺长龄、林则徐等，他们在经世实践中敏锐地感觉到程朱理学在实务方面存在严重不足，因此他们在强调以“义理”修身养性的同时，又非常重视外在事功，积极讲习经世致用之学，主动地以经世实学济宋学“外王”之不足。他们在当时学术界所起的作用和影响，是非常巨大的。尤其是贺长龄，他延聘魏源至幕府，同辑《皇朝经世文编》，集清代前中期经世实学之大成，以供有志经世者取资借鉴。在当时考据学风仍风靡于世的情况下编辑并刊行此书，显然具有别树一帜的意义，于当时的学风转变无疑起到了非常重要的推动作用。据晚清汉学大师俞樾说：《皇朝经世文编》刊行后，“数

①② 唐鉴：《国朝学案小识·序》。

③ 梁启超：《中国近三百年学术史》，中国书店1985年版，第297页。

④ 《筹办夷务始末（同治朝）》卷四十八，中华书局1979年版，第4页。

十年风行海内，凡讲求经济者无不奉此书为矩矱，几于家有其书”①。而稍后的曾国藩，更清醒洞察到清王朝的统治危机需要经世实学的扶持。他在强调“义理”的同时，又肯定“经济”（经世济民）的重要性，在姚鼐“义理、考据、词章”三学并举观点的基础上，提出“义理、考据、词章、经济”四学并举的观点，创立“合汉宋、兼虚实”的经世“礼学”。这是宋学走向经世实学的路径。

三、“今文经学”异军突起

今文经学与古文经学同为传习儒家经典的学派，经今、古文名称的对立，始于西汉末年的哀、平之际。本来，西汉初、中期，只流行今文经（即以当时通用的隶书书写的经书），立于学官的经书都是今文本。成帝时，命光禄大夫刘向校经传诸子诗赋，其子刘歆在襄助校书时，称自己发现一部用先秦六国“古籀文”书写的《春秋左氏传》，以后又陆续发现《毛诗》《逸礼》《古文尚书》。哀帝时，刘歆奏请将他发现的古文经立于太学，哀帝要刘歆与经学博士们讨论，而“诸博士或不肯置对”②。哀帝死，平帝立，王莽以大司马辅政，刘歆借王莽的势力将古文经立为官学。自此，儒家经典便有了今、古文之分，经学也有了今文经学和古文经学之歧。大体上说，今文经学侧重于探索经学的“微言大义”，每援经议政，故“其中多非常异义可怪之论”③；古文经学则侧重于名物训诂，分析经典文义，学风比较朴实④。乾嘉汉学尊崇的实际上是后起的古文经学，今文经学则自东汉末年以后即长期湮灭不彰。在嘉道之际，今文经学异军突起，“翻腾一度”。刘逢禄揭橥于前，龚自珍、魏源光大于后，予晚清思想学术以极大影响。

在清代，首先重新开启今文经学门径的，是乾隆年间的庄存与（1719—1788）。庄存与与戴震为同时代人，但治学路径却与戴震不同。他治经不拘汉、宋门户，不为烦琐笺注之学，重在发挥“微言大义”，“在乾隆诸儒中，实别

---

① 俞樾：《皇朝经世文续编序》。

② 《汉书·刘歆传》，中华书局 1962 年版。

③ 何休：《公羊经传解诂序》。

④ 关于经今、古文学的具体分野，详参周予同的《经今古文学》。

为一派”[①]。嘉道之际的阮元很精简地概括庄存与的治经特点：

> 《易》则贯串群经，虽旁涉天官分野气候，而非如汉宋诸儒之专衍术数、比附史事也；《春秋》则主公羊、董子，虽略采左氏、谷梁氏及宋元诸儒之说，而非如何邵公所讥信经任意、反传违戾也；《尚书》则不分今古文文字同异，而剖析疑义，深得夫子序《书》、孟子论世之意；《诗》则详于变雅，发挥大义，多可陈之讲筵；《周官》则博考载籍，有道术之文为其补其亡缺，多可取法致用；《乐》则谱其声，论其理，可补古《乐经》之缺；《四书说》敷畅本旨，可作考亭诤友，而非如姚江王氏、肖山毛氏之自辟门户，轻肆诋诘也。[②]

由此可见庄存与的学术风格既和宋元以来所讲的义理之学不同，也与当时精研训诂形声的吴、皖两派迥然有别，而是独立自成一派——主公羊，取法致用。然而庄存与虽重“微言”，但体例尚不严密，其学也不大行于时，“通其学者，门人邵学士孔检讨及子孙数人而已”[③]。邵晋涵不以今文经学名家，而孔广森虽讲公羊，但所得不深，未能脱离汉学羁绊而自名其学。直到刘逢禄，今文经学才卓然成家。

刘逢禄（1776—1829）是庄存与的外孙，他生活的时代正是危机四伏的嘉道时期，为寻求解脱社会危机的方案，“一意志学，洞明经术，穷极义理”，“孜孜从事公羊家言”[④]，发扬了外家庄氏之学。刘逢禄鲜明地揭起今文经学的旗帜，认为《春秋》“垂法万世”，能“救万世之乱”，为“五经之管匙”[⑤]，而《春秋》三传中能够“知类通达，显微阐幽”的只有《公羊传》。所以，他重理了《公羊传》—胡毋生、董仲舒—何休前后相承的今文经学的统绪，以与古文学派相抗衡。其中，对汉代今文经学家何休的公羊学尤为推崇，盛赞何休“传经之功，时罕其匹”[⑥]。刘逢禄还自觉地以继承从董仲舒、何休至庄存

① 徐世昌：《清儒学案》卷七十五《方耕学案》。

②③ 阮元：《庄方耕宗伯经说序》，《味经斋遗集》卷首。

④ 《养一斋文集》卷十四《刘君传》。

⑤ 《刘礼部集》卷三《公羊何氏释例序》。

⑥ 《刘礼部集》卷三《公羊何氏解诂笺序》。

与的公羊学统绪自任，撰写了《公羊何氏释例》《公羊何氏解诂笺》等书，“凡何氏所谓非常异义可怪之论，如‘张三世’‘通三统’‘绌周王鲁’‘受命改制’诸义，次第发明”[①]，并对以公羊变易学说“经世”的宗旨反复致意。他抨击古文经学“详训诂而略微言”，并写了《左氏春秋考证》和《箴膏肓评》，指斥古文经《左传》经过“刘歆之徒增饰”“附会”[②]，认为《左传》本称《左氏春秋》，与《晏子春秋》《吕氏春秋》同类，非传《春秋》。刘逢禄著述很多，于其他各经都有撰述：《易》主虞翻，著有《易虞氏变动考》《六爻发挥旁通表》《卦象阴阳大义》《虞氏易言补》等；《书》主庄氏，撰有《书序述闻》和《尚书今古文集解》；《诗》主齐、鲁、韩三家，推崇魏源《诗古微》为“能表章三家坠绪以匡传笺”；《礼》则认同何休以《周礼》为战国时书，主张以《公羊》议礼，著有《议礼决狱》。所撰各书，“条理精密”，“不欲苟为恢诡”，有例证，有判断，连最厌恶今文经学的章太炎也赞赏刘逢禄“辞义温厚，能使览者说绎”[③]。清代今文经学到了刘逢禄，对儒家诸经传才有了比较全面地阐述，也有了比较系统的理论。因此，刘逢禄可说是清代今文经学的奠基者。刘逢禄所阐发的“春秋义法”和“通经致用”的学风，在嘉道之际吸引了一大批厌弃训诂形声而有志于经世致用的敏感士子，他们开始把眼光从故纸堆转向活生生的、充满尖锐矛盾的社会现实，使今文学派大张其军，并成为“一代学术转捩之枢”[④]。由于庄存与和刘逢禄都是常州人，所以此一学派又被称为“常州学派”。不过刘逢禄仍有相当浓厚的经生气，过分拘泥于家法师说。他在发掘今文经学注重经世、强调变易的优良传统的同时，也承继了今文经学的许多糟粕，如相信汉儒的“天人感应”之说、主张以《春秋》断狱等。

在刘逢禄之后，把今文经学大大向前推进的，是刘逢禄的两位弟子龚自珍和魏源。“龚、魏之时，清政既渐陵夷衰微矣，举国方沉酣太平，而彼辈若不胜其忧危，恒相与指天画地，规天下大计。”[⑤]他们继承发展了刘逢禄“通经致用”的活泼学风，既鄙弃一味训诂形声的汉学，也藐视空谈心性的宋学，“以经术作政论”，在今文经学的大纛下开学人议政之风，倡变法之议，引导

①⑤ 梁启超：《清代学术概论》，东方出版社 1996 年版，第 67、69 页。

② 《刘礼部集》卷四《释内事例》。

③ 章太炎：《检论 · 清儒》。

④ 梁启超：《近代学风的地理分布》，《饮冰室全集 · 文集》之四十一。

一代学子走向经世实学。正是通过龚自珍和魏源的创造性改造，嘉、道之际复兴的今文经学才逐渐脱离经学的束缚，而与改革专制弊政、变法图强的经世思潮紧密地结合在一起，成为倡导经世致用学风的生力。

第三节　道咸经世派的崛起

肇始于乾、嘉之际的经世学风发展至道、咸年间，终于从涓涓细流汇为滔滔巨川，成为一股气势磅礴的时代思潮，其显著标识，便是道咸经世派的形成与崛起。在道咸经世派中，既有陶澍、贺长龄、林则徐、徐继畬这样的督抚大员，也有龚自珍、魏源、包世臣、姚莹、张穆、沈垚、张际亮、梁廷枏等一批沉困下僚的饱学之士和失意文人。他们相与应和，互相砥砺，精研边防、漕运、盐法、钱币、兵饷、刑名等实际学问，以匡济天下为己任，发议论，办时务，倡改革，使得经世致用之学在道咸年间风起云涌，蔚为大观。

一、“以济人利物为志”的陶澍

陶澍（1778—1839），字云汀，出生于湖南安化一个贫寒士人家庭。陶澍“少负经世志，尤邃史志舆地之学，所至山川，必登览形势，访察利病”[①]。主张“有实学，斯有实行，斯有实用”[②]。陶澍23岁中举，25岁取进士，先后做过庶吉士、编修、监考、御史之类的小京官。嘉庆二十四年（1819）陶澍外任川东兵备道，从此青云直上，由按察使、布政使、巡抚一直升到两江总督，并兼理两淮盐政。两江所辖，为清朝财赋重地。陶澍备受道光帝赏识和信任，自道光元年（1821）以后即长期任职两江。有清260多年，任两江总督8年以上者仅3人，而陶澍前后达9年之久（从道光十年直到道光十九年去世），“隐然以一身为江淮保障”[③]。

在嘉道间封疆大吏中，陶澍是一位政绩显赫的人物。魏源评价他：“生平所至兴革，务挈大纲，导大窾。”[④]陈銮说他“无时不以济人利物为志”[⑤]。抚

① 《魏源集》下册，中华书局1983年版，第901页。

② 《陶文毅公文集》卷三十七，《钟山书院课艺序》。

③ 蔡冠洛：《清代七百人传·陶澍》，中国书店1984年版。

④ 《魏源集》上册，中华书局1983年版，第330页。

⑤ 陈銮：《太子太保入祀贤良祠两江总督陶文毅公行状》，《续碑传集》卷二十三。

安徽，陶澍“厘库项亏空”，查清了纠结30年之久的贪污案。抚江苏，陶澍“创行海运，以甦苏、松、常、镇、太仓之漕困”。兴修水利，“大疏吴淞、浏河、白茆、孟渎，以酾三吴之积潦”。督两江兼司两淮盐政，陶澍汰浮费二百余万，以济淮南；去坝费、岸费各数十万，改行票盐，以苏淮北”[①]。“巡城时则倡建悦生堂以赡京师穷民”，“回籍时则捐渔税，议禁罟箭，以利资江之行旅”[②]。魏源说，陶澍的一系列业绩“他人得其一皆足名世，而于公（陶澍）则为绪余”[③]。这并非溢美之辞。在长期仕宦生涯中，陶澍表现出卓越的领导才能，“凡所施设，不任独，不任同，朋是勿壅，朋挠勿从”。“智不惑，勇不惧”[④]。既能毅然决断、大刀阔斧地推行改革，又有虚心听取幕僚意见、保持清醒头脑的作风，在昏聩平庸的清朝官僚中，如此干才可谓鹤立鸡群。

陶澍与诸多经世派人物交谊甚笃，是道光前后经世思潮的中心人物。

陶澍与魏源为湖南同乡。陶澍未仕前，即与魏源的祖父和父亲有往来，时魏源尚幼小，与陶澍不可能交往。嘉庆十九年（1814），陶澍在京任江南道监察御史，并为甲戌科会试考官，时魏源亦在北京设馆授徒。由于湘潭人周系英对魏源的才气“四出揄扬”，使魏源“数日名满京师，中朝公卿争纳交焉”[⑤]。魏、陶初交即在此时，魏源说：“源自弱冠入京师及来江左，受公知数十年。”由此可见两人交往渊源。道光五年（1825），陶澍由安徽调任江苏巡抚，其时魏源正在贺长龄幕编纂《皇朝经世文编》，两人往来十分密切。道光七年（1827），贺长龄调任山东布政使，魏源即转入陶澍幕，直至道光十九年陶澍逝世转入陈銮幕。在陶幕间，陶、魏二人“以文章经济相莫逆，凡海运水利诸大政，咸与筹议”[⑥]。陶澍推行的南漕海运及票盐法等重大改革，魏源多有谋划之功。由于陶、魏相知，陶澍去世前，“托以身后志状”于魏源。

陶澍比林则徐大6岁，陶、林初交于两人任京官期间。道光十一年（1831），林则徐初任江苏布政使，旋任江苏巡抚，时陶澍任两江总督，两人自此合作共事六年之久。陶澍与林则徐虽为上下级关系，却“志同道合，相得无间”[⑦]。于整顿漕务、赈济灾荒、兴修水利、改革币制、革新盐法、严禁鸦

---

①③④ 《魏源集》上册，中华书局1983年版，第347、330、347页。

② 陈銮：《太子太保入祀贤良祠两江总督陶文毅公行状》，《续碑传集》卷二十三。

⑤⑥ 魏耆：《邵阳魏府君事略》，《魏源集》下册，中华书局1983年版，第911页。

⑦ 《魏源集》下册，中华书局1983年版，第911页。

片等一系列关系国计民生的事务上通力合作，取得重要成绩。对于“奋不顾身”、“勇于任事”、有“干国良臣”之誉的陶澍，林则徐十分尊重与衷心服膺，当陶澍六十大寿，时升任湖广总督的林则徐，在武昌“撰成七律三十首，邮稿致祝”。诗中称颂陶澍“重镇南天半壁雄”的功业，以为足可配晋朝谢安与明朝李东阳。道光十九年（1839）六月，陶澍病逝，林则徐从广东寄来挽联：“大度领江淮，宠辱胥忘，美溢终凭公论定；前型重山斗，步趋靡及，遗章惭负替人期。”深切缅怀他与陶澍的多年友情以及陶澍对自己的知遇之恩。对于林则徐，陶澍也奖掖有加。道光十九年（1839），陶澍因病请求开缺，在《恭谢恩准开缺折子》中，他向道光帝大力推荐林则徐：“林则徐才长心细，识力十倍于臣。”[①] 道光帝接受了这一提议，任林则徐为两江总督，后因禁烟未及莅任，改委林则徐为钦差大臣前往广东。

除魏源和林则徐外，陶澍还与贺长龄、包世臣、俞德渊、王凤生、陈銮、黄冕、姚莹、齐彦槐等经世学者和经世官员交往密切。陶澍与贺长龄同为湖南籍官员，也曾共事于国史馆，联系自然紧密。此外，二人还是亲戚，贺长龄弟贺熙龄与陶澍为儿女亲家。二人外放后，常有书信来往。道光五年至六年，二人同为官江苏，时陶为江苏巡抚，贺为布政使，彼此同心协力，成功地实现了漕粮海运。贺长龄编辑《皇朝经世文编》，陶澍积极支持。包世臣十分尊敬陶澍，称赞陶澍为“博综今古”，“公忠体国，夙有笙磬之契”的“非常之人”[②]。包世臣经常致书陶澍，对盐、漕、河诸大政提出自己的建策，而陶澍在施政中也多有采择。俞德渊，字陶泉，甘肃平罗人，嘉庆二十二年（1817）进士。“德渊精会计，又知人善任”，对河、盐、漕十分熟悉，在江南颇有声誉[③]。陶澍抚苏后对俞颇为器重，“首拔君同知，督粮司海运局务”，漕粮海运成功后，“以君名达，得旨加知府衔，尽先升用”。陶澍升任两江总督后，“举君署运使事”，不久实授盐运使，是陶澍实施漕粮海运和盐务改革的得力助手。道光十三年（1833），陶澍在回湖南省亲闻俞去世消息，“不禁失声，如丧余之右臂”，随即取消省亲，返回江苏祭奠。俞德渊也十分感激陶澍的知遇之恩，

---

① 《陶文毅公全集》卷三十《恭谢恩准开缺折子》。

② 《安吴四种·中衢一勺》卷七，《上陶宫保书》（壬辰）。

③ 《清史稿》卷三八四《俞德渊传》。

“临去时，神明不乱，犹言不及见余（陶澍）”[①]。王凤生，字竹屿，安徽婺源人。魏源称赞王凤生：“近日海内谈实用之学必首推君，则其诚求之心，叠斐之力，足以孚下而信上。”由于擅长经世之学，“四方大吏，以才难之故，争相奏调，倚君若左右手”[②]。陶澍对王凤生十分倚重，“治淮盐尤为陶澍所藉焉”。道光九年，王凤生因黄玉林案受处分，陶澍与尚书王鼎、侍郎宝兴以王熟悉盐务，“合疏留凤生襄议”[③]。湖北江夏人陈銮，嘉庆二十五年（1820）进士，有经世之才。陶澍对陈銮十分器重，先后推荐其为苏州知府、苏州督粮同知、江苏布政使、江苏巡抚等职，“凡治漕，治运，浚吴淞江、刘河、白茆河，修宝山、华亭海塘，銮并在事，（陶）澍、（林）则徐皆倚如左右手”[④]。陶澍对姚莹也极为赏识，先后擢姚莹为高邮知州、两淮监掣同知、护盐运使，道光十五年（1835），陶澍又会同林则徐将姚莹力荐入朝，“谓可大用”[⑤]。这种相交相知从一个侧面映现出经世致用之学在道咸间勃起的趋向和时尚。

陶澍的思想、学术、政风，深刻影响了道咸时期的一大批重要人物。张佩伦称：

> 道光来人才，当以陶文毅（澍）为第一。其源约分三派：讲求史事，考订掌故，得之者在上则有贺耦耕（长龄），在下则有魏默深（源）诸子，而曾文正（国藩）集其成；综核名实，坚卓不回，得之者林文忠（则徐）、蒋砺堂（攸铦）相国，而琦善窃其绪以自矜；以天下为己任，包罗万象，则胡（林翼）、曾（国藩）、左（宗棠）直凑单微。而陶实黄河之昆仑，大江之岷也。[⑥]

即将陶澍看成是贺长龄、魏源、林则徐、曾国藩、胡林翼、左宗棠等著名经世派人士的先导者。

---

① 《陶文毅公文集》卷四十九《祭俞陶泉都转文》。
② 《魏源集》上册，中华书局1983年版，第334页。
③ 《清史稿》卷三八四《王凤生传》。
④ 《清史稿》卷三八一《陈銮传》。
⑤ 《中复堂全集》附录《姚莹年谱》。
⑥ 张佩伦：《涧河日记》，己卯下，涧于草堂石印本。

二、“以经世自励”的林则徐

林则徐（1785—1850），字元抚，又字少穆、石麟，晚号竢村老人、竢村退叟。据来新夏《林则徐年谱》，林则徐自 4 岁到 20 岁中举以前，主要在父亲林宾日的教读与熏陶下，完成“自之无以至章句”的最初教育[①]。因此，林宾日可谓林则徐的启蒙老师。作为一位失意知识分子，林宾日一生“舌耕”，无功名可言，但他却对“探求经世之学”有浓酣兴趣[②]，这一致思趋向，对林则徐产生了潜移默化的影响。嘉庆十四年（1809），林则徐考中秀才，旋入福建最高学府鳌峰书院就读。其时主持书院的山长郑光策是一位“喜读经世有用之书”，注重经世有用之学的学者[③]。他愤慨“近日学者，气习污下，奔竞卑鄙”，因此，于主持书院期间，讲求“明礼达用之学”[④]，鼓励学生“以立志为主”，“谓志定而后教有所施”[⑤]。得益于郑光策的严格教诲，林则徐博览群籍，汲取了广泛的经世致用之学的养料，在这一时期的读书笔记《云左山房杂录》（原无题名，书名为后人所加）中，林则徐记下了他的心得与思考。其中的一些警句，如“岂为功名始读书”，“崇实行而不事虚行，秉公衷而不持偏见”，映现出林则徐经世思想的雏形。

嘉庆十二年（1807），林则徐入闽抚张师诚幕司笔札。在张幕四年，是林则徐直接接触“经济之学”并走向“经世致用”道路的关键时期。金安清的《林文忠公传》指出：

> 张兰渚中丞抚闽，招入幕府。张为乾隆枢直旧臣，精吏治。公相从四、五年，尽识先朝掌故及兵刑诸大政，益以经世自励。[⑥]

“益以经世自励”六个字生动道出了林则徐经世济时的坚定信念。正是怀抱如此热望，林则徐在任京官期间，谢绝庸俗的应酬社交，抓紧时间“力学而潜修”，“益究心经世学”。他“虽居避清秘，于六曹事例因革，用人行政之得失，

①② 来新夏：《林则徐年谱》（增订本），上海人民出版社 1985 年版，第 6、3 页。

③⑤ 《福建通志》卷四十《儒行 · 郑光策》。

④ 林则徐：《云左山房诗钞》卷四《郑苏年师抱膝图遗照》。

⑥ 金安清：《林文忠公传》，《续碑传集》卷二十四。

综核无遗”[①]。与同乡编修郭先生的交往，亦是“相与研究舆地、象纬及经世有用之学”。在以后出任外官的宦海生涯中，他更是致力于实政——无论是整顿河工、兴修水利、救灾放赈，还是查禁烟害、改革财政，林则徐均有政绩，金安清《林文忠公传》对林则徐在朝野的形象有一番生动描述：

> （公）所至贪墨吏望风解绶，疆臣重其才，皆折节倾心下之。多所兴革。凡民生疾苦，吏事废坠，人才贤否，无纤悉不知，知无不行。上亦眷倚特甚，一时贤名满天下。至儿童走卒，妇人女子，皆以公所莅为荣，辄曰：“林公来，我生矣！”至以公所行政，播诸歌谣，荒村野市，传之以为乐。本朝自陈恪勤（鹏年）、陈文恭（宏谋）后，长吏声誉之盛，无与公并者。[②]

即使是远戍边疆，林则徐也仍然倡导垦荒开井，传播先进技术，切望他经营的“大漠广野，悉成沃衍”。在林则徐生命途中，经世、用世的旋律一以贯之地激昂奏鸣。

在道光前后经世派中，林则徐与龚自珍、魏源是最有影响的三位人物，他们之间有着真诚的情谊。

开一代风气之先的龚自珍孤傲狂放。《清朝艺苑》说他“名振都下，朝贵倒屣相迎。而口若悬河，每当及世事，纵横陈说，四座皆喑。与之讦难，鲜不辟易者”。吴昌绶的《定庵先生年谱》也说：“其为学，靡书不览，喜与人辩驳，虽小屈，必旁征博引以伸己说。”他本人也有诗描述自己的傲气：“侧身天地本孤绝，矧乃气悍心肝淳！欹斜谑浪震四坐，即此难免群公瞋。”[③]但是，龚自珍虽狂放多傲言，却偏偏对林则徐深为敬佩。据《清朝艺苑》记载，林则徐与龚自珍曾同赴某贵第参加一次集会。聚会中，林则徐纵论天下奸人之所以能售其奸的原因，认为这种人“不过见当时人才脆薄，学识猥陋，故肆无忌惮，挟其术以沽名猎位，眩其学以动众惊俗。一旦得志，殃民生而败国是。如此辈者心逆而险，行伪而坚，老成谋国在所必诛者是也”。其至为深刻的议论

---

① 李元度：《林文忠公事略》，《国朝先正事略》卷二十五。

② 金安清：《林文忠公传》，《续碑传集》卷二十四。

③ 《龚自珍全集》，上海人民出版社 1975 年版，第 463 页。

使龚自珍大为折服，从此两人交往更为密切。龚自珍写有一篇文章，叫作《重摹宋刻洛阳赋九行跋尾》，文中开列了与他聚会论学者的名单，其中有魏源、徐松，还有林则徐。在北京宣武坊南龙书院举行的多次文酒聚会中，林则徐与龚自珍亦往往是参加者。道光十八年（1838）林则徐受命为钦差大臣，赴广东查办海口禁烟事宜，龚自珍写了《送钦差大臣侯官林公序》赠行，文中，龚自珍向林则徐献上三种决定义、三种旁义、三种答难义、一种归墟义，其中特别指出在禁烟问题上，要有果断的决心，要采取“刑乱邦用重典”的严厉措施，“宜以重兵自随”，“多带巧匠以便整修军器”。林则徐对龚自珍的意见大为赞赏，以为“陈义之高，非谋识宏远者不能言，而非关注深切者不肯言也”[①]。并有复札致龚自珍。在龚自珍与林则徐之间，不仅流溢着英雄相惜的知己感，更有着一脉相通的经世济民的情愫。他们的友谊折射出那一时期的特定文化趋势。

林则徐与魏源相识相交是在林则徐任京官期间，两人自此“成为密友，以经世之学相讨论”[②]。林、魏友谊最具深意的一幕发生在道光二十一年（1841）七月初，其时，林则徐遣戍伊犁，途经京口（镇江），当时正居此地的魏源赶去会见。二人同宿一室，对榻倾谈。其情形在魏源所作《江口晤林少穆制府》诗二首中有真切描述：

> 万感苍茫日，相逢一语无。风雷憎蠖屈，岁月笑龙屠。方术三年艾，河山两戒图。乘槎天上事，商略到鸥凫。
>
> 聚散凭今夕，欢愁并一身。与君宵对榻，三度雨翻蘋。去国桃千树，忧时突再薪。不辞京口月，肝胆醉轮囷。[③]

在这仓促的聚谈间，林、魏两人百感交集，他们相逢时竟“一语无”，不知该说什么方能表达自己的复杂心情。入夜，他们对榻长谈，又有说不完的话。此时此刻，他们最为关注的倒不是自身命运的蹇落，而是国家、民族深陷其中的巨大灾难。诗中所说的“方术三年艾，河山两戒图”即指要密切注意西北和东

① 《龚自珍全集》，上海人民出版社 1975 年版，第 169—170 页。
② 李伯荣：《魏源师友记 · 林则徐》，岳麓书社 1983 年版。
③ 《魏源集》下册，中华书局 1983 年版，第 781 页。

南两处边界，做好防范英国在东南再次发动入侵与沙俄在西北进犯的准备（两戒即两界）。就在这次短短的会见期间，林则徐将他在广东广泛搜集的关于外部世界知识的资料及他主持编译的《四洲志》交给魏源，嘱他在此基础上续作编撰，魏源果不负林则徐之望，于次年完成《海国图志》50卷，以后又陆续增订为60卷、100卷，对中国人开眼看世界乃至日本明治维新产生巨大影响。

以大吏之身从事经世事业的陶澍和林则徐是道咸经世派的另一种类型——官吏型的代表。他们与龚自珍、魏源、包世臣等学者型的经世派不同，不是以学术研讨经世，而是通过行政手段勠力于实务，将种种经世方案付诸实践。中国传统经世致用之学本来就是以政治为本位，只有实际参预政务，方可能实践形形色色的经世构想。经世的最终目标是“治世”“理世”。因此，官吏型经世派是中国传统经世精神的重要实践者。黄彭年《林文忠公政书序》说：

> 当道光之中，承乾、嘉之后，西域底定，海宇宴然……而文忠与文毅独于宴安无事、局守文法之时，洞见症瘕，亟起救药。[①]

在道光前后的政局中，陶澍与林则徐以卓越的才干与魄力，率先推行改革，乾隆朝以来的某些政经体制，正是在他们手中被打开缺口，终于发生重大更新的。

三、“但开风气不为师”的龚自珍

龚自珍（1792—1841），字璱人，又字爱吾，号定庵，又名易简、巩祚，晚年自号羽琌山民。龚自珍出身于一个三世京官的书香世家，自幼深受汉学熏染。12岁时，龚自珍从外祖父段玉裁学许慎说文部目图解，奠定“以经说字，以字说经”的考据学基础。然而，面对日益加深的社会危机，年轻的龚自珍不甘埋首于脱离实际的正统考据学，“慨然有经世之志”，以“澄清”天下、兴利除弊为已任。21岁那年，龚自珍赋诗述己志向：“屠狗功名，雕龙文卷，岂是平生意？”[②]经世济民，“为本朝瑰玮”方是他所怀抱的宏愿。

嘉庆二十三年（1818），27岁的龚自珍第五次参加科试，中浙江乡试头名

---

① 黄彭年：《陶楼文钞·林文忠公政书序》。

② 《龚自珍全集》，上海人民出版社1975年版，第441页。

举人，为“五经魁”之一。对于龚自珍来说，中举便意味着有机会实现少年以来的经世抱负。同年，有两件事对龚自珍产生重要影响。一是他携功令文拜见他所崇敬的学者姚学塽。姚氏表示他的学问与志趣皆不在功令文，龚自珍遂自烧功令文 2000 篇，以示不再虚耗光阴于无用的“雕龙文卷”。二是庄存与的孙子庄绶甲于是年馆于龚自珍家。庄存与系晚清常州今文学及公羊学的开山。庄绶甲向龚自珍介绍庄存与的学术路数，极大地诱发了龚自珍对藉微言大义“以学术开帝”的今文经学的兴趣。

嘉庆二十四年（1819）春，应恩科会试落第的龚自珍滞留京城，从当时任礼部主事的刘逢禄“问《公羊》家言”[①]，明西汉微言大义之学，这是龚自珍一生学术活动的转折点。在此之前，他多采用“狂言”的形式犀利批评时政，指斥时弊，与考据学亦未全然割断干系。转向公羊学之后，龚自珍更多地运用今文学家的手法，通过五经中的“微言”来发挥“经世”大义。此种意绪的转机，可见龚自珍在会见刘逢禄后写下的一首诗：

昨日相逢刘礼部，高言大句快无加；
从君烧尽虫鱼学，甘作东京卖饼家。[②]

所谓“虫鱼学”乃人们对醉心烦琐考据，甚至津津乐道于鸟兽虫鱼考辨的考据学的讥称；所谓“卖饼家”，系三国时人们对公羊学的鄙称，意指《公羊》不过是街头巷尾的粗粝饮食，决计无法与有“大官厨”（即正式高级的烹调）之称的《左传》相抗衡。然而，龚自珍却决心抛弃考据鸟兽虫鱼的学问，心甘情愿去做任人嘲笑的“大饼家”。这一价值取向的变迁，预示了嘉道间学风转变的大趋势。

作为一位经世学者，龚自珍不仅致力于“研诸经，讨诸史，揆诸时务”[③]，而且多方面阐发他关于经世之学的思考。龚自珍经世观念的最突出之处，就是主张道、学、治三者合为一体，相得益彰，而不应截然分割，相互对立。他热烈推崇的是周朝以上“一代之治，即一代之学也；一代之学，皆一代王者开之也”[④]。

①②③④ 《龚自珍全集》，上海人民出版社 1975 年版，第 441、441、114、4 页。

与“道、学、治合一”的致思趋向相关联，龚自珍还十分崇仰古代“君与师之统不分，士与民之薮不分，学与治之术不分”[①]的传统。龚自珍认为，唐、宋、元、明以来，尤其是在清代，学与治相分离的现象日趋严重。他指出，近世士子“生不荷耰锄，长不习吏事，……上不与君处，下不与民处”[②]，是一群学用脱节、不通实务的人物。这种学治分离的风气弥漫开去，其后果的严重性决非限于士人，而将祸及社会：

> 是故道德不一，风教不同，王治不下究，民隐不上达，国有养士之赀，士无报国之日，殆夫，殆夫！终必有受其患者，而非士之谓夫？[③]

龚自珍还具体剖析了学治分离、学用脱节风气形成的原因，他将这一社会病端的缘由归结到中古教育和科举制度。这无疑是极有见地的。他指出，古代的圣人，如皋陶、夔、稷、契，所学所治是统一的，而且“终身治一官”，如皋陶之掌管刑法，后稷之掌管农耕，契之掌管教化，而后来的士人学用两分，“教之、使之，又非其道，疲精神耗日力于无用之学”[④]。为了应付科考，这批士人不得不全力钻研八股时文，一旦得官，对兵刑、钱谷之事懵然无知，其结果是：

> 之人也，少壮之心力，早耗于禄利之筌蹄，其仕也，余力及之而已，……夫未尝学礼乐之身，使之典礼乐而不愿，以凡典礼乐者，举未尝学礼乐也。未尝学兵之人，使之典兵而不辞，以凡典兵者，皆未尝知兵也。古者学而入政，后世皆学于政，此唐、宋、元、明之人才所以难语夫古初也。[⑤]

龚自珍虽然痛恶学用分离，一生致力于“谋大事”“医大病”，但他的雄才大略始终未得以施展。龚自珍只能遗憾地自嘲：“纵使文章惊海内，纸上苍生而已。”[⑥]然而，尽管龚自珍个人命运坎坷，但他那炽热的爱国热情，迫不及待的变革要求，抒发“非常异义可怪之论”的叛逆精神，以及对“道、学、

①②③④⑤⑥ 《龚自珍全集》，上海人民出版社1975年版，第115、5、5、116、116、565页。

治合一”的呼唤，昭示着中国思想文化史上的一个新时代来临。龚自珍是一位开风气的先觉者，清人张维屏说：“近数十年来，士大夫诵史鉴，考掌故，慷慨论天下事，其风气实定公开之。”[①] 充分肯定了龚自珍创辟晚清经世实学的历史地位。《定庵文集》的编者曹籀在同治年间称龚自珍是“英姿挺拔之士”，“翘然独秀，抗先哲而冠群贤”，其“平生著述等身，出入于九经七纬，诸子百家，足以继往开来，自成一家”[②]。这“继往开来”四个字是对龚自珍在中国文化史上地位的恰当评价。

四、“倡经世以谋富强”的魏源

魏源（1794—1857），字默深，生于清乾隆五十九年，卒于咸丰七年。他比龚自珍只小两岁，但辞世却晚了十多年。因此，他的一生经历了鸦片战争前后两个不同的历史阶段。

如果说，少年时代的龚自珍主要受到考据学的熏陶，那么，少年时代的魏源则是从理学入门。魏源的出生地湖南是宋学的重要基地，魏源自幼受理学影响甚深。他在北京期间，曾求教于理学家汤金钊，以后一直以汤氏“门人”自视。对于“为学恪宗程、朱，躬行实践”的董桂敷，魏源亦“执弟子礼”。另一位理学家姚学塽也是魏源“终身仰止”[③] 的老师。对于阳明心学，魏源亦曾“究心”研习。理学两大流派在魏源思想的深层结构中占据重要位置。

魏源在深受理学熏陶的同时，也从乾嘉考据学中汲取了必要的营养。21 岁时，他随父亲赴北京，向“究心经学，尤专意于毛氏诗传”的胡承珙学习汉儒家法，此为魏源治汉学之始。此后，他又与汉学家胡培翚过从甚密。在南京时，魏源与段玉裁弟子陈奂相交。与汉学家的密切往来以及对汉儒家法的切磋琢磨，使魏源在音韵、训诂之学上具有相当功力。

但是，魏源毕竟不同于一般汉学家和宋学家。他目睹道咸间严重的社会危机，深感时人尊奉的汉学、宋学皆无补于世。他既鄙视“皓首穷经”、不问世事的考据家，又不满意于“非朱子之传义不敢言”的理学家，并对这两种传统学术的弊端痛加讥弹。他指出：

---

① 《龚定庵全集》，国家整理社出版，第 23 页。

② 《龚自珍全集》，上海人民出版社 1975 年版，第 654—655 页。

③ 《魏源集》，上册，中华书局 1983 年版，第 356 页。

> 工骚墨之士，以农桑为俗务，而不知俗学之病人更甚于俗吏。托玄虚之理，以政事为粗才，而不知腐儒之无用亦同于异端。彼钱谷簿书不可言学问矣，浮藻饾饤可为圣学乎？释老不可治天下国家矣，心性迂谈可治天下乎？①

他又痛诋儒者之喜空谈，不问效验：

> 王道至纤至悉，井牧、徭役、兵赋，皆性命之精微流行其间。使其口心性，躬礼义，动言万物一体，而民瘼之不求，吏治之不习，国计边防之不问，一旦与人家国，上不足制国用，外不足靖疆圉，下不足苏民困。举平日胞与民物之空谈，至此无一事可效诸民物，天下亦安用此无用之王道哉？②

在他看来，只有“以实事程实功，以实功程实事”，方能“寐患去而天日昌，虚患去而风雷行”③，重新赢得生命活力。

说来也有意思，促成魏源从汉学、宋学的旧樊篱冲决出来的学术动因也是其时方兴未艾的公羊学，其情形正与龚自珍相仿。魏源接触今文经学是在21岁，即嘉庆十九年（1814），那一年，他随父入京，一方面从胡承珙习汉儒家法，问宋学于姚学塽，另一方面又向今文经学大师刘逢禄请教《公羊》大义，当他得以研读清代今文经学的开山者庄存与的著作，不禁击节叫好，称赞庄存与的学说是“真汉学”。

魏源之所以服膺公羊学，除了公羊学活泼少羁绊，便于作为反传统的思维工具外，还在于公羊学着意于微言大义，提倡经解为现实政治服务。对于“经世”心切的魏源来说，这正是渴求甚急的学说。正因为如此，魏源在批评“争治诂训声音，瓜剖釽析”的汉学和“空腐”的宋学的同时，大力提倡公羊学“通经致用”的精神：“以《周易》决疑，以《洪范》占变，以《春秋》断事，以《礼》《乐》服制兴教化，以《周官》致太平，以《禹贡》行河，以《三百五篇》当谏书，以出使专对，谓之以经术为治术。”④

---

①②③④ 《魏源集》上册，中华书局1983年版，第36—37、36、208、24页。

“以经术为治术”是魏源对一代新学风的热情呼唤，这一呼唤与龚自珍“道、学、治合一”的主张彼此推引，宣示着学术思潮的嬗递。

魏源一生，孜孜不倦于经世之学，“尤悉心河道水利，海防边防，上下古今而明究其得失”[①]。他曾入江苏布政使贺长龄幕，佐贺氏筹划漕粮海运事；入两江总督陶澍幕，佐其筹划淮北盐政改革。他着意研究当代史，撰写了直面时政的《圣武记》与《道光洋艘征抚记》。他以满腔爱国热忱研究域外史地，完成了面向外部世界的《海国图志》，并鲜明地提出了“师夷长技以制夷”的口号，深刻地影响了晚清思想和学术。今人齐思和说：

> 晚清学术界之风气，倡经世以谋富强，讲掌故以明国是，崇今文以谈变法，究舆地以筹边防，皆魏氏倡导之，或光大之。[②]

这就是魏源在晚清经世运动中确立不拔的地位。

五、“有经济大略”的包世臣

包世臣（1775—1855），字慎伯，安徽泾县人。泾县“本汉县，而三国时尝置安吴县，以故学者称（包世臣）安吴先生”[③]或“安吴包”。包世臣一生经历乾、嘉、道、咸四朝，是嘉道—道咸间又一位颇负盛名的经世人物。

青少年时代的包世臣，也如龚、魏一样，经历了由“纯学术”走向“致用之学”的转折。他幼时受父教，“为八比六韵”，以后“诵选诗而好之”，“诵选赋又好之”[④]。年稍长，因受乾隆末世时势的刺激，开始转向经世之学。他自称：“自十二、三岁即慨然有志于用世”，并将留心经济问题视为“吾儒分内之事”[⑤]。18岁时，包世臣获读顾炎武的《日知录》，大感兴趣，认为“百余年言学者必首推亭林，亭林书必首推《日知录》”。“读《日知录》三十卷，叹为经国硕献，足以起江河日下之人心风俗。”与此同时，他又指出，《日知

① 钱基博、李肖聃：《近百年湖南学风》，岳麓书社1985年版，第11—12页。

② 齐思和：《魏源与晚清学风》，《燕京学报》36卷。

③ 谢应芝：《书安吴包君》，《续碑传集》卷七十九。

④ 包世臣：《安吴四种总目叙》。

⑤ 包世臣：《中衢一勺》卷四《与秦学士书》。

录》尽管精深博大，但书中尚存在“摘章句以说经及畸零证据”的缺陷，“犹未免经生射策之习”①。

着意于经世致用，包世臣对“高者谈性命，卑者矜词章”②的恶劣士风甚为不满。他在《与杨季子论文书》中尖锐批评桐城派热衷古文义法的学风：“近世治古文者，一若非言道，则无以自尊其文。……夫事无大小，苟能明其始卒，究其义类，皆足以成至文，固不必悉本忠孝，攸关国家也。”包世臣“文以纪实”的思想，对道咸士人有重要影响，直接孕育产生了《夷氛闻纪》《中西纪事》等记录鸦片战争史事的纪实性作品。

包世臣虽然“慨然有志于权家”③，“以亭林经世之志自许”④，但命运对他却并不慷慨。他“十余试，迄无一遇”⑤，直到35岁才中举，“大挑以知县分发江西，一权新喻县”⑥。然而，这一七品官只当了一年即“因劾”解职，自此“寓居江南，布衣翛然”，“唯以卖文字自给”。“每作书自署曰：‘白门倦游阁外史’”⑦。这一自题字号深深地渗透着寂寞与失落感。

然而，包世臣虽命运多舛，却“不以所遏豁勃，稍减救世汲汲之志”⑧。他“转侧江淮燕齐数十年，时时与当路者论说民间疾苦，为补救之方”⑨。由于包世臣长期为地方大员做刑钱幕僚，大量接触并参与处理农政、刑名、河工、漕运、盐法、战守、货币等实际问题，积累了大量“经济之学”的经验，从而成为一位“善经济之学”⑩，“有经济大略”⑪的专门之家。“东南大吏，每遇兵、荒、河、漕、盐诸巨政，无不屈节咨询，世臣亦慷慨言之”⑫。范麟在《读〈安吴四种〉书后》记述了包世臣的如下实绩：

> 嘉庆戊午（1798）冬游楚北，为浦城祖承宣画招流亡、开屯田、营战屯守之策。……戊辰（1808）游袁甫，觉罗长文敏公、大庾戴文端公

①④ 包世臣：《艺舟双楫》卷一《读亭林遗书》。
② 包世臣：《齐民要术》卷一《农政》。
③ 包世臣：《安吴四种总目序》。
⑤ 包世臣：《中衢一勺》卷七《说储上篇序目》。
⑥⑪⑫ 《清史稿》卷四八六《包世臣传》。
⑦ 谢应芝：《书安吴包君》，《续碑传集》卷七十九。
⑧ 姚柬之：《书〈安吴四种〉后》。
⑨ 包世臣：《中衢一勺》卷首《附录序言》。
⑩ 李伯荣：《魏源师友记·包世臣》。

闻声下交，立谈之间，以罢徐、扬六府州摊征三百六十万已成之议。辛未（1811）秋，佐百文敏公治河，临工决盖坝之策，旬日间，使袁浦、板闸、淮安百万家得免为鱼而就高枕。丙寅（1806）夏，在扬州，诱伊太守举荒政，全流民三万。甲戌（1814）冬，在白门，激百文敏公举荒政，活饥黎八万。……其余当路，多采先生河漕盐法之论而行之。

道光十九年（1839）正月，林则徐赴广东查禁鸦片，途经南昌时，也曾与包世臣相晤，听取他的建策。

在嘉庆、道光、咸丰间经世学者群中，包世臣的经世思想自有特色。如果说，龚自珍侧重于尖锐的社会批判，魏源侧重于当代史研究与域外史地研究，那么，包世臣则最为关注财政问题。他认为，立国有三要事，这就是德、威、财：

国立于三，行之以一。夫维心以德，养尊以威，合众以财，财匮则威不行，威沮则德不立。[①]

三者之中，财的地位最为重要。他又称：平生所学“大半在此，如节工费、裁陋规、兴屯田、尽地力，在在皆言利也”[②]。如此大谈财利的观念与《大学》所谓“德者本也，财者末也”的传统价值体系相悖反，也和管同秉理学泛道德主义余绪的“闭言利之门”“杜口不言利事”[③]的迂阔主张相对立，透露出市民阶层倾慕物质财富的精神。

包世臣治学，十分注重社会调查。范麟说，包世臣之造诣“得于学者半，得于问者亦半”。“其于问也，……虽舟子、舆人、樵夫、渔师、罪隶、退卒、行脚僧道，邂逅之间，必导之使言”。“是者识之，否者置之，于是悉知水陆之险易，物力之丰耗，官场之情伪，穷惨之疾苦”[④]。由此而来，包世臣所提

① 包世臣：《中衢一勺》卷七《说储上篇前序》。
② 包世臣：《齐民四术》卷二《答族子孟开书》。
③ 管同：《因寄轩文初集》卷四《拟言风俗书》。
④ 范麟：《读〈安吴四种〉书后》。

出的种种经世方案，“无不可见诸实事者”[①]。

包世臣的论学名著为《说储》及《安吴四种》。他曾述《说储》一书的著作由来：

> 嘉庆辛酉（1801）孟夏，天津姚承谦从余游，问古今治乱之故，予与极论斟酌损益、可措施补救者，作《说储》二篇。[②]

包世臣的儿子在《安吴四种》序中也简要介绍了《安吴四种》的著述过程：

> 在袁浦遇郭君大昌，从悉河事，侨扬州久，知盐漕得失。道光初，有《中衢一勺》之刻。时释碧溪好书，为刻论文论书诸作，名曰《艺舟双楫》。先大夫出游日久，习知民间疾苦，时时与当道论说，而信从者少，至道光甲辰，就旌德谭氏讲席，方裒生平著述集为《管情三义》《齐民四术》，并旧刻《中衢一勺》《艺舟双楫》更加增益，名曰《安吴四种》。

由此足见《说储》与《安吴四种》均是包世臣关于当世社会问题思考的结晶。在《说储上篇前序》中，包世臣声称：

> 苟有用我，持此以往，虽三代之盛不可妄期，汉唐二宗必复见于今日也。

在这狂生派头的宣言中，透露出经世、用世的热情与自信。

六、“以经世自任”的姚莹

姚莹（1785—1852）的出生地安徽桐城，因清代著名的文学流派——桐城派而名闻遐迩。姚莹的从祖即桐城派大师之一的姚鼐。姚莹的诗与古文，俱得姚鼐亲授，颇有根柢。

---

① 姚柬之：《书〈安吴四种〉后》。

② 包世臣：《齐民四术》卷二十九《跋石瑶辰所藏明新城县知县赵日崇新城保甲图册》。

“承家业治经史为诗古文之学三世”[①]的姚莹，在科举道路上春风得志。从入府学至考取进士，四年之中连连告捷，“试数县皆最”[②]，时仅 24 岁。然而，姚莹虽出身科甲正途，却“不好为制举之文”，“弱冠时即以经世自任”[③]。在他心目中，科举之学“猥俗浅陋”，浮华造作。对于士人而言，除了由此路径入仕治民、经国济世外，别无其他意义。因此，他在一封信中一方面向朋友指示：“夫士人进身之正，舍科举无由”，绝不可过于轻视；另一方面，他又强调道：“科举之学，出其绪余而已足，又何全力之攻焉。”[④]认为只要跨过入仕门槛，大可抛弃科举之学这块敲门砖，去专务经世之学。

道光初年，姚莹赴北京，结识了一大批朋友，其中不乏著名经世之士。在《汤海秋传》一文中，姚莹曾叙及其时情形：

> 道光初，余至京师，交邵阳魏默深（源）、建宁张亨甫（际亮）、仁和龚定庵（自珍）及君（即汤鹏）。定庵言多奇僻，世颇訾之。亨甫诗歌，几追作者。默深始治经已，更悉心时务，其所论著史才也。君乃自成一子。是四人者，皆慷慨激厉，其志业才气欲凌轹一时矣。世乃习委靡文饰正坐气苶耳，得诸子者大声振之，不亦可乎！[⑤]

姚莹衷心服膺“志业才气欲凌轹一时”的龚、魏诸人，他自己亦沿着这一路径，致力于经世之学，“意济世利人”[⑥]。

纵观姚莹一生的经世活动，大致可以分为三个阶段：

第一阶段从嘉庆二十一年（1816）出任福建平和县令至道光十七年（1837）擢台湾兵备道之前。这一阶段姚莹初任福建平和令、龙溪令，旋调台湾令，兼理海防同知，摄噶玛兰通判。道光十一年（1831）后，历任江苏武进、元和知县，淮南监掣同知，护理两淮盐运使。在这一系列职务上，姚莹勠力于实政，“于民情利弊无不悉心讲求”，政绩颇佳。在福建时，姚莹所至，“士民好之”，

① 姚莹：《东溟文集》卷三《与张阮林论家学书》。
② 李伯荣：《魏源师友记 · 姚莹》。
③ 姚莹：《东溟文集》卷九《十幸斋记》。
④ 姚莹：《东溟文后集》卷二《乐仪书院始由监掣课士状》。
⑤ 姚莹：《东溟文后集》卷十一《汤海秋传》。
⑥ 姚莹：《东溟文后集》卷八《与光律原书》。

"政声震一时"，有"闽吏第一"之誉[①]。在台湾令任上，姚莹"多方规划，兴利除弊"，"宽以容奸而有犯必惩；惠以养士而非公不见；调和营伍，平心以臻浃泱洽；亲接贫贱，广问以达下情"[②]。由于姚莹在台湾士民中拥有极高声誉，当他离职时，台湾士民"群走道府乞留"。后来，他再到台湾任官，士民又"争以鼓吹来迎"[③]。两淮盐运使在清代官场素称肥缺，可姚莹任此职却"负债万数金"久而未偿，其清廉可知。林则徐曾以江苏巡抚之职考察姚莹的才识行事，出具了甚为积极的考语：

> 学问优长。所至于山川形势，民情利弊，无不悉心讲求，故能洞悉物情，遇事确有把握。前在闽省，闻其历著政声。自到江南，历试河工、漕务、词讼听断，皆能办理裕如，武进士民，至今畏而爱之。[④]

鉴于姚莹的经世才干，当道光十五年（1835）"有诏中外大臣明保人才"时，"江督陶公、苏抚林公以府君（姚莹）名上"[⑤]。而更早一些时，编刊《皇朝经世文编》的贺长龄、魏源已将六篇姚氏之作收入该书之中。由此可见，嘉道之间，姚莹已是具有一定影响的经世派官员与经世学者。

从道光十七年（1837）被任命为台湾兵备道（例加按察使）至道光二十三年（1843）被革职投狱，是姚莹经世活动的又一阶段，亦是他一生中颇具光彩的一页。

姚莹任台湾兵备道期间，正值鸦片战争爆发，英国侵略者威胁台湾。姚莹与总兵达阿洪联手，一方面加强台湾十七个重要海口与澎湖七口的防务，并经常亲自巡视各口，查看海防；另一方面广泛发动台湾士民共同御侮。他"印发谕数百道，委员交各处耆壮，申约连庄，添练壮勇，家自为守，人自为兵。……一面将逆夷凶淫贪狡恶状，遍加晓谕，使人皆切齿，共奋同仇"。又"颁发示，擒斩逆夷，击沉贼船者，赏格自数千至巨万不等"[⑥]。"如兵民奋

① 姚莹《东溟文后集》卷九《重刊中复堂集后序》。

② 姚莹：《东溟文集》卷四《答李信斋论台湾治事书》。

③ 《中复堂全集》附录《姚莹年谱》。

④⑤ 姚浚昌：《先府君（姚莹）年谱》。

⑥ 姚莹：《东溟奏稿》卷二《鸡笼破获夷舟奏》。

勇破夷，凡所获夷船银货，悉与出力兵民充赏”[①]。这些措施极大地激发了台湾军民的爱国热情。在很短的时期内，台湾团勇增至47000余人，3倍于戍兵的数额，从而大大加强了台湾抵抗侵略的力量。为了有力打击敌人，姚莹制定了“不与海上争锋”，而“以计诱其搁浅，设伏歼擒”的方略，并实行塞港、御炮、破鸟枪、守城邑、稽查奸民五项防御措施，台湾的防务因而更为坚强。在姚莹的领导下，“台中披甲之士，不懈于登陴；好义之民，威奋于杀敌”，取得了“夷五犯台湾不得一利，两击走，一潜遁，两破其舟，擒其众而斩之”[②]的重大胜利。“方是时，台湾军声震天下”[③]。“一方屹然，洋船不敢再犯”[④]。

然而，英国侵略者虽然一再受挫于台湾海口，却在东南沿海取得重大进展。道光二十二年（1842）七月，英军攻陷镇江，进逼南京。八月，在咄咄逼人的炮口威胁下，清政府与英国签订了丧权辱国的《南京条约》。由于姚莹在台湾保卫战中使“所到之处，无不纵横为志”的英国侵略者遭到惨重挫折，因此，当中英双方根据和议交换俘虏时，久已对姚莹衔恨在心的英军首领璞鼎查以姚莹斩俘一事指诬台湾镇道“妄杀其遭风难民”，从而形成南京和议后的善后交涉巨案。清廷担心“抚局决裂”，遂以“冒功欺上”的罪名将姚莹逮捕入京，交刑部审讯。姚莹被逮问一事，在朝野上下引起极大震动。“一时中外诸著论甚众，闺阁中多感咏”[⑤]。当怡良赴台湾逮捕姚莹时，“精兵千万，攘臂呶呼，其势汹汹”[⑥]。“全台士民，远近奔赴，佥呈为镇道申理者甚众”[⑦]。尽管怡良四处搜求姚莹“冒功欺上”的罪证，但“台中士民，无肯为夷人作证者”[⑧]。当姚莹被押送至京，30多个京官、名士，包括曾国藩在内，候迎于京郊长辛店。一时之间，“台谏交章论救”，不少人前往狱中探望慰问。台湾士民亦“复有舆论之刻”。在强大的舆论压力下，清政府不得不在拘禁姚莹12天后，即将他赦出。尽管已有论者指出，姚莹在处决英国俘虏问题上确有处理

① 姚莹:《东溟文后集》卷七《与曾方伯书》。
② 姚莹:《东溟文后集》卷五《再上督抚请急发台饷状》。
③ 徐子苓:《桐城姚先生墓志铭》,《续碑传集》卷三十五。
④ 《魏源集》上册，中华书局1983年版，第202页。
⑤ 姚莹:《中复堂全集·后湘续集》卷二。
⑥ 姚莹:《东溟文后集》卷八《再与方植之书》。
⑦ 姚莹:《东溟文后集》卷七《奉逮入狱别刘中丞书》。
⑧ 姚莹:《东溟文后集》卷七《复怡制军言夷事书》。

不妥之处，但他率领台湾军民奋勇抗击侵略者的行动却是他“以经世自任”的一次大规模实践。

姚莹免罪出狱后，被发往四川任职，这是姚莹经世活动的第三阶段。姚莹初抵成都，即奉总督之命先后两次入康藏地区查案。两年后也即道光二十六年（1846）五月，他才就任四川顺庆府蓬州知州。三年后引疾乞归。

贬谪川藏是姚莹仕宦生涯中的一次大跌落，但他“聊存面目于百折崎岖之后而不敢变”，“忧国忧民之心”未改。在困苦颠沛的环境中，他撰成《康輶纪行》一书。

报道域外史地及中国西南边疆域情的《康輶纪行》是道咸间的一部重要经世著作。对于此书的经世性质，姚莹有多方阐述。他指出，鸦片战争期间，由于“中国不知其情”，“执事者不悉地形兵事”，因而失去许多“难得之事会”[①]。而《康輶纪行》附中外四海舆地总图，使“四海万国，具在目中，足破数千年茫昧”[②]。“经略中外者”从中可以获得诸多重要消息。在《复光律原书》中，姚莹又直述他撰《康輶纪行》的动机：

> 欲吾中国童叟皆习见习闻，知彼虚实，然后徐筹制夷之策，是诚喋血饮恨而为此书，冀雪中国之耻，重边海之防，免胥沦于鬼域。[③]

反对闭关自守，强调了解外国，努力把研究介绍敌情外事与拯救民族危亡联系起来，这就是姚莹著《康輶纪行》的目的。方复恒评《康輶纪行》，称姚莹“忧国忧世之心，岂不深远也哉”[④]。斯言不诬。

七、“志经世”“究时务”的徐继畬

在道咸经世派中，徐继畬（1795—1873）是一位不容忽视的人物。他出生于山西五台县，字健男，号松龛。“幼承父广轩先生润第学，颖敏工文”[⑤]。他19岁时应乡试中举人，22岁主讲五台崇实书院。32岁中二甲第80名进士，朝

①② 姚莹：《康輶纪行》卷三、十六。

③ 姚莹：《东溟文后集》卷八《复光律原书》。

④ 方复恒：《〈康輶纪行〉跋》。

⑤ 《山西献徵·京卿徐松龛先生事略》。

考第一，自此跨入仕途。徐继畬中试为进士的道光六年（1826），贺长龄、魏源正着手并完成《皇朝经世文编》的编纂，经世致用的新鲜士风有力地影响着徐继畬。《山西献徵·京卿徐松龛先生事略》如此介绍徐继畬初任京官的活动：

先生读书志经世，于部曹事例、郡国利病，无不穷研。

道光十三年（1833），徐继畬由翰林转为御史，他“思有所建白”[①]。“前后上书，皆关天下大计”[②]。“凡上章，宣宗无不称善，谓不蹈空文无实之故习”[③]。道光十六年（1836）七月，徐继畬针对官场中烦琐、沉滞的官僚作风，上《政体宜崇简要疏》，主张教令宜简，部例宜简、处分宜简，颇得道光帝赏识，“立召对，与语移时，询及民瘼，先生剀切陈之，至为流涕”[④]。次日即擢为广西浔州府知府。半年后，升调至福建。以后的18年中，徐继畬除任广东按察使3个月外，其余的17年零9个月都在福建任职，官至福建巡抚。

从内地调到正值多事之秋的福建任官，使徐继畬有充分机会施展他的才干与抱负。徐继畬为政，力主务实，他认为，清代官场上，“所短者唯一实字耳”。“大臣之负清名、有时誉者，大约以缄默不言为慎密，以圭角不露为深沉，以漫无可否为和平，以多所容忍为宽厚，以模棱两端为和衷济事之道，以遵循故事为奉公守法之规。观其章奏所敷陈似乎精密周详，了无遗憾，而实则铺张粉饰，纸上空谈，稽诸事实，大谬不然，于圣训所谓‘实’字者固相远矣。”[⑤]他反对弥漫官场的腐败作风，并将实政作为医治各种痼疾的良方：

实事求是，无一影响揣摩之语。为将帅者果能遵而用之，战无不克，守无不固，正如良医立方，病者覆杯而沉疴立起，空言之与实用岂可同日语哉！[⑥]

在闽、粤任职期间，徐继畬力行他一再阐明的“务实”思想，政声颇佳。福建

① 杨笃：《太仆寺卿前福建巡抚徐公家传》，《松龛先生全集·叙传》。
② 《山西通志·徐继畬》。
③④ 《山西献徵·京卿徐松龛先生事略》。
⑤ 《松龛先生全集》奏疏上，《请除大臣回护调停积习疏》。
⑥ 《松龛先生全集》文集，《壁勤毅公兵武闻见录序》。

巡抚刘鸿翱、闽浙总督颜伯焘、钦差大臣怡良均以“清廉明达，有守有为”八个字作为对徐继畬的评语，列之荐牍。

徐继畬任职闽、粤期间，正值“海氛甚恶”。他“驰驱海岸，日不遑给”①，以拳拳爱国之心，积极投入边疆防守事务。在汀漳龙道任上，他“调兵募勇，运木拦港，劝练诸事”，并“每夜间登城与守陴者垂泣告语，勉其敌忾”②。道光二十一年（1841）七月初四日，英军以坚船利炮攻陷厦门。与厦门一水相望的漳州顿时防务吃紧，“民心隍骇，一日数惊，文武官中有将家眷偷送出城者”。在此紧要关头，徐继畬镇静自若，勉力安定人心，“督兵勇昼夜防守，志在与城存亡”。在后来致赵盘文、谢石珊的信中，他剖白自己当时的情状与心迹：

> 自厦门失守之后，则寝食不遑，心力交困，劳悴不堪言状。……当此危难之际，正当捐縻图报。逆夷叵测，事无了期，与此土为安危，与此城为存亡。③

与此同时，他与夫人相商：“城如不保，陈忠愍公祠内，吾尽节处也，卿且奈何?”夫人笑回：“相从俱死耳，此事岂待商量。”“同官有私送眷口出城者，婢媪或私劝夫人，夫人叱之，谈笑如平日，无惊惧意。”其坚贞气节令人油然起敬。

由于徐继畬“久官闽，且究时务，了然于世界大势”④。对西方列强的实力与中国内部的虚弱有清醒的认识，因而，他力主在外交上采取稳健的方针，避免因不必要的冲突而授敌以侵略口实。在福州神光寺事件中，他采取的便是如此策略。诚然，对于徐继畬在神光寺事件中的处置方法与他的外交思想人们可以有多角度的讨论和评估，但随意冠之以投降妥协路线似乎有失妥当。在神光寺事件中，徐继畬曾向林则徐诸人表示：

> 敌来则惟有与之拼命，不来则审己量力，不宜与之生端。继畬之不

---

①③ 《松龛先生全集》文集，《致五台赵盘文明经谢石珊孝廉书》。

② 《松龛先生全集》文集，《致某方伯书》。

④ 《山西献徵·京师徐松龛先生事略》。

敢轻于边衅，实为地方计，非为一身谋。傥仓促之间，夷船忽来恫喝，暂当乘一小舟，直造其船，与之讲说情理。如有不测，当陨身以谢吾民，再与之开炮未晚。[①]

这是一种大谋略、大勇气，与那种一味高呼“打仗！打仗！不怕！不怕！”[②]的莽勇比较起来，徐继畬高明得多。关于林则徐与徐继畬的不和，晚清杨笃有一段精辟议论，他说：“两公深谋远虑，持论不同，而为国之心则一。”[③]这确是允当之论。

作为经世派的徐继畬，一生最大的功绩在于《瀛环志略》的制作。该书以开阔的世界视野，卓然不群的自强意识，向中国人展示了一个前所未见的天地，使“才士倾心，小儒咋舌”[④]。“当时中国士大夫之稍有世界地理知识，实自此始”[⑤]。与徐继畬同时代的魏源，继道咸经世派而起的资产阶级改良派康有为、梁启超，明治维新前夕的日本有识之士，均曾从这部书中汲取营养进而丰富、发展之。《瀛环志略》的深远文化影响，有力地铸就了徐继畬在道咸经世思潮乃至晚清文化史的地位。而由徐继畬的著述及实践，“可以觇一时风尚”[⑥]，这就是经世致用思潮的风起云涌。

八、贺长龄、黄爵滋及其他经世人士

法国艺术史家丹纳在《艺术哲学》中对艺术家的文化氛围有一段绝妙的论述：

艺术家本身，连同他所产生的全部作品，不是孤立的。有一个包括艺术家在内的总体，比艺术家更广大，就是他所隶属的同时同地的艺术宗派或艺术家家族。……他只是其中最高的一根枝条，只是这个艺术家

① 徐继畬：《复福州绅士神光寺夷人并无携械炮情事函》。
② 德雷克：《徐继畬及其瀛环志略》，文津出版社1990年版，第2页。
③ 杨笃：《太仆寺卿前福建巡抚徐公家传》，《松龛先生全集·叙传》。
④ 方闻：《清徐松龛先生继畬年谱》，台湾商务印书馆1987年版，第106页。
⑤ 梁启超：《中国近三百年学术史》第324页。
⑥ 金梁：《近世人物志》。

庭中显赫的代表。[①]

艺术家不能脱离“艺术家族”，政治家和学者同样需要一种特定的群体造成的氛围。龚自珍、魏源、林则徐、陶澍、包世臣、姚莹、徐继畲，只是嘉、道、咸之际经世思潮的杰出代表人物，在他们周围，拥有一个令人瞩目的经世派“家族”，贺长龄、黄爵滋、张际亮、张维屏、陈澧、刘开、汤鹏等，便是其成员。

贺长龄（1785—1848）

与林则徐同年生，与陶澍、魏源同乡的贺长龄，字耦耕，号耐庵。嘉庆十一年（1806）受业于岳麓书院。次年湖南乡试第一，同年成进士。贺长龄初入仕途，即以“才识优长”引起封疆大吏的注意。道光二年（1822），两江总督孙玉庭对时任南昌知府的贺长龄等人密疏优评：“臣于校阅安徽、江西两省营伍之便，沿途接见各官绅耆，留心延访年来两司道府，……安徽藩司陶澍、江西藩司邓廷桢、南昌府知府贺长龄，尤为才识优长，持论公正，皆有根柢，洵堪委任之员。”[②]诚然，在后来的仕途中，贺长龄屡屡受挫，未能如陶澍、邓廷桢那样大有名气，但同时代人对他甚为服膺。林则徐称：“如贺某者殆古所称大人君子者。”[③]左宗棠说：“耦耕（贺长龄字）先生实嘉道两朝名臣，学术之纯正，心地之光明，一时仅见。”[④]“中丞公（长龄）当代巨儒”[⑤]。黄濬则将贺长龄与陶澍、林则徐相提并论：“湘军自起自曾、左，砥砺贤才，则始自贺耦耕、陶文毅、林文忠等，相与提倡。”[⑥]由此可见贺长龄在嘉道间颇有影响。

贺长龄论学术，至为强调“经世致用”。他对他的朋友黄惺斋说：“我辈读书非关身心性命，即系天下国家，余可概置弗阅，实亦无暇旁及。”[⑦]他释

---

① 丹纳：《艺术哲学》，人民文学出版社 1986 年版，第 5—6 页。

② 孙玉庭：《延厘堂集》奏疏卷下。

③《左文襄公全集·奏稿》卷五十七《请将前任云贵总督贺长龄事迹宣付史馆并准入湖南乡贤祠片》。

④《左文襄公全集·书牍》卷二十二《与谭文卿》。

⑤《左文襄公全集·书牍》卷一《与贺仲肃》。

⑥ 黄濬：《花随人圣盦摭忆》，香港龙门书店 1965 年影印，第 200 页。

⑦ 贺长龄：《耐庵文存》卷六。

儒学核心伦理命题“仁”，声称“‘热肠’二字即是‘仁’字”[①]。所谓“热肠”即满腔热忱关注社会人生，全身投入经世济民之业。而这一切在贺长龄的心目中，均是“仁”的表现。从经世观念出发，贺长龄极为憎恶科举之学，斥之为“俗学”“误子弟终身”[②]。与此同时，他积极倡导学人从理学著作中汲取经世济民精神，“必如是方为真人才、真人品、真学问、真经济”[③]。此种从理学中发展经世之学的路数，是湖南籍经世派学风的特色。

贺长龄与陶澍、林则徐作风相似，是一位实干家。官南昌时，贺长龄“设自理谳局，详定章程，局员以劳叙考绩”。他“日与诸员会食，辄随事究情实，辨疑难，自是讼无留牍”。布政江苏时，“值清江口塞，诏群臣议海运，尚书英和连疏其利，长龄力主之，海运乃行”。在贵州，“以僻远之区，文教不启，长龄乃饬官方练营伍，缉盗贼，赡仓储，种桑麻，民利赖之”[④]。尤为值得注意的是，贺长龄对典籍的整理与出版甚为热忱，“生平历宦所至，广刻书籍”[⑤]。在这些书籍中，有顾炎武的《日知录》，有王船山的《读通鉴论》与《宋论》。有学者指出：“船山的史论，可能到此时才有刻本行世。”[⑥]深刻影响晚清经世思潮，被刘广京称为“晚清经世运动宣言”的《皇朝经世文编》，更是他的“经国杰作”。尽管《皇朝经世文编》的实际编选者是贺长龄的幕友魏源，但若没有贺长龄促成并主持其事，此部经世大书的问世或将是另一种形式。近人黄濬说：

> 耦耕刊《经世文编》一书，三湘学人，诵习成风，士皆有用世之志。[⑦]

这是《皇朝经世文编》的巨大影响，也是贺长龄在晚清经世思潮中的重要功绩。

黄爵滋（1793—1853）

---

① 葛士濬：《皇朝经世文续编》卷四十二。

②③⑤ 贺长龄：《耐庵文存》卷六。

④ 李柏荣：《魏源师友记·贺长龄》。

⑥ 《王船山学术讨论集》，中华书局1965年版，第514—515页。

⑦ 黄濬：《花随人圣盦摭忆》，中华书局2008年版，第200页。

出生于江西宜黄的黄爵滋，在经世事务上或乏于贺长龄那样值得称道的业绩，但就知名度而言，他却远胜于贺长龄。黄爵滋之所以有名，是因为他在道光十八年（1838）上了一个《请严塞漏卮以培国本疏》，力主严禁鸦片，成为禁烟运动的先声。人们论及林则徐禁烟，往往也注意到黄爵滋。其实，黄爵滋所关注的不仅仅是鸦片问题，在道咸时期，他与龚、魏等人俱以究心时务名于当时。黄爵滋利用御史之职，指陈时政得失，“遇事精锐风发，无所回避”①，从而成为中枢机构内刷新腐败政治的一员健将。鸦片战争爆发后，黄爵滋奉命往福建，“会同总督邓廷桢阅海口”，就战守问题提出了诸多建议，“且以海防图表进”②。在力主抗御英国侵略者的抵抗派集团中，黄爵滋无疑是一位重要成员。

提到黄爵滋的禁烟奏疏，不能不旁及与此疏相关联的其他经世派人士。种种记载表明，黄爵滋的禁烟奏疏大有可能不是他个人的产品，而是他与朋友磋商、讨论后拿出的共同意见。《水窗春呓》一书记载说，黄爵滋上的禁烟疏，是吴嘉宾、臧纡青、江开三人剪烛夜谈时起的底稿。雷瑨的《蓉城闲话》则说：“黄爵滋上折奏请禁止鸦片烟，其属稿者为富顺倪印垣、书折者为庐江江开。”谢章铤的《稗贩杂录》卷三《夷事》条提出另一种说法：“初，宜黄树斋爵滋请禁鸦片，则建宁张亨甫际亮为之起草。”魏秀仁《陔南山馆诗话》卷五也说：“黄疏实出张亨甫（际亮）之手。”这些说法虽然无一能得到确证，但映现出黄爵滋上禁烟奏疏不是孤立的个人行为，而是那一时期经世派诸人相与切磋的共同主张。

张际亮（1799—1843）

时人推测曾参与黄爵滋奏疏起草工作的张际亮，字亨甫，是道光年间颇有名气的诗人。道光三年（1823），他以诗谒姚莹，姚莹大为赞叹，称他“才可及空同（李攀龙）”③。“乙酉入京师朝考，报罢，京贵人及名士言诗无不知亨甫”④。然而，张际亮虽长于诗才，却决不沉溺于吟花咏月。他尖锐批评乾隆以来诗坛“以口角婉媚轻率之语，写目前琐屑猥俗之事”。“或以议论考订为事，或则轻佻浅鄙，无与于风雅之旨”。由此而来，“至今之为诗者，可悦

①② 孙衣言：《光禄大夫前刑部左侍郎黄公行状》，《续碑传集》卷十。

③④ 姚莹：《张亨甫传》，《续碑传集》卷七十八。

人者多，可感人者恒少”[①]。与脱离现实的诗坛风气相悖反，张际亮义无反顾地走向广阔社会生活。他“一生足迹半天下，道途遥历知民隐”。在实际接触社会的过程中，张际亮将“目之所见，耳之所闻，身之所阅历，心之所喜怒哀乐，口之所戏笑呵骂，一皆托诸诗”[②]。他的诗作中，有“骨肉卖为奴，百钱聊救死”，“室有冻死骨，野有逃荒民”的残破悲惨社会生活的写照；有对鸦片烟“千万去中原”，“毒土换黄金”的极大义愤；有对坚持抵抗英国侵略者的爱国将士的讴歌，也有对琦善一类投降派向敌乞和的鞭挞。姚莹评价张际亮的诗“感时纪事，沈郁雄宕”，“接迹放翁、遗山”[③]。这确是不妄之言。

张际亮的诗歌创作趋向十分鲜明地展示出与龚、魏、林、姚等人一脉贯通的经世风格。姚莹说他“负奇气大节”，“尤留心当世”[④]，“有经世才”[⑤]。林则徐也对他有相似评价[⑥]。然而，由于张际亮蔑视权贵，不与流俗合，“以是负狂名”，“为朝贵所忌”，以致“试辄不利”，“沦落不偶”[⑦]，年方45岁即因病而逝，无以施展其经世之才，这不能不说是一个莫大的遗憾。

张际亮平生多经世派好友，龚自珍、魏源、汤鹏、黄爵滋皆与他交谊。他与姚莹关系最为密切，吴嘉宾《姚公传》说他与姚莹为“昆弟交”。鸦片战争爆发后，姚莹函邀张际亮赴台协助筹划抗英事宜，张际亮欣然就道，行至厦门，因惧风浪，终未渡海。道光二十三年（1843），姚莹因斩俘一事被逮问，张际亮抱病到江苏清江迎候，并跟随囚车入京，其真挚之情为人传诵。张际亮与林则徐的关系也甚为亲密。道光十八年（1838）十月，林则徐离湖广总督任，启程晋京，张际亮自安襄归来，未及相晤，遂作诗抒怀，诗中写道：

> 幕府重闻歌角声，九重高望不胜情。重臣报国心原瘁，圣主忧时事可争。江汉朔风连夜永，幽并寒月近天明。衰梧细竹萧凉地，亲见陶公运甓行。[⑧]

诗中既寄托有张际亮对林则徐的殷切思念，又表述了他对时局的关切之情。道光二十三年（1843），张际亮病逝，正在新疆戍所的林则徐悲恸异常，他作

①② 《张亨甫全集·文集》卷三。

③④⑤⑥⑦ 姚莹：《张亨甫传》，《续碑传集》卷七十八。

⑧ 《张亨甫全集·诗集》卷二十四。

《哭张亨甫》诗，以表哀悼之情。诗中有句云："修文定写平生志，犹诉苍苍塞漏卮"[①]。所谓"塞漏卮"似指黄爵滋著名的《请严塞漏卮以培国本疏》，由此看来，张际亮与黄爵滋的禁烟疏确有关联。

在陶澍、林则徐、龚自珍、魏源、包世臣所置身的经世派"大家族"中，不仅有贺长龄、黄爵滋、张际亮；还有"读书颇亦忧苍生"[②]、为龚自珍"心所敬慕"的张维屏，与魏源、张维屏"以经世、诗文相推许"[③]的陈澧，"负大志，区画世务，体明用达"[④]的刘开，"慨然有肩荷一世之志"[⑤]的汤鹏，与包世臣"以实事相切"、与魏源"同以经世史地之学见长"[⑥]的周济，"实事求是，研穷利病"[⑦]的谢元淮，对经世之学"尤为讲求"[⑧]的张穆；开广东经世致用风气的李绣子[⑨]，创建广东经世致用学术团体——希古堂的吴兰修，"才不为世用，乃著经世书"[⑩]的徐松，撰《粤海关志》并发起反对英军入驻广州运动的梁廷枏……他们"因环境之变迁与夫心理之感召，不期然而思想之进路，同趋于一个方向，于是相与呼应汹涌如潮然。始焉其势甚微，几莫之觉，浸假而涨—涨—涨，而达于满度"[⑪]。晚清经世实学的高潮，乘着这种同趋性心理来临。

---

① 林则徐：《云左山房诗钞》卷六。

② 张维屏：《甲花闲谈》卷六。

③ 李柏荣：《魏源师友记·吴兰修》。

④ 姚莹：《东溟文集》卷六。

⑤ 姚莹：《东溟文后集》卷十一。

⑥ 李柏荣：《魏源师友记·周济》。

⑦ 李柏荣：《魏源师友记·谢元淮》。

⑧ 李柏荣：《魏源师友记·张穆》。

⑨ 梁廷枏：《越华书院志》说："至今粤士能娴习典制，海南、番禺两县附郭者更能左右逢源，俯拾皆是，皆先生为开风气也。"

⑩ 《西域水道记》题词，张邦畴诗第一首。

⑪ 梁启超：《中国近三百年学术史》，中华书局1985年版，第11页。

第二章　道咸间的议政风尚与变法诉求

道咸年间的经世学者，以匡济天下自命，以挽救民族危亡为己任。他们或者被时人推尊为“国医”，或者以“医国手”自期。这表明，那个时代的人们已经认识到国家多病，需要有人起来“医大病”“谋大事”。正是在这种时代要求的推动下，经世学者怀着“挽狂澜于既倒”的悲壮而执着的意愿，注目于“人畜悲痛，鬼神思变置”[①]的现实，崇尚议政，呼唤变法。

第一节　“悲风骤至”与衰世预言

乾隆六十年（1795）至嘉庆十三年（1808）爆发的西南苗民和川陕楚白莲教起事，标志着清朝从巅峰期急剧地向衰世滑落。尽管嘉庆、道光二帝一再以“海宇乂安，黎民康阜，持盈保泰”粉饰太平，但是，统治系统内部乃至整个社会的无序力量正迅速集结，社会危机蓄势待发。一种强烈的危机感在关注国家民族命运的士人阶层中酝酿。

清王朝的危机，其实早已埋伏于乾隆后期。忧郁诗人黄景仁（1749—1783）对此有敏锐的感受。乾隆三十八年（1773）除夕，当“中天空光若电扫”“旧雨当筵酒正醺”时，他独自徘徊于夜色中的小桥上，一首七言绝句在他心底酿成：

千家笑语漏迟迟，忧患潜从物外知，
悄立市桥人不知，一星如月看多时。[②]

---

① 《龚自珍全集》，上海人民出版社1975年版，第78页。
② 黄景仁：《癸巳除夕偶成》。

诗人从“千家笑语漏迟迟”的表面盛象中，透见到危机四伏的阴云，已经悄然逼近 18 世纪末的中国。

如果说，黄景仁已经嗅出海潮上涨前的湿气，那么，嘉道之际的经世派人士则直接感触到风暴的即将来临。

一、包世臣“殆将有变”的预感

在道咸经世派中，包世臣第一个以明白的语言预言天下“殆将有变”。大约在黄景仁作《癸巳除夕偶成》后的 23 年（即嘉庆元年），针对“孤鸿嗷嗷”的社会现实，包世臣指出：“来日大难”[①]。就在此年，白莲教席卷川、陕、楚。嘉庆二十二年（1817），包世臣《再与杨季子书》追忆道：

> 世臣生乾隆中，比及成童，见百为废弛，贿赂公行，吏治污而民气郁，殆将有变。[②]

包世臣从“吏治污而民气郁”的现象推测世局变动的大势。

包世臣之所以能居安思危，洞识机先，与他“生长孤露，早涉忧患”密切相关。包世臣少时“以食贫居贱，知民间疾苦”，因此立志深究天下利病，“求所以振起而补救之者”[③]，对政治隆污、民生疾苦和国家民族之绝续都深为关切。所以包世臣能够见微知著，对清王朝的由盛到衰怵然心忧。

嘉庆六年，包世臣在《说储上篇前序》中对自己所处时代面临的社会危机进行揭示：

> 今者民无殷窭，莫安其生；吏无大小，各忧其贫。军国告需，上勤宵旰，调发不给，捐输不继。雍梁荆豫，跳梁百万，而兵弁望风逃北，郡邑为墟。淮泗偶被水灾，数百为群，露刃望食者千里，莫敢谁何。而公卿怀胥吏之心，贵戚袭国人之视，无肯暂易其营私之智，为国家计深远。

① 包世臣：《管情三义》卷四《来日大难》。
② 包世臣：《艺舟双楫》卷一《再与杨季子书》。
③ 包世臣：《艺舟双楫》卷一《读亭林遗书》。

或乃骈金约紫，坐观叹息，以告无罪。[①]

描绘出一幅民生凋敝、社会动荡的衰世景象。而统治阶级却依然故我，蝇营狗苟，不知大乱将至。

嘉道之际，随着西方殖民势力的骎骎而东，包世臣还敏锐地预感到中国所面临的国际局势将发生大的变化。道光初年，英国取得新加坡的统治权，并以新加坡为基地加紧对中国的渗透，中英之间冲突日剧，鸦片走私深入内地。对此，包世臣深为疑惧。他说："粤海通商夷国十数，以英吉利为最强。闻乾隆四十年间，粤东外洋有封禁地名新埔，距省垣千里而遥，粤之惠潮，闽之漳泉，无业贫民私逃开垦。英夷回帆过彼，欲占其地，为闽粤客民所败。数年后，英夷以兵船至，客民降服，英夷遂踞其地。""又闻鸦片毒烟，亦以其时始入，粤东并不行销。十数年后，省垣及惠、潮、漳、泉居人，渐染其毒。嘉庆纪年，吴越人亦吸食。比及其末，烟毒遂遍天下。"[②]意识到此时的"英夷"已"非仅前明倭患之比矣"[③]。对于英国的侵略野心，包世臣也有所认识和警惕：

英夷去国五六万里，与中华争，势难相及。而新埔则近在肘腋，易为进退。况内地既有谋主，沿海复多胁从，英夷亦难保其不生歹心。乾隆、嘉庆之末，英夷两次蓦至天津入贡，骄倨殊甚，是固有主之者。而乾隆中，饬由直隶、山东、江苏、浙江、福建内地至厦门放洋回国，嘉庆中，饬由安徽、江西、广东内地至虎门放洋回国，使之目验内地形势。又江浙各省市易，皆以洋钱起算，至压宝银加水。凡货之精好贵重者皆加洋称，江淮之间见祸事将起，辄云要闹西洋。凡此兆朕，大为可虑！[④]

种种"兆朕"表明，英国对中国的侵略是蓄意已久。尤其是自乾隆末年以来，"英夷""垂涎江浙也久"。所以，对于友人萧令裕的"十年之后，患必中于江

---

① 包世臣：《中衢一勺》卷七《说储上篇前序》。

②④ 《齐民四术》卷十一《致广东按察姚中丞书》。

③ 《齐民四术》卷十一《与果勇侯笔谈》。

浙”[①] 的预见，包世臣深以为然。

包世臣虽然力主禁烟，但对禁烟的复杂性和英国的反应也深有洞悉。包世臣认为，如果“烟禁真行，则粤闽之富人失业，而洋商尤不便此，势必怂恿英夷，出头恫喝”[②]。而更重要的是，“英夷”“造作鸦片以害中华，每岁取中华银不下四五千万，而该夷主收其租，岁亦千二三百万”。“今鸦片禁绝，则该夷岁入，什去五六”，“此英夷之不得不以全力争此局者”[③]。因此，包世臣特意致书时任广东按察使姚祖同，建议早为预防之计，否则，“十数年后，虽求如目前之苟安而不能，必至以忧患贻君父”[④]。然而，包世臣的远见卓识被当权者“笑为迂怯，置之不议”[⑤]。结果，不出包世臣所料，虎门销烟之后，英国侵略者悍然发动了侵华战争，而江浙地区也成为英军的突破口。这是一代经世学者的悲哀，更是中国历史的悲哀。

二、龚自珍的衰世预言

继包世臣之后，龚自珍以其特有的敏感，对清王朝深入骨髓的病症和大局“有变”的紧迫性有更为充分的揭示。

嘉庆二十年（1815），24 岁的龚自珍撰写《尊隐》一文，把社会境况比喻为“日有三时，一曰早时，二曰午时，三曰昏时”，而自己所处的时代已由“人功精英”“府于京师”的早时盛世，变为“日之将夕，悲风骤至”的昏时衰世。龚自珍还以“京师”代指朝廷，以“山中”代指“民间”，指出由于“人功精英”“京师弗受”，导致“京师贫，则四山实”。清王朝的统治中心——京师已如同“鼠壤”，基础空虚；反之，“山中之壁垒”充实而强大，两相比较，其结论是，“京师之日短，山中之日长矣”[⑥]。龚自珍预言，“山中之民”起而推翻清王朝的时刻即将来临。他说：

俄焉寂然，灯烛无光。不闻余言，但闻鼾声。夜之漫漫，鹖旦不鸣。

---

① 《齐民四术》卷十一《答萧枚生书》。

②④ 《齐民四术》卷十一《致广东按察姚中丞书》。

③ 《齐民四术》卷十一《与果勇侯笔谈》。

⑤ 《齐民四术》卷十一《上两江督部裕大臣书》。

⑥ 《龚自珍全集》，上海人民出版社 1975 年版，第 87—88 页。

则山中之民，有大音声起，天地为之钟鼓，神人为之波涛矣。[①]

这里以富于象征意味的语言指出：朝廷失道，将有“大音声起”，而“天地”与“神人”将“为之钟鼓”，“为之波涛”。19世纪初叶，清王朝虽然已多有衰象，但尚掩盖于“中外乂安”的外观下，龚自珍却独具慧眼，锐利地发现“世运潜移”的大势，“山中之民”即将奋起，而这一切预见，均在19世纪中叶以降清王朝的衰颓以及太平天国起事等历史事变中一一得到印证，其洞察力之犀利令人叹服。龚自珍在晚年为自己青少年时代的敏感而感到骄傲。他曾作诗云：“少年《尊隐》有高文，猿鹤真堪张一军。”[②]

继《尊隐》之后，龚自珍又相继撰写成《平均篇》与《乙丙之际箸议》，更以“后史氏”即预言家自命，声称自己的使命是“探世变也，圣之至也”[③]，并进一步对自己所处时代的险境作形象的描绘：

履霜之屩，寒于坚冰；未雨之鸟，戚于飘摇；痺痨之疾，殆于痈疽；将萎之华，惨于槁木。[④]

在龚自珍眼中，老大的清王朝国，已经是满身疥癣，病入膏肓。他再次预言道：

不祥之气，郁于天地之间，郁之久乃必发为兵燹，为疫疠，生民噍类，靡有孑遗。[⑤]

起视其世，乱亦竟不远矣。[⑥]

触目的语句展示了一幅山雨欲来风满楼的景象，有力地震撼着有良知的士人心灵。梁启超说：“当嘉道间，举国醉梦于承平，而定庵忧之，儳然若不可终日，其察微之识，举世莫能及也。”[⑦] 对龚自珍呼啸呐喊的启蒙意义予以高度评价。

---

①②③④⑤⑥ 《龚自珍全集》，上海人民出版社1975年版，第88、532、7、7、78、7页。

⑦ 梁启超：《论中国学术思想变迁之大势》，《饮冰室合集·文集》第3册，第七卷。

三、其他经世派人士的忧患

与包世臣、龚自珍心绪相通，其他士子也对时局的危急有所揭露。姚莹认为，天下“有开创之天下，有承平之天下，有艰难之天下”，而嘉道间已经是“艰难之天下”，这种艰难性表现在：“生齿繁而地利不足养，文物盛而干盾不足威，地土广而民心不能靖，奸伪滋而法令不能胜，财用竭而府库不能供，势重于下，权轻于上，官畏其民，人失其业。”[①] 整个社会已陷于全面危机之中。魏源于道光十七年（1837）即鸦片战争前三年著《明代食兵二政录叙》，指出嘉道时期的清王朝统治已跌入低谷：

> 黄河无事，岁修数百万，有事塞决千百万，无一岁不虞河患，无一岁不筹河费，此前代所无也；夷烟蔓宇内，货币漏海外，漕鹾以此日敝，官民以此日困，此前代所无也；士之穷而在下者，自科举则以声音诂训相高，达而在上者，翰林则以书艺工敏，部曹则以胥史案例为才，举天下人才尽出于无用之一途，此前代所无也。[②]

一连数个“前代所无”，道出魏源深重的忧虑。他之所以在《明代食兵二政录叙》中大谈明亡教训，在《拟上〈元史新编〉表》中大谈宋亡、元亡教训，正因为他已于种种“前代未有”的社会危象中看到了清王朝灭亡的阴影。

对于清王朝深陷其中的巨大危机，林则徐也有觉察。他在《致劭懿辰》函中说：

> 今之时势，观其外，犹一浑全之器也，而内之空虚，无一足以自固。即得大有为者以振作之，尚恐其难以程效，况相率而入于因循粉饰之途，其何以济耶！狂澜东下，诚有心者所欷歔而不能已耳。[③]

与林则徐交好的词人蒋敦复（1808—1867）亦“深观默计”，于道光十一年（1831）

① 《东溟文后集》卷六。
② 《魏源集》上册，中华书局1983年版，第163页。
③ 杨国桢编：《林则徐书简》，福建人民出版社1981年版，第274页。

致函林则徐指出：

国家承平二百年矣，今上下相蒙，无法不敝，宴安鸠毒，情伪日滋，气机已昭，不出十年天下多事。[①]

揭示社会危机需要敏识，需要勇气，更需要经世济民的拳拳之心，包世臣、龚自珍、魏源、林则徐等经世派人士正是出于对民族国家兴亡的关切去透视自身所处时代的险境，发出惊醒世人的呐喊，并为社会批判提供逻辑前提。

第二节　“讥切时政，诋诽专制”

岌岌可危的时局，使道咸经世派忧心如捣，寝馈不安。为了拯救渐趋糜烂的时局，他们竞相剖析社会病端，展开犀利的社会批判。梁启超说：“龚、魏之时，清政既陵夷衰微矣，举国方沉酣太平，而彼辈若不胜忧危，恒相与指天画地，规天下大计。”[②] 而所谓“指天画地”，正包括锐利的时政批判。

一、龚自珍的“讥切时政”

道咸经世派中，抨击时政激烈者首推龚自珍，他正视现实，“所见所闻，胸弗谓是”，则“感慨激奋”，放言无忌[③]。晚清守旧派王芑孙曾指斥龚自珍的诗文“伤时之语，骂坐之言，涉目皆是”。“上关朝廷，下及冠盖，口不择言，动与世忤”[④]。可见龚自珍政治批判的尖锐和广泛。

纵观龚自珍对时政的批判，大致包括如下四个方面。

第一，抨击官场腐朽、贪婪的风气。

龚自珍探究清王朝的衰败原因，首先把批判锋芒指向腐败的官场。他指出，清代官场，弥漫着苟且、谄媚、寡廉鲜耻的污浊风气：

官益久，则气愈偷；望愈崇，则谄愈固；地益近，则媚亦益工。[⑤]

---

① 《啸古堂文集》卷三。

② 梁启超：《清代学术概论》，东方出版社 1996 年版，第 69 页。

③④⑤ 《龚自珍全集》，上海人民出版社 1975 年版，第 319、648、31 页。

在这污浊的官场上，“内外大小之臣，具思全躯保室家，不复有所作为”①。所谓“今政要之官，知车马、服饰、言词捷给而已，外此非所知也”。所谓“清暇之官，知作书法、赓诗而已，外此非所问也”。至于“堂陛之言”，则是“探喜怒以为之节，蒙色笑，获燕间之赏，则扬扬然以喜，出夸其门生、妻子”②。这真是一幅苟且敷衍、庸懦趋奉的图景。在《与人笺（五）》与《人草藁》一诗中，龚自珍描画道，清代大大小小官员，是一群“缚草为形，实之腐肉，教之拜起，以充满于朝市”的傀儡，他们“或则头帖帖，或则头颗颗，丹黄粉墨之，衣裳百千身”，全然没有生气和活力。由这样一批人把持朝政，当然会导致国家的衰亡，“如是而封疆万万之一有缓急，则纷纷鸠燕逝而已”③。道光十年（1830）秋，龚自珍参加军机大臣王鼎的宴会，席间他赋诗一首，锋芒毕露地指责官场虚伪的习气：

迩来士气少凌替，毋乃大官表师空趋跄；
委蛇貌托养元气，所惜内少肝与肠。
杀人何必尽砒附？庸医至矣精消亡。④

尖锐辛辣的诗句直斥保守因循的官僚贵族如庸医害命，治国无方，致使国脉精消命亡。龚自珍的“酒席谭论”因过于激烈而受到友人魏源的规劝，而鸦片战争爆发后，朝廷面对外来侵略者的手足无措与一味妥协投降却宣示了龚自珍揭露官场腐败的政论，富于预见性和现实性。

第二，抨击朝廷腐朽的用人制度。

龚自珍在揭露官场腐败风气的同时，着重解剖了造成这一病症的重要原因之一——用人制度腐朽黑暗。

龚自珍指出，清代的用人之法只重资格而不重才学政绩，一味“累日以为劳，计岁以为阶”，导致有才之士在官阶递进的漫长岁月中耗尽青春而无所作为。他在著名的《明良论》中揭示道：凡仕宦者，由读书而登仕途，大抵需三十年或三十五年，“由其始宦之日，凡三十五年而至一品，极速亦三十年，贤智者终不得越，而愚不肖者亦得以驯而到。此今日用人论资格之大略也”。

①②③④ 《龚自珍全集》，上海人民出版社 1975 年版，第 31、32、32、499 页。

这样做的结果是士人“自三十进身，以至于为宰辅，为一品大臣，其齿发固已老矣，精神固已惫矣……然而，因阅历而审顾，因审顾而退葸，因退葸而尸玩；仕久而恋其籍，年高而顾其子孙，傫然终日，不肯自请去”。他还用大门外的石狮子形象，来讽刺那些资格最老却稳坐其位、无所作为的官僚。腐朽用人制度的严重恶果，必然是进取精神被窒息，畏葸退缩、萎靡不振的风气蔓延泛滥，整个社会失去活力，正如龚自珍所痛切分析的：

一限以资格，此士大夫所以尽奄然而无有生气者也。①

如上切中肯綮的批判，表明龚自珍早在近代前夜，就已敏感察觉到论资排辈的官僚政治是行政机制严重老化和惰性化的重要根源。

龚自珍还指出清王朝用人政策的腐朽，一方面使官场充斥“诈伪不材”、昏聩庸碌之辈，另一方面造成人才困厄，使“资格未深之人，虽勤苦甚至，岂能冀甄拔？”② 他揭露道：

当彼其世也，而才士与才民出，则百不才督之缚之，以至于戮之。戮之非刀、非锯、非水火；文亦戮之，名亦戮之，声音笑貌亦戮之。③

可怕的是，这种屠戮人才的办法，不是公开的，而是暗地的，不是宣之于法，而是行之于风俗习惯。“戮之权不告于君，不告于大夫，不宣于司市，君、大夫亦不任受。其法亦不及要领，徒戮其心，戮其能忧心、能愤心、能思虑心、能作为心、能廉耻心、能无渣滓心。又非一日而戮之，乃以渐，或三岁而戮之，十年而戮之，百年而戮之。才者自度将见戮，则蚤夜号以求治，求治而不得，悖悍者则蚤夜号以求乱。”④ 这是一幅多么触目惊心的情景。

龚自珍不仅以犀利的笔锋揭示出封建末世人才遭到多方扼杀的命运，而且指出人才困厄的两大恶果。

首先，由于才士与才民的“能忧心、能愤心、能思虑心、能作为心、能廉耻心、能无渣滓心”俱被戮杀，士人道德品质日益败坏，“自其敷奏之日，始

---

①②③④ 《龚自珍全集》，上海人民出版社 1975 年版，第 34、33、6、6—7 页。

进之年，而耻已存者寡矣"[①]。龚自珍指出，"士皆知有耻，则国家永无耻矣；士不知耻，为国之大耻"[②]。龚自珍的这一思想与清初顾炎武强调"行己有耻"极相类似，都认为士子的情操是人才高下的主要衡量标准，如果情操沦丧，士子的价值便丧失殆尽，并将"延及于社稷"，祸及国家民族。这是对中国传统的儒家人才观的一种发挥。龚自珍在道德危机深重的嘉道之际强调"士皆知有耻"，是有社会批判意义的。然而，龚自珍毕竟无法揭示"士不知耻"的更深层的社会原因，所以也就提不出有力的救治方法，只能用"教之耻为先"这类空泛的古训敷衍故事。

其次，人才的被扼杀，使整个社会跌入平庸、鄙俗的低谷，以致"左无才相，右无才史，阃无才将，庠序无才士，垅无才民，廛无才工，衢无才商，抑巷无才偷，市无才驵，薮泽无才盗，则非但鲜君子也，抑小人其鲜"[③]。不仅将相士大夫无才，连小偷、大盗也无才，作者对自己所处的"无才之世"是何等的失望，何等轻蔑。道光三年（1823），龚自珍作七律诗《夜坐》书怀。诗中有句云：

一山突起丘陵妒，万籁无言帝坐灵。
塞上似腾奇女气，江东久陨少微星。[④]

寥寥数句，描绘了一个黑暗、妒嫉、排挤的腐朽社会环境，在如此文化氛围中，万籁无言，唯有帝坐星（暗喻最高统治者）阴鸷地闪烁，象征杰出人士的少微星则早已陨落。这正是那一时代人才命运的真实图景。

龚自珍关于专制主义毁灭人的本性和创造力的批判，石破天惊，振聋发聩——既然专制制度扼杀人的创造力，泯灭人的个性，那么它就失去存在的合理性，而必须加以否定。这无疑是一种意义深刻的思想启蒙。面对"一睨人才海内空"的死气沉沉的局面，龚自珍发出激越的呐喊：

九州生气恃风雷，万马齐喑究可哀！
我劝天公重抖擞，不拘一格降人才。[⑤]

---

①②③④⑤ 《龚自珍全集》，上海人民出版社 1975 年版，第 31、31、6、467、521 页。

字里行间，洋溢着战斗的批判精神以及对人才崛起的企望。

第三，指斥“一人为刚，万夫为柔”的君主专制。

龚自珍犀利披露清王朝官僚制度的黑暗，并进而有力揭示，这种黑暗实际上源于顽固腐朽的君主极权体制。他一针见血地说，士大夫的无耻和柔弱，全然是“霸天下之氏”（即开国帝王）所造成的：

> 昔者霸天下之氏，称祖之庙，其力强，其志武，其聪明上，其财多，未尝不仇天下之士，去人之廉，以快号令，去人之耻，以嵩高其身。一人为刚，万夫为柔，以大便其有力强武[①]。

龚自珍在这里披露出一个重要的历史现象：帝王的绝对权威是在摧折臣子百姓的人格独立性的基础上确立起来的。王者“大都积百年之力，以震荡摧锄天下之廉耻；既殄、既狝、既夷，顾乃席虎视之余荫，一旦责有气于臣，不亦暮乎！”[②]由于君权的树立依赖于臣民的奴性，清代官场因此多“好好阁老”“泥塑宰相”以及“少说话，多磕头”的“磕头宰相”，盛行逢迎拍马、趋炎附势的劣习，比较清廉的士人则“避席畏闻文字狱，著书都为稻粱谋”[③]。这一切都是“一人为刚，万夫为柔”的专制君主制度造成的恶果。

“药方只贩古时丹”——托古改制以纠弹当代弊政，是龚自珍的基本运思和论战方法。在抨击封建专制君王时，他也采取了此种手段。

首先，在君臣礼仪方面，为了衬托近古问题，龚自珍专门考察了古来朝仪，他指出：“唐、宋盛时，大臣讲官，不辍赐坐、赐茶之举，从容乎便殿之下，因得讲论古道，儒硕兴起。”[④]这种君臣关系显然比明、清两朝臣见君必行三跪九叩之礼要融洽得多。龚自珍十分欣赏“古者大臣”对帝王“巍然岸然师傅自处之风”，他痛心地看到，近古以来“臣节之盛，扫地尽矣”，臣子会君王，“朝见长跪，夕见长跪”，“殿陛之仪，渐相悬以相绝也”[⑤]。龚自珍认为，这种做法必将导致君臣阻隔，亿兆离心，臣子表面对君王唯唯诺诺，实则“岂有为主人分一夕之愁苦者哉?”[⑥]他还转引贾谊之言，说明一个道理：“主上之遇大臣如遇犬马，彼将犬马自为也。”龚自珍认为，君对臣应待之以

①②③④⑤⑥《龚自珍全集》，上海人民出版社 1975 年版，第 20、20、471、31、31、32 页。

“礼”，臣对君才能报之以“节”：

> 故曰：厉之以礼出乎上，报之以节出乎下。非礼无以劝节，非礼非节无以全耻。古名世才起，不易吾言矣。①

只有君待臣以礼，臣报君以节，社会政治才能达到和谐、美妙的境地：“内外官吏，皆忘其身家以相为谋，则君民上下之交，何事不成？何废不举？”②这是龚自珍设计的一种防止清王朝解体的方案。

其次，在君臣权力分配方面，龚自珍崇仰古代君臣分权，天子、百官、吏胥各守其责的做法：“律令者，吏胥之所守也；政道者，天子与百官之所图也。”③他还特别强调了君臣共治天下的原则：

> 为天子者，训迪其百官，使之共治吾天下，但责之以治天下之效，不必问其若之何而以为治，故唐虞三代之天下无不治。治天下之书，莫尚于六经。六经所言，皆举其理，明其意，而一切琐屑牵制之术，无一字之存，可数端了也。④

龚自珍观念中的理想境界是“三代之治”“六经之治”，然而，现实却与之南辕北辙。帝王和朝廷对于大臣一味“约束之，羁縻之”，“左顾则罚俸至，右顾则降级至，左右顾则革职至”，“天下无巨细，一束之于不可破之例，则虽以总督之尊，而实不能以行一谋，专一事”⑤。由于极端专制政治使臣僚们有职无权，实际沦为办事员式的吏胥，因而，其风气日益敝坏，诚所谓：“权不重则气不振，气不振则偷，偷则敝。”⑥对于皇权过重的“今日束缚之病”，龚自珍“急思所以救之”。他期望“仿古法以行之”，解除对臣僚的束缚，使“守令皆得以专戮，不告大官，大官得以自除辟吏”⑦。与此同时，要恢复臣僚的尊严，使他们“北面事人主，而不任叱咄奔走；捍难御侮，而不死私仇”⑧。不再扮演君王家奴的角色。

再次，龚自珍从古代的原始民主思想中受到启迪。他指出，“古者未有后

①②③④⑤⑥⑦⑧《龚自珍全集》，上海人民出版社 1975 年版，第 32、30、34、34—35、35、35、35、27 页。

王君公”，“古者未有礼乐刑法”[①]。君王、礼乐、刑法都是社会发展到一定阶段的产物，从而批驳了君权与天地并存的谬论。他还就上与下孰先孰后的问题力斥传统旧说：

> 儒者失其情，不究其本，乃曰天下之大分，自上而下。吾则曰：先有下，而渐有上。下上以推之，而卒神其说于天，是故本其所自推也。[②]

这显然是对柳宗元《封建论》中“先有下渐有上”说法的发挥，是从国家起源论方面向“君权神圣说”发起进攻的精彩政论。

龚自珍还进一步对“圣人创世说”提出挑战。他指出：

> 天地，人所造，众人自造，非圣人所造。圣人也者，与众人对立，与众人为无尽。……毛人、羽人、角人、肖翘人也者，人自所造，非圣造，非天地造。[③]

龚自珍又警告道：“夫五行不再当令，一姓不再产圣。”圣人君王并非某一姓氏的特产，他们如果失误太多，“圣”位便可能从这一姓手里丧失。在专制君权达于极端的清代，特别是在道光皇帝宣称“天地养万物，圣人养贤以及万民”[④]之际，尤显龚自珍超群的理论勇气。

值得指出的是，龚自珍对君主专制的批判并未超出传统士大夫的眼界，他所责难的只是君主专制走向极端造成君臣、君民关系紧张以及士大夫人格与权利失落，而决不是从根本上否定君权。因此，就其“诋诽专制”的总体水平而言，并未达到黄宗羲、唐甄曾经达到过的高度，就是与鲍敬言、邓牧相比，亦多有不及之处，但是，在嘉道年间人人畏谈国事、思想空前沉闷的氛围中，他对恶性发展的君主专制的抨击就显得格外大胆、突出。又由于龚自珍生活在中国由古代向近代转型的时期，因此，他的议论对近代改革家来说更具亲切感。梁启超说：

---

①②③ 《龚自珍全集》第49、49、12—13页。

④ 《清宣宗实录》卷四十七。

（龚自珍）其于专制政体，疾之滋甚，集中屡叹恨焉。（集中如《古史钩沉论》、《乙丙之际箸议》、《京师乐籍说》、《尊任》、《尊隐》、《撰四等十仪》、《壬癸之际胎观》等篇，皆颇明民权之义。其余东鳞西爪，全集往往见）……语近世思想自由之向导，必数定庵。吾见并世诸贤，其能为现今思想界放光明者，彼最初率崇拜定庵，当其始读定庵集，其脑识未有不受其刺激者也。①

梁氏又说道：

自珍性詄宕，不检细行，颇似法之卢骚，喜为要眇之思……讥切时政，诋排专制……晚清思想之解放，自珍确与有功焉；光绪间所谓新学家者，大率人人皆经过崇拜龚氏之一时期；初读定庵文集，若受电然。②

如上评说，指出了龚自珍在近代反对专制主义思想史上的地位以及对晚清思想文化的深远影响。

第四，揭露尖锐的社会矛盾与深重的社会危机。

龚自珍的社会批判不仅“上关朝廷，下及冠盖”，而且包括对社会问题的广泛揭露：根株朽烂的清代社会阶级矛盾尖锐，“贫相轧，富相耀；贫者阽，富者安；贫者日愈倾，富者日愈壅”③。社会经济也日趋凋敝，“自京师始，概乎四方，大抵富户变贫户，贫户变饿者，四民之首，奔走下贱，各省大局，岌岌乎皆不可以支月日，奚暇问年岁？”④在如此情势下，统治者“不论盐钱不筹河”，全然不虑及国计民生，而是以“开捐例、加赋、加盐价”等“割臀以肥脑，自啖自肉”的手段大肆搜刮老百姓，致使“不士、不农、不工、不商之人，十将五六”，或“取诛戮，或冻馁以死”⑤。其局面已无法收拾。基于这样的认识，龚自珍于道光十九年（1839）辞官南归时，接连写了两首关于清王朝安危的诗：

① 梁启超：《论中国学术思想变迁之大势》，《饮冰室文集》卷七，第96—97页。

② 梁启超：《清代学术概论》，东方出版社1996年版，第67页。

③④⑤ 《龚自珍全集》，上海人民出版社1975年版，第78、106、106页。

颓波难挽挽颓心，壮岁曾为九牧箴。
钟虡苍凉行色晚，狂言重起廿年瘖。[①]

卿筹烂熟我筹之，我有忠言质幻师；
观理自难观势易，弹丸累到十枚时。[②]

逼真地道明了一个严峻的现实：清王朝的统治已经是“颓波难挽”、危若累卵。

二、魏源、包世臣的时政批判

就其批判的尖锐性而言，魏源和包世臣虽比龚自珍略逊一筹，但作为道咸经世派的主将，魏源与包世臣也向腐朽的清王朝掷去投枪。

和龚自珍一样，魏源与包世臣也愤恨于官僚集团的腐朽。魏源指出，清朝官吏“除富贵外不知国计民生为何事，除私党而外不知人才为何物”[③]。“人心之寐”与“人才之虚”是当时的严重忧患。他把清王朝比作一个身上虮虱累累而又不愿洗沐的懒汉，而所谓虮虱，即是那些贪婪竞进、庸碌无能的官吏。他又尖锐指斥清王朝的腐朽——即使在病入膏肓、“药石攻补百不受”的危急情况下，还一味歌舞升平，“堂上称觞万年寿”[④]。

“时时与当路论说民间疾苦……然卒之未能举其事”[⑤]的包世臣，对官僚系统的腐朽也有切肤之痛。他揭示道：由于各级官吏醉心于渔夺牟侵而对国计民生漠不关心，因此，“上利国下利民”但“不利于蚕蠹渔牟者”的政治经济改革建策是“百言而百不用”。“上病国而下病民”但“大利于蚕蠹渔牟者”的方案则是“说一出而万口传播，终得达于大有力者”[⑥]。在《〈齐民四术〉叙》中，他又厉言谴责各级官吏营私牟利、巧取豪夺的行径：“近者农民之苦剧矣！为其上者，莫不以渔夺牟侵为务，则以不知稼穑之艰难，而各急子孙之计故也。”整个社会因而不可挽回地败落下去，陷于“百为废弛，贿赂公行，

①② 《龚自珍全集》，上海人民出版社 1975 年版，第 510 页。
③ 《魏源集》上册，中华书局 1983 年版，第 66 页。
④ 《魏源集》下册，中华书局 1983 年版，第 667 页。
⑤⑥ 包世臣：《中衢一勺》卷首《附录序言》。

吏治污而民气郁”[①]的危局。他进而尖锐指出，面对如此危局，“公卿”“贵戚”们依然是“无肯暂易其营私之智，为国家计深远。或乃骈金约紫，坐观叹息，以告无罪”[②]。统治机构的昏聩无能暴露无遗。

对于人才问题，魏源亦特别关注。他激烈批评清王朝的各级官吏“无职不旷，无事不蛊”[③]，其养士、取士制度更是弊端百出。在一首随口吟成的小诗中，魏源辛辣地讽刺道：

> 小楷书，八韵诗，青紫拾芥惊童儿。
> 书小楷，诗八韵，将相文武此中进[④]。

无论是小楷还是八韵诗，都与社会政治经济事务相去甚远，诚所谓“无益之画饼，无用之雕虫”[⑤]。入仕官员无实际才干，“不识兵农礼乐工虞士师为何事”[⑥]。“及一旦用之也，则又一人而遍责以六官之职，或一岁而遍历四方民夷之风俗”[⑦]。由此闹出“昨日大河决金堤，遣使合工桃浪诗；昨日楼船防海口，推毂先推写檄手”[⑧]的大笑话。魏源深刻认识到，对于一个国家来说，“财用不足”还称不上“贫”，真正的“贫”乃是“人才不竞”[⑨]；中国虽然“智慧无所不有”[⑩]，但由于“所用非所养，所养非所用”，以致人才奇缺，整个国家孱弱无能，“患于四夷”，“忧于御侮”[⑪]。魏源、龚自珍之所以对才智之士的命运痛心疾首，既与当时社会的实际弊端相关，也与他们科场一再受挫的坎坷身世和愤懑心态有关。他们对“无才之世”的抨击也因此富有强烈的战斗精神。

三、林则徐等对时弊的指陈

嘉、道、咸年间，抨击时政者不仅有龚自珍、包世臣、魏源，其他经世派人士也不同程度地入其行列。

---

① 包世臣：《艺舟双楫》卷一《再与杨季子书》。

② 包世臣：《中衢一勺》卷七《说储上篇前序》。

③⑤⑥⑦⑨⑪ 《魏源集》上册，中华书局 1983 年版，第 66、37、37、37、166、37 页。

④⑧ 《魏源集》下册，中华书局 1983 年版，第 676、675 页。

⑩ 魏源：《海国图志·筹海篇·议战》。

林则徐身为封疆大吏，言行谨慎，对社会现状的指斥虽不如龚、魏那么大胆、显直，但是，他的愤懑之情也时有流露。林氏一再指出，清王朝“积重难返”“患贫为甚”[①]，“内之空虚，无一足以自固”，“诚有心者所欷歔而不能已耳”[②]。对于社会危机的病根，他也多有尖锐抨击。道光二年（1822），林则徐赠诗陈寿祺，诗中谴责各级官吏“色厉实内荏，骄昼而气昏。岂其鲜才智，适以资攀援。横棱计滋巧，刀笔文滋繁。峻或过申商，滑乃逾衍髡”[③]，逼真地刻画出当时官场的污浊风气。道光二十九年（1849），他致函毕星楼，论时文之弊：

> 言学者，无处而非集益之资，不拘拘于时文试帖也。向见埋头帖括者欲叙半点小事亦不能明晰，无怪老辈以为社稷苍生晦气也。[④]

批评科举制无用于乃至使“社稷苍生”倒霉。

其他经世派人士也多有抨击社会现实的议论。徐继畬曾屡次上疏，指斥吏治腐败。他考察山西吏治，揭露“山西州县贪墨成风，或遇言官参劾或遇民人告发，则百计消弭化为乌有，此种风气历来已久”[⑤]。州县各级官员“廉隅既毁，罔惜声名，竭其聪明才力，尽瘁于纳贿之一途，至于民生之休戚，地方之利弊，无复有过而问焉”[⑥]。他进而举例道：朝廷素称“能员”的山西官员史梦蛟、林树云实际上不过是“长于酬应，善于逢迎”。他们“一年之中在州署者不过三四月”，其余时间均在省中“营求迁擢”。他们所辖州府因此“一岁之中常有七八月无官，不知仓库监狱何人典守，命盗案情何人勘验，户婚争讼何人判理，水旱偏灾何人查办”[⑦]。情况更为严重的是，山西的吏风并非孤立的现象，而是“在他省固亦不乏”，“各直省中似此者正复不少”[⑧]。山西“刑政之废弛”，实际上是全国吏情的写照。依照历代王朝的组织原则，吏员的情形自有监察部门予以考察监督，然而，其王朝的监察系统也是一片污浊。由于

---

①④ 来新夏：《林则徐年谱》（增订本），上海人民出版社 1985 年版，第 416、484 页。

② 杨国桢编：《林则徐书简》，福建人民出版社 1981 年版，第 274 页。

③ 《云左山房诗钞》卷二《答陈恭甫前辈寿祺》。

⑤ 《松龛先生全集》奏疏上《特参退赃诱结疏》。

⑥ 《松龛先生全集》奏疏上《请整顿晋省吏治疏》。

⑦⑧ 《松龛先生全集》奏疏上《特参州县入省钻营疏》。

徐继畬“历任台谏”，对监察系统的弊端有切肤之痛。其有关揭露自然来得相当深刻。如在《请除大臣回护调停积习疏》中，徐继畬尖锐揭露道：对于涉及官员的案件，督察官往往“每遇发交之案，授意承省之员，先思开脱之方，次讲弥缝之术”，千方百计加以回护，其结果是，“查办之事，大半融化消弭，竟未有水落石出、大快舆论者”[①]。黑暗、污浊的官场风气昭示着统治系统的紊乱，行政效率的低下，而这一切正是王朝衰落的标志。张际亮、张维屏也是时政的尖锐批评者，他们的诗作多直面民不聊生的社会现实。如张维屏以“穷黎菜色纨绔饱”的诗句揭示贫富两极的尖锐对立。张际亮则忧愤于“吴民多苦难，朽骨连江村”，“室有冻死骨，野有逃荒民”，“骨肉卖为奴，百钱聊救死”，“迩来东南困，十室八九存？”他们笔下残破悲惨的社会生活，有力地粉碎了道光帝“黎民康阜，持盈保泰”[②]的自我粉饰之词。

关于道咸年间的士人的议政风尚，欧阳兆雄、金安清所撰《水窗春呓》有一段记载：

> 自来处士横议，不独战国为然。道光十五六年后，都门以诗文提倡者，陈石士（用光）、程春海、姚伯昂（元之）三侍郎，谏垣中则徐廉峰（宝善）、黄树斋（爵滋）、朱伯韩、苏庚堂、陈颂南，翰林中则何子贞、吴子序（嘉宾），中书则梅伯言、宋涤楼（稷辰），公车中则孔宥涵（继爔）、潘四农、臧牧庵（纡青）、江龙门（开）、张亨甫（际亮）。一时文章议论，掉映京洛，宰执亦畏其锋。

所谓“处士横议”即在野士人任意议论时政。《孟子·滕文公下》云：“圣王不作，诸侯放恣，处士横议。”寥寥数语，道出了战国时期思想自由、议论风起云涌的特定文化氛围。而如此情形竟然在一定程度上再现于道光年间，即使权位高重如宰执者“亦畏其锋”，由此可见道咸间“讥切时政”的议政风尚已具一定规模，呈现相当声势。

---

① 《松龛先生全集》奏疏上《请除大臣回护调停积习疏》。

② 《清宣宗实录》卷三三三。

第三节　“一祖之法无不敝，千夫之议无不靡”

道咸经世派以触目的语句抨击时政、揭露社会黑暗，其目的在于“醒世”，在于改变现实，他们大声疾呼改弦更张，为处于危局中的民族、国家输入新鲜血液。

一、道咸经世派的变法呐喊

开一代经世之风的龚自珍是变法的呐喊者。他指出：

> 一祖之法无不敝，千夫之议无不靡，与其赠来者以劲改革，孰若自改革？抑思我祖所以兴，岂非革前代之败耶？前代所以兴，又非革前代之败耶？何莽然其不一姓也？天何必不乐一姓耶？鬼何必不享一姓耶？奋之，奋之！将败则豫师来姓，又将败则豫师来姓。①

所谓“豫师来姓”的“自改革”，即预先采用新朝代的更新办法，以防止本朝的崩溃。道光九年（1829），龚自珍在《上大学士书》中再次阐述改革之义：

> 自珍少读历代史书及国朝掌故，自古及今，法无不改，势无不积，事例无不移迁。②

龚自珍有力地阐明更法的必然性和必要性——一祖之“法”没有不出弊病的，任何议论都会过时，“自古及今，法无不改”。到了法弊议靡的时候就需要“改图”，但是，历代的改图都是“踵兴者”。当代“革前代之败”，前代又“革前代之败”。而后来者的“改图”，首先意味着前朝的覆灭。因此，龚自珍向执政者提倡警告：“与其赠来者以劲改革，孰若自改革”，通过主动改革把握自身命运。

龚自珍的更法主张有明确的针对性。清朝统治集团自中叶以降愈益高唱

①② 《龚自珍全集》，上海人民出版社 1975 年版，第 6、319 页。

“法祖”老调，嘉庆帝声称：“朕以皇考之心为心，以皇考之政为政，率循旧章，恒恐不及，有何维新之处。”[①]在这种特定的氛围下，龚自珍呼唤出“一祖之法无不敝”是具有相当勇气的。

魏源对于社会变革的必然性亦有深刻的认识。他从哲学的高度阐述事物运动变化的普遍规律性和必然性，指出“气化无一息不变者也”[②]，一切事物自生自息，自变自化，因此，实际上根本不存在一成不变的东西。他具体论证道，中国古代的制度文化，实际上是一个变易不居的实体。在赋税制度上，“租、庸、调变而两税，两税变而条编”；在取士制度上，“乡举里选变而门望，门望变而考试”；在徭役制度上，“丁庸变而差役，差役变而雇役”；在兵役制度上，“丘甲变而府兵，府兵变而彍骑、而营伍”[③]。而所有这一切变革都是“天下之大势所趋”，“即祖宗亦不能不听其自变”[④]。总结历史，魏源言道：

> 天下无数百年不弊之法，无穷极不变之法，无不除弊而能兴利之法，无不易简而能变通之法。[⑤]

> 小变则小革，大变则大革；小革则小治，大革则大治。[⑥]

这确是关于社会进步真谛的透彻见解。作为一位具有慧识的思想家，魏源对于改革的艰巨性有深入认识，他指出，改革虽然是历史大趋势所使然，但往往要遭到“中饱不便之人”的反对，应付这种阻力比“豁积弊”要难得多。“任事者遂动色相戒，以改作为多事，以因仍为持重”[⑦]，因此，改革欲顺利推行，务必克服积习的阻力以及文化心理上的障碍。对于改革的基本原则，魏源也有独到见解。他认为，改革应“根柢于民依而善乘夫时势”[⑧]，亦即顺应民情，善于掌握有利时机，“乘天时人事至顺而行之”，“乘天时人事交迫而引之”[⑨]，这样，改革才能取得成功。在道咸经世派中，魏源关于改革的思想无论就其深

---

① 《清仁宗实录》卷五十六。

②③⑦⑧⑨ 《魏源集》上册，中华书局 1983 年版，第 48、48、243、414、415 页。

④ 魏源：《书古微·甫刑篇发微》，《皇清经解续编》本。

⑤ 《魏源集》下册，中华书局 1983 年版，第 432 页。

⑥ 魏源：《圣武记》卷七。

刻性而言还是就其全面性而言，都堪称一流。

二、道咸经世派的改革方案

道咸经世派不仅为“更法”的合理性、必要性大声疾呼，而且为朝政的改革提出种种具体方案。

龚自珍强烈呼吁分轻君权，加重臣权。他认为，君主只宜“总其大端”，对臣下“但责之以治天下之效，不必问其若之何而以为治”。如果事无巨细，一揽于君主之手，对臣下则“约束之，羁縻之”，使群臣无所适从，动辄得咎，那么即使圣如孔子、才如管仲、直如史鱼、忠如诸葛，也绝对治理不好国家[①]。他挥笔写下《病梅馆记》，把盆景梅称为“病梅”，比喻在高度极权束缚下，才能无法发挥的人们，主张对这些“病梅”要“疗之、纵之、顺之，毁其盆，悉埋于地，解其束缚，以五年为期，必复之全之”[②]。在《上大学士书》中，龚自珍还就扩大内阁权力，将军机处改为“内阁之分支”等体制改革的具体问题提出意见。

言路闭塞是旧有体制的一大弊端，龚自珍毫不含糊地申明普通士子具有议论国之大事的权利：

> 夫有人必有胸肝，有胸肝则必有耳目，有耳目则必有上下百年之见闻，有见闻则必有考订同异之事，有考订同异之事，则或胸以为是、胸以为非，有是非，则必有感慨激奋，感慨激奋而居上位，有其力，则所是者依，所非者去，感慨激奋而居下位，无其力，则探吾之是非，而昌昌大言之。[③]

这实在是一份士人议政的宣言书。龚自珍虽“居下位”，但他敢于“探吾之是非，而昌昌大言之”。正是本着这一精神，龚自珍奋笔直书，写下《明良论》《乙丙之际箸议》《古史钩沉论》《东南罢番舶议》《西域置行省议》等政论，全面抨击清王朝官僚制度的种种弊端，其凌厉笔锋涉及经济、文化、吏治、刑狱、社会风气等各个方面，从而显示了战斗的批判精神与“以天下为己任”的

①②③ 《龚自珍全集》，上海人民出版社1975年版，第34—35、186、319页。

经世风格。

对于言路的重要性魏源也有精彩议论，他把通言路比喻成“受光”：

> 受光于一隙见一床，受光于牖见室央，受光于庭户见一堂，受光于天下照四方。君子受言以达聪明亦然。①

言路愈开通，“君子”愈聪明，“天下无不起之疾苦矣”。因此，在魏源心目中，“言昌”就是“世昌”的确切保障。为了广开言路，魏源主张废除有名无实、专取诸科目资格的“谏官”，以人人“皆谏官”、人人“尽其言”来取而代之。他认为只有这样，才能使“瞽史、百工、庶人、刍荛皆得进言”②，天下“壅情之人皆为达情之人”③。而当权者亦方能“广闻天下之言”，进而刷新朝政。龚自珍、魏源的上述议论，意在救正清王朝钳制言论的专制政治的弊病，以挽救大厦将倾的危局，因此，他们的“广开言路”之议不能与近代民主思想画等号，只是古代朴素民主思想的继承和发挥。但是，他们要求改革专制制度，主张朝政“受光于天下”，毕竟对清王朝的黑暗政治是一个有力的冲击，后世维新派正是从中汲取营养，为波澜壮阔的政治革新提出有力论证。

人才问题是切关官僚行政效能与整个政治文化振新的大课题，道咸经世派注目于此，再三吁请朝廷重视人才。林则徐说：“欲图整顿，务在得人”④，国家“首以人才为重”⑤。魏源提出“天下有不可强者三：有其人无其财，一难也；有其财无其人，二难也；有其财无其材，三难也”⑥。一个民族要强盛，财力、材料、人才三者缺一不可。如果朝廷“皇然以军食延天下之人才”，“人才进则军政修”，那么“何患于四夷，何忧于御侮”⑦？姚莹疾呼“人才为天下之本”，期望当权者“毋以毁誉惑听”⑧，高度重视人才的发现与擢用。龚自珍则呼吁“天公重抖擞”，“不拘一格降人才”。这些共识映现出一种关于人才的迫切的时代要求。

---

①②③⑦ 《魏源集》上册，中华书局1983年版，第67、38、37、167页。
④ 《林则徐集·奏稿》(中)，中华书局1985年版，第482页。
⑤ 杨国桢编：《林则徐书简》，福建人民出版社1981年版，第274页。
⑥ 《魏源集》下册，中华书局1983年版，第872页。
⑧ 《东溟文集》卷一。

在人才的收揽上，龚自珍、魏源、林则徐等人也提出诸多意见。林则徐认为，用人要“尽其才”，如果用所非用，“其人之志困而不能自伸”，那么“天下之有才者闻之，亦多有所阻”[①]。魏源指出，广收人才首先要有一种热情，“求之则愈出，置之则愈匮”[②]；其次要善于慧眼识珠，提拔人才。他比喻说：“星非能自高也，引而高之者天也；物非能自浮也，载而浮之者水也；臣非能自遇也，引而进之者君也。”[③]因此，执政者要为人才脱颖而出创造有利的外部环境。龚自珍力主废除用人论资格的陋习：“一限以资格，此士大夫所以尽奄然而无有生气者也。当今之弊，抑或出于此，此不可不为变通者也。”[④]这些意见对于一个“无才之世”尤其具有积极的意义。

对于嘉、道、咸年间最为严重的社会问题之一——吏治问题，经世派亦密切关注。他们尖锐抨击腐败吏治，提出救正的种种方案。针对清朝实行的低俸禄职官制度，龚自珍建议改善士大夫待遇，使他们在无家庭之忧的情势下，“皆忘其身家”，全力报效国家。龚自珍乐观地预言，只要推行他的建策，吏治将一改旧貌，“何事不成？何废不举？”[⑤]魏源、林则徐则主张以个人的表率来转移吏风。如林则徐认为，“察吏莫先于自察”，“以纠心者纠吏”[⑥]。魏源提倡“以诚感人”。而他们在各自任内也真真确确地做到了“奉公洁己”。但是，无论是龚自珍提高官吏待遇的建议还是魏源、林则徐以个人模范行为来转移风气的设想，在救治清代吏治弊端上都是苍白无力的。因为，清代吏治的败坏，导源于整个官僚制度的腐朽以及君主专制社会晚期统治阶级特有的贪婪性，个人的道德感召力在这里不起作用，提高官吏的待遇也不能满足众多官吏己身的物欲，贪墨之风将以不可遏制之势增长，直到旧的统治系统崩解，新的有序形成。值得一提的是，在吏治问题上，林则徐由于身任要职，因而得以从容施展他“肃清吏治”抱负。他从四个方面对属吏加以考察：一考诸公牍之事理；二验诸接见之语言；三证诸采访之声名；四征诸管辖之成效。总之，“求一实字”[⑦]。在“将各属大小政务逐一求尽于心”的前提下，林则徐将“贻误

---

① 杨国桢编：《林则徐书简》，福建人民出版社1981年版，第274页。

②③ 《魏源集》上册，中华书局1983年版，第57、55页。

④⑤ 《龚自珍全集》，上海人民出版社1975年版，第33—34、30页。

⑥ 《林则徐集·奏稿》（上），中华书局1985年版，第13页。

⑦ 《林则徐集·奏稿》（中），中华书局1985年版，第482页。

公事之员”、“官声平常”、“听断未能明允”、“气质粗浮”、“心地欠明”、“不谙吏治”、未能“洁己奉公”以及体弱多病的府员知县，或降职或革职。林则徐的整饬吏治只能在一定范围内进行，并不能有效影响整个吏治大局。但是，与龚自珍、魏源的建言相较，来得实在。这表明，经世之学只有与政治实践结合起来，才能发挥其积极效应。

必须指出的是，道光前后经世派对时政的批评虽然尖锐、辛辣，呼吁变革的呐喊虽然激越，但是，他们所提倡的革新方案，却只能是专制制度内部“因时制宜”的变革。如黄爵滋奏陈的“广贤路”“整戎政”“严剿御”[①]；包世臣著《说储》“以郡县至为枢要，详说保甲、学政、戎政、课税、农政五事”[②]；龚自珍提出的按宗法组织授田以解决流民问题的方案与以平均的方法调济“贫富不相济”的设想；魏源劝谏专制帝王改变“高危自处”的状况与庶民息息相通[③]……都是统治阶级的“自救”努力，这些努力不仅未能越出专制制度的轨范，甚至没有突破维护朝廷“家天下”的范围，连当时思想最激烈的龚自珍也认为，清朝统治者只要“更法”，“天何必不乐一姓”[④]。由此可见，道咸经世派的职志是为专制制度和清王朝“补天”“救世”，他们的全部学术活动和政治实践都立足于此。

---

① 《黄爵滋奏疏》卷五《敬陈六事疏》。

② 包世臣：《安吴四种》卷首《安吴四种总目叙》。

③ 《魏源集》上册，中华书局 1983 年版，第 67—69 页。

④ 《龚自珍全集》，上海人民出版社 1975 年版，第 6 页。

第三章　道咸年间的“实政之学”（上）

道咸经世派的“补天”劳绩，不仅表现在他们的议政、呼吁革新，而且突出表现在他们一扫士大夫耗毕生精力于诗赋八股的脱离社会实际的积习，公然宣称：“士无专事，凡民事皆士事也。”① 与国计民生息息相关的钱、谷、兵、刑诸实政成为他们研究的对象；而一些务实的当权者，特别是出任封疆大吏的经世官僚，因“洞见症瘕，亟起救药”②，多采纳经世学者的“河漕盐法之论而行之”③。这样，关于实政之学的研讨，便构成道光前后经世实学的一个重要侧面。

第一节　漕运积弊与漕务改革

“车运曰转，水运曰漕。”④ 自汉代始，中国历代皇朝将田赋征收所得粮食，从水路运往京师和其他地点，以供官俸、兵饷、宫廷消费与皇朝其他开销，是为漕运。隋代开凿运河，漕运畅通，洛阳积粟 2600 万石。唐开元、天宝间，每年漕运粮食 200 万—300 万石。宋都开封，东南和西北的粮粟分由汴河、黄河、惠民河、广济河输送，以汴河为最多。元代建都大都（今北京），仰给于江南漕粮，因运河壅塞不畅，遂行海运，每年海运漕粮 100 万—200 万石。明初建都南京，对漕粮依赖不大，明成祖移都北京，漕运变成京师命脉，北京有“漂来的都市”之称。成化八年（1472）定制，每岁漕粮 400 万石，外加耗米

① 包世臣：《艺舟双楫》卷三《赵平湖政书五篇叙》。

② 黄彭年：《陶楼文钞·林文忠公政书序》。

③ 范麟：《读〈安吴四种〉书后》。

④ 《史记·平准书》司马贞索隐。

100 万石，合计为 500 万余石。这个定额基本上沿袭到清代。

漕务实际上是政府自营的一个庞大的运输系统，为了保证这一系统运转正常，清政府专门设置了漕运总督。总督之下，各省又分设粮道。粮道在运河两岸设立卫所，保护漕粮运输。有漕粮的省分设漕运屯田，以赡养屯丁运兵，漕粮的大部分运到京城仓库，叫正兑米，专供京师驻军食用；少部分运到通州，供皇室百官俸食。如此庞大的系统，每年要耗费大量费用，再加漕运以运河为基础，河溃则运阻，政府为确保运河畅通，又必须有巨额付出。而由收兑、起解、押运到验收的无数浮收、勒索、舞弊，更使漕运成为政府难以承受的负担。在清朝前期，由于康熙、雍正的不断整肃，积弊尚浅。乾隆中叶以后，随着政治的日趋腐败，贪风日盛，漕政弊窦丛生，日益败坏。嘉庆年间，朝臣曾建议整顿，但功效不大。至道光年间，漕弊重重，整个漕运体制由征收到兑运，由长途挽运到京通交仓，几乎无处不弊，无官不贪。“河运剥浅有费，过闸过滩有费，催攒通仓有费。上既出百万漕项，下复出百余万帮费，民生日蹙，国计愈贫”[①]。改革漕弊，既稳定京师地区的漕粮供应，又避开治河、治运庞大而无效的资金投入，遂成为道光前后经世派人士反复考虑的实政问题之一。

一、包世臣、魏源的改革漕弊论

道咸经世派中，包世臣是一位研究漕运颇有心得者。包世臣突出的经济观点是以“言利”自居，漕务改革为言利之大者，故包世臣亟亟讲求于此，并有建设性方案设计。

包世臣青年时代即游历大江南北，其后长期游幕两江，对于漕务积弊感受颇深。他揭露漕运弊害说：

> 南粮三四百万石，连樯五千余艘，截黄达卫，以行一线，运河之间，层层倒闸，节节挽牵，合计修堤防，设官吏，造船只，廪丁舵，每漕一石抵都，常二三倍于东南之市价。[②]

---

① 《清史稿》卷一二二《食货三》。

② 包世臣：《中衢一勺》卷三《庚辰杂著四》。

这些费用，无不直接或间接强加于人民身上，而堤防官吏在征漕时又浮收勒折，致使农民完漕一石，必须粜米二三石。包世臣在《答族子孟开书》中愤慨地指出，漕务之弊“皆由奸人之中饱”，这确是切中时病之论。包世臣进而预言，漕务现状若不加改革，那么，必将酿成“东南大患”。为此，他提出了改革漕运的两大方策。

方策之一为海运南漕。所谓海运南漕即将运输漕粮的路线由内河转向沿海，这样，不但没有什么风险，而且较河运更为迅速和安全。然而，包世臣所提出的海运南漕主张并不仅仅是对漕运的技术性改进，而且包含着更深刻的内容。这就是引进商品经济的运行机制。在《海运南漕议》中，包世臣有如下一番意味深长的议论：

> 国家除南粮之外，百货皆由采办，采办者，官与民为市也。间岁并有采买米粮，以民船运通之事，而山东、江南拨船，皆由雇备，是雇船未尝非政体也。取其便适无他患，何必官艘哉？

在这里，包世臣反复论证的是雇民船的合理性，并对固守政府自营传统的旧式漕务格局提出批评。从这一新思路出发，包世臣提出，当时麇集在上海一带的浅海沙船达数千艘，这些船只每年由东北运豆麦南下，回运往往不能满载，甚至有放空的现象，而漕粮海运的关键，便是官方把漕粮运输业务委托给这些经营沙船运输的船商。尽管提出海运南漕的主张包世臣并非第一人，但是，建议在漕运中推行招商承办，包世臣则是先行者，而这一主张无疑透露出若干新鲜气息。

包世臣提出的改革漕弊的方策之二，乃是从根本上扭转南粮北运的被动局面。他建议“先减（南漕）运什之一，以其米价及运费”在京畿地区寻觅一片靠近水源的地方设置官屯，从东南各省招募一批有水稻生产经验的佃农从事垦殖，“开沟渠，治畔岸，先以方十里之地，画罫而耕，既效而徐扩之，要以十年，至方百里而止”[①]。收获的谷物除付给佃农一半外，官府每年可得五百万石，较北运的漕粮绰绰有余，如是则“漕可罢，赋可宽”，“举事而不惊众，

① 包世臣：《中衢一勺》卷三《庚辰杂著四》。

益上而不剥下，百世之勋可集，而东南之困可苏也”[①]。这一着意于改造传统农业布局的思路不无可取之处。

无独有偶，在漕务改革上，魏源与包世臣有不谋而合之处。

魏源也主张南漕海运。他指出，河运积弊甚重：“过浅过闸有费，督运催攒有费，淮安通坝验米有费，丁不得不转索之官，官不得不取赢于民”[②]，而海运适可以救“漕运之穷”。发挥“治漕”功用，其间优劣“有霄壤之殊”。针对当时有人对海运信心不足或将海运视为权宜之计，魏源强调指出，河运改海运是漕运改革的根本性方案，“舍是而徒斤斤补救，议八折，议恤丁，禁包户，禁浮收，皆不揣其本而齐其末也。即不然，名议海运，仅斤斤于河道之通塞，而不计东南民力之苏困，吏治之澄浊，亦见其轼不见其睫也”[③]。

同包世臣主张将商品经济因素引入漕务改革的思路相近，魏源也认为，漕务改革不仅是运输路线的更迁，还必须深入到其运行机制中，在“官先竭”亦即官办营运制度运转失灵的情势下，引入私商成为必然趋势，诚所谓“非商不为功也”[④]。他概括漕政改革的两大基本精神，这就是——“海代河，商代官”[⑤]，非如此漕务无法摆脱穷途末路的困境。

和包世臣比较，魏源的重商意识更加自觉。在他的筹划中，将海商引入漕运事务不是不得已的权宜之计，而是推进商品经济发展的重要途径。他屡屡强调：

> 海运之事，其所利者有三：国计也，民生也，海商也。[⑥]

> （海运）优于河运者有四利：利国、利民、利官、利商。[⑦]

魏源还具体估算道，当时南漕年运四百余万石，沙船只要运输一半，就可以“每年藏富于民者数百万金”[⑧]。

把商民利益放在重要位置，是魏源经济思想的重大特色，他的这一思想趋向在实政之学其他领域的研究中也一再表现出来。

---

① 包世臣：《中衢一勺》卷三《庚辰杂著四》。

②③④⑤⑥⑦⑧ 《魏源集》上册，中华书局1983年版，第405、406、411、411、418、416、427页。

二、陶澍、林则徐、贺长龄的漕务改革

包世臣、魏源关于漕务改革纵然有种种高见，但他们的建策只有付诸实施，方能实现经世价值。因此，漕务改革有待于行政力量的干预。而道光初年的江苏，因陶澍、林则徐、贺长龄等经世官员主政，使漕务改革得以实施。

清代漕粮征区包括山东、河南、江苏、浙江、安徽、江西、湖北、湖南等粮产丰富、水运至京师较方便的八省。其中江苏漕粮额又占大半，仅苏、淞、常、镇四府和太仓一州，就比浙江一省的漕粮多至一倍，较江西多三倍，比湖广更在十倍以上。因此，江苏漕务繁重，为全国各省之冠。嘉庆、道光年间江苏漕务发生严重困难，林则徐接任江苏巡抚之初，便在报告接任的奏疏中论及漕务之弊：

> （江苏）漕务已成痼疾，辗转生奸，……不独州县之浮勒，旗丁之刁难，胥吏之侵渔，莠民之挟制，均为法所不宥。即凡漕船经由处所，与一切干涉漕政衙门，在在皆有把持，几于无一可恕。[①]

在给友人的信中，林则徐又屡屡提到“近来江浙漕运已成不治之症”[②]，“（江苏漕政）积重难返之情形，实非语言所可殚述”[③]。焦急万分的语言，充分显示出江苏漕务深陷入极大危机中，若不毅然施以大手术，将对“天庾正供”造成致命的威胁。

道光初年的江苏，不仅存在着漕务改革的紧迫性，而且在当地的行政官员中拥有一支锐意改革漕务的中坚力量，其领袖人物便是当时先后任江苏巡抚、两江总督的陶澍，先后任江苏按察使、江苏布政使以及江苏巡抚的林则徐，一度任江苏按察使、江苏布政使的贺长龄，对漕务改革深有研究的魏源则先在贺长龄幕下，贺长龄调山东布政使后，又转入陶澍幕下，从而成为漕务改革的重要智囊人物。

林则徐自接任江苏巡抚，便被漕弊搞得焦头烂额，“精力日以消沮，心绪

① 《林则徐集·奏稿》（上），中华书局1985年版，第43—44页。

② 杨国桢编：《林则徐书简》，福建人民出版社1981年版，第23页。

③ 林则徐：《致郑仁圃书》（道光十二年十月二十五日）。

日以恶劳”[①]。因此，他对于漕务改革竭尽心力，“自甲午冬至乙未春，无日不究心于此”[②]。结合长期理漕经验与丰富的经世学识，林则徐提出了四项救治漕弊的方案，这就是：“正本清源”“补偏救弊”“补救外之补救”以及“本源中之本源”。在此四种方案中，“补偏救弊”和“补救外之补救”是“先计一时”，而“正本清源”和“本源中之本源”则是“勉图经久”的重大改革。所谓“正本清源”指改革现行的漕政制度，实行“县督帮办”，使漕运“自南至北皆无例外苛求”，以“杜州县之浮收，绝旗丁之勒索”。所谓“本源中之本源”即取消漕政，治水造田于京畿一带，以此方法来解决南粮北运的老大难问题[③]。由于“正本清源”与“本源中之本源”两项方案牵动全局，“一时难以骤改”，林则徐所能做到的只能是“先计一时”的“补偏救弊”“补救外之补救”而已。

在剔除漕弊、整顿漕务上，林则徐得到两江总督陶澍的全力支持。他和陶澍反复商议，立定章程，限制州县浮收和旗丁勒索，规定闸坝人夫用费，派遣精干官员验漕督运，修浚河道，保障漕运畅通。虽然，林则徐、陶澍为整顿漕务所采取的一系列措施于漕务大局无补，但江苏漕运积弊毕竟因此有所减轻。

为疏解漕务危机，陶澍、林则徐对漕粮海运、商运的方略大力支持。道光四年（1824）十一月初五、六日，江南高家堰决口，溢水四流，淮河水位因之下降，清廷为之震动。经过反复辩论，道光帝决心试行海运，责令陶澍具体筹办。陶澍受命后，在林则徐、魏源、贺长龄的协助下，决心苏、淞、常、镇、泰五府漕粮归海运。在筹办海运过程中，林则徐因操劳堤工事务，“积劳痁作”，因此，尽管“大府交章荐公为（试行海运）总理”，林则徐终因“困于疾，未赴”[④]。海运一事遂由陶澍亲自督办。陶澍与贺长龄“亲赴海上，筹商船，访道路，定价值”[⑤]，并在上海设海运总局。道光六年（1826）正月，漕船“衔尾鱼贯”，由吴淞口出崇明十滧入洋，“旬月直抵天津”，“不损一人一舟”，“每百石费仅数十金，视河运省费固倍，视前抚臣章煦所奏海运每百石价三百两之

① 杨国桢编：《林则徐书简》，福建人民出版社 1981 年版，23 页。

② 《钱币刍言续刻 · 毛应观序》。

③ 《林则徐全集 · 奏稿》（中），中华书局 1985 年版，第 715—724 页。

④ 金安清：《林文忠公传》，《续碑传集》卷二十四。

⑤ 陈銮：《太子太保入祀贤良祠两江总督陶文毅公行状》，《续碑传集》卷二十三。

数且省数倍”。为试行海运的成功所鼓舞，陶澍于次年先后“陈章程六条、八条”，“拟改苏、淞、太仓三属之漕永归海运，以大苏官民之困”。但因朝臣中诸多阻碍，“事格未竟行”[①]。至光绪年间轮船始用，漕粮才全改海运。

被誉为“东南拯弊第一策”[②]的漕粮海运，具有双重意义：一方面，它在一定程度上缓解了形势颇为严峻的漕运危机，在大大节省国家财政支出的同时，确保了南漕畅通无阻运往京师。由于海运大量减少了原河运中官吏盘剥的层层环节，人民负担也有所减轻。另一方面，漕粮商运在一定范围内促进了自然经济总体结构内生产关系的变革，并推动了沿海沙船业的发展。据《上海县志》载：“去秋（道光六年）增造（沙船）三百余艘，以备今岁海运之用。”金鋆撰《太子太保入祀贤良祠两江总督陶文毅公行状》也说：漕粮海运使“运漕而北，载豆而南，两次得价，且由部发帑收买海船耗米十余万石”。因此，他们“皆踊跃过望”，对漕粮商运持积极欢迎态度，并将此举视为发展自身事业的契机。如果清王朝按照陶澍与魏源的设想，将漕粮海运永为定制，其改造传统国民经济结构的作用将会更大。

第二节　盐业衰敝与盐政改革

中国盐业自汉以后一直实行官营，盐利成为国家极为重要的财政收入之一。汉代“盐铁之利”，“所给甚众，有益于国”[③]。唐代大历末年（约779），“天下之赋，盐利居半”[④]。宋代盐利“最资国用”[⑤]。迄于明清，盐利仍然是国家的重要财政收入，对国家财计具有举足轻重的影响。清道光年间的盐课收入就占国民收入总值的14.3%。

然而清代盐政，积弊甚深。乾隆朝以后，盐务更急剧败坏，官引滞销、课额积欠、盐商疲惫、私盐猖獗，皆呈现严重情势。“自嘉庆末年，口岸滞销，商情困敝，大局难支，驯至道光十年，鹾纲废坏，已一蹶不可复振”[⑥]。改革

①② 魏源：《太子太保两江总督陶文毅公神道碑铭》，《续碑传集》卷二十三。

③ 《盐铁论·非鞅》。

④ 《新唐书·食货志》。

⑤ 马端临：《文献通考》卷16。

⑥ 陶澍：《陶文毅公全集》卷十八《兼理盐政八年情形折子》。

已是刻不容缓、势在必行。围绕盐政改革这一课题进行相关研究并提出改革方案，自然成为道咸经世派人士讲求实政之学的重要内容。史料记载，这一时期出现了多种盐政研究之作，如乔林纂《票盐志略》十四卷，王凤生编制《淮南北场河运盐走私道路之图》，童濂著《淮北票盐志略》十五卷，周树槐《壮学斋文集》一部论史、一部论盐、一部论文，“颇有纵横排宕，利弊洞悉之作”[①]。而包世臣、魏源的盐法论以及林则徐、陶澍分别在湖广、江苏推行的盐政改革则尤为引人注目。

一、包世臣、魏源的盐法论

在道咸经世派中，包世臣、魏源素以讲求盐法著称。李柏荣说“默深好谈盐法，发为弘谟”[②]，其情形对包世臣也完全适用。

作为思想敏锐的经世学者，包、魏二人对乾隆朝以来的盐务不景气有深切认识。包世臣描绘两淮盐商的困顿局面说：

> 两淮纲食引地，无论城市村庄，食私者十七八。两淮运本须二千万方敷转输，而各商实本，不及四之一，余皆借资，资息重至每月分半。盐去课回，非六百日不可，盐滞本压，资息日行，完课无资捆盐。[③]

资本是商品流通、商业发达的根本性前提，两淮盐商资本缺乏，不得不借贷负息，盐引积压滞销又造成资本周转不灵，身陷恶性循环中的盐商，意气消沉，盐业也随之冷落萧条。包世臣在谈到淮北盐务境况时说：“淮北盐务，久已消沉。”[④]这不仅是淮北盐务境况的写照，而且是嘉道间整个盐业面貌的缩影。

对于嘉道间盐务衰敝、萧条、积重难返的情势，魏源也有十分犀利的揭示。他说：

> 淮盐十载以来，江南、湖广大吏整饬又整饬，弥缝又弥缝，而银价愈昂，私充愈甚，官销愈滞。场岸复积存三纲之盐，去冬甫请对折行盐，

①② 李柏荣：《魏源师友记》，岳麓书社 1983 年版，第 95、101 页。

③ 包世臣：《中衢一勺》附录二《小倦游阁杂说二》。

④ 包世臣：《中衢一勺》附录四《上陶宫保书》。

今冬复请两纲展缓。如窭夫之患债，如逋户之畏赋，如垂病之日延一日，如穷邻之月攘以待来年①。

这确是一幅惨淡的图景。

清代盐政何以敝坏至此？包世臣与魏源对其间症结加以多方面的剖析。

魏源指出，清代盐政，产销制度过于烦琐，“方其赴场重盐也，每票千引，需七屯船，前后牵制，不能分拆。且钱粮分四次完纳，又有窝单、有请单、有照票、有引目、有护照、有桅封、有水程、有院司监掣批验子盐五次公文”。这些“委曲繁重”的过程不仅使盐商“徒稽守候”，浪费大量时日，而且为盐务官员的中饱盘剥提供了种种便利条件。例如，“商盐到岸也，有各衙投文之费，有委员盘包较砠之费，有查河烙印编号之费，……又有南北两局员换给水程之费，三关委员截票放行之费，名色百出，不可胜胪”②。“官为盐蠹”成为盐务中一大祸害。一方面，盐商因产销制度的过于烦琐与盐官的层层盘剥而失去经营的积极性；另一方面，食盐运输过程中的各种浮费都转为食盐售价，使盐价高昂不下。这确是切中时弊的论析。

清代盐法，固定销区销额，如淮盐分南、北食岸，北食岸分销淮安等六县，南食岸分销湘岸、鄂岸等四纲。与淮盐区相邻的有川（四川）盐、云（云南）盐、粤（广东）盐、潞（山西运城）盐、应（湖北应山）盐等，而各盐区引盐课税由于多种原因轻重不一，如“在大宁、云阳等地淮盐课较川盐课重十数倍”。“潞盐为二十引纲 10 两，而淮盐需纲 480 两”③。由此造成各地食盐在销价上大有差异。淮盐由于盐课重于邻盐区，加上远程运输的耗费，其价格往往数倍于邻盐。盐区间食盐销售的差价诱发私盐活动猖獗。仅两淮盐区便“私有十一种”④。对于其中种种情形，包世臣甚为详尽地加以揭示。如揭露邻私的泛滥：“灌安、襄、荆、郧者，潞私也；灌宜昌者，川私也；灌南赣者，粤东与闽私也；灌归、陈者，芦私也；灌饶州、宁国者，浙私也。”⑤这里所谓潞私、川私、粤私、闽私、芦私、浙私皆指邻区“浸灌”两淮行盐地区的私

①② 《魏源集》下册，中华书局 1983 年版，第 431—432、435 页。

③ 《续清朝文献通考·盐法》。

④ 《中衢一勺》卷三《庚辰杂著五》。

⑤ 包世臣：《淮盐三策》，《皇朝经世文编》卷四十九。

盐，其情形甚为严重。再如枭私是清代私盐中的一大宗，其含义指地方黑社会势力和慓鸷之徒纠党私营。包世臣对枭贩的组织与活动有颇为细致的描述：

> 枭徒之首，名大伙头，其副名副伙头，下则有称手、书手，总名曰当青皮，各站马头。私盐过其地则输钱，故曰盐关；为私贩过称，主交易，故又曰盐行。争夺马头，打伙过于战阵。又有乘夜率众贼杀者，名曰放黑刀。遣人探听，名曰把沟。巨枭必防黑刀，是以常聚集数百人，筑土开壕，四面设炮位，鸟枪长矛大刀鞭锤之器毕具。……大伙常五六百人，小亦二三百为辈。①

其规模与势力相当可观。包世臣又指出，枭贩的活动不是孤立的而是往往与盐商走私、船户水手走私相勾结，诚所谓“商被船挟，而纵船买枭私，随带赴岸……枭徒与船户交密，洞悉各弊。五六年来，枭私竟有长船赴岸者矣”②。私盐活动因而愈演愈烈。私盐与官盐是一种彼此对立、此消彼长的关系，“私盐多则官盐滞，私盐少则官盐畅”，清廷势必要采取严厉手段来惩处走私、缉捕私贩，但是，吏治的腐败决定了清王朝反私盐的行动不仅落于一纸空文，而且成为缉私官员乘机走私、中饱私囊的好机会。包世臣对此种情形揭露道，缉私官吏往往或借缉私之名，“在产地购买私盐，运往销地出售”，或“捕获私盐入店，名曰功盐，作官售卖”，由此而来，“多一捕役，即多一私贩”③。私盐愈禁愈炽，其势不可遏止。

包世臣忧心忡忡地揭示私盐的种种内幕及其弊害，又对造成私盐的某些缘由有深入细致的分析。例如，食盐生产地区的走私亦即场私向来被称为“贩私之源”，而场私不仅包括盐商的夹带私贩，还包括灶户的多煎偷卖。包世臣分析场私的原因说：“夫盐法最苦者，透私。而私之所以不可止者，在科则之征于商也太重，而场商之待灶户也太刻。灶户苦累，非卖私则无以自赡。”④“非透私无以为生。”⑤此中关系恰如大鱼吃小鱼，小鱼吃小虾——清政府对盐商科以沉重的正杂盐课以及各种浮收摊派，盐商不堪其负，将其中

①③⑤ 包世臣：《中衢一勺》卷三《庚辰杂著五》。

② 包世臣：《中衢一勺》附录二《小倦游阁杂说二》。

④ 包世臣：《中衢一勺》附录四《上陶宫保书》。

的一部分转嫁到灶户身上，灶户为生计所迫，只得走私，否则无以生存。包氏所论，颇有见地。

烦琐的产销制度，官吏的层层盘剥以及走私的猖獗，造成盐利的多方分割。魏源算计道：“坝工、捆夫去其二，湖枭、岸私去其二，场、岸官费去其二，厮伙、浮冒去其二，计利之入商者，什不能一。”①盐业的萧条成为势所必然。

针对清代盐务“利不归于上，不归于下”而“纲利尽分于中饱蠹弊之人”②的大漏卮，包世臣、魏源提出了一系列改革盐法的建议。

包世臣指出，解决盐务敝坏问题有上、中、下三策可采用。采用严厉的警察手段“严禁私枭”为一策，但此策为下策，因为，缉私者对于私盐酿成的相因病势“莫洞其源”，无从下手。在缉私过程中，手段太激烈，有可能激化矛盾或牵连无辜，酿成巨案。措施过于温和又“徒增官费而无成效”。因此，“缉私”政策不可能达到预期的效果。所谓“中策”包含二种方案：“一曰稽查火伏，一曰烙验官船”。所谓“稽查火候”就是“饬灶户所有之盐，场商尽数收买，则枭徒无所得盐，而私之源清矣”。所谓“烙验官船”即“官先按船编号排甲，量其载之所胜，烙于船而注于册。载不及九分，则不准开行，而私之委清矣”。由于这两种方案的要义只是在生产和运输诸环节上加强严格控制，并未从根本上解决问题，因此，只能算是中策。紧接着，包世臣提出了他认为属之上策的方案：

> 若夫上策，则裁撤大小管盐官役，唯留运司主钱粮，场大使管灶户，不立商垣，不分畛域，通核现行盐课，每斤定数若干……听商贩领，本地州县印照，赴场挂号，缴课买盐。③

包世臣深信，采用此种变盐业官营为商营的自由运销政策，“民间盐价必减于今十之五六，而私盐十一种皆输官课，课入必数倍于今”，整个盐务困顿不振的局面将发生根本性变化。

---

①② 《魏源集》下册，中华书局1983年版，第439、439页。

③ 包世臣：《中衢一勺》卷三《庚辰杂著五》。

包世臣关于改革盐务的设想载于《安吴四种》中，由于《安吴四种》编成后，包世臣“嘱默深为之订定。默深摘要签出，世臣则有改有不改焉，故默深复致书以正之”[①]。因此魏源在盐法改革的思路上与包世臣相合也就不足为奇了。

与包世臣思路相通，魏源也认为，靠缉私来解决私盐问题是徒劳无效的，诚所谓“鹾政无缉私之法”[②]。欲取消私贩，只有打破垄断的运销制度实行自由运销的票盐制度，无论何人，只要照章缴纳盐税，就可以领票采盐贩运。国家只收税利和场价。魏源指出，自由运销制度的推行，将使大批走私的“散商”获得堂堂正正的贩卖食盐的权利，从而于无形中消弭走私，达到“化私为官”的效果。由于场价、税金在采盐时一次缴清，没有中间环节，浮费无所自出，盐价亦会大大降低。改革的最终结果，将是国家得益，诚所谓“减价其半，而利尚权其赢也，且向日仰食于弊之人，即今日仰食于利之人，昔之利私而今之利公”[③]。

包世臣、魏源所提出的票盐议亦即在盐业中实行盐业自由贸易的主张无疑是富于建设性的，它与漕粮商运的建议相互呼应，映现出传统经济思想出现新突破的趋向。

二、陶澍、林则徐的盐政改革

和包世臣、魏源关注的焦点一致，陶澍、林则徐等人对嘉道年间的盐业衰敝亦深感忧虑。在两江总督与湖广总督任上，他们分别厉行盐政改革，一时颇见成效。

陶澍初行盐政改革是在道光十年（1830），这一年，陶澍加太子太保，署两江总督兼理两淮盐务。“两淮者，天下盐法之表率”，“国帑民生攸关甚巨”。陶澍锐意革新，决心以两淮为盐政改革突破口，进而推行全国盐政改革。

魏源曾言，“兴利由于除弊”，要除弊“必知弊之所由，而后知利之所在”[④]。陶澍剖析两淮盐政积弊，发现“其弊一由成本积渐成多，一由藉官行私过甚”[⑤]，因此两淮盐务改革的路径，“惟有大减浮费，节止流摊，听商散

① 李柏荣：《魏源师友记》，岳麓书社1983年版，第87页。

②③④ 《魏源集》下册，中华书局1983年版，第438、439、442页。

⑤ 《陶文毅公全集》卷十一《再陈淮鹾积弊折》。

售，庶畅销价平，私盐自靖”[①]。

从两淮盐务的弊端入手，陶澍于道光十一年裁盐政陋规十六万多两，缴还盐政养廉五千两。随之而来，陶澍又在魏源、包世臣的支持与协助下，于淮北盐区二十九州县“一律变通，改行票盐，以资补救”[②]。淮北票盐法是对旧盐法由政府主控、特许商人承购包销的垄断性经营的一次大革命，其内容有二：一是废除世袭专利的“纲商”或曰“窝商”。二是扩大特许商的范围，听商民在试行州县自由运销食盐，与此同时，简化特许证发放手续，降低票商承销单位额。由于颁发给散商的特许证曰“票”，以区别于垄断型商人的“引”，故曰“票盐法”。

“票盐法”一经付诸施行，迅即表现出其优越性。由于“票盐特尽革中饱蠹弊之利，以归于纳课请运之商”，食盐成本大为降低。“（旧盐法）每单引成本十有余两，价不偿本，故官不敌私。今票盐……不过五两有奇，减于纲盐大半”[③]。“盐法成本既轻”，盐价也随之跌落。陶澍称：“自票盐到境，盐价顿减。”[④]魏源亦言：“票盐售价，不及纲盐之半，……而利尚权其赢也。”[⑤]包世臣则报道说：“倡改票盐以来，……洪湖以南食盐居民，率出贱值得净盐，以为有生所未闻见。”[⑥]由于盐价降低，“私贩无利，皆改领票盐”[⑦]。淮北盐业一时间出现欣欣向荣的景象，诚所谓“人知其利，远近辐辏，盐船衔尾抵岸，为数十年中所未有。未及四月，请运之盐，已愈三十万引”[⑧]。长期无法解决的盐课拖欠问题亦迎刃而解。《安化县志·陶澍传》言：

> 道光元年至十年，淮南行六纲，淮北仅行三纲。澍承积弊之后，自十一年至十七年，淮南已完六纲有余，淮北率一岁行两纲之盐，尽完以前滞欠，且割淮南悬引。两淮共完正杂银二千六百四十余万两，库贮实为三百余万两。

---

①⑦⑧ 《清史稿》卷一二三《食货四》。

② 《陶文毅公全集》卷十五《酌议淮北试行票盐章程疏》。

③ 魏源：《淮北票盐记》，道光《淮北票盐志略》卷首。

④ 《陶文毅公全集》卷十四《淮北票盐试行有效折》。

⑤ 《魏源集》下册，中华书局 1983 年版，第 439 页。

⑥ 包世臣：《中衢一勺》卷七附录四《上陶宫保书》。

王守基《两淮盐法议略》也高度肯定票盐法对增加清廷课额收入的积极效应：

（票盐）行之期年，淮北大畅，不但正课复归正额，每年销盐至四十六万余引（原为二十九万余引），除奏销淮北正杂课银三十二万两外，嗣又带销淮南悬引二十万，纳课银三十一万两。是淮北之课较定额又增两倍矣。[①]

“票盐法”的社会效益不仅表现在私盐自禁、政府课额收入增加，而且对公益事业起到积极作用。“是岁海州大灾，饥民赖此转移佣值，全活无算。”道光十三年（1833），淮北一律改票后，“非特完课有赢无绌，兼疏场河、捐义厂、修考院，百废俱兴”[②]。

有鉴于淮北行“票盐法”的成功，道光二十九年（1849），湖广总督陆建瀛于武昌盐岸失火以后，依魏源之议，改淮南票盐，“楚西各岸盐价骤贱，农民欢声雷动”。是年仅两淮即“实收”盐课银五百万两[③]，占嘉庆五年（1800）全国盐课的百分之八十以上。继淮南盐区后，河东、两浙、福建都改票盐，盐业领域开始出现资本主义萌芽。

陶澍于淮北推行“票盐法”并非一帆风顺，而是如同他改漕粮海运一样，艰难曲折，魏源《太子太保两江总督陶文毅公神道碑铭》说：

公初议海运，则南漕、北仓挠之；议裁鹾费，则窝商、蠹吏挠之；议截粮私，则长芦、总漕挠之；议改票盐，则坝夫、岸吏挠之。群议沸腾，奏牍盈尺。[④]

其阻力之大可以想见。然而，陶澍“奋不顾身，力排众议”[⑤]，终完成漕运、盐法的重大改革，为道咸经世实学写出精彩一笔。魏源评说陶澍的功绩时说：

① 《清朝续文献通考》卷三十六。

②③ 《清史稿》卷一二三《食货四》。

④ 《续碑传集》卷二十三。

⑤ 陈銮：《太子太保入祀贤良祠两江总督陶文毅公行状》，《续碑传集》卷二十三。

今日东南民计国计，莫困如漕、盐，公所排决疏导可垂久大者，亦莫如海运与票盐。后有来者，欲大苏东南之困，为国家筹百世利，非赓其绪而恢之不可也。①

这确实是不枉之言。

林则徐的湖广盐政改革要晚于陶澍推行“票盐法”，然而，他走的是另一条路径。

林则徐于道光十七年（1837）授湖广总督。此时淮北盐区虽已推行“票盐法”，淮南尚行“纲盐法”，积弊甚深。两湖为淮南纲盐的重要引岸，淮南纲额一百三十九万五千五百余引，十分之六在两湖疏销。整顿两湖盐务，成为林则徐赴湖广任后的重要任务。

林则徐上任后，对两湖盐务敝坏的原因详加考察分析，他认为，湖广地区之所以私盐充斥，其主要原因有三：

一曰“民间生计维艰，故凡有盐利可图之处，贫民无不百计挑运，四处售私”。

二曰淮盐官课比川、晋、粤各省都重，“况又加以无课之私贩纷纷浸灌，其势之不能相敌，更不待言”。

三曰湖广地区“为邻盐必由之路”，如“潞盐之行于陕西，有应于湖北郧阳府经过者。川盐之行于贵州，有应从湖南辰沅等府经过者”，因此，“虽欲禁其私卖，势必不能”。

针对两湖地区私盐泛滥状态，林则徐采用了“恩威并用”的方针，一方面“剀切示谕绅民，晓以利害大意”，“责令绅衿大户以及乡团牌保，互禁食私，犯者公同送究”，并“严饬弁役缉私”。另一方面又许挑卖私盐的“穷民”改贩官盐，“由各处官盐子店给票挑赴四乡，卖完缴价”②。陈寿祺高度评价了林则徐后一方面的措施，他说：“林文忠公督两湖日，整饬淮纲，许挑卖私盐之穷民改悔，投充肩贩，由各处官盐子店给票，挑赴四乡，卖完缴价。此化莠为良之第一法也。”③

① 魏源：《太子太保两江总督陶文毅公神道碑铭》，《续碑传集》卷二十三。

② 《林则徐集·奏稿》（中），中华书局 1985 年版，第 509—515 页。

③ 陈寿祺：《郎潜纪闻》卷六。

在大力整肃私贩的同时，林则徐还严惩了襄阳地区故纵私盐、贪污中饱的缉私员弁黄帼祥等人。根据吏部处分条例，黄帼祥等人之罪应“杖一百，徒三年”，但林则徐认为此种惩处过轻，是“情浮于法”。他指出，“不肖员弁每视鹾务为利薮，执法营私，靡所不至，非从严惩办，无以杜绝弊源”。为了“正官常而肃鹾政”，他上奏将黄帼祥等人从重惩处，“发往新疆，充当苦差”[①]。这一行动对于积弊甚久的两湖盐务起到了一定震慑作用。

在林则徐的悉心筹议、严厉督责下，两湖盐务颇有起色。从道光十七年（1837）四月至十八年（1838）三月，两湖共缉获私盐一百余万斤。道光十七年亦即林则徐赴任的当年，两湖疏销七十三万三千二百余引，比疏销“大有起色”的道光十六年还多三千余引。

纵观林则徐在湖广的盐政改革措施，其主要路数显然在缉拿、打击私贩上。《清史稿·林则徐传》说：

> （林则徐）整顿盐课，以减价敌私，无成效。专严缉私之禁，销数大增。

这是真实情形。以缉私作为主要手段来整顿盐务无疑是治标不治本之法，其间亦不具备任何新鲜信息。正因为如此，湖广盐务虽振奋一时，随即又萎靡下去，直到道光二十九年（1849）改行票法，湖广盐务才面貌一新。

林则徐湖广盐务改革之所以缺乏活力与生气，有多方面客观原因可循。如林则徐在湖广任内总共不到20个月，政务纷扰之中，很难全力筹划盐政。再加堵缉私贩是道光帝指令林则徐整顿两湖盐务的手段，林则徐只能奉行不误。但是，就总的思想体系而言，“林则徐‘严以缉私’的指导思想，与他空言根治黄河、京畿植稻以代漕粮，以致招来当世和后世物议的固守自然经济体系的经济思想是完全一致的”[②]。在这一方面，林则徐显然逊色于他的亲密同事陶澍。

---

① 《林则徐集·奏稿》（中），中华书局1985年版，第429页。

② 谢刚：《清史嘉道朝研究论纲》，《南开学报》1991年第4期。

第三节　河工问题与对策

河工在明清两代与盐务、漕运并称为“三大政”。所谓河工，本指修治河道堤防的工程，因黄河水患独多，故河工多指治理黄河工程。如《明史·河渠一》：“复命尚书衡（朱衡）经理河工。”这里的河工即治河（黄河）工程。

治理黄河，对清王朝来说具有非同小可的重要性。清朝政治中心在北京，而北京在经济上需要依赖南方的支持，每年源源不绝地从南方各省运输漕粮到北京的运河因此成为清王朝赖以生存的大动脉。然而，由于黄河、淮河、运河交织于苏北一隅，“黄河南行，淮先受病，淮病而运亦病”[①]。故清朝统治者十分重视治理黄河，诚所谓“国朝以来，无一岁不治河”[②]。其主要目的乃是为了“济运通漕”，以保证秩序的安定和政权的稳定。康熙帝当三藩之乱一触即发之际，“以三藩及河务、漕运为三大事，夙夜廑会，曾书之宫中柱上”[③]。其高度重视的程度可以想见。

然而，清代治河，除靳辅、陈潢大有成效外，其余治河者皆败绩累累，庞大的治河堵决经费成为国家财政的一大漏卮。魏源概述其每况愈下的情势说：

> 乾隆四十七年以后之河费，既数倍于国初；而嘉庆十一年之河费，又大倍于乾隆；至今日（道光中）而底高淤厚，日险一日，其费又浮于嘉庆，远在宗禄、名粮、民欠之上。……自嘉庆十一年至今，凡三十八载，始以岁增三百万计之，已浮旧额万万。[④]

他又尖锐指出，清代治河的困窘为历代所没有的情景：

> 黄河无事，岁修数百万，有事塞决千百万。无一岁不虞河患，无一岁不筹河费，此前代所无也。[⑤]

---

① 《清史稿》卷一二七《河渠二》。

②④⑤ 《魏源集》上册，中华书局 1983 年版，第 365、365—366、165 页。

③ 《清圣祖实录》卷二七五。

为了解决国计民生中的这一大漏卮，道咸间的经世派人士竞相研求河工问题，并提出多种治河建策。

一、魏源治理黄河的建策

道光二十二年（1842），黄河水患震动全国，魏源著《筹河篇》，尖锐批评朝廷河政。他指出，面对黄河水患，朝廷采取的是消极对策："但言防河，不言治河，故河成今日之患。"① 在治河中，主持河工的吏员又对策失误，"不治海口，而惟务泄涨。涨愈泄，溜愈缓，海口渐淤，河底亦渐高，则又惟事增堤"。如此下来，"河高而堤与俱高。起海口，至荥泽、武陟两堤，亘二千余里，各增至五六丈。束水于堵，隆堤于天"②。其危机不但没有消除反而更为加剧。他还愤慨揭露贪官污吏上下欺蒙，"每岁必涨，每涨必险，无岁不称异涨"，由此而侵吞"溃决堵合之费"。由于治河堵河成为"食河之饕"的发财之机，"其不肖者，甚至以有险工有另案为己幸"③。河务中的黑暗污浊可以想见。

由于朝廷治河战略的错误，黄河一再在南岸决堤，像一匹脱缰野马，纵横于泰山以南、淮河以北的广大区间。魏源在对黄河下游的地理形势作认真考察的基础上，大胆提出以下意见：

> 近日黄河屡决，皆在南岸，诚为无益，即北决，而仅在下游徐、沛、归德之间亦无益，惟北决于开封以上则大益。何则？河、济北渎也，而泰山之伏脉介其中，故自封丘以东，地势中隆高起，而运河分水龙王庙，遏汶成湖，分流南北以济运。是河本在中干之北，自有天然归海之壑。④

魏源所提出的通过黄河人工改道来彻底根治黄患的建议，是依据山川地理形势之实以及黄河改道历史而提出的，他认为，"人力纵不改，河必自改之"。魏源的意见并未为当政者所重视，而自然规律却证实了他的真知灼见。咸丰五年（1855）六月亦即魏源提出黄河改道建策后的十三年，黄河果然在河南铜瓦厢（开封附近）决口，夺张秋奔大清河从山东入海，其道与魏源所设想的相同。咸同年间士人谭献曾将清代学者列表排列，以龚自珍、魏源列入"绝学第一"。

①②③④ 《魏源集》上册，中华书局 1983 年版，第 365、366、366—367、368—369 页。

他称赞魏源说：“阅《古微堂外集》，论治河主故道，论鹾主减价票运，论漕主海运，今皆如其言。”[①] 这是对魏源关于漕、盐、河“三大政”建策的公允评价。晚清社会和自然界的变迁，有力地证明了魏源的经世实学是可行的、有用的、富于效应的。

魏源对水利的研究，不限于黄河。他在《畿辅河渠议》中对北京附近的漳河、永定河、滹沱河、子牙河等河道的治理，提出了“如治黄河小异而大同”的方法；在《上陆制府论下河水利书》中对运河与周围河、湖水系的关系问题发表了精辟意见；在《湖广水利论》《湖北堤防议》中，魏源又提出了“江患”问题，他指出，长江流域随着人口增多，上游之湖面江面日狭一日，而上游山林被砍伐，中下游湖泊围垦日多，导致“下游之湖面江面日狭一日，而上游之沙涨日甚一日，夏涨安得不怒？堤垸安得不破？田亩安得不灾？”[②] 这一见解，以今日科学观点检验也是完全正确的。他提出的救治江患的办法，如建立分洪区、禁止围湖筑圩，等等，也有极强的针对性。鉴于时处鸦片战争之后的“衰世”，魏源深知根治江患只有留待将来，他说：“今海警甫息，经费告殚，非兴举水利之时”，“其能举而行之，以大剂东南田赋之穷，则俟后之君子。”[③] 这是一位深怀“经世济民”之念的学者对后人的期望。

二、包世臣综合治理黄河的主张

包世臣论学，往往与魏源一脉相通，在河工问题上，两人见解也多有如出一辙之处。例如，在治河方略上，包世臣也反对消极的“防河”而主张积极的“治河”。包世荣、包慎言曾将包世臣的治河主张概括如下：

> 河之治乱，以河底之高下为定。近时专论河面之涨落，何异梦呓。治河犹御寇也，强则备之，弱则攻之。河流激悍，伏秋暴发，其强难以驯制，惟有加意防闲，不令横突，至冬令力緜，可以惟我所为，以坝导溜，或东或西，任人驱率，久之而工减底深，汛至则水归漕中，更藉其力猛，以涮旧淤，是以盗治盗之方也。[④]

① 谭献：《复堂日记》卷五。
②③ 《魏源集》上册，中华书局 1983 年版，第 389、394 页。
④ 《中衢一勺》卷二《答友人问河事优劣》包世荣、包慎言注。

无论是“加意防闲”还是“以坝导溜”“藉其力猛，以涮旧淤”都贯穿着治河的主动性，而不是“头痛医头，脚痛医脚”的被动性应付。此种见解与魏源抨击朝廷河政“但言防河，不言治河”有异曲同工之妙。同样，在根治黄患与运河问题上，包世臣也提出了诸多建设性方案，其中不乏精辟透彻的见解。如他在《策河四略》中主张治河要御坝、浚淤并举，正切中黄河泥沙大量淤沉的病症。嘉庆十六年（1811）秋，包世臣佐百龄治河，“临工决盖坝之策，旬日使袁浦、板闸、淮安百万家得免为鱼而就高枕”[①]。其建策的可行性与有效性可见一斑。

然而，包世臣以言利自居，他的河务论更多地从治河的综合性利益立论。在《中衢一勺》附录《叙言》中，包世臣发表精辟意见说：

> 河，治水事也。水有利有害，能去水害者，在能收水利。

包世臣心目中的水利，内容广泛，其中既包括田地的灌溉与防涝，又囊括漕运、盐务等大政，正是从这样一种观念出发，包世臣指出：河、漕、盐三大政不可分割，人们“大都视三事为三，而不知其实一也”[②]。由此而来，包世臣所言的治河自具有某种系统的意味。

包世臣关于治河兼顾水利、河运的思考虽然富于经济头脑，但仍然囿于自然经济总体结构。相对而言，他的后继者、洋务派官僚李鸿章、沈葆桢更有眼力，他们在论河工问题时发表了与包世臣不同的见解。沈葆桢说：

> 议者谓运河贯通南北，漕艘藉资转达，兼以保卫民田，意谓运道存则水利亦存，运道废则水利亦废。臣以为舍运道而言水利易，兼运道而筹水利难。民田于运道势不两立。兼旬不雨，民欲启涵洞以溉田，官必闭涵洞以养船。迨运河水溢，官又开闸坝以保堤，堤下民田立成巨浸，农事益不可问。[③]

① 范麟：《读〈安吴四种〉书后》。
② 包世臣：《中衢一勺》卷首附录《叙言》。
③ 《清史稿》卷一二七《河渠二》。

李鸿章则言：

> 近世治河兼言利运，遂致两难，卒无长策。事穷则变，变则通。[①]

在沈、李二人的思考中，治河的意义已经远离支持农田水利的范畴，而是主要服务于独立发展的航运业。而治河功能的转变，寓含着传统自然经济结构的突破。

三、林则徐治河与根治河患的设想

作为研心实务的经世派官吏，林则徐在河工问题上虽乏于理论上的创见，但对河务的重要性有清醒的认识。他曾概言道：

> 河工修防要务，关系运道民生最为重大，河臣总揽全局，筹度机宜，必须明晓工程，胸有把握，始能厘工剔弊，化险为平。[②]

林则徐在仕宦生涯中几度受命治河，尽管他深知经办河工有“极多难言处”，担任河臣实际上无异于身处“陷阱之中”，但是，为国家“兴利除弊”的经世抱负，激励他“自持刻苦，不避怨嫌”[③]，全力以赴办理河务。

道光十一年（1831）十月初七日，林则徐擢任东河道总督，管辖山东、河南两省境内黄河、运河的防修事宜，这是他直接经营河务的重要职务。林则徐赴任后，尽管时令正值严冬，冰冻雪阻，但他亲自周历沿河工次，对已完工工程“逐段丈量”，“验其灰印志桩，均相符合”，以防“偷减情弊”发生[④]。在查验河南东部黄河沿岸储放的料垛时，林则徐极为认真细心，他“总于每垛夹档之中逐一穿行，量其高宽丈尺，相其新旧虚实，有松即抽，有疑即拆，按垛以计束，按束以称斤，无一垛不量，无一斤不拆”，发现河吏将好的秸料堆放于表面，在容易蒙混的底层架开虚空，或用朽黑腐烂的秸料充塞，“更有理旧翻新名曰‘并垛’，以新盖旧名曰‘戴帽’，中填碎料杂草以衬高宽，旁插短节秸根以掩空洞。若非抽拔拆视，殊难悉其底里”[⑤]。林则徐将他所查验的河

① 《清史稿》卷一二七《河渠二》。

②③④⑤ 《林则徐集·奏稿》（上），中华书局 1985 年版，第 9、13、18、27 页。

工之弊上奏，颇得朝廷称赞。道光帝朱批：“向来河工查验料垛，从未有如此认真者。”[1] 陈康祺的《燕下乡脞录》卷十三也记此事说：

> 河工为国家漏卮二百年矣！道光十一年，林文忠公擢东河总督，奏言秸料乃河口第一弊端。其门垛、滩垛、并垛诸名目，非抽拔拆视，难知底里，遂将南北十五厅各垛逐查，有弊端者察治，所属懔然。岁省度支无算，得旨向来河工从未有如此精核者。

此种认真精核、一丝不苟正是林则徐一以贯之的经世风格。

在督办河工过程中，林则徐就碎石抢河险问题“两次上堤，周历查访，并询之年老兵民”，得知“每遇险工紧急，溃埽塌堤，力加抛护”碎石，“功效甚著”。于是，他“就埽前有石之处，细加测量，悉心揣度”。其结论是“碎石斜分入水，铺作坦坡，既以偎护埽根，并可纡回溜势”[2]。这一从治河实践中提炼出来的经验，无疑包含真知灼见。

通过实地考察，林则徐对河工形势有了较为全面的了解，他“绘全河形势于壁，孰险孰夷，一览而得”，以此作为指挥施工的依据。“群吏公牍，不能以虚词进，风气为之一变”[3]。

在查验黄河两岸防务的过程中，林则徐究心于黄河的治理，形成了改黄河由千乘即利津河入海以根治河患的初步想法。他在给陈寿祺的一封信中说：

> 则徐窃不量力，谓欲救江、淮之困，必须改黄河于山东入海，而以今之黄河，于淮泗出洪泽湖以为帝藉。[4]

林则徐的上述设想因不具备可操作性而被后人批评为“空议”，而他本人因担心“都中物议”，也从未将此“非常之义”向朝廷提出，但是，这一方案映现出林则徐根治黄河的热忱愿望以及“为国为民兴利除弊之实心”[5]。

---

①② 《林则徐集·奏稿》(上)，中华书局1985年版，第27页注一、第30页。

③ 金安清：《林文忠公传》，《续碑传集》卷二十四。

④ 杨国桢编：《林则徐书简》，福建人民出版社1981年版，第24页。

⑤ 《钱币刍言续刻·毛应观序》。

第四章　道咸年间的“实政之学”（下）

第一节　对“生齿日繁”的关注

经过清初的休养生息，从康熙中期开始，中国人口进入一个高速增长时期，逐渐出现人多田少的矛盾现象。早在康熙四十六年（1707），康熙帝就对当时“户口渐增”带来的隐患有所觉察，他说：“地亩见有定数，而户口渐增，偶遇岁歉，艰食可虞。”[①]康熙四十九年（1710），康熙帝在南巡时发现：“民生所以未尽殷阜者，良由承平既久，户口日蕃，地不加增，产不加益，食用不给，理有必然。”[②]康熙五十二年（1713），他又说：“今岁不特田禾大收，即芝麻棉花皆得收获。如此丰年，而米粟尚贵，皆由人多田少故耳。”[③]不过在当时，人口增长虽然很快，但尚有多余的土地可供开垦，问题并不十分严重。雍正帝继位后，即试图用奖励垦荒、发展生产的办法来解决人多田少的矛盾。雍正元年（1723）四月乙亥上谕说：“因念国家承平日久，生齿殷繁，地土所出，仅可赡给，偶遇荒歉，民食维艰，将来户口日滋，何以为业？惟开垦一事，于百姓最有裨益。但向来开垦之弊，自州县以至督抚俱需索陋规，致垦荒之费浮于买价，百姓畏缩不前，往往膏腴荒弃，岂不可惜！嗣后各省凡有开垦之处，听民相度地宜，自垦自报，地方官不得勒索，胥吏亦不得阻挠。至升科之例，水田仍以六年起科，旱田以十年起科，着为定例。其府州县官能劝谕百姓开垦地亩多者，准令议叙；督抚大吏能督率各属开垦地亩多者，亦准议叙。务使野无旷土，家给人足，以副朕富民阜俗之意。”[④]乾隆年间，人口总数连

①②④《清圣祖实录》卷二三一、二四四、六。

③《清朝文献通考》卷二《田制》。

续突破二亿、三亿大关，而自乾隆中叶“水陆可耕之地俱经垦辟无余”[①]，人多田少的矛盾日益尖锐，为此，乾隆帝忧心忡忡地指出：“我国家承天眷佑，百余年太平天下，化泽涵濡，休养生息。承平日久，版籍益增，天下户口之数视昔者多至十余倍。以一人耕种而供十数人之食，盖藏已不能如前充裕；且民户既日益繁多，则庐舍所占田土不啻倍蓰。生之者寡，食之者众，于闾阎生计诚有关系……朕甚忧之！”[②]当时的一些有识之士，也看出了人口问题的严重性。乾嘉间著名学者洪亮吉，在研究了人口与耕地、田价、米价的关系后，提出了颇有见地的见解。他指出，治平百余年来，户口十倍、二十倍的激增，而衣食住等物质生活资料所增有限，以致“田与屋之数常处其不足，而户与口之数常处其有余”；“又何况有兼并之家，一人据百人之屋，一人占百户之田，何怪乎遭风雨霜露、饥寒颠踣而死者之比比乎！”[③]为此，洪亮吉提出“君相调剂之法”和“天地调剂之法”，希望以此来解决当时严重的人口问题。

嘉、道以降，人口数量有增无减。道光十四年（1834）一举突破四亿大关，至咸丰元年（1851）达到四亿三千多万，大大超过了当时土地的承载极限。致使人满为患，国弱民贫，经济凋敝，大批人口破产、逃亡，沦为无业游民，整个社会动荡不安。如何解决当时的“人满之患”问题，便成为当时许多经世派人士十分关注的重要课题，他们在前人的基础上作了更进一步的研究，并提出了自己的对策。

一、龚自珍的“平均”论

思想敏锐的龚自珍，很早就对当时严重的人口问题有深刻的认识。他在《西域置行省议》中指出：

> 今中国生齿日益繁，气象日益隘，黄河日益为患，大官非不忧，主上非不谘，而不外乎开捐例、加赋、加盐价之议。譬如割臀以肥脑，自啖自肉，无受代者。自乾隆末年以来，官吏士民，狼艰狈蹷，不士、不农、不工、不商之人，十将五六；又或飧烟草，习邪教，取诛戮，或冻

① 《清高宗圣训》卷八十《爱民》。
② 《清高宗实录》卷一四四一。
③ 洪亮吉：《卷施阁文甲集》卷一《意言》。

馁以死，终不肯治一寸之丝，一粒之饭以益人。[①]

龚自珍看到，自乾隆末年以来，由于“生齿日益繁”，自然资源与人口比例严重失调。尤其是内地，人口密度高度集中，“气象日益隘”。人口的高速增长消耗了大量的物质财富，致使经济停滞，民穷财涸，社会矛盾丛生。而统治阶级却为了缓解财政的窘境加紧搜刮民脂民膏，“割臀以肥脑”，使社会危机进一步深化。大批的生产者破产流亡，成为“不士、不农、不工、不商”的游民，严重威胁着统治秩序的安定。18 世纪末 19 世纪初，农民起义此伏彼起。尤其是历时九年的白莲教起义和嘉庆十八年（1813）的天理教起义，对全国震动甚大。正是这种尖锐的社会阶级矛盾形势，促使龚自珍思索人口问题，并寻求解决人口问题的对策。

嘉庆二十二年（1817），年仅 25 岁的龚自珍撰写《平均篇》，发挥“平均”思想。龚自珍认为，当时的许多社会问题，包括人口问题，都是由于财富分配不均，贫富悬殊过大造成的。他说：“有天下者，莫高于平之之尚也，其邃初乎！降是，安天下而已；又降是，与天下安而已；又降是，食天下而已。最上之世，君民聚醵然。三代之极其犹水，君取盂焉，臣取勺焉，民取卮焉。降是，则勺者下侵矣，卮者上侵矣。又降，则君取一石，民亦欲得一石，故或涸而踣。石而浮，则不平甚；涸而踣，则又不平甚。”“其始不过贫富不相齐之为之尔；小不相齐，渐至大不相齐”，以致“贫者日愈倾，富者日愈壅”[②]。本来由于“生齿日繁”，人口与资源的比例已严重失调，而分配的“大不相齐”又使得这种矛盾更加尖锐，大批的贫贱者纷纷破产，“无所托命”，沦为游民，形成严重的社会危机。为此，龚自珍主张用损有余补不足的办法，“随其时而调节”君、臣、民三者之间的财产占有关系，通过分配制度的改革达到人口与资源的相对平衡。道光三年（1823）龚自珍撰写《农宗》一文，进一步提出了“调节”财产关系的具体措施。龚自珍主张根据宗法关系、宗法组织，计农宗授田，以此来调节土地占有关系，安顿无地农民，解决游民问题。他说：

百亩之田，不能以独治，役佃五；余夫二十五亩，亦不能以独治，役

①② 《龚自珍全集》，上海人民出版社 1975 年版，第 106、78 页。

佃一。大凡大宗一，小宗若群宗四，为田二百亩，则养天下无田者九人。然而天子有田十万亩，则天下无田亦不饥为盗者，四千有五百人。大县田四十万，则农为天子养民万八千人，十一之赋尚不与，非以德君也；以德而族，非以德族也；以食有力者，佃非仰食吾宗也，以为天下出谷。①

虽然龚自珍的“平均”主张和计农宗授田的对策未能突破传统的农本主义，也多少带有空想性，但他毕竟揭橥了人口问题产生的制度性因素，因而具有深刻的思想价值。

另外，龚自珍还依据他的“平均”论提出“均民”说，主张通过改革人口的不合理的地域分布来解决人口的相对过剩问题。“均民”之议，历代皆有提出和实际施行，证明是可以在一定程度上缓解人口的压力。龚自珍的“均民”主张是大规模地向西北边疆移民。他说：“夫游民旷土，自古禁之。今日者，西北民尚质淳，而土或不殖五谷，东南土皆丰沃，而人或非隶四民。”② 西北地广人稀，开垦不足，而东南人满为患，人浮于土，在人口分布上正可以“损中益西”。因此，龚自珍建议：

应请大募京师游食非土著之民，及直隶、山东、河南之民，陕西、甘肃之民，令西徙。除大江而南，筋力柔弱，道路险远，易以生怨，毋庸议。……而愿往者皆往。其余若江南省凤、颍、淮、徐之民，及山西大同、朔平之民，亦皆性情强武，敢于行路，未娇惯于食稻衣蚕，地尚不绝远，募之往，必愿往。江西、福建两省，种烟草之奸民最多，大为害中国，宜尽行之无遗类。与其为内地无产之民，孰若为西边有产之民，以耕以牧，得长其子孙哉！③

龚自珍主张根据各地的民性来具体安排向西北移民。不仅如此，龚自珍还大胆地建议组织各省驻防旗人西迁，以改变“生齿日繁，南漕不给”④ 的窘况。龚自珍的此一大胆建议，得到魏源等人的赞同。针对八旗人口剧增，“聚数百万不士、不农、不工、不商、不兵、不民之人于京师，而莫为之所，虽竭海内之

①②③④ 《龚自珍全集》，上海人民出版社 1975 年版，第 50、115、106—107、107 页。

正供，不足以赡”的严重状况，魏源主张区别“八旗有蒙古、有汉军，不尽满洲”的具体情况，“因地因人而徙”：“东三省，满洲旧地也，宜专以徙满洲之余丁；开平、兴和，国初平察哈尔、蒙古之地也，宜专以徙在京蒙古之余丁；至外省驻防，难以再增，而外任流寓占籍，本汉人之俗也，宜专以安置汉军之人，各因其地，各还其俗”，进行屯垦[①]。进一步完善了龚自珍的方案。

二、包世臣的“庶为富基”说

与洪亮吉、龚自珍、魏源等学者对“生齿日繁”现象忧心忡忡迥然不同，包世臣提出“庶为富基”说，否定“人口过剩”说，对人口的增长持乐观态度。他说：

> 夫天下之土，养天下之人，至给也。人多则生者愈多，庶为富基，岂有反以致贫者哉！[②]

包世臣认为，以天下的土地养活天下的人民是完全足够的，根本不可能出现人多地狭、不敷口食的现象。他对全国的可耕地进行估算：“今者幅员至广，锦州以东，敦煌以西，隶版图者各万余里。其内地徭赋之区，北尽边墙，西距嘉峪，东并海，迤岭而西，南界交缅。以天测里，今尺二百里当一度，南北相距二十三度半，东西如之，俱径四千七百里。截长补短，约方三千六百里，为田六十八万六千八百八十万亩。山水邑里，五分去二，为田四十一万二千一百二十八万亩。”[③]中国地大物博，养活当时的人口绰绰有余。即使人口再增加一倍，达到七亿多，人均耕地面积仍“约人得五亩有奇”[④]。更何况人本身就是财富的生产者，人口愈多，生产的财货也愈多，怎么可能导致社会的贫困呢？因此，包世臣批评“生齿日益，而地不加多，是以民必穷困”的说法完全是“小儒不达理势之言”[⑤]。

那么，何以当时的社会出现了“财匮民贫”现象呢？包世臣认为，其根本原因是统治者不重农而残农，致使生产技术落后，经济凋敝。他说：

---

① 《魏源集》下册，中华书局 1983 年版，第 485、486 页。

②⑤ 包世臣：《齐民四术》卷二《庚辰杂著二》。

③④ 包世臣：《中衢一勺》卷七《说储上篇后序》。

> 今天下旷土虽不甚多，而力作率不如法。士人日事占毕声病，鄙弃农事，不加研究。及其出而为吏，牟侵所及，大略农民尤受其害。故农无所劝，相率为游惰。西北地广，则广种薄收，广种则粪力不给，薄收则无以偿本。东南地窄，则弃农业工商，业工商则人习淫巧，习淫巧则多浮费。[①]

由于对农业的不重视，士人们鄙弃农事，“不加研究”，因此农业生产技术长期处于落后状态，投入多而产出少。又由于农民相率“弃农业工商”，致使“生之者寡，食之者众”。包世臣还尖锐地揭露统治者残农害农的事实：

> 田赋两税复摊丁徭，则一亩而三征。内外正供，取农十九，而官吏征收，公私加费往往及倍。绅富之户，以银米数多，而耗折较轻；力作之民，以钱米数少，而耗折倍重。……农民终岁勤劳，幸不离于天灾，而父母妻子已迫饥寒。又竭其财以给贪婪，出其身以快残酷，岁率为常，何以堪此！[②]

因此，包世臣认为，统治者只要重视农业，惜农劝农，“使三民居一而五归农”，就能够使“地无不垦，百用以给”，国富民康，天下太平[③]。

与龚自珍一样，包世臣也将社会贫困和动荡的终极原因归因为社会制度的缺陷，因此主张通过改革，澄清吏治，发展农业生产，来积极地解决社会贫困化问题。但所不同的是，包世臣否认存在人口过剩现象。包世臣的“庶为富基”说，看到了人是社会财富的生产者，主张通过科技进步、改革政治、发展农业生产等来积极解决当时由于人口激增带来的一系列社会问题。但却忽视了人既是财富的生产者，同时也是财富的消耗者，无视人口过剩这一制约中国社会进步的要素，这是包世臣思想的重大失误。

---

① 包世臣：《齐民四术》卷二《庚辰杂著二》。
② 包世臣：《齐民四术》卷一《农政》。
③ 包世臣：《中衢一勺》卷七《说储上篇前序》。

三、汪士铎的“减民”说

汪士铎（1802—1889），原名汪鍪，平生所用的字号达十一个之多，较为人知的是晚号“悔翁”和“梅林”。江苏江宁人，道光二十年（1840）举人，终生未入仕，主要以设馆授徒为业。1853 年，太平军攻占南京时，避乱于安徽绩溪六年多。后曾入湖北巡抚胡林翼幕府。

汪士铎对人口问题的思考，集中体现在他客居绩溪期间所撰写的《乙卯随笔》（1855）和《丙辰备遗录》（1856）之中，后人将之整理合刊，称为《汪悔翁乙丙日记》。在西方的马尔萨斯人口论著尚未传入我国之前，汪士铎的这部著作可以说是中国历代思想家中讨论、研究人口问题最为全面、系统的著作。在这部著作中，汪士铎较系统地分析了中国人口的现状、人口过剩产生的原因、人口过剩的严重性等问题，并进而提出一系列控制人口增长的具体措施。

汪士铎继承明代徐光启的“生人之率，大抵三十年而加一倍，自非有大兵革则不得减”[①]的观点，他说：“天下人丁三十年加一倍，故顺治元年一人者，至今一百二十八人。”[②]在一些有早婚陋习的地方更为突出。如安徽的徽州，“每十五六皆嫁娶，其风气也。十六皆抱子，故二十年即加一倍，顺治元年一人者，至今二千零四十八人”[③]。人口的无限制增长和高生育率导致人口的严重过剩，使得“国家人浮于地者数倍”，带来了严重的社会问题。汪士铎认为，“人多则穷，穷人急则生变”。他说：

> 人多之害，山顶已植黍稷，江中已有洲田，川中已辟老林，苗洞已开深菁，犹不足养，天地之力穷矣。种植之法既精，糠窍亦所吝惜，蔬果尽以助食，草木几无孑遗，犹不足养，人事之权殚矣。[④]

由于“人满为患”，自然资源的开发和生产的发展都已达至极限。“驱人归农，无田可耕；驱人归业，无技需人”[⑤]。“民安其乡不足自存活，是故强者肆桀

① 徐光启：《农政全书》卷四《玄扈先生井田考》。

②③④⑤ 汪士铎：《乙丙日记》卷三。

骜，弱者习狡诈，盗贼滋蔓，讼狱如荼”[①]。于是百姓造反，社会动荡。

为了进一步说明人多是“致乱之由”，汪士铎还详细引用了他同一个农民的谈话以资证明。“问：‘官吏贪乎？枉法乎？’曰：‘不知。’问：‘何以恨之？’则以收钱粮故。问：‘长毛（按：指太平军）不收钱粮乎？’曰：‘吾交长毛钱粮，不复交田主粮矣。’曰：‘汝田乃田主之田，何以不交粮？’曰：‘交，则吾不足矣，吾几子几女如何能足？’曰：‘佃人之田，交人之粮，理也，安问汝不足？且汝不足当别谋生理。’曰：‘人多，无路作生理，无钱作生理也。’”汪士铎最后感慨地说：“呜呼，岂非人多之患哉！”[②]

汪士铎还认为，人多不仅致贫、致乱，而且致愚，愚则使人不懂礼法，容易作乱。他说：“人多而气分，赋禀遂薄。”[③]绩溪“人多于他邑，而愚于他邑，贫于他邑，企望长毛之来，亦殷于他邑”[④]。从这种逻辑出发，汪士铎对各类人“作乱”的可能性进行了分析。他说：“四民之中最易作乱者农，工次之，武生次之，山中之士又次之，商贾又次之，城市之士硁硁然可以决其不为乱。”[⑤]为什么呢？他说一则“士商习于弱”，“其害不大”，而“农工则习于强，巫师则习于诬惑，皆乱之藉也”；再则“士商机巧，不能为”，而“农工愚狠，能为乱而心齐”。农民之所以“最为作乱”，是因为他们是“天下最愚、最不听教诲、最不讲理者”。这些人“自守其所谓理而不改，教之以正则哗然动怒，导之为非为乱则挺然称首。其间妇人又愚于男子，山民又愚于通途之民”[⑥]。

既然人多是致贫、致愚、致乱的根源，那么如何解决人口问题呢？汪士铎认为，唯一的办法就是降低人口生育率，控制人口的自然增长。他说：“使减其民十之七八，则家给人足，驱之为乱，亦顾恋而不愿矣，有他道哉！”[⑦]为此，他提出了一系列“减民”措施。

（1）采用严刑峻法。汪士铎一反儒家的“德治”传统，指责孔孟学说“过仁、过文”，主张“刑乱国用重典”，“以威断多杀为主”[⑧]。凡作乱的农民，“不分首从”，一概“擒而杀之”；凡犯“赌博、洋烟、性理、鬼神、巫祝、星卜、盗贼、私斗、光棍、游荡、硝磺、邪教十二事”的，“僭逾”礼制的，“巫

①②③④⑦ 汪士铎：《乙丙日记》卷三。
⑤⑥⑧ 汪士铎：《乙丙日记》卷二。

蛊祝诅逆家长"的，对犯"七出"的妇女"容忍"和"溺爱"的，会试时"虚文论理"的，以及"吃空额"的军官等，"皆斩立决"[①]。企图通过严刑峻法消除"人满之患"，达到"减民"的目的。从这个观点出发，汪士铎虽然仇视太平军，但也认为太平军起事是天意，因为人口太多了，"不以刀兵消息之，何法处此？"[②]

（2）施行晚婚。汪士铎多次对"每十五六皆嫁娶""十六皆抱子""年三十即抱孙"的早婚现象进行批判，主张"严禁男子二十五以内，女子二十以内嫁娶"。后来，汪士铎进一步提出："戢定三十而娶，二十五而嫁，违者斩处。"[③]

（3）"严再婚之律"。在一般情况下，不允许已经结过婚的孤男寡女再婚，除非是双方都没有子女，否则，凡"男子有子而续娶，妇人有子而再嫁，犯者皆斩"[④]。

（4）实行计划生育。一家只允许有一子或一女，最多允许有两子，但不准有两女。对已有子女的人家，使妇女"吃冷药，使勿孕"，并鼓励"广施不生育之方药"和"断胎冷药"等[⑤]，以控制生育率。同时，汪士铎还主张通过经济手段，采取加倍征收赋税之法来控制人口增长。他多次提出，"家有两女者倍其赋"，生三子者也"倍其赋"[⑥]。

（5）"弛溺婴之禁"。汪士铎认为妇女不仅"愚于男子"，而且是产生人口过剩和祸乱的根源，"女多，故生人多，而生祸乱"[⑦]。因此，他主张"行溺女之赏"。汪士铎还主张通过"溺婴"以提高人口素质，抑制人口增长。他提出："生子而形体不端正，相貌不清楚，眉目不佳者，皆溺之。既皆佳，亦可留一子，多不可过二子。"[⑧]

（6）提倡男女独身。汪士铎主张广设庙庵、童贞女院、清节堂，鼓励老百姓出家为僧为尼，或终身不嫁娶。

（7）"以多疫为瑞"[⑨]。汪士铎反对救济贫民，主张统治者听任并助长灾疫的蔓延，以减少现有人口。

此外，汪士铎也提出了采取了移民、合理调整人口区域分布，以及提高生

---

①③④⑤⑨ 汪士铎：《乙丙日记》卷二。

②⑥⑦⑧ 汪士铎：《乙丙日记》卷三。

产技术，大量垦荒等手段，来解决人口过多的问题。如倡导“改盐引地”，“当方不足，贸易他方”，鼓励人多地区的人民“携眷迁徙”等。汪士铎相信如按他的这些方法施行，“行之三十年而民可渐减，行之六十年而天下皆富矣”[①]。

尽管汪士铎“减民”的许多具体措施手段酷烈，有违人道，但他提出的通过政治、经济以及医学、技术等来综合调节，实行计划生育的思想，突破了过去种种人口论的局限，紧紧抓住了解决人口增长问题的核心——控制生育率这个关键要素，标本兼治，因此在中国思想史上具有非常重要的价值。由于传统文化的制约，汪士铎的人口思想不仅在当时受到冷遇，而且长时期被人们所遗忘。

第二节　农事研究和建策

林则徐等道咸经世派人士虽然经济思想上各有突破旧范畴之处，但就总体思想架构而言，大都属于传统的重农主义。如包世臣虽然十分注重河工、漕运、盐法诸政，但又认为它们都算不上“大政”。有人问包世臣：“吾子谓河、漕、盐非大政，然则大政在兵乎？”包世臣的答复是：“兵者暂事也，虽重要不足当大，必言大政，其唯农乎！”[②]和包世臣的思想一脉相通，道光前后经世派倡导的实学，多带有重农倾向。

一、包世臣的重农思想

包世臣对农事的关注始于艰难困顿的青少年时代。在《安吴四种总目叙》中，他记载此段经历说：

> 壬子先君病甚，归里无生计，蓺蔬以易药饵，因究农家利病。

壬子年为乾隆五十七年（1792），是年包世臣17岁。在其后的生涯中，包世臣始终注重农业问题的研究，“言农事至详具”[③]。

包世臣论农业，执着强调农业在国民经济体系中具有第一等的重要性。

① 汪士铎：《乙丙日记》卷三。
②③ 范麟：《安吴四种书后》。

虽然，包世臣有农工商“三者缺一，则人莫能生”的说法，但在他的观念中，农工商三者的关系绝非平起平坐。他再三申明：“握金珠、枕钱币，餐之而不能饱也，衣之而不能温也，然则天下之富在农而已。”[①] 坚信农是天下财富的本源。

对于乾隆以来日益加剧的农业危机，包世臣探究根源，以为弊病有三：首先，“一二言利之臣，方与搜括锱铢”。“为其上者，莫不以渔夺牟侵为务”。“农无所劝，相率为游惰”，失去生产积极性。其次，生产技术水平落后，“力作率不如法”。例如，西北地区种植农作物讲求“广种薄收”，但是，“广种则粪力不给，薄收则无以偿本”，终导致农业的萧条。再次，许多地区广种烤烟一类经济作物，粮食作物的耕作面积随之缩小，农业生产受到影响。因此，包世臣认为，要改善农业不景气的状况，就必须澄清吏治，“劝本厚生”[②]。与此同时，要普及先进的农业生产知识和农业技术，推进农业的发展。有鉴于此，包世臣一反士人“鄙弃农事，不加研究”[③] 的风气，展开大量的农事研究，并撰成《郡县农政》一书。

《郡县农政》一书包括辨谷、任土、养种、作力、蚕桑、树植、畜牧七节，详尽地介绍了各种粮食、蔬菜、瓜果等农作物及其种植经验，并着重指出了选择良种、深耕土地、多施肥料以及兴修水利等环节对发展农业生产的重要作用。根据历代积累的生产经验和广泛的农事考察，包世臣制订了一个不误农时的农副业生产计划，如“立春”以后，应“修农具、育蚕、锄麦、织草帽、织箔、芟劚诸木枝烧树植地”。“雨水”以后，应“芟松竹、修篱、移桑、出牛粪、掐菜薹”，等等。他阐述自己撰写《郡县农政》一书的动机说：

> 窃谓治平之枢在郡县，而郡县之治首农桑，裒集农说，断以今宜，条畅旨趣，务在易晓。其有验而不可切日用者，则从芟除。言必切实，非文献之无徵，法可举行，无迂阔而远事，别为《郡县农政》……士君子或有所采择焉。[④]

① 包世臣：《中衢一勺》卷七《说储上篇前序》。
② 包世臣：《艺舟双楫》卷一《再与杨季子书》。
③ 包世臣：《齐民四术》卷二《庚辰杂著二》。
④ 包世臣：《齐民四术》卷一《农政》。

验之《郡县农政》所载，包世臣所说并非虚言。“言必切实”“务在易晓”的《郡县农政》一书既是包世臣研究农事的重点产品，也生动地昭示出这位学者务实的经世风格。

为了从根本上解决农业危机，包世臣设计了一个使民能“着业”也能“归农”的方案，这就是实行州县屯田。

屯田之议历代皆有提出与施行，在不同理势条件下，形形色色的屯田方案具有各自不同的意义。包世臣所设想的屯田，乃是每家每人分配荒地四亩，单丁八亩，由政府酌量给予农具和耕牛，帮助垦户解决生产上遇到的困难。垦出的荒地准许世业，不得典当，也不再属封建国家所有。与此同时，屯户对国家有出丁当兵的义务。

新垦荒地准许世业、不准典当意味着土地不准买卖，也意味着农民终生束缚于土地。屯户对国家有出丁当兵义务的规定则颇有古代兵农合一的味道。在土地日益广泛地卷入流通领域，自由劳动日趋活跃、扩展的新经济形势下，包世臣的屯田方案可谓大大地不合时宜，其固守自然经济体系的文化本性在这里充分的显现。

二、龚自珍的“农宗”思想

“语带锋芒”，随处刺戟专制政治的龚自珍也十分关注农业问题。早在青年时代，龚自珍就着意考察农业生产情况，并对不注意下情的士大夫持批评态度：

> 田夫、野老、驺卒之所习熟，今学士大夫谢之，以为不屑知，自珍获知之，而以为创闻。[①]

嘉庆十八年（1813）华北大旱，龚自珍在外出途中特意向一位山东老人请教北方稍遇干旱农作物即大减产的原因，老人从北方土壤与南方土壤的区别对这一问题进行了分析，龚自珍深受启发。后来，他读邸钞，发现乾隆初年即有人谈到“东南之土肌理横，故宜水，西北之土肌理直，故不宜水”的道理，“积数

① 《龚自珍全集》，上海人民出版社 1975 年版，第 10 页。

年之疑豁然矣”①。可见，龚自珍的眼光是向着生产实际、自然界实际的，并能把向民间学习和向书本学习结合起来，从而达到当时一般士人难以达到的知识水平。

对于长江三角洲和东南沿海的农业及水利，作为浙江人的龚自珍更是十分关注。他一方面赞扬清初以来的农业政策，“圣清田赋薄东南，民乐其田”。“大凡起江滨，尽浙以西，东际海，千里无旷土”。一方面又指出，由于超量垦荒，“水之故道，皆已为田”，东南水患正酝酿其间。龚自珍又引用汉代之法，认为要想治水，“必遗地让水”。但现在地已尽垦为田，由官田还是由私田来徙地，已成为一个难以解决的大问题，处置不当会引起变乱。龚自珍力主“乘无事之年”认真筹划解决。他晚年路过苏州，又向布政使裕谦陈吴中（江苏）水利之策。

对于北方农业，龚自珍也有诸多建议。他曾倡导北方种水稻，以提高单位面积产量；著《最录邦畿水利图说》，研讨北京附近诸河流的水利问题；称赞元、明两代文士“言西北水利，其言甚美”，希望今人对西北与东南土壤土质异同加以具体研究；提议在北直隶（今河北）种植桑树，发展养蚕业。他在一首诗中说：“我观畿辅间，民贫非土贫，何不课以桑，治织纴组紃。”②龚自珍对农业生产的倾心关注，真可谓“无时不拳拳也”③。

然而，真正能代表龚自珍对农地改革思想的还是他于道光三年（1823）撰写的《农宗》一文。

所谓“农宗”即借助于土地所有权把“农”（农地）与“宗”（宗法）结合起来，在全国农村普遍建立一种按血缘关系组成的社会经济结构。其设想大致如下：农业中的全体社会成员分为大宗、小宗、群宗及闲民四个等级。小宗及群宗又合称为余夫。开初各农户均分田百亩，之后长子为大宗继承这百亩土地；次子为小宗另分二十五亩土地，三子及四子为群宗也各分二十五亩土地；五子以上均为闲民，不能授田，须为同宗或别宗耕种。开始立宗时的大宗长子仍为大宗，以后各代大宗的长子也世世为大宗。余子则依次为小宗、群宗及闲民。小宗之长子仍为小宗，继承二十五亩土地；次子为群宗，另分二十五亩土地；三子以上为闲民。群宗之长子仍为群宗，继承二十五亩土地；次子以上为

①②③《龚自珍全集》，上海人民出版社 1975 年版，第 10、507、624 页。

闲民，不分土地。闲民因无地而只能受雇于拥有土地的大宗及余夫等户。

大宗有地百亩，余夫有地二十五亩，对这些土地的经营，龚自珍也有详细规划。他的安排是：大宗有十口人，并役使闲民五人，除以十亩土地充宅地及生产场地，下余九十亩土地所产物品中，以十亩付所雇闲民，以三十亩充本族口粮，另以十亩生产桑、棉、果、蔬，再用三十亩所产作为商品，以出售所得来换取生产及生活资料等，而上缴的赋税也相当于十亩所产。余夫家五口，雇佣一人，宅院等占地五亩，生产口粮需地十亩，下余十亩以其四分之一即二亩半地的产品分别充作税、圃、粜、佃之需。

龚自珍的农宗说是一个一揽子解决农地危机及其他社会问题的方案。

首先，龚自珍早在嘉庆二十二年（1817）所著的《平均篇》中即指出社会动乱、人民流离的根本原因是贫富的“大不相齐”。他认为，“有天下者，莫高于平之之尚也”。基于这种想法，龚自珍企图通过《农宗》中设计的农地分配方案，在承认“小不相齐”的前提下，克服财富分配占有的“大不相齐”所造成的两极分化尖锐激烈的社会矛盾。

其次，清中叶以来，闲民阶层日趋扩大，所谓“不士、不农、不工、不商之人，十将五六”。龚自珍企图通过农宗组织，把闲民纳入宗法秩序和生产中，清除这一阶层扰乱社会秩序的隐患。

再次，官僚贵族的渔夺牟侵、兼并土地是危急农业稳定的一大祸害，龚自珍企图通过农宗组织的建立，造成“贵不夺宗祭，不以朝政乱田政”的大势，从而杜绝权贵兼并土地，确保大宗及余夫依靠宗法关系所取得的地位。

如果说，龚自珍的《平均篇》揭示了一个重大社会问题——贫富不均，具有相当的社会价值的话，那么，在农宗组织的设计中，龚自珍便陷入了脱离社会现实的空想。而产生这一空想的前提有二：首先，他把农业组织视为整个社会结构的模式，他所谓的“先由下而渐有上”即指由占有土地为农而逐渐形成上层建筑。其次，他将宗法制看作思想文化理想样式以及挽救封建经济于危亡的有力手段。无论是从理论上还是从理势运动的趋向上观看，龚自珍的农宗说都是幼稚而荒唐的想法，这一事实颇为生动地表明，龚自珍纵然有批判封建专制的无畏勇气以及“感慨为苍生”的热情，但他在经济理论上大不及与他同时代的其他经世派人士。胡寄窗在论及龚自珍经济思想时有一段形象的比喻：经济思想是“极不平坦的抽象思维的猎场”，骑着公羊学这样“一匹驾车笨马”

去打猎，是不会有多少收获的[①]。这或许触及龚自珍经济思想失误的要害。

三、林则徐发展农业生产的努力

在农业问题上，林则徐一如他以往的风格，乏于理论上的论述，却富于务实的活动。

深信“农为天下本务，稻又为农之本务”[②]的林则徐，对于农业生产的发展有热切关注。嘉庆二十四年（1819），初登仕途的林则徐派充云南乡试正考官，在由北京至昆明的旅途中，他对各地农业情形甚为注意。五月十三日，林则徐至定州（今河北定县），在日记中，他记载道：“自定兴至此皆苦旱，黍苗出土不及寸，望雨甚切。”五月十九日，林则徐经过磁州（今河北磁县），对州官蒋擢在此地开凿的水渠大感兴趣。日记中，他描述“双渠夹道，其清如镜”，“至今稻田，资其沾溉”的情景，并感叹道：“噫！何地不可兴利，顾司牧奚如耳！”六月二十一日，辰州（今湖南沅陵）降大雨，持续已久的旱情缓解，林则徐心情振奋地在日记中记叙道：“是晚雷雨大作，滂沱达旦。此地已旱四十余日，得此喜雨，交相庆也。”[③]如上记录，无不渗透着林则徐对农业的真诚关心。

为了推进农业生产发展，林则徐在多年仕宦生涯中致力于新生产技术与新生产工具的推广，实绩累累。

道光七年（1827）林则徐北上路过苏州，林则徐的友人潘曾沂其时在本乡所设丰豫义庄施行区田法颇有成效。区田法的大旨是“深耕早种，稀种多收”。林则徐甚为赞赏此种农耕方法，他特作《区田歌为潘功甫舍人作》一诗，向农民推广、介绍。歌中写道：

> 田父尔勿喧，听我区田歌。区田所种少为贵，收获乃倍常田多。……一区尺五寸，撒种但喜疏罗罗，及其渐挺出茎叶，畅茂皆分科，六度壅泥固其本，重重厚护如深窝，疾风不偃旱不槁，那有禾头生耳谷化螺，此

① 胡寄窗：《中国经济思想史》（下），上海人民出版社 1981 年版，第 659 页。
② 林则徐：《开治水田有益国计民生》，《畿辅水利议》卷首。
③ 《林则徐集・日记》，中华书局 1985 年版，第 70—76 页。

术尔不信，但看丰豫庄中稻熟千牛驮。[①]

歌中，林则徐以浅显的语言以及对于农业生产的娴熟知识向农夫介绍了区田法的优越性以及具体的操作方法，其拳拳之意溢于言表。道光十三年（1833），潘曾沂在《齐（彦槐）新制龙尾车甚宜于区田且合二水入田之梦喜赋此诗并简林（则徐）陈（銮）》一诗的注中说："近年丰豫庄农书（指潘氏所撰《区田书》）渐行于他省，而浙之宁绍两郡信者独众。林中丞在河南时教种有验。"可见林则徐对区田法不仅大力支持，而且亲自"教种"推广。

道光十三年，算学家齐彦槐参照泰西水法制成新式水车——龙尾车。龙尾车"一车当五人当十，用力甚少成功多。八家同井办一具，旱涝不患田无禾"。其功效与"翻车一驾五人踏"的老式水车相比，不可同日而语。时任江苏巡抚的林则徐得悉龙尾车制成，亲到现场观看试用。齐彦槐在《龙尾车歌》中记叙当时的情景说：

侯臣中丞今大贤，讲求水利筹农田。
闻余述作亟欲睹，二龙跃上荆溪船。
草桥试车日卓午，倾城士女观如堵。
云蒸雾涌喷薄来，欢呼动地声如雷。
塘宽十亩深二尺，车乾七寸才三刻。
中丞大笑与我言，此利不止关田园。
迩来洪湖拍天际，怀襄往往为民厉。
千车倒挽刷黄河，两坝三河可长闭。
浏河淤塞久欲疏，车水迟迟恐糜费。
伐轮百部寘河濆，畚锸兴工日可计。

从齐彦槐诗中可见，林则徐在观看龙尾车试用时考虑得十分广远，不仅想到它的抗旱功能，而且意欲将它运用于治水。齐彦槐在《龙尾车歌》后注曰："林少穆中丞一见大喜，欲奏而广行之。"这正是林则徐当时心情的写照。

① 《云左山房诗钞》卷二。

在提高粮食产量，积极推行双季稻的种植方面，林则徐也做了大量的工作。

江南素来不种早稻，人们观念根深蒂固。林则徐深知一般性地宣传早稻可种植于江南，“庶民弗信，有难于口舌争者”[①]。于是，他“就官廨前后赁民田数亩，具耰锄襫”，试种水稻，以实际成效来打消人们头脑中的疑虑。和那些“弗躬弗亲”、不接触生产劳动的官僚贵族相比较，林则徐的精神着实令人钦佩。

道光十三年（1833），林则徐的同年友李彦章署江苏按察使。李彦章曾在广西思恩府“劝民广垦水田，试栽早稻，是岁两种两熟，民始以为可行”[②]。林则徐即登门拜访，了解李彦章在广西劝种早稻的情形。“彦章既举向之所知，及在粤东劝早稻之法以对”。“日谋所以早种早收之法”的林则徐大为高兴，请李彦章“辑古今早稻品类、时地及一熟再熟之种”，汇编为《江南催耕课稻编》。全书共十条：“曰国朝劝早稻之令，曰春耕以顺天时，曰早种以因地利，曰早稻原始，曰早稻之时，曰早稻之法，曰各种早稻之种，曰江南早稻之种，曰各省再熟之种，曰江南再熟之稻。”书成，林则徐亲为之序，并在序言中力驳江南不宜种植早稻的保守论调，表现出一位经世致用人士对国计民生的热忱关怀。

在经理农务的多年实践中，林则徐深知农业生产的发展与水利有着密切联系，他指出：

> 水道多一分之疏通，即田畴多一分之利赖。[③]

> 赋出于田，田资于水，故水利为农田之本，不可失修。[④]

有鉴于此，林则徐在江苏任上与陶澍相与配合，主持了一系列水利工程。如治理刘河、白茆河，疏浚徒阳运河、练河，建筑闸坝，修建宝山、华亭两县临海海塘，疏通镇江一带运河河道。这些工程完成后，迅即发挥防洪抗涝的功效。

①② 林则徐：《江南催耕课稻编序》，《榕园文钞》卷三。

③④ 《林则徐集·奏稿》（上），中华书局1985年版，第238、237页。

道光十四年（1834）七月，“苏、淞一带，大雨倾盆。太湖附近诸山，陡发蛟水，处处盛涨，拍岸盈堤”，“林公急檄太仓州决刘河、白茆大坝，不二日水退数尺，岁仍大稔”[①]。桂超万《娄水春》记林则徐兴修水利的积极作用说：

> 娄江泥，昔齐堤。娄江水，今成溪。昔愁霖，良亩沉，今有尾闾苍溟溟。昔苦旱，嘉禾熯，今有巨泽水田满。洞开泻雨，闭洞屯云，河伯顺轨，潮神回轮。

在陶澍、林则徐的水利兴修中“咸沾其得”的江苏民众对陶、林二人深为崇敬。他们称陶澍为“陶青天”，林则徐为“林青天”。当林则徐“阅视两河”，“村民多设香案，欢迎于道”[②]。其虔诚感激心情溢于言表。

值得指出的是，陶澍与林则徐在江苏兴修水利，“其经费则皆拮据于财赋劳瘅之余”。面临重重困难，“非大府恫心民瘼，断莫之举也”[③]。在水利兴修过程中，林则徐表现出了令人钦佩的实干家风格。他查勘水利工程，“凡树石、桥梁、步头，皆予锲暗记”，“其尺寸符合或过深者，而一览而得，或奖或斥，人人惊服”[④]。钱宝琛《壬癸志稿》卷1《名宦 · 大仓州》描述说：

> 则徐每坐小舟，数往来河中，察勤惰，测浅深，与役人相劳苦，不烦供亿。

在历朝历代的官僚大员中，此种务实精神是罕见的，亦是令人赞叹的。

道光前后经世派孜孜不倦于农事研究与推动农业生产发展固然出之于传统重农思想，未脱自然经济思想体系，但是，他们对国计民生的真切关怀以及为振兴农业、发展农业所作的种种努力却令人尊敬。在外国资本主义侵略威胁日益加剧的历史条件下，这些拯救积贫积弱、改革农业一蹶不振面貌的努力，客观上具有维护民族经济的进步意义。

---

①③ 《魏源集》上册，中华书局1983年版，第394、397页。

② 陈銮：《祝少穆中丞五十寿重次千字文》。

④ 黄冕：《书林文忠公逸事》。

第三节　鸦片泛滥与禁烟之议

鸦片早在唐代即由印度和阿拉伯输入中国，当时称为“底也迦”和“阿芙蓉”，主要用作治痢疾的药剂[①]。明朝中后期以后，随着鸦片与烟草拌和吸食方法的传入，抽鸦片的风气开始在中国蔓延，鸦片的输入量也逐年增加。入清以后，虽然康熙二十七年（1688）提高了鸦片的进口税率，但输入量仍然有增无减。18世纪中期，英国东印度公司确立向中国大量输入鸦片的政策，鸦片的输入更呈现急剧增长态势。到19世纪，鸦片的输入已达到惊人的程度。

鸦片的泛滥在19世纪的中国造成极为严重的综合性社会问题。嘉、道、咸年间的政治、经济以及士习民风无不打上鸦片的阴影。鉴于鸦片输入日益深重地威胁清王朝统治的稳定，嘉庆元年（1796），嘉庆帝决定禁止鸦片入口。然而，鸦片给贩烟者带来的高额利润以及给吸食者带来的空幻快慰，使鸦片贸易决不因一纸禁令而中止，“自此入口之鸦片，率暗中偷售，而其价益增”[②]。尽管清政府其后一再重申烟禁，并加强巡缉措施，惩办鸦片贩子，但在染指于鸦片走私贸易的大小官员的包庇纵容下，鸦片走私愈演愈烈，鸦片销售点“散布各城乡市镇，指不胜屈，所在皆有”[③]。

面对潮水般涌入中国社会角落的鸦片，道咸经世派忧心如焚。讨论鸦片问题并为禁绝鸦片设计种种方案，成为他们的重大课题。

一、鸦片的输入与经世派的忧患

经世派士人对于鸦片问题有一种普遍的忧患感，他们对鸦片泛滥的现状及其危害有着比其他阶层人士更清醒的认识。

在嘉、道之际，经世派人士便开始揭露弥漫社会各阶层的吸食鸦片的风气。包世臣于嘉庆二十五年（1820）说：“数十年前，吃烟者十人而二三，今

---

① “鸦片”系拉丁语 Opiun 之音译，“底也迦”系希腊语 Theriaka 之音译，“阿芙蓉”（或“合浦融”）乃阿拉伯语 Afyon 之音译。

② 夏燮：《中西纪事》卷四。

③ 冯赞勋：《严禁鸦片烟折》，道光十一年五月二十四日。

则山陬海澨，男女大小，莫不吃烟。”“即以苏州一城计之，吃鸦片者不下十数万人”[①]。道光九年（1829）福建道监察御史章沅上奏指出：“其始食此（鸦片），仅系幕友、长随，今则官民士绅，皆所不免；其始仅在海滨近地，今则染十数省之广。”[②]道光十八年（1838），黄爵滋奏称：吸食鸦片者“其初不过纨绔子弟，习为浮靡，尚知敛戢。嗣后上自官府缙绅，下至工商优隶，以及妇女僧尼道士，随在吸食。置买烟具，为市日中。盛京等处，为我朝根本重地，近亦渐染成风”[③]。关于鸦片走私的猖獗，徐继畬指出，道光年间以贩毒为生的鸦片贩卖集团，规模已经十分庞大，仅“闽越之民，自富商大贾，以及网鱼拾蚌，推埋剽劫之徒，逐其利者不下数十万人”[④]。御史冯赞勋《严禁鸦片烟折》详细描述了鸦片走私“肆无忌惮”的具体情形。他说，沿海一带专门包揽运送鸦片的船只名曰“快蟹”，“船之大可容数百石，帆张三桅，两旁尽设铁网，以御炮火，左右快桨，凡五六十，来往如飞，呼为‘插翼’。星夜遄行，所过关津，明知其带私，巡丁呼之，则抗不泊岸，追之则去已无及，竟敢施放枪炮，势同对敌。……其余各省私贩，则必由快蟹包送入口，包送出境。……其由大窑口分销内地，则有奸民串同各衙头役，开设私局，是为小窑口，散布各城乡市镇，指不胜屈，所在皆有”[⑤]。正是借助于从沿海到内地的一整套鸦片走私网，鸦片在中国广泛蔓延开来。

嘉道经世派还尖锐指出，鸦片“蔓延中国”引发出一系列严重的社会问题。

包世臣说：鸦片害人“不异鸩毒”[⑥]。而这种“鸩毒”极大地摧残了中国人的身心健康。周石藩《严禁吸食鸦片烟示》具体指陈道：鸦片使人“精枯骨立，无复人形，即或残喘苟延，亦必俾昼作夜，外则不能谋生，内并不能育子，是其毒并不止于杀身，而且至于继嗣”[⑦]。其弊害触目惊心。林则徐在论列鸦片毒害中国人的灵魂与肉体的同时，还特别指出：烟毒“为厉于国计民

①⑥ 包世臣：《齐民四术》卷二《庚辰杂著二》。

② 章沅：《道光朝外洋通商案》。

③ 黄爵滋：《请严塞漏卮以培国本疏》，《黄爵滋奏疏》卷八。

④ 《松龛先生集·禁鸦片议》。

⑤ 冯赞勋：《严禁鸦片烟折》，道光十一年五月二十四日。

⑦ 周石藩：《海陵从政录·严禁吸食鸦片烟示》。

生，尤堪发指”①。

鸦片“为厉于国计民生”，约略包括如下几方面：

第一，由于鸦片含有毒素，吸食易上瘾，因而吸鸦片者往往深溺其中，不能自拔，以至倾家荡产，造成社会不安定。章沅于道光九年（1829）说：“一经耆烟，刻不可离，中人之家，往往破产。”②徐继畬在《禁鸦片论》中也指斥道：“夷以鸩毒啗我，载我金银钱贝以去，而我因之以贫，使我耕田服贾之民，挽弓持戟之士，遍饵妖淫之药，而破家废业，宛转尪羸以死。”

第二，鸦片大量输入造成严重的经济问题。对此，包世臣、林则徐、黄爵滋等人论述甚详。包世臣根据苏州吸食鸦片者的消费计算道：

> 即以苏州一城计之，吃鸦片者不下十数万人。鸦片之价较银四倍，牵算每人每日至少需银一钱，则苏城每日即费银万余两，每岁即费银三四百万两，统各省名城大镇，每年所费，不下万万。③

他接着指出，这些耗银“皆归外夷”。“（英国）三十年来造作鸦片以害中华，每岁取中华银不下四五千万”，“何以近来银价日高，市银日少？究厥漏卮，实由于此”④。包世臣还分析了吸食鸦片狂潮所带来的另一种严重后果，这就是“各处膏腴皆种烟叶”，占用大面积的“生谷之土”，浪费大量的人工与肥料，从而严重地影响了正常的农业生产，使社会生产力遭到重大破坏。林则徐也以实地考察的现状吁请清朝最高统治者高度注意鸦片输入对社会经济的严重破坏作用，他于道光十八年（1838）八月上《钱票无甚关碍宜重禁吃烟以杜弊源片》，奏片中说：

> 臣历任所经，如苏州之南濠、湖北之汉口，皆阛阓聚集之地，叠向行商铺户暗访密查，佥谓近来各种货物销路皆疲，凡二三十年以前某货约有万金交易者，今只剩得半之数。问其一半售于何货？则一言以蔽之曰：鸦片烟而已矣。……吸鸦片者，每日除衣食外，至少亦需另费银一

① 《林则徐集·奏稿》（上），中华书局1985年版，第134—137页。
② 章沅：《道光朝外洋通商案》。
③④ 包世臣：《齐民四术》卷二《庚辰杂著二》。

钱。是每人每年即另费银三十六两。以户部历年所奏，各直省民数计之，总不止于四万万人，若一百分之中仅有一分之人吸食鸦片，则一年之漏卮即不止于万万两。此可核数而见者。[①]

大量货币流向鸦片，极大地削弱了正常商品交换中的货币流量，商品流通自然阻滞。林则徐所论，十分尖锐地揭示鸦片输入对国民经济的灾难性影响。黄爵滋也说：

臣查粤海关之税，所入者不过百万，而鸦片烟之银，漏出外洋者不下二三千之万。[②]

自道光三年至十一年，岁漏银一千七、八百万两。自十一年至十四年，岁漏银二千余万两。自十四年至今（道光十八年——引者），渐漏至三千万两之多。此外，福建、江、浙、山东、天津各海口，合之亦数千万两。以中国有用之财，填海外无穷之壑，易此害人之物，渐成病国之忧。日复一日，年复一年，臣不知伊于胡底。[③]

鸦片的泛滥，实实在在地把整个国民经济引向崩溃的边缘。

第三，鸦片泛滥、白银外流直接动摇了清王朝政治统治的稳定性。对于这一点，林则徐揭示得十分明白。他在《钱票无甚关碍宜重禁吃烟以杜弊源片》中指出："夫财者，亿兆养民之原，自当为亿兆惜之。果皆散在内地，何妨损上益下，藏富于民。无如漏向外洋，岂宜借寇资盗，不亟为计。"白银散入民间，尚有"藏富于民"的意义，大量"漏向外洋"，则不仅削弱国力，动摇"亿兆养民之原"，而且"借寇资盗"，增强了敌手的实力。徐继畬的见解与林则徐相似，他说：英国占领印度的鸦片产地孟加拉与孟迈后，岁得税银七百余万，"皆鸦片之利"。"其鸦片售之中国者，常十之七八，是英夷之剥我元气而

① 林则徐：《林则徐集·奏稿》（中），中华书局1985年版，第599—600页。
② 黄爵滋：《敬陈六事疏》，《黄爵滋奏疏》卷五。
③ 黄爵滋：《请严塞漏卮以培国本疏》，《黄爵滋奏疏》卷八。

富强其国者，专在是矣”[①]。鸦片贸易造成中国与英国在实力上的悬殊差距，其情势对于清王朝的政治无疑是莫大的威胁。林则徐、黄爵滋又指出：

> 若再三数年间，银价愈贵，奏销如何能办？税课如何能清？设有不测之用，又如何能支？[②]

> 若犹泄泄视之，是使数十年后，中原几无可以御敌之兵，且无可以充饷之银。兴思及此，能不股慄！[③]

国库空虚，军队疲弱，清王朝的统治也就岌岌可危了。

应该指出的是，对于鸦片泛滥的严重危害，清王朝并非毫无觉察。从嘉庆元年“始禁其（鸦片）入口”[④]至道光二十年（1840）鸦片战争爆发，为了杜绝鸦片泛滥，清政府颁布了一系列禁烟令，宣布“买食者杖一百，枷号两个月，不将贩卖之人指出满杖，职官及在官人役买食者俱加一等，兴贩、种卖、煎熬者充军，开设烟馆者绞监候，地保邻佑俱满徒”[⑤]。但是，鸦片走私与鸦片吸食不但稍未止息，而且愈演愈烈。对于个中奥秘，道咸经世派有锐利的分析。包世臣指出：“司禁之人，无不早中其毒，又复得受肥规，即再加严法，终成具文。”[⑥]魏源说：“中朝但断大官月引，阿芙蓉烟可立尽。”[⑦]两人皆指认官吏的包庇纵容是鸦片泛滥的症结所在。林则徐的指陈则更为具体。他说：“（鸦片）以衙门中吸食最多，如幕友、官亲、长随、书办、差役，嗜鸦片者十之八九，皆力能包庇贩卖之人，若不从此严起，彼正欲卖烟者为之源源接济，安肯破获以断来路？是以开馆应拟绞罪，律例早有明条，而历年未闻绞过一人，办过一案，几使例同虚设，其为包庇可知。”[⑧]这正是鸦片禁而不止的真实原因。黄爵滋也愤激地指斥道：“（鸦片）屡禁不绝者，则皆汉奸为之

① 《松龛先生集·禁鸦片议》。

② 黄爵滋：《请严塞漏卮以培国本疏》。

③⑧ 《林则徐集·奏稿》（中），中华书局1985年版，第601、600页。

④ 《夷艘入寇记》上，资料丛刊《鸦片战争》（六）。

⑤ 《厦门志》卷十五《风俗记》。

⑥ 包世臣：《齐民四术》卷二《庚辰杂著二》。

⑦ 《魏源集》下册，中华书局1983年版，第673页。

也。臣闻近来广东抢劫大案，大半以搜查鸦片为由，各关亦以搜查鸦片为名，实则需索客商。”[①]极为紧迫的禁烟要务竟在官吏手中变成“需索客商”的手段，腐败的官僚政治不祥地透露出禁烟运动的悲剧性命运。

二、严禁与弛禁之争

面对“耗财伤人，日甚一日”的鸦片贸易，道咸经世派不仅淋漓尽致地揭示其祸害，而且竞相提出形形色色的禁绝方案。总观这些主张与建议的路向，大致可以分为两大端：一曰严禁，一曰弛禁。

（一）严禁派主张

严禁派代表人物是黄爵滋和林则徐。前者于道光十八年（1838）奏上著名的《请严塞漏卮以培国本疏》，树起严禁论大旗；后者于道光十九年（1839）五月销烟虎门，中外鸦片贩子和包庇鸦片走私的大小官吏为之失色。他们的呼吁，代表了严禁派的主张：

> 鸦片……今日蔓延中国，槁人形骸，蛊人心志，丧人身家，实生民未有之大患，灾祸烈于洪水猛兽，非雷厉风行，不足以振聋发聩，请仿周官重典之法，治以死罪。[②]

> 鸦片……迨流毒于天下，则为害甚巨，法当从严。[③]

属于严禁派阵营的有张际亮、龚自珍、魏源、陶澍、包世臣、徐继畬等经世派人士。张际亮极有可能参与黄爵滋《请严塞漏卮以培国本疏》的起草，在黄疏上奏后他又从北京至汉口会晤林则徐，向林传递黄奏的反响动态，并和林则徐筹议推动禁烟论的有关事宜。林则徐所上《钱票无甚关碍宜重禁吃烟以杜弊源片》等有名折片，张际亮肯定参与其事[④]。龚自珍于林则徐赴广州禁烟前夕，向林则徐建议用绞刑、砍头等办法严厉打击食鸦片、贩鸦片、制

① 黄爵滋：《敬陈六事疏》,《黄爵滋奏疏》卷五。
② 黄爵滋：《请严塞漏卮以培国本疏》。
③ 《林则徐集·奏稿》（中），中华书局 1985 年版，第 601 页。
④ 来新夏：《林则徐年谱》（增订本），上海人民出版社 1985 年版，第 192 页。

鸦片者：

> 其食者宜缳首诛！贩者、造者，宜刎脰诛！兵丁食宜刎脰诛！此决定义，更无疑义。①

在《农宗》篇中，龚自珍还有禁种鸦片之议：

> 诛种艺食妖辣地膏者，枭其头于垅，没其三族为奴。②

其严禁鸦片的立场甚为鲜明、坚决。与其他严禁派相应和，包世臣呼吁“漏卮之塞，必在厉禁烟土”③。陶澍有《筹议严禁鸦片章程折子》与《严禁鸦片章程八案》等奏疏。陶澍奏疏指出：

> 鸦片之害，起自粤洋，留毒内地，中其引者，殃身废务，如醉如迷，久且竭中国之赀财，贻害及于国计。苟有人心，孰不切齿痛恨？④

正是本着“切齿仇恨”，陶澍在两江总督任上，查获了大批烟土上缴，得到清廷嘉奖。魏源、徐继畬亦围绕禁烟问题提出积极的建议。

严禁派固然在厉禁鸦片这一问题上意见一致，但在具体措施上却有不同见解。就当时主要分歧而言，大致可分两类：一以“重治吸食为先”，一以断绝鸦片为重点。

“必以重治吸食为先”是大多严禁派的意见。道光十六年（1836）内阁学士、礼部侍郎朱嶟，兵部给事中许球在与弛禁派辩论时，提出了“详内而略外，先治己而后治人”的禁烟策略思想，以重治吸食者为禁烟重心。道光十八年（1838）黄爵滋上《请严塞漏卮以培国本疏》，对其时流行的严查海口、禁止通商、查拿兴贩、开种罂粟之禁等杜塞漏卮的意见一一加以驳斥，进而明确提出重治吸食的主张：

---

①② 《龚自珍全集》，上海人民出版社 1975 年版，第 169、50 页。

③ 包世臣：《齐民四术》卷二《致广东按察姚中丞书》。

④ 《陶文毅公全集》卷二十三《筹议严禁鸦片章程折子》。

夫耗银之多，由于贩烟之盛；贩烟之盛，由于食烟之众。无吸食自无兴贩，则外夷之烟自不来矣。今欲加重罪名，必先重治吸食。

徐继畬于鸦片战争后重申禁烟务以治吸食者为重的主张。他在《禁鸦片论》中指出，就鸦片泛滥的本末而言，“满船载烟土”而来的“夷舶”是症结所在，“夷舶不载之以来，安知有所谓鸦片者”。推波助澜，使鸦片“布之中夏”者则“兴贩之奸民也”。因此，“夷舶之罪，浮于奸民；奸民之罪，浮于吸食”。然而，徐继畬认为，尽管“法宜先杜来源，次绝兴贩，吸食者无所从得，将不禁而自止”，但就事态发展的现实性而言，此种方案实际上难以行通。首先，英国对华鸦片贸易已有百年之久，“岁获金钱数千百万”，因此，他们绝不会“舍置”鸦片贸易而“专售其羽毛诸货”。其次，广东惠州、潮州及福建漳州、泉州的居民“自鸦片之利兴，趋之者十人而九，其事逸于农贾，一出而偿其息者数十倍，从吾法则饥而死”。因此，将“绝兴贩”作为禁烟重点便有可能激起从走私鸦片中获取巨大利益者的叛乱，“不掉艇于海洋而为蔡牵、为张保，即啸聚于海岛，揭竿于薮泽，而成为矿徒驿卒之乱”。

“杜来源”“绝兴贩”既然一时难以推行，重治吸食者便成为唯一的选择，“若果有缳首于市者，则惊相告矣。凡人无不畏死，彼非有所驱迫，何为冒死吸之？”由于以往的禁烟令因贵族官吏中多有吸食鸦片者而流于一纸空文，徐继畬提议，对吸食者的打击“先贵而后贱，先富而后贫，先内而后外，先豪猾而后良弱。访其素行可诛，而兼有此病者，藉以锄莠，即藉以警众。每岁大县以十余人为率，次者递减，秋谳则概拟情实，概予勾决”。对于“重治吸食”方案的前景，徐继畬充满信心。他认为，对于鸦片贩子来说，一旦吸食者少，兴贩鸦片无利可获，“彼亦将图改业而稍稍解散矣”。英国虽“强甚”，“然鸦片之来，彼亦讳之。吸食少，兴贩绝，彼数万里载之而来，将安用之，虽含怒蓄怨，终不能藉为兵端”。而国内的吸食者在“持之不少懈”的打击下，“能改者改，不改者或罹法，或物故，鸦片亦绝矣”。

针对当时有人把鸦片战争的发生“归咎于鸦片之禁，又或疑吸食拟绞为重欲从轻典”，徐继畬鲜明指出，此种论调全然是“因噎而废食也”：

倘将来吸食之犯，概拟缓决，则堤防溃决，不可御止。英夷知我法令之不行，而愈有以轻我，诚不知其患之所终也已。[①]

值得指出的是，徐继畬与黄爵滋虽然都为主重治吸食者，但两者的意旨也有所不同。黄爵滋主张重治吸食者，其着眼处在挽救漏银。徐继畬重申重治吸食方案则是于鸦片战争失败后，其意在于减少对英国侵略者与潜伏叛乱危机的鸦片走私犯的直接刺激，“弭大患于无形，而复凋敝之元气”。其主张固然包括一定消极因素，但也不乏现实合理性。

以黄爵滋为代表的“重治吸食”的禁烟方案在当时受到琦善等贵族官僚的竭力反对。他们的理由是：（1）吸食者众，诛之不可胜诛，重治吸食，等于“兴率土普天之大狱”[②]。（2）圣朝宽大，不事峻法严刑，重治吸食，“未免矫枉过甚”“操之太蹙”[③]。（3）重治吸食是“治流而不澄源”“不揣本而仅齐其末”[④]。只有“不准通商”，才是“正本清源之道”[⑤]。琦善之所以坚决反对先治鸦片吸食者，其真实奥秘在于保护鸦片受贿者的既得利益，因此，他们提出的重治兴贩、不准通商等建议，实际上只是欺骗舆论的幌子，没有任何实际意义。

和黄爵滋等经世派“先重治吸食”的意见不同，林则徐更倾向于“拔本塞源”，断绝鸦片的来源。

林则徐最初也赞同黄爵滋的主张，认为“禁烟必以重治吸食者为主”。他认为，重治吸食者不仅可以挽救漏银危机，断绝鸦片贩运者牟利之企望，而且有利于扫清禁烟运动中的障碍，因为，在鸦片吸食者中，“盖以衙门中吸食最多，如幕友、官亲、长随、书办、差役，嗜鸦片者十之八九，皆力能包庇贩卖之人”[⑥]。打击吸食者，对鸦片贩子无异于致命一击。在江苏巡抚任上、湖广总督任上，林则徐厉行禁烟，又采访戒烟良方十余种，向民间推广，使不少人戒烟断瘾，其成效颇为可观。

---

① 《松龛先生集·禁鸦片论》。

② 琦善：《遵旨复奏禁烟折》。

③ 《筹办夷务始末》（道光朝）卷三，中华书局 1964 年版，第 59、65 页。

④ 《筹办夷务始末》（道光朝）卷二，中华书局 1964 年版，第 43 页；卷四，第 94 页。

⑤ 琦善：《遵旨复奏禁烟折》，《溃痈流毒》选录，《鸦片战争》（一），上海人民出版社 1975 年版，第 515 页。

⑥ 《林则徐集·奏稿》（中），中华书局 1985 年版，第 600 页。

在湖广禁烟的过程中，林则徐发现“凡各省之贩鸦片者，不曰买自广东，则曰广东人夹带而来也。吸鸦片者，不曰传自广东，则曰广东人引诱所致也”[①]。此种情势使他深感断绝鸦片来源的重要性。正因为如此，当林则徐奉召入京，与道光帝商议禁烟大计时，其思想已从重治吸食者转向“拔本塞源”。而“所谓来源者，固莫甚于英吉利也”[②]。赴广东省任后，林则徐禁绝烟毒的思想有进一步发展。他在《察看义律及英国烟贩反复情形遵旨不准交易折》中明确指出“首贵杜其来源”的主张，随之而来林则徐将“必先重治吸食”的禁烟方针更正为“先以断绝鸦片为首务”[③]。驱逐外国鸦片趸船，“节次拿获鸦片烟贩”、大规模销毁鸦片，皆为林则徐所奉行的“清源之计”。

在禁烟“先以断绝鸦片为首务”这一思路上，包世臣与龚自珍皆持相同意见。如龚自珍在林则徐奉旨前往广州之际，曾致书林则徐，力主以极刑处治吸食、贩卖、制造鸦片者。他进而指出，由于鸦片泛滥，食鸦片、贩鸦片、制鸦片者“诛之不可胜诛”，因此，“不可（不）绝其源。绝其源，则夷人不逞”。然而，龚自珍、包世臣在断绝鸦片来源的思想上有更激进的主张，这就是禁绝贸易，关闭国门。如包世臣说：

> 绝夷舶，即自拔本塞源。一切洋货，皆非内地所必须，不过裁撤各海关，少收税银二百余万两而已。国课虽岁减二百万，而民财则岁增万万，藏富于民之政，莫大于是。[④]

龚自珍也说，不但鸦片要杜绝，而且“宜并杜绝呢、羽之至”，以及钟表、玻璃、燕窝之类“不急之物”。并勒令“夷人”迁至澳门，只留夷馆一所为“互市之栖止”。“将关税定额陆续请减，……国家断断不恃榷关所入”。包、龚二人的主张无疑具有浓重的自然经济的痕迹。在世界进入资本主义时代的大背景下，他们所谓的通过“绝夷舶”“撤海关”来排除外国侵略威胁的想法，无疑是一厢情愿。

和包世臣、龚自珍断绝与外部世界交往的想法相比较，林则徐显然要高明

---

①③ 《林则徐集·公牍》，中华书局1985年版，第52、65页。

② 《林则徐集·书简》，中华书局1985年版，第156页。

④ 包世臣：《齐民四术》卷二《庚辰杂著二》。

得多。他一方面坚决禁绝鸦片贸易，并遵旨中止与英国的贸易。另一方面对对外贸易采取积极态度。他在《察看义律及英国烟贩反复情形遵旨不准交易折》中说：“以鸦片出自英国，此后该国买卖可减，别国买卖可增。”[①] 道光二十年（1840）三月二十六日，林则徐议复曾望颜“封关禁海”之议，不仅批驳了曾望颜的闭关自守主张，而且指出：“专断一国贸易与概断各国贸易，揆理度势，迥不相同。……鸦片断与不断，转不在乎关之封与不封。”[②] 在中国与外部世界的关系上，林则徐的眼光已大不同于颟顸守旧的官僚士大夫，展现了睁眼看世界的睿智。

林则徐“首贵杜其来源”“先以断绝鸦片为首务”的禁烟思想意味着对外国鸦片侵略的坚决抗御，其间闪烁着爱国热情与民族自救的坚定信心，但是，在禁烟大局的把握与具体策略的施行上，林则徐也有诸多失误，对此，魏源于鸦片战争后有所总结。

魏源是林则徐禁烟斗争的坚定支持者。他曾著《英吉利小记》揭露英国发动侵略战争的蓄谋，有力地批驳了投降派所谓“夷兵之来，系由禁烟而起”的谬论。在《寰海》组诗中，魏源怒斥投降派对林则徐的诬谄、迫害，他说：

谁奏中宵秘密章，不成荣虢不汪黄。
已闻狐鼠神丛托，那望鲸鲵澥渤攘。

功罪三朝云变幻，战和两议镬冰汤。
安邦只是诸刘事，绛灌何能赞边防。[③]

作为一位眼光远大的思想家，魏源对林则徐广州禁烟的得失有更深入的思考。他认为，林则徐禁烟在商务落后、战舰等武备不足的情形下，“惟外夷操切是求”[④]，失之“过急”“过详”[⑤]。例如，林则徐一再坚持外商具结，便是以“化内之法”来绳“化外之人”。其实际意义也并不可靠，因为，即或外商如

①② 《林则徐集·奏稿》（中），中华书局1985年版，第712、794—795页。
③④ 《魏源集》下册，中华书局1983年版，第805、886页。
⑤ 《魏源集》下册，中华书局1983年版，第886页；上册，第185页。

式具结，而中国内部“水师之通贿不惩，商胥之浮索不革，战舰之武备不竞”，鸦片来源的断绝仍不可能依靠一纸具结书而长久维持[①]。再例如，禁烟固然正当，但若辅之以安抚策略，使外商“失诸彼者偿诸此”，“夷必乐从”，而不会过激生变。其具体办法是：与英国订约，如果能刈除鸦片产地，改种五谷，则允许其多运“洋米”入口，“并援例酌免其货税”；如果能保证鸦片不运来华，则尽裁海关“一切浮费”。遗憾的是，林则徐在禁烟中“过急”，未给双边谈判留下更多的机会。依据禁烟斗争和鸦片战争的经验教训，魏源提出与徐继畬相似的主张，这就是对鸦片之“患”“治内详、安外略”。所谓“治内详”，即重点打击国内的吸食者与贩卖者，其具体措施是：对吸食者先行“刺面之法”，后再申“大辟之法”。对贩烟者则立诛。允许对贩烟和吸烟告发，告不实者反坐。魏源认为，只要认真切实贯彻如上措施：“水师禁饬，而外洋无庇贩之人；绣衣四出，黥面令行，而内地无尝试之犯。如是，而烟不绝者，无是理也。”[②]所谓“安外略”，即“暂宽市舶之操切”，避免对“外夷”“操切是求”，柔软的外交策略将避免与西方势力的不必要的冲突，争取时间，使中国得以获得相对稳定的环境，集中精力“整水师之武备，尽除海关之侵索”，学习西方之长技，“以创中国千年水师未有之盛”。魏源认为，假如中国真正从内部强大起来，“虽有狡敌其敢逞？虽有鸦片其敢至？”[③]在严禁派的禁烟议中，魏源的议论无疑眼界较高，富于历史性指导意义。

（二）弛禁派的观点

与严禁派的主张相对立，道光年间关于鸦片问题还有另一种意见，这就是弛禁。

弛禁鸦片的思想最早酝酿于广州“留心世务”的一批士大夫中。广州由于地处沿海，士人思想开阔，经世致用风气兴起较早。道光初年，以吴兰修（石华）为首的一批淡泊功名、弃括帖之学、讲求经世致用的士人组成了一个学术团体——希古堂。希古堂的宗旨是：“吾辈讲习，以经史为主，子史辅之，熟

---

① 在具结问题上，梁廷枏、徐继畬等人亦有与魏源相似的看法。如梁廷枏在致邓廷桢函中认为“就使彼能具结，亦不过一虚应故事耳”。（《夷氛闻记》卷一）徐继畬在《禁鸦片论》中也说：“就使申以信约，亦不过藉以给我。”而林则徐在具结问题上，确有过分轻信“夷人最重然诺”的失误。

② 《鸦片战争》（一），上海人民出版社 1957 年版，第 549 页。

③ 《魏源集》上册，中华书局 1983 年版，第 186 页。

于先王典章、古今得失、天下利病，而后发为文。”嘉庆二十二年（1817），阮元总督两广，此位强调“实行”“实事”的经学大师与广东士林领袖张维屏商议，在广州粤秀山建立了清代第一所废除时文制艺课程的官办学府——学海堂。学海堂提倡实学，教学内容以经史为主，学府中的学长多为原希古堂的成员或主张经世致用的名士。希古堂的发起者、魏源的好友吴兰修[①]便是学海堂的第一批学长之一。在弛禁派中，吴兰修是至关重要的人物。熊景星、仪克中等学长则是吴兰修的响应者。

弛禁鸦片的建议最初提出是从浙江乍浦同知任上罢归的广东顺德籍官员何太清。他的观点是：

> 纹银易烟，出者不可数计，必先罢例禁，听民间得自种罂粟。内产既盛，食者转利值廉，销流自广。夷至者无所得利，招亦不来，来则竟弛关禁，而厚征其税，责商必与易货，严银买罪名，不出二十年，将不禁自绝。实中国利病枢机，如无敢举以入告何！[②]

何太清的上述想法是在与许乃济讨论鸦片问题时提出来的。许乃济是浙江仁和人，嘉庆十四年进士。先后任给事中、广东按察使、太常寺卿等职，他于国计民生事务素来关切，并致力于经世之学研究。纵观许乃济仅存的13篇奏折，除关于鸦片问题和要求续四库书籍2折外，其余11篇直涉招纳贤才、整顿吏治、漕运水利、保护工商业、改革旧制等方面内容，而这些问题都属传统经世之学的范畴。许乃济任广东按察使后，对“纹银易烟，出者不可数计”的严重情形焦急万分，“时怀隐忧而未得清源之法”。正当此时，他的同年挚友何太清提出了弛禁论，许乃济深为所动，遂请教于“留心世务”的吴兰修。吴兰修大为赞同何太清的构想，著《弭害篇》进一步阐发弛禁论。在吴兰修看来，弭鸦片之害有上、中、下三策：“上焉者拔本塞源，次则严法厉禁，下则避重就轻。”所谓“拔本塞源”即闭关绝市，实际上办不到。采用“严法厉禁”，其后果将是“立法愈峻，则索贿愈多，其包庇如故，护送如故，贩与食者卒如故

① 李柏荣著《魏源师友记·吴兰修》说：“默深游广州，其契友有张维屏、陈澧等，以经世诗文相推许，兰修亦岭南声气相应之一人也。吴氏集中有赠默深诗数首。”

② 梁廷枏：《夷氛闻记》卷一。

也”。因此，“为今之计，亦惟权害之轻重而已。自一人言之，则鸦片重而银轻，合天下言之，则鸦片轻而银重”，而所谓弛禁就是避重就轻的良策，其要义便是使鸦片贸易合法化，外商将鸦片“交付洋行，兑换茶叶”，“内地种者无论”，以此挽救白银外流所导致的财政危机[①]。

吴兰修的《弭害篇》很快送到时任两广总督的卢坤及广东巡抚祁𡎴手中，卢、祁两人“见而心折”。吴兰修更约学海堂书院学长熊景星、仪克中等分别著论，互相呼应。于是，道光十四年（1834）十一月三日，卢坤以“粤士私议”的名义将吴兰修的《弭害篇》附片奏陈，然而，因为时“以例方严”，卢坤“仅约略其词，终不敢明请弛禁”[②]。

尽管卢坤上奏的“粤士私议”未能激起反响，但弛禁论作为关于鸦片问题的一种具有代表的思考并非因此消弭，而是寻找机会执着表现自己。道光十六年六月十日，由广东按察使调任太常寺卿的许乃济将吴兰修的《弭害篇》稍加润饰，以《鸦片例禁愈严流弊愈大亟请变通办理折》上奏，公开树起弛禁旗号，奏折中建议：

（1）鸦片贸易合法化。“准令夷商将鸦片照药材纳税，入关交行后，只准以货易货，不得用银购买”。

（2）提高鸦片税收。标准是“夷人纳税之费，轻于行贿，在彼亦必乐从”。

（3）准允民间自种罂粟。“各省旧种罂粟处，如果于早晚两季均无妨碍，亦准听民之便”。

（4）严禁官员、士子、兵丁等吸食，否则立予斥革，“其民间贩卖吸食者，一概勿论”。

许乃济自信地表示，依此方法办理，不仅“每年可省中原千余万金之偷漏”，并从关税中得到高额财政收入。而且因“内地之种日多”，造成外洋无奇货可居，致使“夷人之利日减，迨至无利可牟，外洋之来者自不禁而绝”[③]。

许乃济的奏折，在朝臣中得到曾任两广总督的阮元的强有力支持。同年九月初二，两广总督邓廷桢、广东巡抚祁𡎴、粤海关监督文祥上奏支持许乃济的弛禁主张，认为许乃济“胪陈时弊，均属实在情形”。“如蒙谕允，弛禁通行，

① 吴兰修：《桐华阁文钞·弭害篇》。

② 梁廷枏：《夷氛闻记》卷一。

③ 《黄爵滋奏疏许乃济奏议合刊》，中华书局1959年版，第218—219页。

于国计民生，均有裨益"[①]。奏疏中又具列弛禁章程九条：

一、以货易货，应计全数计算，不准影射也。

二、水师巡船及各关口员役，宜责令专在隘口稽查，不准出洋藉词滋扰也。

三、鸦片应照旧章仍准带回三成，并先确查来银数目，以杜欺隐也。

四、鸦片应与别项洋货一例交易，不必设局专办也。

五、额税宜遵旧制，不必加增，并严禁需索例规也。

六、价值不必预定也。

七、内地各省海船运销鸦片应由粤海关印给执照也。

八、民间栽种罂粟，似可稍宽厉禁也。

九、官员士子兵丁，宜严行饬禁，不准吸食也。

据梁廷枏《夷氛闻记》记载，为邓廷桢等人起草这篇奏稿的，是曾任学海堂书院学长，时任祁𡎴幕僚的仪克中，因此，如上九条弛禁章程可谓广东士子弛禁观点的集大成与条理化。

弛禁论一经提出，立即遭到严禁派的强烈反对，在道光帝的支持下，严禁论终占上风。道光十六年（1836）十二月，邓廷桢等上奏，声明放弃弛禁主张。道光十八年（1838）十月二十八日，许乃济被"降为六品顶戴，即行休致，以示惩儆"[②]。同年十一月，林则徐被任命为钦差大臣，前往广东禁烟。弛禁论遭到否定与打击。

评价弛禁派的主张是一个复杂的问题。由于弛禁派主张使鸦片入口、运销、种植完全合法化，因此自然获得英国鸦片商与贩食鸦片者的热烈响应。据清廷留中密奏中的一佚名附片报告，邓廷桢、祁𡎴的奏折尚未到达北京，广东已是"纷纷传布，贩食之徒无不欢欣鼓舞，明目张胆"[③]。此种情形对弛禁派无疑大为不利。而严禁派在论辩时把弛禁论与实属社会性的吸毒问题纠缠在一起，更使弛禁派处于不利地位。

① 《筹办夷务始末》（道光朝）卷一，中华书局 1964 年版，第 7—11 页。

② 《筹办夷务始末》（道光朝）卷八，中华书局 1964 年版，第 125 页。

③ 《史料旬刊》第 38 期，故宫博物院 1930 年版，第 401 页。

其实，从经济学角度观看，弛禁主张不无道理。吴兰修、许乃济们建议的根本精神，“就是要求把鸦片如实地当作一种商品来对待，然后按商品经济的价值法则，严格实行贸易保护主义，运用关税壁垒和对等贸易手段，把英国鸦片挤出国内市场”。因此，“许乃济经济思想指导下的政策，是迄今看到的可以不通过战争，挫败西方殖民者对中国罪恶企图的最早一个理性解决方案”①。而早在1858年，马克思就对许乃济及其弛禁方案作出了与中国当今史学界迥然不同的评价。在《鸦片贸易史》中，马克思不仅称许乃济为“中国最有名的政治家之一”，而且不无遗憾地指出：

> 早在1830年，如果征收25%的关税，就会使国库得到385万美元的收入，而在1837年，会使收入增加一倍。可是，天朝的野人当时拒绝征收一项必定会随着人民堕落的程度而增大的税收。……
>
> 如果中国政府使鸦片贸易合法化，同时允许在中国栽种罂粟，这意味着英印国库会遭到严重的损失。②

第二次鸦片战争期间，马克思又在《中国和英国的条约》中重申道：

> 既然英国现在已在法律上认可鸦片贸易，那末毫无疑问，中国政府无论从政治上和财政上着想，都将试行一种办法，即准许在中国栽种罂粟并对外国鸦片征收进口税。……
>
> 这种改变一经实行，印度的鸦片垄断以及印度的国库一定会受到致命的打击，而英国的鸦片贸易会缩小到寻常贸易的规模，并且很快就会成为亏本生意。③

值得注意的另一事实是，在弛禁派与严禁派论战的过程中，代表鸦片受贿集团利益的朝臣和疆吏均保持缄默。他们固然决不赞同严禁鸦片，但弛禁主张若得实行，鸦片买卖合法化、商品化，他们从鸦片走私中所获贿赂必然大大减少，因此，弛禁论也不符合他们的利益。当然，弛禁鸦片贸易必然付出代价，

---

① 谢刚：《清史嘉道朝研究》，《南开学报》1991年第4期。

②③《马克思恩格斯选集》第2卷，人民出版社1972年版，第28—29、31页。

这就是马克思所说的“人民堕落的程度”加剧，这无疑是严禁派以及后来的史学家在情感上不能接受的后果。问题在于严禁派以强硬手段禁烟，也并不能避免这一后果的巨大阴影，因为，当时的清政府完全不具备完成有效禁烟并成功抵御外国侵略的历史任务的基本前提，正因为如此，鸦片战争失败后，严禁派中的若干理智人士开始重新估价弛禁派的观点。道光二十六年（1846）或更早，宣南诗社成员、曾经极力支持过林则徐事业的梁章钜感叹万分地说：

> 近日英夷就抚而鸦片之禁渐弛，漏卮之弊愈不可稽。……愚谓为今之计，则不如仍用前许青士太常所奏，甚可行也。[①]

严禁派的领袖林则徐于道光二十七年（1847）也表示：

> 鄙意亦以内地栽种罂粟，于事无妨。所恨者，内地之民嗜洋烟而不嗜土烟。若内地果有一种芙蓉胜于洋贩，则孰不愿买贱食？[②]

历史总归是不可逆转的，苛求前人更是非历史主义的思想方法，但是，当人们发现在19世纪初期的国际大背景下，中国所面临的并非只是唯一的选择，终不免扼腕而叹。

不论严禁派与弛禁派在鸦片问题上有多么严重的分歧，也不论严禁与弛禁方案的理论和具体施行中存在着多少失误，严禁论与弛禁论的提出，归根结底都是企图解决鸦片泛滥及其所造成的社会危机，是道咸经世派从“留心世务”的同一宗旨出发，在处置鸦片问题上引申出的两个大相径庭的策略走向。

第四节　货币研究与建策

19世纪以来，由于鸦片输入日增，白银大量外流，银贵钱贱现象日益显见。本来，银钱法定比例是一两换制钱1000文左右，至鸦片战争前夕，某些地区的银价已达到银一两换制钱1600文。鸦片战争结束后的道光二十六

① 梁章钜：《浪迹丛谈　续谈　三谈·鸦片》。
② 《林则徐书札·复署江西抚州府文海信》。

年（1846），“南方银一两皆以两千为准，北方闻更增于此”[①]。由于在当时的经济生活中，零售和工资用钱，而商品批发和财税缴纳用银，故银贵钱贱自然使以钱为价值尺度的“零售和工资”大吃其亏，由此造成“小民重困”[②]的严重情形。关于货币问题的研究与讨论因此成为朝野上下的热门话题，也成为经世派学者、官吏倾心注意的话题之一。

一、王瑬的纸币说

在嘉、道、咸年间货币问题的研究热潮中，苏州儒生王瑬（1786—1843）的纸币说独树一帜，颇为引人瞩目。

王瑬初名仲瑬，字子谦，一字亮生，江苏吴县人。此公书生气十足，“自束发受书以至华颠，未尝一日释卷，素嗜考订，兼好儒家言”。人称他为“纯然儒者”[③]。

儒学主出世、入世而非遁世，王瑬乃此道中人。张履的《王君亮生传》说他“尤志在经世，慕贾生、陈亮之为人”。王瑬议海运，主和籴，论畿辅水利建设，颇为活跃。林则徐一度欲召王瑬入幕属，王瑬“感其知己，慨然思就之”。只是因为情形发生变化，“卒不果往”[④]。

王瑬对货币问题深感兴趣，《钱币刍言》一书便是他潜心研究货币问题，“穷积思三十年”的重要作品，也是他“最自信”的一部经世之作。

《钱币刍言》最初于道光十一年（1831）以《钞币刍言》之名刊行，由于其父认为“体例未精，必致人驳诘，遂毁其版”[⑤]。在后来的七年中，王瑬进一步积思、旁搜与修订，终于在道光十七年（1837）以《钱币刍言》之名刊行。稍后，王瑬又刊行《钱币刍言续刻》《钱币刍言再续》加以补充。《钱币刍言》刊行后，颇有反响，“学士大夫往往宝藏其书”[⑥]。

王瑬货币思想的精髓乃是发行钞币以吸收流通中的白银，并代白银作巨额交易往来之用，小额交易仍以铜钱为补充的流通手段。此所谓“行钞以收银，

① 包世臣：《齐民四术》卷二《致前大司马许太常书》。
② 包世臣：《齐民四术》卷二《庚辰杂著二》。
③④ 张履：《王君亮生传》，《续碑传集》卷七十七。
⑤ 王瑬：《钱币刍言·目录》。
⑥ 许楣：《钱币论·许梿叙》

使银贱而不为币；行钞以收铜，使铜多而广铸钱”①。王瑬认为，根据嘉道间财政经济态势与社会情况，行钞法为“富国富民第一策”，其大利至少有如下二十二条：

1. 凡以他物为币皆有尽，惟钞无尽，盖造百万即百万，造千万即千万，则操不涸之财源。

2. 万物之利权收之于上，布之于下，则尊国家之体统。

3. 百姓便于行钞，洋钱不禁自废，则免外洋之耗蚀。

4. 海船载鸦片烟土，每岁私易中国银累千万以去；若用钞则彼将无所利而自止，则除鸦片之贻祸。

5. 民间多用钱票、会票，每遇钱庄歇闭，全归无用。今若行钞，则绝钱庄之亏空。

6. 百姓若于用银之重滞，故乐于用票；易之以钞，则顺民心之所欲。

7. 钞法既行，然后禁打造银器，而以重价收铜；铜既多，乃铸钱为三等：当百、当十、当一，则极钱法之精工。

8. 国赋一皆收钞，则无火耗之加派，其大利入也。

9. 钞文书明定数，虽欲上下其手而不能，则绝胥吏之侵渔。

10. 钞值有一定，商贾不得低昂之，则去心之诈伪。

11. 奸民猖邪教，蓄逆谋，类皆以财利要结人心，国家财用不绌，缓急有备，则戢奸回之逆志。

12. 边疆起衅，每因争夺银币而然，今易以钞，彼此无所觊觎，则弭边界生衅。

13. 天下有银若干，悉来易钞，则供器皿之鼓铸。

14. 用银有白纹、云丝、洋钱之不同，钞则归于画一，则同天下之风俗。

15. 富家间以土窑藏银，历久不用，一闻变法，悉出易钞，则去壅滞之恶习。

16. 钞式宜变从前，分为几等，大小钞皆书印格言，俾民识字，则寓教民之微意。

17. 货物壅滞之处，以钞收之，物价必平，则致百物之流通。

① 王瑬：《钱币刍言·钱币议一》。

18. 造钞有局，办钞有人；且因财足而兴水利，务开垦，则广谋生之途径。

19. 每遇赈恤兴筑，不假富户捐输，则杜官吏之勒捐。

20. 国计大裕，捐例永停，则清仕途之拥挤。

21. 凡漕务、河务、盐务，皆有积弊之当厘而不敢议者，恐经费不足耳，行钞可无虑此，则除万事之积弊。

22. 一切取民者从薄，于民者多厚，则行千载之仁政。

把行钞法视为“除万事之积弊”的万灵药方，王鎏无疑过于书生气。他所得出的钞币发行方案实际上无论是理论上还是技术上都存在着诸多缺陷①。正因为如此，许楣兄弟才得以专著《钱币论》逐一反驳王鎏的论点。更为重要的是，正如胡寄窗先生所提出的：“一种货币理论以及据此拟定的货币方案，并不是在任何情况下都能收到预期效果的。”在晚清官僚政治败坏的情势下，“王鎏的钞币主张如果实行改革的话，即使能遏止白银外流的趋势，其后来可能产生的恶果也许比白银外流还要对人民有害”②。

然而，王鎏的行钞法毕竟包含关于19世纪货币问题的若干合理思考，作为特定时期社会经济思潮的产物，也具有一定的经世价值，故“林（则徐）公欲行之，以粤行而止，其余名人达士如同县顾政莼、武进李兆洛、泾县包大令世臣咸许为可行。……中朝言事之臣，颇采用君书以进”③。由于王鎏的《钱币刍言》大量地、系统地搜集了前人关于钞币的议论和当时讨论钞币问题的意见，因此它不仅在开阔时人货币思想研究的视野上具有积极作用，更为后人研究中国古代货币思想提供了弥足珍贵的资料。

二、包世臣“以钱为币”的主张

张履在《王君亮生传》中说，包世臣是王鎏纸币说的支持者和赞同者。

据包世臣自称，早在王鎏著作刊行前20余年，他即主张发行纸币，只是未写成专书而已④。随着银贵钱贱的现象日益严重，包世臣“日夜思维”，认为除了行钞法外，“实无他术”。“钞法上利国而下便民”，乃“救弊之良策”。

①② 见胡寄窗：《中国经济思想史》（下），上海财经大学出版社1998年版，第610—613、613页。

③ 张履：《王君亮生传》，《续碑传集》卷七十七。

④ 包世臣：《齐民四术》卷二《答族子孟开书》。

正因为如此，当王瑬提出纸币说，包世臣深以为然，认为可付诸施行。

但是，与王瑬不同，包世臣更是一位制钱本位论者，他所主张的是“惟有专以钱为币，一切公事，皆以钱起数”[①]。因此，他关于发行钞币的见解实际上与王瑬之说是貌合神离。

包世臣的钞币主张在《致前大司马许太常书》中有一段简扼概述：

> 以钱为币，使银从钱，以夺银之权归之于钱，而广钱之用，操之于钞。[②]

“夺银之权归之于钱”，是包世臣关于货币的基本主张。

首先，包世臣虽然有“缓急之时，钞或不行，而银则未有不行者”[③]的说法，但他对白银作为重要流通手段始终持否定立场。他多方扬铜（钱）抑（白）银，其理由甚为苍白、荒谬。如他宣称：“民间称富室曰有钱，下至博徒，勿论大小摊场皆曰赌钱，从未闻有以银为说者。”他又说，《汉书》中有“黄金一斤值钱万”的说法，这说明黄金固然贵重，但“仍以钱起数”，以钱为本位。因此，铜钱是天经地义的国家本位币。基于此种观点，包世臣大力主张弱化银币的流通职能，“不以银起数”，“不以银为币”，“夺银之权以归于钱”。银币仅仅作为辅币而存在，“长落听之市人”。

包世臣的主张，自有一定的时代背景。清中叶以降，国家在币制上注重白银，人民缴纳赋税概以白银为计算单位，而白银对制钱的比价又日趋上升，人民的实际负担大大加重。如江浙两省额征地丁银六百零三万有奇，以嘉庆十年（1805）前钱价估计，约合制钱六百零三万串许，“今则合八百十四万二千八百八十串”，“其实于地丁银两并未丝毫增益，而民间暗中贴耗，已以一年四月之粮，完一年之赋”。包世臣企图统一价值尺度，使人民不受银贵钱贱之苦，这无疑是合理的，但他要“以钱为币”，通过排挤、削弱白银在流通领域中的作用来一劳永逸地解决钱贱银贵的危机，这无疑是昧于经济大势的守旧见解，因为，贵重金属代替不贵重金属而成为主要流通手段，乃

①③ 包世臣：《齐民四术》卷二《再答王亮生书》。

② 包世臣：《齐民四术》卷二《致前大司马许太常书》。

是货币经济发展的必然趋势。包世臣对白银的排斥暴露出他经济思想中的陈旧一面。

其次，包世臣虽然赞同王瑬发行钞币的主张，但他只是将这一手段作为权宜之计。因此，他对王瑬把行钞视为“理财之大经”的观点“未敢附和”，以为假若在“行钞之外，更有良法，可以减银价复旧规，则自当从长计议”①。在王瑬那里，行钞的作用被过于夸大，包世臣对此持不同看法是正确的。但是，他把钞币的作用缩小到应付财政支出的“救弊之良策”，又显得目光短浅。

当然，在钞币问题上，包世臣也有若干有价值观的见解。如王瑬说“凡以他物为币皆有尽，惟钞则无尽，造百万即百万，造千万即千万”。对于这种认为纸币可以不兑换地无限制地发行的观点，包世臣加以批评。他在《再答王亮生书》中提出：“尊意云造百万即百万，造千万即千万，是操不涸之源云云。从来钞法难行而易败，正坐此耳。”他强调纸币发行必须有一定的限制，即不超过市场流通的需要，“循环出入，足利民用，即止”。这无疑是正确的见解。

包世臣货币观点的陈旧和混乱显示了处于裂变时代的中国社会的错综复杂性，在这特殊的历史阶段，学者为了解决民族生存问题而仓促上阵，在不知不觉向新思想彼岸跨进的同时，他们的身体有时还大半停留在旧范畴内。因此，包世臣尽管在漕运商运与开放食盐自由贸易上有值得称道的见解，但在货币问题上却失之迂旧。与同时代的货币论者比较起来，魏源、林则徐的货币思想则要高出一筹。

三、林则徐、魏源的银币论

道咸经世派关于货币的主张大致可以归纳为三种：一曰“铸银币”，一曰“铸大钱”，一曰“行钞法”，其争议的中心问题在于采取怎样的货币本位制才能缓解乃至解决现实的银贵钱贱的矛盾，林则徐、魏源的意见即属于第一种。本目略述魏源，稍详介绍林则徐。

俗称“洋钱”的外国银铸币自明中叶流入中国，迅即在东南沿海地区广为流行，至清道光年间，有些交易甚至规定非洋银支付不可。由于供不应求，洋

① 包世臣：《齐民四术》卷二《答族子孟开书》。

钱的流通价格超出了它的实际含量，并仍有上浮趋势。有鉴于此，禁止洋钱流通、废银用钱的主张流行一时，有人甚至建议以谷帛为币。魏源与林则徐则从西方银币的流行中得到启示，提出颇具经济眼光的“以银为币”说。

魏源的“银币说”包括两个方面：（1）用银为统一的等价物行使价值尺度的职能。他提出：“货币者，圣人所以权衡万物之轻重，而时为之制。”既然要用它来“权衡万物之轻重”，那它就必须是“五行百产之精华”，必须是价值昂贵、持久不弊的物品，在商品经济发达的情况下尤应如此，而金银便具有这些特性。（2）行铸币以利流通。既然以银为币，就要使它方便流通，中国使用的纹银、块银极不方便，以致使行用方便的洋银占领中国市场。虽然每枚银圆的实际银数“仅仅六分，而值纹银八钱有奇”，但老百姓还是“趋之若鹜”。针对大众心理与社会需求，官府应作出决断，“铸银钱以利民用，仿番制以抑番饼”①。

林则徐和魏源相似，也看到了称量货币向计量货币发展是社会经济发展的必然趋势。他说：

> 民情图省图便，寻常交接，应用银一两者，易而用洋钱一枚，自觉节省，而且无须弹兑，又便取携，是以不胫而走，价浮而人乐用，……长落听其自然，恬不为怪。②

鉴于洋钱“久已通行”闾阎市肆，使用上又比衡量的纹银方便，民间对其比价长落亦“恬不为怪”，具有一定的心理承受力，林则徐大力反对强禁洋钱流通或骤抑银钱比价，他提出，“一旦勒令平价”，“先以贵价收入洋钱”的“生意营运之人”将以贱价抛售洋钱，其结果是“每洋钱一枚，折耗百数十文，合计千枚，即折耗百数十千文”。“民间生计，因而日绌，非穷蹙停闭，即抗阻不行”。那些将积蓄多年的工资“易得洋钱数枚，存贮待用”的“佣趁工人”，“一旦价值亏折”，损失更为惨重。显而易见，林则徐的上述见解是清醒冷静的，并具有较高水平。

① 魏源：《圣武记》卷十四。

② 《林则徐集·奏稿》（上），中华书局1985年版，第134页。

对于洋钱价格浮于白银的现状，林则徐提出了两点建议：

首先，银钱比价固然不可人为地骤然加以抑制，但也不能放任自流，洋钱的成色与比重应参照纹银作价，使洋钱和纹银的比价“不致过于轩轾”。与此同时，努力发展对外贸易，增加海关外汇收入，借以抑制洋钱比价。

其次，自铸银币，以此作为“抑洋银”的重要手段。为此，林则徐就铸银币问题提出具体意见，他说：

> 欲抑洋钱，莫如官局先铸银钱，每枚以纹银五两为准，轮廓肉好，悉照制钱之式。一面用清文铸其局名，一面用汉文铸“道光通宝”四字。暂将官局铜钱停卯，改铸此钱，其经费比铸铜钱省至什倍。先于兵响搭放，使民间流通使用，即照纹银时价兑换，而藩库之耗羡杂款，亦准以此上兑。计银钱两枚即合纹银一两，与耗银倾成小锞者，不甚参差，库中收放，并无失体。……初行之时，洋钱并不必禁，俟试行数月，察看民间采用此钱，再为斟酌定制。[①]

尽管林则徐反复申明“自铸银币”只是“推广制钱之式”，“并非仿洋钱而行之”，但是，无法掩盖其改良币制主张中的商业资本思想色彩。在围绕货币问题的争论中，林则徐、魏源两人关于建立本国银本位货币制度的主张与具有新时代气息的货币理论是第一次提出。

与自铸银币的主张相联系，林则徐建议采用积极手段开采银矿。他提出，官办开矿的方式积弊甚多，因为，“地方官经营事多，安能亲驻厂中胼胝手足？势必假手于幕丁胥役，弊窦愈多”。更好的方法“似仍招集商民，听其朋资伙办，成则加奖，歇亦不追”[②]。林则徐所说的“朋资伙办”开矿的方式实际上已是初期资本主义工商业组织的雏形，而“成则加奖，歇亦不追”的政策则意味着鼓励、奖掖而不是桎梏、剥夺。假如说，在盐、漕等经济学问题上林则徐无多少引人注目的新见解，那么，在货币问题上，他的思想要先行一步。

林则徐关于自铸银币的建议上奏后，被道光帝怒不可遏地驳回：

① 《林则徐集·奏稿》（上），中华书局 1985 年版，第 134 页。

② 《林则徐集·奏稿》（下），中华书局 1985 年版，第 1149 页。

官局议请改铸银钱，大变成法，不成事体，且洋钱方禁之不暇，岂有内地亦铸银钱之理？[①]

固守祖宗成法的腐朽，不明大局的愚顽，在这道上谕中暴露无遗。

林则徐改革币制的主张尽管被道光帝否决，他还是大胆地在江苏试铸银币。据说“其形如棋，面刊足银七钱三分”[②]。然而，由于技术问题，“其制渺小，全无法度”，“未几而伪者、低者日出，遂使良法美德，废而不行”[③]。尽管如此，林则徐所作的这一努力仍然具有深远意义，它开创了中国近代币制改革的先河，透露出历史前进的趋向。

① 《清宣宗实录》卷二三五。

② 佚名：《平贼记略》。

③ 郑观应：《盛世危言》卷五《铸银》。

第五章 道咸年间经世派的史地学[①]

清乾隆、嘉庆年间，考据学派雄踞学坛。大多史学家热衷于旧史的辨伪、校注、考订、辑佚以及补正改作。地理学家也多局限于古地理考证，正如梁启超所说："清儒嗜古成癖，一切学问皆倾向于考古，地理学亦难逃例外"[②]，清初史地学的经世致用风格被大大淡化。嘉、道以还，史地学一味考古的风习发生急剧转化。伴随着经世派议政之风的勃兴，一股具有活泼生命力的史地学卓然崛起。如果说，嘉、道、咸年间经世派研讨漕、河、盐、农诸大政是为着解除"内忧"，那么，经世派的史地学则主要是应对"外患"的产物。姚莹在论及《康輶纪行》的写作时说，他之所以"喋血饮恨而为此书"，是为了"雪中国之耻，重边海之防，免胥沦于鬼域"[③]。这一言论颇能代表道咸间经世派史地学的精神。

第一节 探究西北史地以筹边防

道咸经世派史地学的重要方面，乃是西北边疆史地研究的异军突起，"一时风会所趋，士大夫人人乐谈"，以致赫然成为当时的"显学"[④]。

道咸间西北边疆史地研究的崛起，具有深厚的历史文化背景。清代康、雍、乾三朝，清政府大力经营西北边疆，经过平定准部、回部的多年征战，清政府终于有效地实现了对包括新疆、内蒙、西藏、青海等地区在内的西北边疆

① 本章参见冯天瑜：《龚自珍社会批判思想刍议》《具有时代界碑特点的文化巨匠——魏源》，《明清文化史札记》，上海人民出版社 2006 年版，第 270—316 页。

②④ 梁启超：《中国近三百年学术史》，中国书店 1985 年版，第 320、322—323 页。

③ 姚莹：《东溟文后集》卷八。

的管理。由于西北边疆“道里迢遥，非前代兵力所能至，即或偶涉其地，而终弗能有”。故从来的边疆史地研究中，西北史地研究是一薄弱环节。“记载者依稀影响，无由核其实”[①]。清王朝开拓边疆，将西北地区“咸隶版图”，“列戍开屯，画疆置郡”，建立起一个疆域空前辽阔的大帝国，开扩了学者的眼界，孕育了西北边疆史地学。康熙年间，学者梁份（1641—1729）只身游历西北，著《西陲亥步》二卷、《图说》四卷和《西陲今略》八卷，人称“西陲三书”，开西北边疆史地研究之先声。雍乾时期，随着新疆等地的次第平定，有关西北边疆史地的著述也渐趋增多。如乾隆年间官修的《西域图志》《皇舆西域图志》，以及椿园氏的《西域闻见录》、洪亮吉的《天山夜话》、松筠的《绥服纪略》和西清的《黑龙江外纪》等。此外，当时的一些辽、金、蒙元史研究著作，如厉鹗的《辽史拾遗》、钱大昕的《元史考异》、洪辉祖的《元史本证》等，也对西北史地有所考证。由于边疆史地学对开发边疆、巩固边防和维护国家统一极具重要意义，故这门学科本身就是经世致用之学。

然而，西北史地研究在道咸间蔚为“显学”，最为根本的原因乃是中国边疆危机的尖锐刺激。另一不可忽略的肇因是：道、咸以降不断有颇具学养和见解的官员被贬谪新疆，他们得以实地考察边地，成为西北史地研究的一支生力军。诚如时人所称：“边徼地理之研究，大率由好学之谪宦或流寓发其端。”祁韵士、徐松等为此行列中人。

嘉庆以降，清王朝走向衰败。其江河日下之势引起“负经世之志”的士大夫们的忧虑。由于历史上每当中央政权衰微之际，边疆少数民族往往会对中原地区形成威胁，发生严重的边患，加之势力已伸入中亚细亚的沙俄和英国对中国西北地区虎视眈眈，造成日趋严重的边疆危机，故“道咸而后，下逮同光”，经世学者注目于多事的边陲，其涉及的地域既包括从东北至西北的边疆地带如黑龙江、内外蒙古、新疆、宁夏、甘肃、青海、西藏等区域，又包括中国版图以外与中国西北边疆相接壤的俄国、中亚、印度等国家与地区。其研究内容则有：（1）考订与研究这一地区的高山、河流、沙漠、草原、都会、城址与边界；（2）研究与记录这一区域内各少数民族的历史沿革、风土民情、宗教信仰及物产；（3）注释与勘误历代学者关于西北的史地著作；（4）就清政府边

① 《四库全书总目·〈钦定皇舆西域图志〉提要》。

疆政策提出若干建设性意见。有人统计，自清入关到清帝逊位不到三百年的时间内，研究西北边疆史地的论著达300余种，作者达200多人，而其中80%的著作产生于道光以后[①]。其阵容与成果皆可称道。

道咸间西北边疆史地研究大致可以鸦片战争为界，划分为前后两期。前期研究主要着眼于开发边疆、维护国家统一，其代表人物有祁韵士、徐松、沈垚、龚自珍、张穆，后期研究意在巩固边防，抵御外侮，其代表人物为何秋涛。

一、谪宦祁韵士、徐松的边疆史地研究

19世纪边疆史地研究的开先路者是曾经"坐事"新疆伊犁七载的祁韵士。

祁韵士（1751—1815），字鹤皋，乾隆后期进士，任国史馆纂修期间，留心西域文献，并预修《蒙古王公表传》。此书之撰修是因为"内札萨克四十九旗，外札萨克喀尔喀等二百余旗，以至西藏及回部纠纷杂乱，皆无文献可征据"。祁韵士"乃悉发库贮红本，寻其端绪，每于灰尘坌积中忽有所得，如获异闻。各按部落立传，要以见诸实录、红本者为准，又取《皇舆全图》以定地界方向，其王公支派源流，则核以理藩院所存世谱，八年而后成书"[②]。另撰《皇朝藩部要略》18卷，编年叙述蒙、回、藏各部归清始末及封爵、建置等事。嘉庆十年（1805），祁韵士坐事戍伊犁，本来就对西北边疆史地深感兴趣的祁韵士由此而"亲履其地，多所周历，得自目睹"。"而昔年备员史职，又尝伏读御制文集、诗及平定准噶尔回部方略二书，故于新疆旧事知之最详，颇堪自信"[③]。在此基础上，祁韵士著成《新疆要略》《西域释地》《西陲总统事略》《万里行程》等书。这一系列著作的诞生标志着系统研究西北边疆史地的开始。祁韵士在谈到西北史地研究时说："近年士大夫于役西陲，率携琐谈、闻见录等书为枕中秘，惜所载不免附会失实。又于开辟新疆之始末，仅就传闻耳食为之演叙，讹舛尤多。夫记载地理之书，体裁近史，贵乎简要。倘不足以信今而证占，是无益之书，可以不作。"[④] 足见其治西北史地学带有明显的经世意图。

---

① 参见王记录：《清代西北边疆史地研究述论》，《兰州学刊》1989年第6期。

② 《清史稿》卷四八五《祁韵士传》。

③ 祁韵士：《新疆要略·自叙》。

④ 祁韵士：《西陲要略·序》。

徐松（1781—1848），字星伯，浙江上虞人，嘉庆十年进士，初官编修，后任湖南学政。徐松“生前仕宦极其蹭蹬，身后并无传铭”[①]。但他在舆地之学方面的造诣却深为同时代的学者钦佩。左宗棠的哥哥左宗植曾称赞道：“道光中徐君星伯精于西域舆地水道之学。当时所与往还者多海内高才博闻，如李君申耆、魏君默深，其表表者。”[②]吴昌绶在《定庵先生年谱》中也记叙道：“大兴徐星伯舍人精于西北地理，先成哈萨克、布鲁特二表，先生（即龚自珍）叹为当代奇作，遂沿用之。”由此可见，徐松在当时具有广泛影响。

徐松与祁韵士关系甚密，其命运也与祁氏相似。嘉庆十七年（1812）亦即祁韵士坐事伊犁七年后，徐松亦获罪遣戍伊犁。徐松抵新疆后，伊犁将军松筠嘱徐松续修、扩撰祁韵士创纂的《伊犁总统事略》。为了获得第一手资料，徐松遍历南北疆，行程逾万里，“即览其山川城邑，考其建官设屯，旁及和阗、乌什、塔尔巴哈台诸城之舆图，回部哈萨克、布鲁特种人之流派”[③]。书成后，以松筠名奏上，钦定武英殿刊本，称为《新疆识略》。这部被龚自珍誉为“当代奇作”的西北地理专书，为徐松毕生功力所萃。

在遣戍伊犁六年期间，徐松广为考察新疆舆地，他“携开方小册，置指南针，记其山川曲折，下马录之。至邮舍，则进仆夫、台弁、通事，一一与之讲求。积之既久，绘为全图，乃遍稽旧史方略及案牍之关地理者，笔之为记”[④]。在此基础上，徐松撰成《西域水道记》《新疆事略》《西域水道记校补》《汉书西域传补注》，并有《新疆赋》二卷。《新疆赋》《汉书西域传补注》《西域水道记》三书被称为《徐星伯先生著书三种》，简称《西域三种》，一时为留心新疆事务者争相诵阅。

徐松研究西北史地，意在通过测其道里，明其险要，察其风土，为边疆开发与边地安堵提供丰富的资料。预感到俄国将为西北边疆的大患，徐松对著作中凡涉及中俄边界之处，皆一再说明与考订，其塞防思想溢于言表。徐松的同年挚友彭邦畴对徐松深为钦佩，他说，“自来放逐之徒，其发为文章，大都反复以辨其诬，愤激以行志，即或寓忧危之旨，写劳苦之词，亦令观者读不终

① 缪荃孙：《星伯先生小传》，《烟画东堂小品》第7册。
② 左宗植：《慎庵文钞》卷下《书罗研生所藏徐星伯家书札》
③ 徐松：《新疆赋·赋序》。
④ 徐松：《西域水道记序》。

篇，愀然掩卷”，但徐松却“才不为世用，乃著经世书”；“足迹周寰区”，“下笔思济物”[1]。此种浑忘个人命运困厄而唯以边圉安危、国运盛衰为念的意趣，正是道咸经世实学的真精神。

祁韵士、徐松的西北边疆史地研究，奠定了清代边疆史地学的基础，后来治西北史地的学者，无不以祁、徐两人的研究成果为前行基地。

二、龚自珍的《西域置行省议》

开晚清经世风气的龚自珍，不仅是一位“讥切时政，诋诽专制”的健将，而且“于史长西北舆地”[2]。著名的《西域置行省议》即龚自珍研究西北史地的代表作。

龚自珍少年时便对舆地学有强烈的兴趣，成年后他追忆道：“幼有志，欲遍览皇朝舆地，铭颂其名山大川。”[3]志向颇为远大。嘉庆二十五年（1820），天山南路喀什喀尔回族首领张格尔叛乱，朝野为之震动。此间，龚自珍以举人任内阁中书职。有感于张格尔叛乱所造成的震荡，龚自珍决计用内阁典藏，广泛钻研西北舆地，作《西域置行省议》，就西北问题提出全方位的治理建策。

《西域置行省议》是龚自珍“筹之两年而成”[4]的力作。文中，龚自珍首先追溯清代庞大版图形成的经过，界定“西域”的概念，并特别称赞乾隆帝“承祖宗之兵力，兼用东南北之众，开拓西边”[5]的历史功绩。鉴于清初以来西域尚未设省，只是行政松散的藩部，龚自珍力主中央加强对边疆的管理，在天山南北两路亦即准部和回部所在区域，仿各省之例，设总督、巡抚、布政使、按察使等官员，其下又置知府、知州、知县。龚自珍还运用他渊博的舆地知识，对西域府州县的划分提出了具体意见。

为了增强西北边疆的防务实力，龚自珍力主迁徙内地百姓到西北垦荒戍边。对这一战略计划，龚自珍从多方面加以论证，并设计了切实可行的方案。

对于西迁之民的安置问题，龚自珍也有周详的设计，他建议，“当行者，官给每户盘费若干”。“到西分插南北两路后，官给蒙古帐房一间，牛犁具，籽种备”[6]。

---

① 《西域水道记·水道记题词》。

② 《魏源集》上册，中华书局 1983 年版，第 239 页。

③④⑤⑥ 《龚自珍全集》，上海人民出版社 1975 年版，第 415、111、105、107 页。

龚自珍指出，西域设行省以及徙民屯边是一项浩大的工程，虽然“现在所费极厚，所建极繁，所更张极大”，但“所收之效在二十年以后，利且万倍”①。虽然，龚自珍的《西域置行省议》未被当局采纳，但他自信他的设想“五十年中言定验”②。果然，六十年后的光绪十年（1884），新疆设为行省。李鸿章对龚自珍的远见卓识十分钦佩，他说：

> 古今雄伟非常之端，往往韧于书生忧患之所得。龚自珍议西域置行省于道光朝（实写于嘉庆末年——引者），而卒大设施于今日。③

除被赞誉“经画边陲至计”的《西域置行省议》之外，龚自珍关于西北边疆问题还多有议论和著述。道光元年（1821），龚自珍上书吐鲁番领队大臣宝兴，备论天山南路事宜，对吐鲁番地理位置的重要性分析得极为透彻。他说：

> 吐鲁番为南路建首地，一王肖然，有仆三千户，皆以吐鲁番为望。……故吐鲁番安，而四大城皆安；四大城安，而天山南路举安；天山南路安，而非回之天山北路安；天山北路安，而安西南路北路举安。伊犁将军无内顾之忧，兰州总督无外顾之忧。④

此外，龚自珍在《北路安插议》中探讨西北立行省后，如何安排土尔扈特人的问题⑤。在《上国史馆总裁提纲总纂书》中论西北塞外诸部世系源流、山川形势，并就西北诸地的经纬度数订正《清一统志》之疏漏⑥。在《御试安边绥远疏》中批评以往的“安边之略，不过羁縻之，控制之”，其结果不仅不能长保边疆安定，而且边防军队全赖内地供应给养，经济上不划算，军事上也存在极大的危险性。龚自珍认为边防的长治久安之策是“以边安边”，即在天山南路开垦农田，保证供应，在天山北路训练精兵，达到“足食足兵”的效应，“常则不仰饷于内地十七省，变则不仰兵于东三省”⑦，从而操稳胜之券。龚自珍还著《对策》一文，分析清代的西北国防形势与汉唐的差别：“皇朝先平准部，

①②④⑤⑥⑦《龚自珍全集》，上海人民出版社1975年版，第111、516、311、112、312—318、113页。

③ 李鸿章：《黑龙江述略序》。

后平回部，为古未有，而中外一家，情形与古大不同”，故清代的边疆政策不能照搬汉唐。由此，龚自珍提出一个很有见地的思想：

> 经史之言，譬方书也，施诸后世之孰缓、孰亟，譬用药也……至夫展布有次第，取舍有异同，则不必泥乎经、史。[①]

这种从当代实际出发决定当代政策的思想，正是龚自珍经世思想的精髓所在。

由于龚自珍对西北史地颇有研究，程同文修纂《清会典》时，“其理藩院一门及青海、西藏各图”专请龚自珍校理[②]。龚自珍又曾规划编撰《蒙古图志》，为此，他搜集了大量资料，并著有《蒙古像教志类》《蒙古水地志序》《蒙古台卡志序》《蒙古声类表序》《蒙古寄爵表序》等文。后因书楼失火，“此书稿本之半，及为此书而收聚之档册图志，世所弗恒见者，尽毁。遂辍业弗为”[③]。这是一个莫大的遗憾。

龚自珍注意边疆国防问题，其视线并不限于西北和北方。由于海防的需要，龚自珍对东南沿海一带的形势、山川、风土等都十分重视。在《书番禺许君》一文中，龚自珍曾专议广东、广西二省的文化地理特征：“粤之东，维帝南服，而天下之雄也。其山怪，其土阻，其水大壑，其物产英诡，其人沉雄多大略。其大政三：曰榷盐、曰舟师、曰互市；三者恒有联，事相倚也。”[④]足见龚自珍对东南海疆也有一定的研究。此外，龚自珍还有《东南罢番舶议》一文，其文重点在于讨论如何对付西方殖民者在东南沿海活动的问题。龚自珍在《己亥杂诗》的按语中说，曾有人拟将此文与《西域置行省议》“合刊”[⑤]，可见二文的主旨有内在联系，而这种联系实际上体现出龚自珍国防思想的系统性以及目光的锐利和广阔。

三、张穆与《蒙古游牧记》

清末民初政论家刘禺生的《世载堂杂忆》一书在论及道咸间史地学的兴盛时，有如下一段议论：

---

①③④⑤ 《龚自珍全集》，上海人民出版社 1975 年版，第 117、308、178、516 页。

② 《龚自珍全集》，上海人民出版社 1975 年版，第 514 页，《己亥杂诗》附注。

谈辽、金、元史地者，京师以张穆为滥觞。论东南、西南海史地者，以魏默深为先河。

在道咸史地学领域与魏源并驾齐驱的张穆确是晚清西北史地研究中的健将。假如说，19世纪初期“边徼地理之研究，大率由好学之谪宦或流寓发其端”①，带有一定的机遇性，那么，张穆的研究标志着边疆史地研究的深入和自觉。

出生于山西平定的张穆（1805—1849）初名瀛暹，字诵风，又字石州、石舟、硕州，别署季翘、自斋。道光十九年（1839）他参加顺天乡试，携带瓶酒入考场，结果与监考人员发生冲突，被摈斥于考场之外，从此张穆不求仕进，长期住在北京宣武门外，一心一意做学问。

张穆治学，力主经世致用。他有一段名言：

当今天下多故，农桑盐铁、河工海防、民风士习，何一事不当讲求？②

此种面向社会和国计民生的治学精神，正是道咸经世实学的突出性格。以经世为学术目标，张穆对兵制、农政、水利、海运、钱法都有精湛研究，而西北史地更是他擅长的领域。《落帆楼稿序》说，张穆与徐松、沈垚等人交好，常在一起“剧谈西北边外地理”，可见当时的京师已形成一个专门讲求西北舆地学的学者群，而张穆便是其中成员之一，那本“致力十年，稿凡屡易”的《蒙古游牧记》便是他苦心孤诣研究西北史地的代表作③。

《蒙古游牧记》凡16卷，该书按蒙古历史上各盟旗，分记内外蒙、青海、新疆等地的蒙古各部落历史、王公系谱事迹、游牧所在、道里四至、盟旗沿革、山川城堡、古迹庙宇、卡伦驿站、与中原王朝的关系以及清时各部封建领主的封爵功勋和与清朝的会盟臣贡关系。无论是研究蒙古各部落盟旗的历史，还是研究满蒙统治者的政治关系史，以及内外蒙、青海、新疆等地区的历史地

① 祁俊藻：《蒙古游牧记序》。

② 《自斋文集》卷首《祁㝏藻序》。

③ 张穆虽“致力十年”于《蒙古游牧记》一书，但逝世时尚未完稿，经过他的朋友何秋涛的校订，并排比补辑末四卷，才得以成书。

理，该书都具有重要参考价值。

张穆的《蒙古游牧记》有两大特点：

一是广征博引、资料翔实。张穆虽然没有亲往西北考察，但他广泛参考了历代正史（特别是辽金元史）以及各种稗史、碑碣、方志、官修方略等，清代学者的考证论著亦被广泛纳入视野。在大量占有资料的基础上，张穆精心选择史料，对于实地考察所得和第一手原始材料尤为重视，其用力之勤令人叹服。

二是着意于经世致用。张穆的《蒙古游牧记》固然记叙详备，但却不是纯粹的资料汇集，而是具有明确的“致用”目的。张穆自述撰《蒙古游牧记》的动机有三：首先，蒙古“部落强盛，关系中国盛衰”①，但长期以来，沿边各地区如西藏、新疆、云南、吉林等地区皆有专书，唯独蒙古“未有专书”。“《钦定一统志》《会典》虽亦兼及藩部，而卷帙重大，流传匪易，学古之士，尚多懵其方域，疲于考察。”② 这种情形与多民族统一国家显然是不相适应的，《蒙古游牧记》的撰写就是要填补这一空白，揭示蒙古真实的历史和现状，使朝野上下对蒙古有较为真切和全面的了解。其次，内外蒙古浩瀚千里，是我国北部的边防屏藩，《蒙古游牧记》中关于这一地区山川城堡的详细记载，有助于清王朝“明边防”，加强边疆防守。再次，蒙古与中原自清代以来具有紧密联系，巩固这种联系，是多民族统一国家的需要。张穆在《蒙古游牧记》中通过“缀古通今”，盛赞祖国的辽阔和统一，强调中央和内、外蒙的统属关系，正是意在国家的大一统。作为一位“有心经世者”，张穆还十分关注蒙古地区的自然经济环境。他在《蒙古游牧记》中每述一地，必详引前人有关记载，记其水道泉源流向，指出何处有水草宜稼穑畜牧，何处水咸不可食，从而为蒙古地区农牧业经济的发展提供了珍贵的资料。

汉学的缜密与经世致用精神的结合，使《蒙古游牧记》具有颇高的学术价值。祁寯藻在论《蒙古游牧记》时说：

> 陈古文之书则贵乎实事求是，论今事之书则贵乎经世致用，二者不可得兼，而张子石州《蒙古游牧记》独能兼之。

---

① 《蒙古游牧记》卷首《祁寯藻序》。

② 张穆：《自斋文集》卷一《蒙古游牧记·自序》。

读者因此从此书中得到双重收益，诚所谓："读史者得实事求是之资，临政者收经世之益。"[①] 这正是经世学者张穆在晚清边疆史地研究中所作出的杰出贡献。

四、何秋涛与《朔方备乘》

张穆的《蒙古游牧记》虽然修撰于鸦片战争前后，但其着眼点主要还是在于开发边疆、维护国家统一。何秋涛所著《朔方备乘》则受鸦片战争后时代巨变的刺激，目光转向巩固边防、抵御外侮，从而具有强烈的时代精神。

何秋涛（1824—1862），字愿船，福建光泽人，道光进士，授刑部主事。他自幼对天下地理感兴趣，黄彭年《刑部员外郎何君墓表》说，何秋涛"自为儿时，能举天下府河州县名，数其四至"[②]。其后，何秋涛虽"专精汉学"，但决不沉溺于鱼虫考辨，而是"益究经世之务"，"于经史百家之词，事物之理，考证钩折，务穷其源委，较其异同，而要归诸实用"。对于西北地理研究，他更有浓酣兴趣。咸丰三年（1853），何秋涛撰《北徼汇编》，并于八年将是书进奏于咸丰帝。咸丰帝阅后，称"此书于制度沿革、山川形势考据详明，具见学有根柢"，并赐名《朔方备乘》。

何秋涛《朔方备乘》之作，乃是有感于沙俄加紧对中国的侵略造成北部边疆的巨大危机。为此，他将目光投向历史上的中俄关系以及北部边境的防守，"尝谓俄罗斯地居北徼，与我朝边卡相近，而诸家论述未有专书，乃采官私载籍"，撰《朔方备乘》[③]。他在该书凡例中明确阐明著书目的说：

> 是书备用之处有八：一曰宣圣德以服远人；二曰述武功以著韬略；三曰明曲直以示威信；四曰志险要以昭边禁；五曰列中国镇戍以固封圉；六曰详遐荒地理以备出奇；七曰征前事以具法戒；八曰集夷务以烛情伪。

其经世致用意旨溢于言表。

从以上旨趣出发，《朔方备乘》在研究的空间范围上突破西北地区，将目光投向北徼与俄罗斯关联者，其范围远及俄国西伯利亚、中亚及东欧。在时间

① 《蒙古游牧记》卷首《祁㝢藻序》。

②③ 黄彭年：《刑部员外郎何君墓表》，《续碑传集》卷二十。

纵轴线上，《朔方备乘》“自汉晋隋唐迄于明季，又自国朝康熙、乾隆迄于道光”，其范围涉及历代北徼用兵、清代中俄交涉以及中、俄两国的经济文化交往。其宏大规模超过祁韵士、徐松、张穆等人的西北史地研究。在这部关于北徼边防的专书中，何秋涛“考疆域而辨形势”，对中俄边界进行了系统研究，其意义甚为重大。在研究中，何秋涛发现以往关于中俄边界的一些记载有失误之处，他详加论述，加以纠正。如“近人著述，或以为黑龙江至康熙二十一年始入版图”，何秋涛认为，这一说法“失考订矣”。他证诸史实指出，早在唐时，黑龙江地区便已入我国版图，皇太极于天聪八年（1634）十二月派遣大将征服黑龙江全境后，“远近部落，相率来归，皆号新满洲”。俄罗斯是在清统一黑龙江地区以后，“始来临雅克萨地，筑城以居，侵掠赫哲、费雅喀诸部，皆清顺治二年以后之事，则黑龙江先属于我朝，而俄罗斯之兵争在后，年月班班可考”①。他还明确指出：根据《尼布楚条约》，划给中俄边界的尼布楚城“本中国蒙古属地，初非罗刹所有，亦非瓯脱之区”②。这些关于中俄边界模糊问题的考察，是何秋涛对边疆史地的一大贡献。

在深入研究北部边疆现状与俄罗斯扩张态势的基础上，何秋涛于《朔方备乘》中就边境防务问题提出了若干具有战略眼光的见解。他指出，俄罗斯虽在哈萨克以外，距我边地卡伦尚有千数百里之途，但由于哈萨克诸部无城郭，迁徙无常，是以俄罗斯人每每可直至卡伦之外，因而，何秋涛认为，“北徼喀伦（即卡伦）之设，即伊犁等处亦不容或略矣”，否则，俄罗斯便可能乘虚而入，实现侵吞中国疆土的野心。以后事态发展印证了何秋涛眼力的准确，就在何秋涛去世后两年，沙俄通过不平等的《中俄勘分西北界约》将巴尔喀什湖以东、以南和斋桑淖尔南北44万多平方公里的中国领土强行割去。此外，在东北边防上，何秋涛认为，吉林东北原东海诸部属地是防御俄罗斯入侵的战略要地。他指出：“吉林东北隅三姓副都统地，与俄罗斯密迩，三姓所属打牲、采捕诸部属，即旧时东海诸部，慕德向化，久为编氓，是则为盛京屏障者吉林也，为吉林根本者东海诸部也。”因此，何秋涛在《朔方备乘》中以专篇记东海事迹，并着意向清政府强调：“北徼边防，不可不留意于东海矣。”③何秋涛关于边境防务的建策，流溢出其拳拳爱国之心以及富于远见的战略眼光，其价值弥足

①②③ 何秋涛：《朔方备乘》卷一、十五、一，光绪六年刻本。

珍贵。

在《朔方备乘》中，何秋涛还提出一个重要思想，这就是为了有效地对付外国侵略，必须放开眼光，“集夷务以烛情伪”，打破昧于外情的陋习。为此，他努力搜求有关俄国的资料，对俄国的历史、地理、政区、户口、文化、宗教、民族、习俗和物产进行了较为系统完整的介绍。《朔方备乘》一书因而不仅仅是一部西北史地研究专书，而且具有开眼看世界的深邃意味。

何秋涛“专精汉学”，治学严谨，他在《朔方备乘》中对自明末以迄道光朝的十八部涉及北方边疆史地的著述加以精审考订，广采博取有关资料，“务求详备”。他曾自述《朔方备乘》一书在取材上的四个特点：“一曰本钦定之书，以正传伪；二曰据历代正史，以证古迹；三曰汇中外舆图，以订山川；四曰搜稗官外纪，以资考核”。《朔方备乘》因此成为一部北方边疆史地研究的集大成之作。梁启超曾盛赞《朔方备乘》“有组织，有别裁，虽今日读之，尚不失为一名著也”①。这是对《朔方备乘》一书学术价值的恰当评价。

第二节　谈瀛海故实以谋御外②

与探究西北史地潮流相并行，道成间的中国史学界兴起了“谈瀛海故实”的研究域外史地的热潮，一股“开眼看世界”的新风勃然而起。

一、从茫昧自安到“开眼看世界”

道咸经世派以较为开放的心态关注、研究外部世界，特别是西方资本主义国家（时称“泰西”），是一件超越前人习惯性思维定势的事情。囿于中华文化中心主义与盲目的文化优越感，中国人向来是从“广异闻”的角度对待关于外域的报道和消息，而无意认真加以“询问考求”，其认识自然模糊、肤浅乃至无知。

定稿于雍正十三年（1753），刊行于乾隆四年（1793）的《明史·外国传》，反映了自明末迄于清中叶中国人对外部世界的认识水平，这就是仍然以“天朝上国”俯视“夷狄蛮貊”的态度，看待开始走向近代社会的欧洲列国。

---

① 梁启超：《中国近三百年学术史》，中国书店 1985 年版，第 322 页。

② 参见冯天瑜：《试论道咸经世派的“睁眼看世界”》，《近代史研究》1991 年第 2 期。

尽管葡萄牙、西班牙、荷兰等早期殖民者在明朝时即已相继东来，并与中国有战争、贸易等交往，但是，《明史·外国传》却把西班牙、葡萄牙笼统称为“佛郎机”，并说“佛郎机，近满剌加（麻六甲）”，这显系错误观念。晚明意大利传教士利玛窦首次将“五大洲”之说与新的世界知识向中国人介绍，《明史》却以为利玛窦“所言风俗物产多夸”，“其说荒渺莫考”。此种情形至乾隆朝依然如故。乾隆年间撰修的《大清一统志》沿《明史》之误，称“葡萄牙近满剌加，信佛教”。《清朝文献通考》袭《明史》之说，斥“意达里亚人所称天下为五大洲，盖沿于战国邹衍‘谈海’之说，……彼所称五大洲之说，语涉狂诞”。修撰于同一时期的《皇朝通典》则记载道：“法兰西占据澳门，土产象犀。”对于西班牙，中国人亦“不审所在”，“以其商船皆自吕宋转市来，又以其国强越吕宋，故称之曰‘大吕宋’以别。”[①]英国取代葡萄牙、荷兰、西班牙的海上霸主地位之后，中国人又把英国与荷兰等国混为一团。成书于乾隆年间的《澳门纪略》在谈到荷兰时便说，“（荷兰）今又析其名为英吉利”，这无疑是谬以千里。夏燮《欧罗巴洲考》指出：“盖自佛兰西屡犯边境，朝廷加意防守，诸番之至者，悉疑为佛郎机假托。”其荒谬可以想见。以后，美国人来到广州，清政府又将美国人和英国人“牵混一气”，“莫悉其离合”，以致两国商人都向两广总督提出强烈要求，希望“不要把我们与他们混在一起”。至于明清之际耶稣会士传入的“言世界地理”的“西人之书”，士大夫们或“以西洋人外之，莫有究其说者”[②]；或“视同邹衍谈天，目笑存之”[③]。由此而来，乾隆进士杨复吉把加里曼丹岛与菲律宾群岛当作南北美洲；嘉道间的大学问家阮元、梁廷枏等人则把美洲和非洲混为一谈，称美洲在非洲境内。林则徐到广东一段时间后，也还认为土耳其是美国的一部分。朝野上下的世界知识一片混乱，无知而又可悲。

道光二十年（1840）鸦片战争爆发，英国的坚船利炮无情地撼摇着中华帝国大厦，然而，此时的国人仍然是“震于英吉利之名，而实不知其来历”。该年十月，伊里布家人张喜赴定海与英军商议释俘及退兵事。张喜屡屡向英人发问：“英国在中国之何方？”“鸦片产于何处？”“英国与中国相通始于何

① 王芝：《海客日谭》卷三。
② 姚莹：《康輶纪行》卷十六。
③ 梁启超：《中国近三百年学术史》，中国书店1985年版。

时？”“英国之王果系女人？多少年纪？何名？”假如说，张喜只是一介家人，其茫昧无知尚有可恕之处，那么，最高决策者的同样无知便令人不得不惊讶万分。道光二十二年（1842）亦即中英开战后两年，道光皇帝下谕，着奕经、达洪阿等官员向“夷俘”了解：“该国地方周围几许？”“其至内地所经过者几国？”“至回疆各部有无旱路可通？平素有无往来？俄罗斯是否接壤？有无贸易相通？”“该国制造鸦片卖给中国，其意但欲图财或另有诡谋？”与此同时，关于英国军事力量的种种荒谬情报也纷至沓来。英军腿缠绑腿，林则徐深信他们“腰腿僵硬，一仆不能复起”。英军作战持用望远镜，方东树以为他们“目不能远视，故不能挽强命中”。一位名叫黄惠田的福建举人呈交给道光皇帝的《平英策略》更是一派梦呓之言：“逆夷由安海放桅而来，日食干粮，不敢燃火，其地黑暗，须半月日始出口。”

对于一个民族来说，最可悲的莫过于在复杂险恶的国际环境中丧失对周围世界的判断能力和自我意识，而当时的中国，文化偏见与狭隘的视野使人们的观念、判断、决策与国际现实之间相悖离，从而陷入种种错觉。弥漫于朝野的孤陋寡闻而又妄自尊大的精神气氛，使道咸间经世派人士极为愤慨，魏源说：

> 以通市二百年之国，竟莫知其方向，莫悉其离合，尚可谓留心边事者乎？①

姚莹亦指出：

> 中国书生狃于不勤远略，海外事势夷情，平日置之不讲，故一旦海舶猝来，惊若鬼神，畏如雷霆，夫是以偾败至此耳。②

昧于也不屑于了解包括英国在内的“夷情”，当然并非嘉、道一代人的过失，而是中国积淀深厚的传统。目光敏锐的姚莹揭示这一病症的缘由：“自来言地理者，皆详中国而略外夷。《史记》、前后《汉书》，凡诸正史外夷列传，

① 魏源：《海国图志·筹海篇（三）》。
② 姚莹：《复光律原书》，《东溟文后集》卷八。

多置不观，况外夷书乎？”[①] 并进而分析其间奥秘有三：一是“骄傲自足，轻慢各种蛮夷，不加考究”。“坐井观天，视四裔如魑魅，暗昧无知”。二是统治者担心国人视野大开后“移情务远”，思想发生“夷”化，以至“骚中国而事外夷”，动摇传统文化本位，“故深拒夷事不讲”。三是士人眼界狭窄，“习于所见”，墨守陈规，“皆以侈谈异域为戒”。一些拘迂之儒甚至抬出司马迁作为他们的行为范式：“司马氏之奇伟，第就域内之人事伦理求之；非驰心海外及未来千百年后。”[②] 尽管早在明清之际，耶稣会士便把包括英国在内的世界知识介绍给中国人，但士大夫们“多诞之莫信”[③]。故英国气势汹汹逼近国门并使中国人大吃苦头，但是，“吾中国曾无一人焉留心海外事者”[④]。

当然，所谓“中国曾无一人焉留心海外事者”毕竟是一种愤激的说法，恰在 19 世纪上半叶的嘉道年间，崛起一批“开眼看世界”的先行者，他们没有沉溺于中古迷梦，没有抱残守缺、闭目塞听，而是怀着挽救民族危亡的忧患意识，高扬“经世致用”旗帜，对内“补偏救弊”“更法改图”，对外则及时调整鄙夷外人的固有心态，“购求异域之书，究其情事”[⑤]，竞相“谈瀛海故实”以谋御外，终于在严密封闭的中古黑屋，打开了一扇窥探外域的窗户。中国人走向近代世界的历程即由此发端。

道、咸间经世派研讨“泰西”的努力，始于林则徐。道光十九年（1839）正月，林则徐以钦差大臣身份，抵达广州主持查办鸦片事宜。在同英国人以及其他欧洲人直接打交道的过程中，林则徐深感“不谙夷情”之苦，于是，他有组织、有计划地大量搜集和翻译外国书刊，广泛了解敌情外事，接触近代世界。在林则徐组织翻译的书报中，属于军事、政治、经济情报类的，有《澳门新闻纸》及据此选编的《澳门月报》，属于外人对华评论类的，有《华事夷言》等，属于介绍世界各国历史与现状的，有据英人慕瑞所著《世界地理大全》译出的《四洲志》，属于国际法的，有滑达尔所著《各国律例》选译，属于军事技术类的则包括造船、制炮、演炮等方面的译作。作为清王朝高级官吏的林则徐，如此积极主动地探求域外新知，这在自我闭塞的清代中叶，确实是一种惊人之举。

---

① 姚莹：《康輶纪行》卷九。

②⑤ 姚莹：《东溟文后集》卷八。

③④ 姚莹：《康輶纪行》卷十六。

林则徐探求域外情事之一法是，“购其新闻纸，具知西人极藐水师，而畏沿海枭徒及渔船疍户，于是招募丁壮五千”[①]，以人民游击战方式打击英国侵略者。再例如，当时人们普遍认为英国只长于海战而不善陆战，因而对英作战应当“不与水战，而专与陆守”，林则徐初入广州也持此说。在深入调查“夷情”以后，林则徐及时改变战术，决定建立水军，“尾追”英夷，以改变被动挨打局面[②]。由于林则徐对外域“夷情”有较详尽的了解和把握，因此，他能够应付自如地综理对英作战、外交、商务诸事宜，其战略眼光与具体策略亦高出朝野诸人一筹。

林则徐在对西方各国情况及其“长技”有所了解的情况下，又以高度的爱国热情和改革家的胆识，把向西方学习的问题提上议事日程。他提出“师敌长技以制敌”的口号，并在一定范围内付诸实行。由于林则徐最初认识到的西方长技是西方先进军事技术，因此，他亟亟于向西方购入新式武器，并引入有关军工技术，如他购买美、葡等国制造的大炮，又从美国人手中购买了一艘货船改装为兵船，并配置英制大炮和新式炮车。他捐资仿造两艘欧式双桅战船，并搜集、绘制八种战船图式。从西方海军建设中受到启发，林则徐还提出一个建设一支拥有大船百只、中小船五十、水军五千、舵工水手一千的新式海军的主张。这些活动与构想在中国近代军事史上都有开风气之先的意义。

林则徐的“开眼看世界”影响相当深远。由于林则徐以开创者的气魄，冲破封闭保守的传统，“凡以海洋事进者，无不纳之；所得夷书，就地翻译”，广州一时“海外图说毕集”[③]，成为当时中国人了解世界的中心。以林则徐为先导，知识阶层中研究外域史地的热潮也随之勃兴。陈汉章的《蓬莱轩地理学丛书・后叙》说：

> 自林文忠公译西人《四洲志》，邵阳魏默深、光泽何愿船，因以考订列史外国传及佛国、西游、西使诸记为《海国图志》，并及《异域录》《宁古塔记略》诸书为《朔方备乘》。

---

① 魏源：《圣武记》卷十。

② 林则徐：《致姚春木王东寿书》，《道咸同光名人手札》第二集，卷一。

③ 姚莹：《康輶纪行》卷十六。

近代维新运动的领袖康有为、梁启超也推崇道：

> 暨道光二十年，林文忠始译洋报，为讲求外国情形之始[①]。
>
> 嘉庆中林少穆督两广，命人译《四洲志》，实为新地志之嚆矢。[②]

这一评说是对林则徐开启域外史地研究功绩的中肯评价。

二、魏源的《海国图志》

鸦片战争的爆发以及接踵而来的严厉惩处，打断了林则徐研究域外情事的进程，继之而起的魏源以《海国图志》的编撰，更扩大了“开眼看世界”的范域。

《海国图志》初编于道光二十一年（1841），是年六月，发配往伊犁的林则徐在京口（今江苏镇江）会晤魏源，将自己主持编译的《四洲志》及其有关外国资料交他，嘱续为编纂。魏源欣然允诺，随即动笔。次年冬，《海国图志》50卷成，道光二十六年（1846）到二十七年（1847），魏源将《海国图志》增补为60卷。咸丰三年（1852）又增补为100卷。在《海国图志》编撰过程中，魏源广为搜辑资料。他曾自述其资料来源：“一据前两广总督林尚书所译四夷之《四洲志》，再据历代史志及明以来岛志及近日夷图、夷语。钩稽贯串，创榛辟莽，前驱先路。”据统计，《海国图志》的百卷本除以《四洲志》为基础外，先后征引历代史志14种、中外古今各家著述70多种、各种奏折30多种，此外还有一些亲自调查获得的材料（收入《海国图志》的《英吉利小记》一文，便是依据在鸦片战争中亲审英俘所得材料以及其他英俘口供撰成）。如上多方面材料汇聚起来，给魏源提供的外部世界信息的丰富程度和真实程度，是以往无法企及的。值得指出的是，魏源特别注意征引外国人的直接记载，“以西洋人谈西洋”，“以夷人谈夷地”，避免中国典籍依据传闻杂录论述域外情事的不实之弊。《海国图志》“何以异于昔人海图之书？曰：彼皆以中土人谭西洋，此则以西洋人谭西洋也”[③]。这是《海国图志》能为中国人提供全新的世

① 中国近代史资料丛刊《戊戌变法》（四），上海人民出版社1957年版，第408页。

② 梁启超：《中国近三百年学术史》，中国书店1985年版，第323页。

③ 《魏源集》上册，中华书局1983年版，第207页。

界观念和基本可信的世界知识的前提条件。《海国图志》的 100 卷本，共 80 余万言，有地图 75 幅，西洋船炮器艺图式 57 页，是 19 世纪中叶中国以至东亚内容最丰富的世界知识百科全书。

《海国图志》不仅是一部知识性读物，更是一部爱国者探究抗击外国侵略、谋求祖国独立富强的经世著作。

首先，《海国图志》揭示英国在世界各地的扩张态势，以唤起朝野上下的警觉。他指出："英吉利本国地形偏小，而生齿最繁，可耕之土不足供食指之什一。北亚墨利加未分割之前，英民无业者，率西渡谋食。迨米利坚创据之后，英所余北境之土，寒不可耕"，因此，英国"汲汲于寻新地"[①]，从一个侧面揭示英国的侵略性。正是在内部经济力的驱动下，英国殖民者"西得亚墨利加"，又"灭孟加拉，乘胜蚕食印度诸部"。盖"四海之内，其帆樯无所不到，凡有土有人之处，无不睥睨相度，思朘削其精华"[②]。魏源向国人描述了英国威迫中国的情势：

> 英人既得五印度，渐拓而东。南印度海之东岸，遍置铺头。阿喀刺达围取之缅甸，麻喇甲、息力易之荷兰，小西洋利权归掌握者八九矣。再东，则中国之南洋诸岛国。[③]

魏源接着指出，西方侵略给中国造成的巨大危机决不会因为第一次鸦片战争后中国的赔款割地而消弭，因为，通过此次战败，"夷瞰我虚实，藐我废弛"，野心将更为膨胀。在《南京条约》签订后，魏源揭示英国侵略者无可改易的扩张本性，并发出"严戒备"的疾呼，敲响了时代警钟。

其次，介绍世界各国情况时，从英国扩张态势以及中国抵御英国的战略需要来组织材料。西方殖民者在东南亚"遇岸争岸，遇洲据洲，立城埠，设兵防，凡南洋之要津，已尽为西洋之都会，……志南洋实所以志西洋也"。"中、南、东三印度，并据于西洋"，其地理位置至关紧要："东印度为英夷驻防重镇，凡用兵各国，皆调诸孟加腊。"与此同时，东印度"又与我属国缅甸、廓尔喀（尼泊尔）邻近世仇"。"故英夷之逼中国，与中国之筹制英夷，其枢纽

①②③ 《海国图志》卷五十二。

皆在东印度”。南印度“有佛兰西、弥利坚、葡萄亚、荷兰、吕宋各国市埠环列”，“故我联络佛兰西、弥利坚及购买船炮，其枢纽皆在澳门与南印度”。至于中印度“为英夷与俄罗斯相距之所，我之联络俄罗斯，其枢纽在中印度”。故“志西南洋实所以志西洋也”。非洲（时称小西洋或利未亚洲）“为大西洋商舶必绕过之地，亦英吉利、荷兰兵城守之，皆据海口，立炮台，设市埠，而土人供其驱使”，“今志小西洋，实所以志大西洋也”。北洋俄罗斯是英国劲敌，利用英俄矛盾有利于抵制英国，“志北洋亦所以志西洋也”。外大西洋的美国，原是英国属地，“愤于无道之虎狼英吉利，同仇一倡，不约成城，……逐走强敌，尽复故疆”，“志外大西洋亦所以志英吉利也”。西洋是《海国图志》研讨的重心所在，而“详志西洋，正所以志英吉利也。塞其害，师其长，彼且为我富强”。由此可见，《海国图志》的结构决非单纯的技术性处理，而是鲜明地体现了魏源反侵略的经世意图。

再次，在叙东南洋各国史地时，魏源处处从御侮图强着眼，注意介绍其间的亡国教训与反侵略经验。他在谈到印度诸部陷落时，总结英国侵略得逞的原因是：“诸部散弱，不能抗，遂大半为其所役属。”这正是在警告国人，只有加强民族团结，方有抗御外来侵略的实力，分裂散弱，将不可避免被奴役的命运。对于越南“下令严禁（鸦片）”，“犯者死无赦，一国卒不受害”的情事，魏源极加称赞，并由衷感叹道：“咄咄岛邦，尚能令止而禁行”，其锋芒所指正是在禁烟中手足无措的腐朽的清统治者。研究东南洋各国抗击英军入侵的史实，魏源对缅甸以大木立栅自环打败英国和安南把英舰引入内河聚歼的成功战例深感兴趣，以为可引为中国对付外来侵略者的借鉴。他说：“观于缅栅之足拒夷兵，而知我之所以守；观于安南札船之足慑夷艇，则知我之所以攻。”① 他更以缅甸、安南战胜英军的事例来鼓舞中国朝野：“彼谓西洋水犀戈船无敌海内外者，抑知五行迭相克，阴阳迭相胜，天下有不可制之物耶？”② 对于刚刚在鸦片战争中遭受奇耻大辱的中国人来说，打破侵略者不可战胜的神话无疑是必要和及时的。《海国图志·原叙》说：“夷教夷烟，毋能入界，嗟我属藩，尚堪敌忾，志东南洋海岸各国第三。吕宋、爪哇，屿埒日本，或噬或駾，前车不远，志东南洋各岛第四。”这种从正反两方面向中国反侵略斗争提供借鉴的

①② 《海国图志》卷十、六。

史地研究，包含着丰富的经世意蕴。

依据对外域情事的周密考察以及丰富的经世之学，魏源于《海国图志·筹海篇》中研讨抗御英国侵略的方略与中国富强之术，“其要归于‘以守为攻’‘以守为款’‘以夷制夷’‘师夷之长技以制夷’，语重心长”①。其间反响最为强烈者又当是“以夷攻夷”与“师夷长技以制夷”。

所谓“以夷制夷”即利用英国和其他国家之间的矛盾，达到消弭英国侵略的目的。与魏源近似的谋略思想，林则徐早已提出，林则徐在禁烟过程中，对英国和其他国家间的矛盾有敏锐觉察，并于《复奏曾望颜条陈封关禁海事宜折》中提出“似可以夷治夷，使其相间相睽，以彼此之离心，各输诚而内向”的对策。魏源在林则徐思想的基础上，进一步提出“筹夷事必知夷情，知夷情必知夷形”的原则，在《海国图志》中，他详细分析了英国在世界范围内与其他国家之间的矛盾，提出，“英夷所惮之仇国三：曰俄罗斯、曰佛兰西、曰弥利坚”，对西南洋（即印度洋）地区的“廓尔喀、缅甸、暹罗、安南”也存惧戒之心。据此，魏源设想在陆上利用英俄、英廓的矛盾，“使廓夷扰其东，俄罗斯挎其西，则印度有瓦解之势，寇艘有内顾之虞”。使“（廓夷）扰彼腴疆（即印度南部），捣其空虚，牵其内顾，使西夷（即英国）失富强之业，成狼狈之势”②。与“廓夷、鄂（俄）夷攻印度之策并行”，中国与缅甸、安南、暹罗等国相联络，共同钳制英国，给英国侵略者以沉重打击。对于英国与法、美两国之间的矛盾，魏源也深加注意，他指出，法、美两国过去在美洲和印度积下了宿怨，鸦片战争又使法、美对华通商中断，因此，利用法、美“贪市舶之利”的心理，将使“我收爪牙之助”。他具体设计道，如果能“集其众长以成一长”，“合众国以制一国”，使“各国回国调兵艘与之讲理”，就能使英国“兵舶不敢舍其境而远犯中国”③。

对魏源“以夷制夷”的谋略加以评说，是一个复杂的问题。“以夷制夷”或“借夷制夷”是中国古老的一个外交谋略，早在东汉班超那里，就有“以夷狄攻夷狄，计之善者”的说法。但是，这一谋略的成功，不在谋略本身，而取决于实施这一谋略的条件，这些条件包括自身力量强大，有实力作后盾；国

① 钱基博、李肖聃：《近百年湖南学风》，岳麓书社1985年版，第13页。

②③ 魏源：《圣武记》卷五。

际形势有利于实行这一谋略；拥有杰出的外交家。从道咸间国际国内的情势来看，魏源的“以夷制夷”的设想是不现实的。因为，清王朝此时衰败至极，无实力可言；国内官僚长期昧于外部事态，更不具备近代外交家的素质。国际殖民主义势力固然有“相间相睽”的矛盾的一面，但它们在侵略中国、瓜分中国上有共同的愿望与相互勾结的必要性。在此种情形下，所谓“以夷制夷”无异于天方夜谭。

“以夷制夷”思想的提出，其根柢在于天朝情结。既然中国似乎还是天朝上国，可以玩“夷”于股掌之上，这无疑是一厢情愿。魏源的友人、岭南学者陈澧便对魏源“以夷制夷”说有尖锐批评：

> 魏君之为此说，直因廓尔喀一禀而起，遂欲令俄罗斯、米利坚、佛兰西皆助攻英吉利。不知廓尔喀素服中国兵强，又误闻英逆犯顺以来，屡为中国击败，故欲乘势助攻，自雪仇怨。……此其未喻一也。俄罗斯本非朝贡之国，乾隆中天威远播，令其缚献阿睦尔撒纳，彼犹为之隐匿，何况今日使受驱策？此其未喻二也。当英逆犯顺，米利坚、佛兰西出为调人，不过恐英逆在广骚扰，阻彼贸易，彼但劝和，何遽欲使助讨？二夷果能攻取印度，自获厚利，亦何待中国驱策？……此其未喻三也。……且四国果肯助攻，尤有后灾。夫胜负者不可必之事也。假令四国出兵失利，则英逆之气愈扬，我之气愈挫，其不可一也。又令四国一战而胜，则是为我复仇，为我敌忾，必自谓大有造于中国，其骄抗要求必为我之所不堪，不满所欲，必且启衅。唐之回纥，是其覆辙，其不可二也。①

这些具体分析相当中肯，颇有见地。

当然，撇开魏源“以夷制夷”说中包含的文化中心主义以及对实际外域情事的判断失误不论，“以夷制夷”作为一种外交谋略以及一种经世方案，自具有一定的意义，不可忽视。

与魏源“以夷制夷”的构思比较起来，他所提出的“师夷长技以制夷”的战略意义要深远得多。

---

① 陈澧：《东塾集》卷二《书〈海国图志〉后呈张南山先生》。

魏源“师夷长技”的思想酝酿已久。早在道光十七年（1837）前后着手编纂《圣武记》时，魏源就提出“以彼长技，御彼长技”的主张。他进而强调指出，“师夷技”原是祖先采用过的有效制敌方法，为今之计，只是“扩而推之”，以御外侮。在《道光洋艘征抚记》中，魏源又有“尽收外国之羽翼为中国之羽翼，转外国之长技为中国之长技”的说法。《海国图志》50卷本明确提出“师夷长技以制夷”的完整主张。

“师夷长技以制夷”的战略思想，其爱国主义热忱自不待言，它在文化史上还具有特别价值。传统中国人在曾经瞧不起的“夷狄”面前放下“天朝上国”架子，承认自己有不足之处，并拜师学习，这无异是丢面子之事，因此，对于“师夷”说，不仅顽固派坚决反对，许多思想较开明的经世派人士也无法接受。林则徐的朋友梁廷枏就说：“天朝全盛之日，既资其力，又师其能，延其人而受其学，失体孰甚？彼之火炮，始自明初，大率因中国地雷飞炮之旧而推广之；夹板舟亦郑和所图而予之者。即其算学所称东来之借根法，亦得诸中国。但能实事求是，先为不可胜，夷将如我何？不然而反求胜夷之道于夷也，古今无是理也。”[①] 津津乐道于“天朝全盛”、恩被四夷的盛景，执着于“西学中源”的幻想，视学习外域是“失体”与悖背“古今之理”，正是华夏中心主义的弊处。魏源把此类见解称之为夏虫、井蛙之见，他说：

> 今日之事，苟有议征用西洋兵舶者，则必曰借助外夷，恐示弱，及一旦示弱数倍于此，则甘心而不辞；使有议置造船械、师夷长技者，则曰糜费，及一旦糜费十倍于此，则又谓权宜救急而不足惜；苟有议翻夷书，刺夷事者，则必曰多事，及一旦有事，则或询英夷国都与俄罗斯国都相去远近，或询英夷何路可通回部。[②]

拒绝向西方学习，其结果是自受其害，诚所谓“不善师从夷者，外夷制之”。要避免此种“受制”于外夷的命运，正确的选择只能是：“因其所长而用之，即因其所长而制之”。“善师四夷者，能制四夷”。魏源深信，沿着“师夷”路

① 梁廷枏：《夷氛闻记》。
② 魏源：《海国图志》卷二。

径前进，中国将“风气日开，智慧日出，方见东海之民犹西海之民”①。

魏源认为“夷之长技三：一战舰，二火器，三养兵练兵之法”。而这三方面都是中国急需学习之处。

关于造船，魏源最初主张“造舟不如购舟”②。在《海国图志》中他一改昔日想法，建议在广东虎门口外的大角、沙角地方设造船厂一，火药局一。请美、法两国工匠技师教造船只、炮械及行船、演炮之法，同时选送粤、闽两省巧匠、精兵学习洋匠的铸造、驾驶、作战等技术。通过外国技师指导与中国工匠留洋学习，由中国人制成战船百艘、火炮十艘，估计“所费不过二百五十万，而尽得西洋之长技为中国之长技”。从此，“我有铸造之局，则人习其技巧，一二岁后，不必仰赖于外夷”③。总结广东过去仿造战船失败的教训，魏源指出，这些试制之所以失败，是由于“未延夷匠指授之故。倘肯出赀延夷匠为师，不旬日而可成矣”④。

关于火器，魏源也主张设局直接向西洋工匠学习制造。为了传播西洋军事器械制造技术，魏源在《海国图志》中收载了诸多有关论述，如丁拱辰所撰《铸造洋炮图说》，黄冕的《地雷图说》，潘仕成的《攻船水雷图说》，以及《作远镜法说略》《西洋用炮测量说》等，而这些内容都属于魏源“师夷”规划中的一部分。

对于西方“养兵练兵之法”，魏源也十分重视。他敏锐地觉察到，英军在战争中的胜利并非专恃船炮坚利，而且与其优良的“养兵练兵之法”分不开，这就是“赡之厚故选之精，练之勤故御之整”。因此，对于中国军事力量来说，仅仅引入军事机械是远远不够的。假如对兵员“无其节制，即仅有其船械，犹无有也”⑤。英人“饷兵之厚，练兵之严，驭兵之纪律，为绿营水师对治之药”。⑥他主张粤省水师“汰其冗滥，补其精锐”⑦，加以整顿，“精训练而严节制之”。有了经过严格训练的军队，还必须有干练的指挥官。若“调度不得其人，虽谋之期年，亦溃之一日”⑧。有鉴于此，魏源主张从实践中选拔军事人才，“凡水师将官，必由船厂、火器局出身，否则由舵工、水手、炮手出身”。他还建议传统武试“在粤闽二省增设水师一科，有能造西洋战舰火轮

① 《魏源集》下册，中华书局 1983 年版，第 874 页。

② 魏源：《圣武记》卷十四。

③④⑤⑥⑦⑧ 魏源：《海国图志》卷二、八十九、二、三十七、二、一。

舟，造飞炮火箭水雷奇器者为科甲出身”[①]。这种注重实际才干的思路显然来自魏源一以贯之的实学思想。

“师夷”说的内容，虽限于军事技术，但魏源作为一个眼光向着社会实际和外部世界的实学家，充分意识到“西夷”之所长并不止于技艺。他探究英国致富的原因，认为英国的强大是因为“不务行教而专行贾，且佐行贾以行兵，兵贾相资，遂雄岛夷”[②]。由此，魏源要求中国也努力发展工商业，“缓本急标”。这显然是对资本主义商品经济的肯定和欣羡。对于西方近代民主政体，魏源也由衷称颂。他介绍美国的民主政治说：

> 公举一大酋总摄之，匪惟不世及，且不四载即受代，一变古今官家之局，而人心翕然，可不谓公乎！议事听讼，选官举贤，皆自下始，众可可之，众否否之，众好好之，众恶恶之，三占从二，舍独徇同，即在下预议之人，亦先由公举，可不谓周乎！[③]

魏源还看到美国的富强与民主政治之间的联系。他说：“数百年来，育奈士迭遽成富强之国，足见国家之勃起，全由部民之勤奋。故虽不立国王，仅设总领，而国政操之舆论，所言必施行，有害必上闻，事简政速，令行禁止，与贤辟所治无异。此又变封建郡县官家之局，而自成世界者。”[④]他高度赞扬美国的联邦制和民主选举制，“其章程垂奕世而无弊”[⑤]。

对于不设君位、不立王侯，实行民主共和制的瑞士，魏源也交口称赞，他引述徐继畬著述，称瑞士为“西土之桃花源”。

《海国图志》还介绍英国议会制度：英王即位必须先通过巴厘满衙门（英语 Parliament，即议会的译音），国家大事必须经国会会议通过。“设有用兵和战之事，虽国王裁夺，亦必由巴厘满议允。国王行事有失，将承行之人交巴厘满议罚。凡新改条例，新设职官，增减税饷及行楮币，皆王颁巴厘满，转行甘文好司，而分布之。唯除授大臣及刑官，则权在国王。各官承行之事，得失勤怠，每岁终会核于巴厘满而行其黜陟。”[⑥]一种向往之意溢于言表。

---

①②③④⑥ 魏源：《海国图志》卷二、三十七、五十九、六十、五十。

⑤ 魏源：《海国图志 · 后叙》。

魏源对西方民主制度的认识尚只限于表象上，其见识也有理想化倾向，但其时代价值却十分深远。魏源的友人曹懋坚曾赋诗赞叹魏源放眼世界的阔大胸襟：

> 胸中何止四大洲，神光往来鞭赤虬。
> 直走龙堂割龙石，红轮不尽海西头。[①]

从林则徐到魏源，中国知识分子终于迈出突破中古樊篱的第一步，其“前驱先路”的功绩灼灼然不可磨灭。

《海国图志》一经问世，便以崭新的观念、广阔的视野、紧扣时代脉搏的现实感和浓烈的爱国主义感情激起回响。陈澧得张维屏介绍，读《海国图志》初版本。尽管他对魏源在《海国图志》中提出的若干战略战术思想有不同意见，但他关于《海国图志》与魏源的评价却是积极的。在《书〈海国图志〉后呈张南山先生》一文中，陈澧感慨：“魏君可谓有志之士矣！非毅然以振国威、安边疆为己任，何其编录之周详，议论之激切如此哉？”[②]

姚莹盛赞魏源的成就，他指出《海国图志》一书“通中外之异言，订地名之沿革。……无不详载，言之如指诸掌，皆有据依”[③]。《海国图志》的问世标志着“起自汉代，以迄今时”的历代舆地图终于“首末具备”，“而中外地舆形势以全，可谓盛矣”。自法显《佛国记》以来的中国人所著“外夷地理书”，也是“及魏默深《海国图志》六十卷出，而海夷之说，乃得其全焉”[④]。姚莹还一再表示，《海国图志》之作，“可谓先得我心！”“大获我心。”[⑤]“余数十年之所欲言、所欲究者，得默深此书，可以释然无憾矣！”[⑥]“余可辍业矣。”[⑦]这些言论充分表达了姚莹的欣慰之情以及与魏源心心相通的情谊。

19世纪以后的洋务派、改良派，更是从《海国图志》中充分汲取营养。曾国藩有“师夷智以造船制炮”之说，康有为以《海国图志》为“讲西学之基

---

① 李柏荣：《魏源师友记》，岳麓书社1983年版，第103页。

② 陈澧：《东塾集》卷二。

③④⑥ 姚莹：《康輶纪行》卷十二、九、十二。

⑤⑦ 姚莹：《康輶纪行·自叙》。

础”[1]，王韬称魏源“师长一说，实倡先声”[2]。无论在以学习西方军事“长技”为中心的洋务运动中还是在移植西方立宪制的维新变法运动中，魏源的思想影响既深又广，并发挥积极的效应。

三、徐继畬的《瀛环志略》

“开眼看世界”是道咸经世派的普遍行为。徐继畬所撰《瀛环志略》便是那一时期与《海国图志》并驾齐驱的另一部杰作。

作为长期任职粤、闽的地方官，徐继畬与外国人士多有接触。“究时务”的经世抱负，“了然于世界大势”[3]的开阔眼界与敏锐思想，促使徐继畬充分利用这种接触机会获取关于外部世界的知识。道光二十三年末（1844 年 1 月），徐继畬在厦门结识了一位美国传教士雅裨理。雅裨理博学多识，徐继畬称他为“西方多闻之士”。在与雅裨理的多次见面中，徐继畬了解有关外部世界的消息。雅裨理称徐为“迄今遇见的最喜欢提问的一位中国高级官吏”，“他了解尘世间各国的状况，比聆听天国的真理急切得多”[4]。雅裨理的描述充分展示以徐继畬为代表的中国先进知识分子走出封闭藩篱，亟亟于了解“尘世间各国状况”的情态。

雅裨理向徐继畬所介绍的世界地理、历史和政治知识，大大开阔了徐继畬的眼界，以新获取的知识与中国以往的文献记载相映照，徐继畬深感中国典籍关于外部世界的纪录“其说恢谲，其文瑰异，考之事实，或不尽然”。对于处理“夷务”的官员来说，这些资料已过于陈旧。为了使国人了解海外国家“疆土之广狭，道里之远近”等真实情形，不再昧于外情，徐继畬着手编纂世界地理志《瀛环考略》以供“任远事者”处理外部事务作参考。这部《瀛环考略》即后来的《瀛环志略》的雏形。徐继畬虽于道光二十四年（1845）七月完成《瀛环考略》，却未将此书刊行，而是继续广泛搜罗有关域外史地的资料，并对《瀛环考略》反复增补。《瀛环志略·序》描写了徐继畬致力于域外知识探索的热情和艰辛：

① 康有为：《康南海自编年谱》。
② 王韬：《扶桑游记》。
③ 《山西献徵·京卿徐松龛先生事略》。
④ 德雷克：《徐继畬及其瀛环志略》，文津出版社 1990 年版，第 29—30 页。

余则荟萃采择，得片纸亦存录勿弃。每晤泰西人，辄披册子考证之。于域外诸国地形时势，稍稍得其涯略。乃依图立说，采诸书之可信者，衍文为篇，久之积成卷帙。每得一书，或有新闻，辄窜改增补，稿凡数十易。自癸卯至今，五阅寒暑，公文之余，惟以此为消遣，未尝一日辍也。

道光二十八年（1848），在《瀛环考略》基础上增补扩充而成的《瀛环志略》付梓刊行。《瀛环志略》成书的艰巨过程一如《海国图志》从50卷扩增到60卷、100卷一样，充分展示了道咸经世派为探求新知而作出的巨大努力。

作为一部以经世为宗旨的域外史地专著，《瀛环志略》与《海国图志》心绪相通。

徐继畬注视外部世界，对于中国所面临的被侵吞的危机深怀忧虑。《瀛环志略》展示了英国殖民者在沿海与内陆包围中国的态势：

英人自得五印度，榷税养兵，日益富强。其陆地与西藏之南界、滇省之西界……壤地几于相接。……水程则自孟加拉至粤东，兼旬可达。

昔日之五印度，求疏通而不得；今日之五印度，求隔绝而不能。

昔之南洋，为侏儒之窟宅；今之南洋，乃欧罗之逆旅。……自泰西据南洋群岛，……中土之多事，亦遂萌芽于此。

欧洲的扩张，打破了中古“求疏通而不得”的世界格局，邻近中国的印度与南洋群岛，皆已成为列强觊觎中国的根据地，这是一个险恶的国际环境。而对来自西方列强的“非意料所及”的胁迫，徐继畬呼吁中国不能再“愦愦”并“不察萌芽”，而应奋起迎接西方的挑战。

徐继畬虽然充分意识到时局的危急性，但他未像魏源那样，直接为对付西方列强提出战略性方略，而是将种种见解寄寓在他关于域外史地的述评中。

徐继畬在观看外域世界时，十分注意弱小国家抗击殖民侵略的得失成败。和魏源不同的是，徐继畬对安南人“没水而钉船底”，“故红毛畏之”的说法抱怀疑态度，以为“事涉杳茫”。他更感兴趣的是一个民族的自强精神。因此，当他介绍苏禄人抵御荷兰的胜利时，意味深长地赞叹：

> 当西班牙、荷兰虎视南洋，诸番国咸遭吞噬。苏禄以拳石小岛，奋力抗拒，数百年来，安然自保，殆番族之能自强者哉！

他又赞扬西里伯斯岛南部剽悍的马加撒人，当“诸番”在荷兰侵略者的强大压力下“皆奉命惟谨”，他们“独能独流退师，可云铮佼”[①]。这种不屈的民族精神以及自强的气概，无疑正是在鸦片战争中遭受屈辱与失败的中华民族所急需。环顾在西方殖民扩张中被鲸吞的国家，徐继畬指出，噶罗巴虽“俨然海外雄藩”，但因“贪饵酿祸”，以致“为荷兰所乘，门庭户牖，悉兹他族”[②]。印度对西方侵略扩张的种种迹象“不察萌芽”，遂使“英吉利渐于各海口建立炮台，调设兵戍，养锐蓄谋，待时而动”。在后来抗击英国侵略者的斗争中，印度诸部，又“心力不齐”，缺乏一个统一的抵抗运动，终在“纷纷溃败”中沦为英国的殖民地。徐继畬对噶罗巴与印度败亡原因的论析虽然未必正确，但他着意强调的防微杜渐思想却具有重要战略意义。

饶有意味的是，徐继畬虽然呼吁民族自强，全力抗击以英国为首的西方殖民势力的侵略，但他却不像那些顽愚士大夫，一味以咒骂“英夷”为能事，而是以一种开明的胸怀，对中国的敌手——英国以及其他遥远的欧洲国家，进行缜密、客观的研究。

在徐继畬的笔下，英国是一个“强且富”的国家。它的首都伦敦：“居民一百四十余万，殿阁巍峨，规模宏钜，离宫别苑，绵亘相属，……街衢纵横穿贯，百货山积，景象之繁华、人户之凑密为西国第一大都会”。法国的巴黎也精妙绝伦，“城垣方广，居民九十余万。王居殿阙巍峨，层楼复阁相望。文彩精丽，西土殆无其比。……其街衢盘绕环匝，列肆密如蜂房，往来者毂击肩摩，昼夜不绝。……城内有大书院，藏印本书三十六万册，钞本书七万册。游学之士，许住院借读。又设医院十四所，选名医居之，每岁收疗病者一万四千人。各国医学者皆裹粮赴巴勒，三年或五年，学成然后归。又有繁术院，居各项艺术之师，如学兵法、开河道、造器物之类，学者各就所愿”。对于长期以

①② 徐继畬：《瀛环志略》卷二。

来视中国为天下文明中心的中国人来说，这些介绍具有极大的震撼力。

在中国人传统的观念中，欧洲人是所谓文明水平低下的“西夷”。徐继畬却更正性地介绍道：

> 其人性情缜密，善于远思，长于制器。金木之工，精巧不可思议。运用水火，尤为奇妙。火器创自中国，彼土仿而为之，益加精妙。铸造之工，施放之敏，殆所独擅。造舟尤极奥妙，篷索器具，无一不精，测量海道，处处志其浅深，不失尺寸，越七万里而通于中土，非偶然也。①

这些描绘有力地向中国人沿袭的虚骄观念提出挑战，它指出，中国人并非一脉单传的“天之骄子”。活动于地球另一面的欧罗巴人“善于远思，长于制器”，其聪明才智不仅不亚于中国人，而且在某些领域远远超过了中国人。将这一批人视为未开化的“蛮夷”，未免荒谬可笑。

“英吉利本系西洋微贱之国，为各国所役使，迨至国初，始渐富强”②。为了解英国乃至整个欧罗巴强大富强的原因，徐继畬将目光投向包括英国在内的欧洲社会运转的深层机制。

徐继畬指出，欧洲经济模式大不同于中国：

> 欧罗巴诸国，皆善权子母，以商贾为本计，关有税而田无赋。航海贸迁，不辞险远，四海之内，遍设埔头，固由其善于操舟，亦因国计全在于此，不得不尽心力而为之也。③

徐继畬的上述议论表达了两层意思：第一，包括英国在内的欧洲诸国普遍地以商业贸易作为国本，与中国以农立国不同。第二，欧洲的富裕和强盛有赖于贸易和税收。尽管徐继畬以及他同时代经世人士关于包括英国在内的欧洲经济生活的论述，尚处于十分粗浅的水平，远远谈不上对资本主义生产方式有深入堂奥的认识，但是，他们毕竟客观地描述了西方资本主义经济运动的外在样式，

---

①③ 徐继畬：《瀛环志略》卷四。

② 裕谦：《制夷乃当舍水就陆折》。

并在一定程度上肯定了这一经济体制的积极功能。对于沉溺于重本抑末经济传统的中国人来说，无疑具有振聋启聩的意义。

在论及欧罗巴人以商业贸易“求赢”时，目光敏锐的徐继畬对西方资本主义民主制度表现出浓厚的兴趣。他在《瀛环志略》中叙述了古希腊的奴隶制民主制度，并系统地对欧美民主制度的形式、职能以及议事程序加以详尽记载。如卷七“英吉利二岛”中论及英国两院议会制：

> 英国之制……都城有公会所，内分两所，一曰爵房（即上议院），一曰乡绅房（即下议院）。爵房者，有爵位贵人及耶稣教师处之。乡绅房者，由庶民推择有才识学术者处之。国有大事，王谕相，相告爵房，聚众公议，参以条例，决其可否，复转告乡绅房，必乡绅大众允诺而后行，否则寝其事勿论。其民间有利病欲兴除者，先说于乡绅房，乡绅酌核，上之爵房，爵房酌议，可行则上之相而闻之王，否则报罢。……大约刑赏、征伐、条例诸事，有爵者主议，增减课税、筹办帑饷，则全由乡绅主议。此制欧罗巴诸国皆从同，不独英吉利也。

他又于卷九“米利坚合众国”一节中，介绍了美国“三权分立”的民主政体：

> 米利坚政最简易，榷税亦轻，户口十年一编，每二年于四万七千七百人之中，选才识出众者一人，居于京城，参议国政。总统领所居京城，众国设有公会，各选贤士二人，居于公会，参决大政，如会盟、战守、通商、税饷之类，以六年为秩满。每国设刑官六人，主谳狱，亦以推选充补。有偏私不公者，群议废之。

议会制与“三权分立”是欧美近代资产阶级民主制度的核心内容，徐继畬上述详尽介绍，标志着中国人认识西方社会的一个新的水平。

值得注意的是，徐继畬关于欧美近代资本主义民主政治的介绍，并非是一种客观性的描述，而是渗透了由衷的赞叹之情。“推择乡官理事，不立王侯”的瑞士，在徐继畬那儿被描绘成“国无苛政，风俗俭朴淳良，数百年不见兵事”的“西土之桃花源”。谈到美国总统选举制时，徐继畬引述华盛顿“得国而传子孙，是私也。牧民之任，宜择有德者为之”的议论，并在“得国而传子孙，是私也”这一句话下面，加以浓圈密点，以示强调。美国的总统以“天下为公”，既不终身留任，更不得搞世袭制，全由百姓选举产生，限年退位，“退位之统领，仍然与齐民齿，尤所异也”。这一近代民主制度，与“家天下”的中国封建君主专制制度形成鲜明的对照。思绪至此，徐继畬无法掩饰自己的感慨。他高度评价华盛顿说：

> 按华盛顿，异人也。起事勇于胜、广，割据雄于曹、刘，既已提三尺剑，开疆万里，乃不僭位号，不传子孙，而创为推举之法，几于天下为公，骎骎乎三代之遗意。其治国崇让善俗，不尚武功，亦迥与诸国异。……
>
> 米利坚合众国以为国，幅员万里，不设王侯之号，不循世及之规，公器付之公论，创古今未有之局，一何奇也。泰西古今人物，能不以华盛顿为称首哉！

在《瀛环考略》中，“华盛顿，异人也”[①]一段按语，作者均加以浓圈密点，而“几于天下为公”六字则是写了圈，圈了再写的，从中可以看出徐继畬的思索过程。

毋庸讳言的是，徐继畬在介绍欧美近代民主政治与评价华盛顿时，往往渗入传统观念与传统语言，以至上述描述有时显得不伦不类。但是，在封建专制时代，徐继畬敢于提出“得国而传子孙，是私也”，敢于称赞“公器付之公论”，这实在是了不起的胆识。就近代民主意识而言，徐继畬的水平要高出同时代人一头。

《瀛环志略》一经刊刻问世，“即腾谤议”，遭到正统守旧势力的反对，他们指斥《瀛环志略》“张外夷之气焰，损中国之威灵”[②]。抨击徐继畬“轻信夷书，动辄铺张扬厉”[③]，“颇张大英夷”[④]。而与此同时，经世派人士则对《瀛环志略》加以热烈注意。魏源增订百卷本《海国图志》时，从该书中辑取

---

① 在《瀛环考略》中，“华盛顿”作“兀兴腾”。

② 史策先：《梦余偶钞》卷一。

③ 李慈铭：《越缦堂日记》，咸丰丙辰一月二十八日。

④ 曾国藩：《致左丘高》，《曾文正公全书·书札》卷六。

材料，计达33处之多，约4万字，为《瀛环志略》总篇幅的四分之一左右，仅欧洲部分就摘引了13000多字。王韬对《瀛环志略》推崇备至，他说：

近来谈海外掌故者，当以徐松龛中丞之《瀛环志略》、魏默深司马之《海国图志》为嚆矢，后有作者弗可及忆。……此诚当今有用之书，而吾人所宜盱衡而瞩远者也。……

中丞莅官闽峤，膺方面之寄，蒿目时艰，无所措手，即欲有所展布，以上答主知而下扶时局，而拘文牵义者动以成法为不可逾，旧章为不可改，稍有更张，辄多掣肘。中丞内感于时变，外切于边防，隐愤抑郁，而有是书，故言之不觉其深切著明也。①

戊戌变法前后，《瀛环志略》的流传达到高峰。康有为"阅《海国图志》《瀛环志略》等书，购地球图，渐收西学之书，为讲西学之基础"②。梁启超于光绪十六年（1890）入京会试途中路经上海，"购得《瀛环志略》读之，始知有五大洲各国"③。此后，他在《读书每日课程》中把《瀛环志略》列为"西学书"一栏中的第二本必读书。曾任民国教育总长的张一麟也因读《瀛环志略》而对近代民主政治油然向往。他在《汤济武为梁伯强尊人震三先生墓碑文稿题词》中写道：

余年十六岁时，得五台徐松龛先生《瀛环志略》，读至华盛顿故事，辄为心醉，自忖民主政体安得及吾身而亲见之。④

读华盛顿故事而使人心醉民主政体，这正是《瀛环志略》积极的文化效应。

值得一提的是，在中美关系史上，《瀛环志略》也具有重要地位。1867年，即《瀛环志略》问世后不到20年，即将离任的美国驻华公使蒲安臣代表美国政府，把一幅华盛顿肖像赠送给徐继畬，中国总理各国事务衙门特地为此举行

① 王韬：《弢园文录外编》卷九。
② 康有为：《康南海自编年谱》。
③ 梁启超：《三十自述》，《饮冰室合集》文集之十一。
④ 《心太平室集》卷二。

赠接仪式。蒲安臣在致辞中，高度评价徐继畬对华盛顿的介绍和称颂，致辞中说："你这样做将使所有的民族感到高兴，因为华盛顿不仅属于我们两国，而且属于全世界。"徐继畬在答辞中则再次重申了他对华盛顿的高度赞扬。他说，华盛顿"对人类来说，已成为楷模和向导，因而他的业绩成为联系古代圣贤和后代人们之间的一种纽带"[①]。作为对徐继畬介绍美国功绩的"永久性礼赞"，在中国的美国传教士们向华盛顿国家纪念馆赠送了一块花岗岩纪念碑。石碑上，用汉字雕刻着从《瀛环志略》中摘录出的徐继畬对华盛顿的颂扬文字。这块石碑至今仍镶嵌在华盛顿纪念塔第十级的内壁，笔者 2000 年访问美国首都华盛顿时曾专门拜谒此碑。此碑不仅是中美两大民族相互了解的历史纪录，而且鲜活地昭示着晚清经世派"开眼看世界"的卓识远见。

四、梁廷枏与《海国四说》

道咸间研究域外史地的名著，除了《四洲志》《海国图志》《瀛环志略》，尚有梁廷枏的《海国四说》。

梁廷枏（1796—1861），广东顺德人，在广东经世派人士中，他是一位颇有影响的人物。道光十九年（1839），林则徐"自两湖移节来粤，耳其名，下车拜访，询以筹防战守事宜。廷枏为规画形势，绘海防图以进"[②]。以后，祁𡎴、徐广缙督两广，"并聘（廷枏）入幕中，襄办团练"。道光二十九年（1849），广州人民掀起反侵略者入城的斗争。梁廷枏是其中积极的参与者与支持者。如上种种活动，充分显示了梁廷枏的经世热情。梁廷枏学识广博。"道光中叶，夷氛不靖"，两广总督聘请他入海防书局修纂《广东海防汇览》。梁廷枏利用此机会，致力采集各种中外资料，探究西方国家"岛屿强弱，古今分合之由"[③]。道光二十四年（1844）后，陆续撰成《耶苏教难入中国说》、《合省国说》3 卷、《兰仑偶说》4 卷、《粤道贡国说》6 卷，于二十六年合刊为《海国四说》。

和《瀛环志略》相近，《海国四说》既不是《四洲志》式的译作，也不同于《海国图志》式的资料汇编，而是一家撰述之作。在叙事上，《海国四说》

① 见德雷克：《徐继畬及其〈瀛环志略〉》，任复兴译，文津出版社 1990 年 7 月版，第 147 页。
② 《梁廷枏传》，《续碑传集》卷三十八。
③ 梁廷枏：《海国四说 · 合省国说 · 序》。

虽未脱传统史体，但受西人著作启发，有时也采用以年为经、史事为纬，穿插政治、地理、经济的叙述法，从而开创近代中国人编写外国通史的先河。

梁廷枏研究域外史地，其意一如魏源、徐继畬，欲以其论著为抵御外国侵略提供服务。因此，他在《海国四说》中对英国侵略者灭印度、攻缅甸、占领南洋群岛等侵略活动一一加以揭露，向国人昭示西方列强贪得无厌的侵略本性。作为一位眼光开阔的学者，梁廷枏的《海国四说》除介绍西方国家的经济、政治、军事、文化情况外，对资本主义的民主政治制度尤其是美国民主共和制着墨甚多。其《合省国说·序》云：

（美利坚）自立国以来，凡一国之赏罚禁令，咸于民定其议，而后择人以守之。未有统领，先有国法。法也者，民心之公也。统领限年而易，殆如中国之命吏，虽有善者，终未尝以人变法。既不能据而不退，又不能举以自代，其举其退，一公之民，持乡举里选之意，择无可争夺、无可拥戴之人，置之不能作威、不能久据之地，而群听命焉。盖取所谓“视听自民”之茫无可据者，至是乃彰明较著而行之，实事求是而证之。为统领者，既知党非我树，私非我济，则亦唯有力守其法，于瞬息四年之中殚精竭神，求足以生去后之私思，而无使覆当前之谏斯已耳。又安有贪侈凶暴，以必不可固之位、必不可再之时，而徒贻其民以口实者哉！[①]

如上论说指出美国政制的基本特征：民主——一切大政皆由“民定其议”，统领由民选举，不可“久据”，更不得“世袭”；法治——“未有统领，先有国法”。即使为统领者，“亦唯有力守其法”。这些认识在当时具有较高水平。

梁廷枏还在《合省国说》中，从地理环境、政治、民情三方面探讨美国民主共和制得以建立的原因。他认为，美国地处荒穹，非英吉利所固有，去国既远，鞭长莫及；其地之人自理自治，时日已久；其人喜谋利，“往往耗智巧于制器成物”。“三者相乘，夫是以创一开辟未有之局，而俨然无恙以迄于今也。”[②] 虽然，如上解说没有从美国资本主义发展壮大和民主意识深入人心的历史考察中去揭示答案，但具体探讨欧美资本主义政治制度形成的原因，在中国还是第一次。

①② 梁廷枏：《海国四说·合省国说》。

在关于英国的介绍中，梁廷枏也多有目光敏锐之处。1215年英国《大宪章》的制定，是英国近代民主政治确立进程中的重要事件。但是，这一史实在中国鲜为人知。梁廷枏在《兰仑偶说》中介绍说："至若翰（即约翰）性暴戾，虐遇其众。教师因民情不忍，聚众困迫之，国内旧受封爵者亦群起围所居，不得已与民约，凡事听民自专不问，沿为风俗。"这对君主专制长期压迫下的中国人来说，无疑具有新鲜的刺激力。此外，梁廷枏还指出，英国之所以国力强盛，"实以贸易为本务，所入视农工远甚，统领之所劝奖者固在此。盖税之所出，国用攸资也"。英国政府所采取的农器进口免税和国内矿藏"听民自开采而征其税"等政策，对生产发展也具有积极作用。这些介绍对当时的思想界皆是新鲜知识。

从林则徐到梁廷枏别开生面的域外史地研究，不仅为抵御外来侵略提供可资参考的资料，而且首次向国人报道关于外部世界的新鲜信息，从而打开人们的眼界，诱发新思想产生。这是道咸经世派的创新性贡献。

第三节　研治当代史以求济世

道咸经世派孜孜不倦于经世史学，还有一个重要方面，就是注目于当代史研究。

中国传统史学虽不乏留心现实和研治当代史的史家，但是，史家多倾心古史研究而少言本朝史事。梁廷枏说："泰西之史，愈近世则记载愈详，中国不然，非鼎革之后，则一朝之史不能出现，又不惟正史而已，即各体莫不皆然。"① 这确是鞭辟入里之论。

传统的"重古略今"的治史风习在道咸间有所突破，与现实政治、经济、军事密切相关的历史课题一时成为经世学者研究的中心，生气勃勃的当代史研究勃然兴起。

一、魏源的当代史研究

道咸学人中，研究当代史最有成绩者首推魏源。他所编纂的《圣武记》与

---

① 梁廷枏：《夷氛闻记》。

《道光洋艘征抚记》是当代史研究的名著。

魏源于道光九年（1829）捐官内阁中书，得以阅读内阁典藏，着手于当朝史研究，对清代前中期的武功文治有较深入的探讨。鸦片战争的爆发、失败和《南京条约》签订的刺激，使魏源“忾然触其中之所积，乃尽发其椟藏，排比经纬，驰聘往复”，撰成14卷，40多万字的《圣武记》。由此可见，《圣武记》既是一部筹之有素、准备多年的著作，又是一部“有感而发”，直面当代时政的经世之作。

《圣武记》是一部清代军事政治史著。前十卷为记事本末体，叙述从后金（清）崛起直至清道光间的主要战事，如平定三藩之乱，勘定蒙古、回疆及大、小金川，西南苗瑶的改土归流，扫平民变、兵变、农民起义，并叙西藏战事与中俄关系、中朝关系、中缅关系和中越关系。后四卷综述清代兵制兵饷，并对历次内外战争的经验教训作纵横谈。其《武事余记》所辑“议武五篇”（议城守、议军守、议防苗、议军政、议军储），是颇有特色的五篇军事学专论，显示了魏源在军事战略和战术学方面的造诣。

《圣武记》的写作意图是总结清朝开国以来军事、政治的经验教训，为面对“英夷”进犯的朝廷提供历史借鉴。书中方方面面内容，皆是围绕这一主题展开。例如，以较大篇幅述清初武功之盛，乃是企图以此振奋国人斗志，振刷清政府在鸦片战争中昏庸无能、调度无方、兵将溃败的耻辱。正是在这一意义上，魏源提出“师前圣前王”的口号，期望当权者从清初“圣明武功”中汲取经验，整武备，雪国耻。针对鸦片战争中暴露出来的战和不定、军纪败坏、兵悍将骄、兵饷不足、文恬武嬉、水陆废弛、决策专制、投降逃命等腐败现象，魏源在叙述史事时，着力分析每次战事胜败的原因，以期清统治者从中获得借鉴。如在对比明清两代用兵区别时，魏源说：“前代方略专恃本兵，我朝悉禀庙算。羽檄交驰，立时批答，虽午夜必起披览，召见军机大臣，指示曲折，万里如禁闼。加以赏罚分明，无滥功，无枉罪，无中使监军之弊，故所向有功。”[①] 魏源所述康、雍、乾三帝决胜庙堂的业绩便是意图以此救正道光帝在鸦片战争中战守不定、浪战浪款、指挥无能等重大失误。其现实感强烈。

作为一位思想深刻、视野开阔的史学家，魏源在总结前代史事之际，还就

① 魏源：《圣武记》卷十一。

清王朝现实政治、经济、军事诸问题提出了诸多有见地的看法。例如，面对鸦片战争中中国方面暴露出来的军事技术上的落后，魏源明确提出，“不师外洋之长技，使兵威远见轻岛夷，近见轻属国，不可也”。[①] 这是“师夷长技”口号的首次提出。在后来所撰的《海国图志》中，这一口号有了更为具体的阐述。再例如，在西北边防问题上，魏源力主慎重处理中央政府与边疆各族的关系，加强民族团结与统一，使“中外一家，老死不见兵革”。与此同时，积极开发大西北，进一步发展边疆屯田、开矿等事业，从内地移民边疆。这都是着眼于巩固边防与国家统一的有价值的建议。此外，在总结历史经验的基础上，魏源还提出“人才进则军政修，人心肃则国威遒”的主张，明确希望清王朝重视人才，以天下之人才整军、备武、理财，致国家于富强。对于一个欲振弱扶衰的民族来说，这无疑是具有战略意义的思考。

《圣武记》一经刊行，便以其强烈的现实感受到广大士人的热烈欢迎，以致“随作随刊”[②]，供不应求。影响所及，自鸦片战争至甲午战争，几十年间其势不衰。曾国藩曾多次读《圣武记》，他在《求阙斋日记》丁卯十二月条记载道：“《圣武记》又阅一篇毕。中有嘉庆川、湖、陕靖寇记八篇未阅，以昔年在京阅过。”陈岱霖《云石诗集》称颂《圣武记》说：“惊人每忆纵谈初，柱腹撑肠万卷书，直与乾坤开奥窔，岂徒笺注到虫鱼。”孔宪彝《对岳楼诗话》也说：“百年官凤池，频年卧江浒。读书期有用，削札记圣武。”梁启超说：“史学以记述现代为重。故清人关于清史方面之著作，为吾侪所乐闻。……最著者有魏默深之《圣武记》。”

《圣武记》的问世，打破了官方对修纂当代史的垄断，为清人治清史开拓了一条广阔路径，其筚路蓝缕之功十分可贵。

本着面向现实的经世精神，魏源于道光二十二年（1842）前后，又编撰了中国人撰写的鸦片战争史——《道光洋艘征抚记》。[③]

《道光洋艘征抚记》的重要史料价值在于它系统完整地记述了从林则徐广州禁烟至《南京条约》签订的第一次鸦片战争的全过程，由于该书是当时人记

① 魏源：《圣武记》卷八。

② 魏源：《圣武记》“第三次重订本目录后记”。

③《道光洋艘征抚记》的作者，历来有争议。武汉大学历史系教授姚薇元著《〈道光洋艘征抚记〉考订》（人民出版社 1984 年），详证该篇乃魏源撰。笔者从此说。

当时事，其真实性非同一般。

《道光洋艘征抚记》的另一特色在于它贯穿着反侵略反投降的爱国主义精神。魏源在《道光洋艘征抚记》中对英国侵略者在鸦片战争中表现出来的贪欲和狡诈行为，特别是对中国人民奸淫掳掠、残酷杀害等种种暴行进行了有力的揭露和谴责，并深刻总结了鸦片战争中中国人民抗英斗争失败的教训。

魏源认为，鸦片战争之所以失败，道光帝负有不可推卸之责。这一责任表现在任贤不专，用奸不疑；心志不坚，主意不定；内政不修，外事不明。如他最初支持虎门销烟，鼓励林则徐、邓廷桢等抗战。一旦英船开到天津海口，他就革林则徐、邓廷桢之职，把他们发配到新疆。在鸦片战争中，道光帝初谕林则徐等"不患卿等孟浪，但患过于畏葸"。后却一味指斥林则徐禁烟启衅。初闻三元里等地义民杀敌壮举，即下诏痛责"诸将调集各省官兵，反不如区区义勇"，要把他们"一切交部议处"。后又"降旨不许进兵，并不许擒杀洋人"。初誓"烟价一毫不许，土地一寸不给"，后则"敕耆英便宜从事"，割地赔款，在所不计。如此种种描述，活画出道光帝虚骄昏聩的面目、畏葸无能的丑态。作者的胆识令人油然起敬。

魏源指出，穆彰阿、琦善一类握有大权的腐恶势力在鸦片战争中畏敌、媚敌、降敌，给鸦片战争造成不可估量的严重损失。他在《道光洋艘征抚记》中记载道：琦善一到广东，即一反林则徐之所为，"尽屏广东文武，专用汉奸鲍鹏，往来传信"。"有报缉汉奸者，则诃曰：'汝即汉奸！'有探报洋情者，则拒曰：'我不似林总督，以天朝大吏，终日刺探外洋情事！'一切力反前任所为，谓可得外洋欢心"。炮台守将密请增兵，琦善坚决不许，反而拔暗柱、撤守兵，约义律往来虎门会谈，使其尽窥清兵虚实。这些尖锐的揭露，把琦善一类国贼钉在历史的耻辱柱上。

魏源认为，在第一次鸦片战争中，中方在战略上也存在诸多根本性的失误。概括起来有三点：其一为不战于可战之日，而偏战于不可战之日。如奕山甫抵广州，"以不战则军饷无可开销，功赏无由保奏，急欲侥幸一试"。在毫无准备的情况下，盲目对英军开战，导致清军大败；再如大宝山战役中，清军初大获胜利，"时洋兵离其船数十里，深入死地。使得一队伏兵截其后，可获全胜"。可由于指挥将领无能，援兵不至，致使这一战役功败垂成。这是不战于可战之日的战例之一。其二为不守于可守之地，而守于不可守之地。如

“定海孤悬海中，本不必守之地”，可“有攘寇之志而无攘寇之才”的裕谦却依据地图指挥，不是捐定海、守海岸，而去筑定海外城。结果英军攻陷定海，裕谦身死。其三为不款于可款之时，而专款于必不可款之时。如道光二十一年（1841）英侵略军头目伯麦、义律对朝廷多所求索，但此时英军和军舰“并未北上，志在求款通商，尚未决裂”，正是所谓可款之时。但清廷却放过了这一时机。再如三元里人民抗英斗争给予英国侵略者沉重一击，“是时讲和银尚止送去四分之一，又福建水勇是日亦至，倘令围歼洋兵、生获洋人，挟以为质，……而后徐以讲款，可一切惟我所欲”，但当时在广州的清廷官吏却放过了此可款之机，魏源为此深感遗憾。魏源是林则徐禁烟斗争的支持者，《道光洋艘征抚记》对林则徐多所赞颂，以为要取得战争胜利，“必沿海守臣皆林公而后可，必当轴秉钧皆林公而后可”。但是，他认为，林则徐在禁烟和对英交涉中，有所谓过分操切之处。表现出一位经世学者的历史责任感。

为了使中国富强起来，拥有抗御侵略者的坚实力量，魏源在《道光洋艘征抚记》中再次提出“师夷”的主张——“尽收外国之羽翼为中国之羽翼，转外国之长技为中国之长技”。他具体建议道：“仿钦天监用西洋历官之例，行取弥利坚、佛兰西、葡萄牙三国各遣头目一二人，赴粤司造船局，而择内地巧匠精兵以传习之”。“其有洋船、洋炮、火箭、火药，愿售者听，不惟以货易货，而且以货易船，易火器，准以艘械、火药抵茶叶、湖丝之税”。他深信，一旦“新修之火轮、战舰与新练水犀之士”相与结合，中国将创“千年水师未有之盛”。

《道光洋艘征抚记》的问世，映现出魏源史学思想中可贵的一面，这就是直面现实，敢于写“当前的活的历史”。而此种“史学经世”正是道咸经世实学中的有机组成部分。值得称道的是，《道光洋艘征抚记》撰写之时，第一次鸦片战争刚刚拉下帷幕，人们还没有来得及从硝烟、炮声以及城下之盟的刺激里清醒过来去回味它的意蕴，而魏源却以相当详尽的文字忠实地记述了作为中国近代历史发轫的这一重大事件的始末，由此可见魏源思想的敏捷及爱国心之强烈。

魏源“史学经世”的宗旨不仅体现在着眼于当朝历史，写“当前活的历史”，而且为着救治当世之弊，“质之往古”。他的元史、明史研究，皆是本着这一精神展开的。

魏源研讨明史，重在典章制度、军国要政。其原因在于清代的“中外官制、律例、赋额、兵额，大都因明制而损益之，故其流极、变迁、得失、切劘之故，莫近于明"[①]。早在辑《皇朝经世文编》之后，魏源就计划搜集"有明三百年文章论议言食政之类十有三：曰理财，曰养民，曰赋役，曰税课，曰屯政，曰仓储，曰荒政，曰盐法，曰宗禄，曰水利，曰运河，曰河防；兵政之类二十有四：曰兵制，曰京营，曰亲军召募，曰战车，曰屯饷，曰茶马，曰防守九边形势，曰蓟镇、宣、大边防，曰辽东边防，曰西番，曰西南土司，曰朝鲜御倭，曰款贡，曰盗贼；凡为卷七十有八"。魏源辑录如上诸方面的经世文章，为的是"立乎今日以指往昔，异同黑白，病药相发，亦一代得失之林哉！"[②]

与研究明史的旨趣相近，魏源还致力于元史的重新撰述。这一方面是由于明初宋濂主纂的《元史》十分粗率，史法多蔽，史实多误，故自明代起，续补元史者层出不穷。另一方面，清中叶社会矛盾尖锐化，国防危机日趋剧烈，大一统的清帝国面临分崩离析的危局，与元帝国崩溃前的情形颇有类似之处。这种"风会所趋"也促成富于经世观念的士大夫研究元史。魏源继龚自珍筹作《蒙古图志》之后，编《西北疆域沿革图》，著《元代征西域考》《元代西北疆域考》。晚年，他又广为采用正史材料，并征引《元朝秘史》《蒙古源流》《元典章》和元人文集，撰写《元史新编》。魏源曾希望将这部史著上呈朝廷刊布，以为国人之借鉴。他在《拟进呈元史新编表》中说："前事者后事之师。元起塞外有中原，远非辽金之比，其始终得失，固为代之殷鉴也哉！"为了给清廷提供"殷鉴"，魏源在《元史新编》中剖析元代"内北外南"的民族歧视政策的弊端，告诫清统治者加强满汉联合，调整民族关系，以集中国力对付日益加剧的内忧外患。与此同时，他斥责奸臣叛将，主张改革吏治，着意总结元代治河、钞法等方面的经验，其用心之深不言而喻。魏源在考察元朝灭金的教训时，发感叹道："自古无不亡之国，而亡国亦从无不可挽之机。"[③]这显然是在劝导清朝统治者不要失去"可挽之机"，不要重蹈金、元亡国之覆辙。

综观魏源的史学实践，无论是撰写当朝史书还是探究前朝史事，都是本着学术与政事两位一体的宗旨，以学术致用，达到民富国强的目的。这就是经世实学家魏源思想的精髓所在。

---

①② 《魏源集》上册，中华书局1983年版，第163页。

③ 魏源：《元史新编》卷三《太宗纪》。

二、梁廷枏的《夷氛闻记》与夏燮的《中西纪事》

道咸间关于鸦片战争史的研究作为一个时代课题，除了魏源的《道光洋艘征抚记》，尚有记载鸦片战争中英军入侵广州情形的《英夷入粤纪略》《广东军务记》，记载浙江乍浦战役的《壬寅乍浦殉难录》（沈筠），记载江苏上海、镇江一带战争的《夷患备尝记》（曹晟），华亭野史的《壬寅闻见纪略》、隐园居士的《京口偾城录》、朱士云的《草间日记》、甦庵道人的《出围城记》等。其中最具代表性者当推梁廷枏的《夷氛闻记》与夏燮的《中西纪事》。

《夷氛闻记》一书一般认为成书于道光末年，全书共五卷，起自康熙年间中英贸易，至道光二十年（1840）广州市民反英人入城斗争。卷五后附作者论。

《中西纪事》是记述两次鸦片战争的纪事本末体史书，初稿写成于道光三十年（1850），至同治四年（1865）才最后定稿为24卷，叙述了道光二十年（1840）至咸丰年间的中外关系史。作者夏燮（1800—1875），安徽当涂人，道光举人，历任湖南安仁、江西永宁知县，有《明通鉴》100卷传世。综观《夷氛闻记》与《中西纪事》，其间若干特色颇引人注目。

（一）探讨鸦片战争的起因

鸦片战争的爆发及其失败，对老大的清王朝，是一场奇耻大辱。观念的封闭、思想的狭隘，使清廷朝野上下将这场战争视为飞来横祸，并直认林则徐广州禁烟是招惹这场大祸的原因。梁廷枏与夏燮却以经世史学家的深邃眼光对这一问题作出了不同于流俗的回答。

梁廷枏探讨鸦片战争的起因，发现这场战争与英国资产阶级的经济利益具有紧密的联系。他指出，"英夷狡焉，思逞志于内地久矣"。由于他们在鸦片贸易中得利甚厚，因而，他们不但不会因中国单方面的禁烟而放弃鸦片贸易，反而会在"争市牟利"的总目标下，"倾国以求尝试"。在如此情势下，任何手段亦无法根绝英国侵略者的贪婪祸心。"纵设法不令入虎门，而自老万山外，蔓延诸省，输内地者，安所底止？"即使将鸦片"缴烧净尽"，鸦片贩子"不转盼而航至"。纵然鸦片贩子作出不夹带鸦片的具结"亦不过虚应故事耳"。由此可见，英国侵略者发动乃至扩大鸦片战争乃势所必然，这确实是对英国殖民主义者侵略本质的切中要害的揭露。

关于鸦片战争发生的缘由，夏燮也有深见。他在《中西纪事》中指出："今载考前后，乃知衅端之原在市而非起于鸦片也。夫互市者，实中西交争之利。"外商来华贸易，本为求利，但因受到关税的限制和"关胥市侩"的勒索，遂由失望而"怨谤沸腾"，"乃回诉于本国，于是带兵船讲论而干戈之衅以起"。他的结论是"即使鸦片不入中国，亦未能保外洋之终于安靖而隐忍也"。如上所论，已涉及隐藏在这场战争背后的经济利益，并径直指出英国侵略者发动对华战争的必然性，其认识高出同时代人一头。

（二）真实记述鸦片战争史实

鸦片战争的失败，固然在于中国军事力量的落后，更在于清王朝的昏聩腐败。为了掩饰、洗刷自己丑恶的行径，清廷投降派官僚力图用自己的权势钳制舆论，并以种种颠倒黑白的记载扰乱视听，篡改历史。黄恩彤的《道光抚夷记略》和赘漫野叟的《庚申夷氛纪略》便是肆意歪曲鸦片战争史实的代表性作品。

然而，梁廷枏与夏燮却在他们的作品中对鸦片战争的真实情形如实加以纪录。

《夷氛闻纪》与《中西纪事》对林则徐、邓廷桢、关天培、姚莹等抵抗派深为推崇，在纪录爱国将士抗击侵略军的可歌可泣的事迹时，更倾注一片爱国挚情。如《夷氛闻记》叙陈连升在沙角、大角炮台英勇御敌，由于"我兵无药，炮不复发，发者又以省局掺杂炭屑，力弱无济，贼弹箭迸落如雨，身无完肤"，"其子方在侧，见父死状，挺戟大呼，左右跃杀数夷，袍皆血染，与千总张清龄等同时死"。悲壮的记载，令人百余年后读之，仍热血沸腾，血脉贲张。广大民众在鸦片战争中的英勇斗争亦在梁廷枏和夏燮的笔下有充分展示。如《中西纪事》列《粤民义师》为专章，其中既有"一朝啸聚者，百有三乡"的三元里之役，又有"众议汹汹，不藉官饷，亦不受地方官约束，……浸浸乎与官为仇"的声势浩大的反英军入广州城的斗争。《夷氛闻纪》不仅对三元里之役以及广州民众"火烧夷馆"、反英人入城等反侵略事件有生动、真实的记载，而且记叙了人民群众爱国的精神品质。如"火烧夷馆"时，"夷货迁出，尽为百姓推掷地上，无丝毫夺归己者"。在反对英人入城斗争中，人民群众"不假召募，不领经费，旬日之内如响斯应，如辙斯合，得十万人"。此种高涨的爱国热情令人深为感佩。

面对卖国的投降派，《夷氛闻纪》与《中西纪事》的抨击与揭露决不容情，如梁廷枏叙琦善一到广州，“首诘开炮肇衅者，将罪副将以谢夷，兵心由是解体”。奉旨“大申天讨”的天潢贵胄奕山一战即败，“面无人色”，最后竟对英军勒索600万军饷的要求“一切允之，城上改树白旗”。《中西纪事》记咸丰八年（1858）前后大沽口两次战役由于“夷使恇怯无能，首先溃逃”，导致了战争的失败；“既败之后”，清廷贵族官僚又一心议和，“塞港之舟不整，未占之炮台无备”，“此岂堪再战乎？”在表彰抗英殉难志士时，夏燮又尖锐指出，关天培等人的牺牲，清廷投降派官吏不能脱其咎，“关军门之死也，琦相实杀之。裕帅之死也，余步云实杀之。陈军门之死也，牛督实杀之”。这些关于投降派活动的记载，展现了清廷腐败不堪的本质，揭示了鸦片战争失败的重要原因。

（三）寻求抵御外侮之策

梁廷枏与夏燮在记叙、总结鸦片战争失败的经验教训之际，对国家和民族的前途严重关注。寻求抵御外侮之策成为他们著作中的主题之一。

在中国与外部世界关系的问题上，梁廷枏显然持较为保守的态度。他对魏源“师夷长技”的说法颇不以为然，认为“天朝全盛之日，既资其力，又师其能，延其人而受其学，失体孰甚”。他又指认外国先进器物的发明皆“得诸中国”。若中国“反求胜夷之道于夷也，古今无是理也”。与此同时，梁廷枏对“以夷攻夷”之说也持不同意见。他指出：“西夷同一气类”，相互勾结，他们之间虽然存在着矛盾，但“万不肯为中国用也”。“就令乐为我用，而一舟之费，内地可调兵数千，败必索偿，胜更求无底止，终难以善其后”。

总结鸦片战争的经验教训，梁廷枏认为，御侮之策的基本立足点是自强，亦即以自己的力量发展国防。他建议发展铸炮造船等军事工业，从广东、福建、浙江、江南四省水师中选拔精锐，组成国防海军以与英军坚船利炮相对抗。与此同时，在战略上注意刺探洋情，力求在“知夷”的情况下制定“制驭准备之方”。在战术上则避长击短，采取“人自为战，战不择地”，“水乘风潮，陆匿丛莽”的游击战术，以配合国防海军的海上作战。梁廷枏的上述构想，具有一定的军事改革倾向，意义是积极的。

与梁廷枏比较起来，夏燮所提出的御侮方略显得苍白。他的所谓“以夷服夷”“以毒攻毒”“远交近攻”之说乏于改革倾向，只是泛泛而论，几无实际意义可言。

《夷氛闻纪》与《中西纪事》问世之际，清统治者正加强舆论控制，禁止任何有关鸦片战争真相的史著出版。《软尘私议》叙当时情形是："和议之后，都门仍复恬嬉，大有雨过忘雷之意。海疆之事，转喉触讳，绝口不提，即茶坊酒肆间，亦大书'免谈国事'四字，俨有诗书偶语之禁。"在如此情势下，《夷氛闻纪》"以叙述时事，恐涉嫌讳，不著姓名"，以至数十年间人们"不知谁何手笔"①。《中西纪事》成书后，夏燮亦因"两相（即穆彰阿和耆英）枋国，防口綦严"，"窃怀挟书之惧"，不敢署上自己的真实姓名，其书也深藏不露，至同治年间方流传于世。此种情形固然映现出文化专制的强固，却也从反面表明经世派"留心时务"的当代史研究是一股挣脱官方严密控制的新鲜史学潮流，这一潮流与经世派的其他种种实学活动相呼应，构筑起道咸经世派的殿庑。

① 傅以礼：《华延室题跋》。

第六章　洋务派的经世观念与经世实践

1851年1月11日，洪秀全在广西桂平县金田起事，农民战争的洪流迅速席卷大江南北，清廷惊呼“逆患频仍，岁祲屡告”。而西方殖民者为扩大在华权益，以“亚罗号事件”和“马神甫事件”为借口，发动第二次鸦片战争。为挽救内外交困的危局，统治阶级内部改革派人士，掀起一场以“求强”“求富”为目标的洋务运动，给经世实学注入新内容。洋务派是一批新旧杂陈的过渡型人物，清王朝中枢，以恭亲王奕訢、内阁大学士桂良、军机大臣文祥为代表，地方上操持实务的，则是曾国藩、左宗棠、李鸿章、刘坤一、沈葆桢、张之洞等封疆大吏。此外，还包括思想界、工商界、科技界的一些人士，如盛宣怀、徐润、唐廷枢、容闳、徐寿、华蘅芳等。如果说，道咸间的陶澍、林则徐、包世臣、龚自珍、魏源是晚清经世派的第一代主将，那么，同光间的曾国藩、左宗棠、李鸿章、张之洞便是晚清经世派的第二代核心人物。

第一节　“经世之术，一秉乎礼”——曾国藩的经世观念

曾国藩（1811—1872），字伯涵，湖南湘乡人，出生于一个耕读并重的士人家庭。8岁时读毕五经，15岁时学《周礼》《仪礼》及《史记》《文选》，奠定学问初基。由于性耽游惰，喜与裘马少年相逐，至道光十三年（1833）22岁方中秀才。此后觉悟前非，故自号涤生，折节读书，并时刻以克绍俭朴务实家风为训，次年中举。道光十八年（1838）成进士，改翰林院庶吉士，从此步入宦途，历官四川乡试正考官、詹事府右春坊左右庶子、翰林院侍讲学士、内阁学士兼礼部侍郎、署刑部左侍郎、顺天府乡试正考官、署吏部左侍郎、江西乡试正考官。咸丰二年（1852），太平军攻入湖南，丁忧在家的曾国藩被任命

为湖南团练大臣，此后曾国藩成为剿灭太平天国的湘军主帅，被清王朝推尊为“中兴第一名臣”。曾国藩一生，服膺程、朱，又全力研习经世之学，在咸丰、同治这一特殊历史时期，成为兼具“中兴名臣”和学术重镇双重身份的理学经世派主将。

一、“经济之学即在义理之内”

曾国藩的家乡湖南，自宋以来即号称理学之乡。周濂溪是湖湘子弟尊崇的第一位理学乡贤，继起的理学家代有传人，书院讲学蔚然成风。曾国藩自青少年时代起便深受理学浸染。考上进士、入居翰苑后，又拜理学家唐鉴为师，请教“检身之要”与“读书之法”。在唐鉴的指导下，曾国藩“以《朱子全书》为宗”，致力于程朱理学，并为自己立下严格的课程表，日日反躬自省，痛自剖责，并与倭仁等人经常研讨、切磋养性功夫。在理学的陶冶下，曾国藩“剖析义理，宗旨极为纯正，其清修亮节，已震一时”①。这种对理学的精神境界的追求贯穿曾国藩一生，直至去世前一月，“犹取《宋元学案》《理学宗传》等书披览”，“自谓身心一日不能闲也”②。在他身后，清廷《御制碑文》表彰他“阐程、朱之精蕴，学茂儒宗”③。

湖湘学风对义理之学的关注从未与经世致用割裂开来。从胡宏、张栻等人创立“湖湘学派”起，就十分“留心经济之学”④，特别注重把心性修养和经邦治国统一起来。朱熹曾批评“湘中学者之病……只说践履，而不务穷理，亦非小病”⑤。此说恰从反面揭示了早期湖湘文化经世务实的特色。清初，王夫之隐居衡阳石船山，其学“言必征实”“义必切理”，“欲尽废古今虚妙之说而返之实”⑥，从而使“即事穷理”的实学思想更加盛行于湖南。鸦片战争前后，以两江总督陶澍为宗主，聚集了一大批湖南经世学者，如贺长龄、贺熙龄、魏源、罗绕典等，他们大力提倡经世致用的“时务之学”，使湖南成为道咸经世派的大本营。

---

① 薛福成：《庸庵文编》卷上《代李伯相拟陈督臣忠勋事迹疏》。

② 《曾文正公年谱》同治十一年。

③ 《曾文正公全集》卷首附录。

④ 《宋元学案·岳麓诸学案》。

⑤ 《朱文公文集》卷二十八《答詹体仁》。

⑥ 王敔：《姜斋公行述》。

在上述学风熏陶下，曾国藩虽然浸淫理学，却不像一般理学家那样，热衷于坐而论道，玄谈性理，而是一方面讲求修身、节欲，追求内在的道德完善，另一方面追慕王夫之、陶澍、贺长龄、魏源等经世前贤，孜孜不倦地“讲求经世之学”[①]，以“修身齐家治国平天下”为自己的人生目标。他曾说“君子之立志也，有民胞物与之量，有内圣外王之业，而后不忝于父母之生，不愧为天地之完人”[②]。道光二十一年（1841），他在致贺长龄的信中说：“今日而言治术，则莫如综核名实；今日言学术，则莫如取笃实践履之士。物穷则变，救浮华者莫如质。”[③]表现出讲求实际、注重实践的价值取向。基于“匡时救世”的远大抱负和“崇实黜虚”的价值观念，曾国藩为京官之初，“即侃侃言天下事。如议大礼、议军政、议所以奖植人才，皆关经世之务甚钜”[④]。

在经世之学的理论方面，曾国藩颇有建树。他将姚鼐的义理、考据、词章的三分法，发展为义理、词章、经济、考据“四者阙一不可”的四分法。他说：

> 有义理之学，有词章之学，有经济之学，有考据之学。义理之学，即宋学所谓道学也，在孔门为德行之科。词章之学，在孔门为语言之科。经济之学，在孔门为政事之科。考据之学，即今世之所谓汉学也，在孔门为文学之科。此四者阙一不可。[⑤]

把“经济之学”即经世之学提升到孔门“政事之科”的高度，与“义理之学”“词章之学”“考据之学”并列，强调经世之学的重要性。曾国藩认为，官制、财用、盐政、漕务、钱法、冠礼、婚礼、丧礼、祭礼、兵制、兵法、刑律、地舆、河渠等都是宜考究的“天下之大事”。“其在工部，尤究心方舆之学，左图右史，钩校不倦，于山川险要、河漕水利诸大政，详求折中”[⑥]。

在“经世之学”的研究方法上，曾国藩的见解是，“皆以本朝为主而上溯

① 黎庶昌：《曾文正公年谱》卷十二，道光十一年。
② 《曾文正公全集·家书》，道光二十二年十月二十六日。
③ 《曾文正公全集·书札》卷一《复贺耦耕中丞》
④ 《庸庵文集》卷三《曾文正公奏疏序》。
⑤ 《曾文正公全集·求阙斋日记类钞》卷上《问学》。
⑥ 黎庶昌：《曾文正公·年谱》卷一，道光三十年。

前代之沿革本末，衷之以仁义，归之于简易”，由此而使“前代之袭误者可以自我更之，前世之所未及者可以自我创之”①。曾国藩自己，“于朝章国故，如《会典》《通典》诸书，尤所用心”。并通过“详考前史，求经世之学”②。

曾国藩最为重视的乡贤是王夫之和魏源。他多番研读王夫之的《读通鉴论》和《宋论》，从王夫之的关于治国行政、制夷平乱、练兵选将、树人立法、兴学育人、钱粮盐铁等有关军国大计、经世大略的宏论中汲取营养。正是在曾氏兄弟的全力支持和亲自参与下，《船山遗书》得以大规模刊刻，传遍海内。对于魏源的著作，曾国藩亦十分关注。在其家书和日记中，留下了他读魏源著作的记载，如“七月初九彭山屺到京，接到四弟在省所寄《经世文编》一部”③。“《圣武记》又阅一遍毕，昔年在京阅过。”④他曾声称：“经济之学，吾从事者二书焉，曰《会典》、曰《皇朝经世文编》。”⑤曾国藩正是在继承王夫之、魏源经世思想的基础上，走向波澜壮阔的洋务大潮，从而成为洋务派的精神领袖。

必须指出的是，理学就其思想路线而言，并未抛弃儒学经世传统，无论是程朱还是陆王都一再申明“经世致用”的宗旨，只不过在如何经世上，他们不同于直接用力于外在事功的经世派，力主通过“内圣”之径达到经世目的。由于理学诸子关注的重心在个体人格的完善，救世风格淡化，其末流更热衷于性理空谈，从而流于空疏一途。曾国藩的学术路径即着力于摒弃“宿腐之义理”，恢复理学原旨，将经世之学融入义理之内，充分发挥理学固有的经世精神。他强调：

> 义理与经济初无两术之分，特其施功之序，详于体而略于用耳。⑥

> 至经济之学，即在义理之内。⑦

---

① 《曾文正公全集·求阙斋日记类钞》卷上《治道》。

② 黎庶昌：《曾文正公年谱》卷一，道光二十八年、道光二十一年。

③ 《曾文正公全集·家书》卷一，道光二十一年八月初三日。

④ 《曾文正公手书日记》，辛亥年七月。

⑤⑦ 《曾文正公全集·求阙斋日记类钞》卷上《问学》。

⑥ 《曾文正公全集·杂著》卷四《劝学篇示直隶士子》。

苟通义理之学，则经济该乎其中矣。[①]

在曾国藩看来，经世之学并非旁门别派，而是理学题中应有之义，义理与经济是体与用、内与外、德与功的关系。换言之，理学既是一种“克己”“进德”之道，又是一种治国之方，“内圣”与“外王”在理学中是高度统一，不可分割的。用曾氏自己的话说就是：“大本内植，伟绩外充。”[②]

二、“治世之术一衷于礼而已”

与“经济之学即在义理之内”的经世观念相联系，在治世方略上，曾国藩提倡“以礼经世”，从而把理学家奉为世界本原的“理”具体为有着实践意义和社会制度内涵的“礼”。

儒家传统中的“礼”是一种社会法度，一种现实的规范秩序。正所谓“礼者，法之大分，类之纲纪也”[③]。当然，在儒家的不同流派那里，“礼”含有不同意味。孔子释“礼”为“仁”，把这种古老的外在的社会强制性的规范解说成人心的内在要求，主张“克己复礼”。孟子发展这一线索而成为内在论的人性哲学。荀子则重新强调“礼”本有的外在社会强制性的规范功能，形成与“仁学”对应的“礼学”。宋明理学从孔孟一路而来，固然并未忽视“礼”的重要性，但其重心毕竟是天人性命之学。至清初王夫之，荀子礼学精神才被高扬。王夫之极重礼，视礼为“修己治人之大纲，而治乱之准”。在他的理论逻辑中，“契纲振天下”亦即“以礼治人”，“礼”的整体纲纪性得到重新强调。

曾国藩致力于王夫之著作的研究，尤其重视船山“经邦之礼”的思想。曾撰《船山遗书序》说：

昔仲尼好语求仁，而雅言执礼。孟氏亦仁礼并称，盖圣王所以平物我之情，而息天下之争，内之莫大于仁，外之莫急于礼。……汉儒掇拾遗经，小戴氏乃作记，以存礼于什一。又千余年，宋儒远承坠绪，横渠张氏乃作《正蒙》，以讨论为仁之方。船山先生注《正蒙》数万言，注《礼

① 《曾文正公全集·杂著》卷四《劝学篇示直隶士子》。

② 《曾文正公全集·文集》卷四《罗忠节公神道碑铭》。

③ 《荀子·礼论》。

记》数十万言，幽以究民物之同原，显以纲维为事，弭世乱于未形。其于古昔明体达用、盈科后进之旨，往往近之。……荒山敝榻，终岁孳孳，以求所谓育物之仁、经邦之礼。穷探极论，千变而不离其宗；旷百世不见知，而无所于悔。①

这段序文扼要指出王夫之在孔孟以降仁、礼并行“道统”的承传中继往开来的地位，而曾国藩“以礼经世”的思想脉络在这段序文中也有所展现。李肖聃在《杨怀中先生遗事》一文中指出：

自明以来，衡湘学者严于自守，王船山兼采汉、宋而以《正蒙》为宗，及清而李文、罗典苦行清修，稍振紫阳之绪。迄于咸同，则罗泽南、刘蓉皆笃守程、朱，而曾、左亦颇张其绪论。②

李氏此论，清晰揭示：从王船山到以曾国藩为代表的湘军人物，存在着一脉相承的思想渊源。

王夫之以后，蔚然成风的汉学对“礼学”予以异乎寻常的重视。这是因为荀子重知、重学、重客观规范，而汉学恰与“荀学”多有贴近之处。《四库全书总目》宣称：“古圣王经世之道，莫切于礼。”正表明了汉学家的共同思路。在对“礼”的研究、考证方面，汉学家穷精竭力，成就远在宋学家之上。曾国藩虽然“一宗宋儒”，但对于汉学家的“礼学”，曾国藩十分重视。道光二十八年（1848），曾国藩接触到乾隆朝汉学家秦蕙田的《五礼通考》，在此书中，秦蕙田用汉学的治学方法，考证经史，结合社会实际，将天文、地理、军政、官制等皆网罗一书，使治国大政、各项设施皆有本可依，有“礼”可循。曾国藩对《五礼通考》深感兴趣，潜心研读，恍然醒悟到“礼”不仅是一种道德规范，而且还可涵盖各种制度，由此，他不仅把秦蕙田列为清朝第二大“圣哲”，把《五礼通考》列为经世学者的必读之书，而且还立志步秦氏后尘。他运用汉学家的一些治学方法，考核经史与当代《会典》、续补秦书所缺的食

---

① 《曾文正公全集·文集》卷三《船山遗书序》。

② 《杨昌济文集》，湖南教育出版社 1983 年版，第 379 页。

货一门，“集盐、漕、赋税、国用之径，别为一编，傅于秦书之次”，综之以“礼”，从而着力表现“先圣制礼之体无所不赅”[①]这一伦理学主题。

道咸之际，曾国藩又接触到陈宏谋的《五种遗规》一书。陈宏谋是乾隆名臣，“治宋五子之学，宗薛瑄、高攀龙”，“及入仕，本所学以为设施，莅政必计久远，规模宏大，措置审详”；又“辑古今嘉言懿行，为《五种遗规》，尚名教，厚风俗，亲切而详备”[②]。曾国藩从《五种遗规》中体悟到理学可以通过具体的道德规制——“礼”，落实到修身、齐家、居官、教化、训俗等事事物物上，他因此将陈宏谋奉为讲“经济之学”的楷模，“立意崇尚之”[③]。对于陈宏谋的《五种遗规》他更是推崇，一再指示“诸弟与儿侄辈皆宜常常阅看”[④]。

在汲取前人关于“礼学”思想养料的基础上，曾国藩揭橥“以礼经世”的旗帜。

曾国藩认为，咸同年间之所以天下大乱，其直接原因是官吏的贪暴和腐败。致胡莲舫函曰：

> 今春以来，粤盗益复猖獗……推寻本原，何尝不以有司虐用其民，鱼肉日久，激而不复反顾？盖大吏之泄泄于上，而一切废置不问，非一朝一夕之故矣！[⑤]

覆左宗棠函亦说：

> 捻匪气焰日壮，论者以为祸烈于洪杨。山东河南两省大府不讲吏治，从乱之民日多。[⑥]

而官吏之所以腐败，乱民之所以日多，推本寻源，皆由于人心陷溺、麻木不

① 《曾文正公全集·文集》卷三《孙芝房侍讲刍论序》。

② 《清史稿》卷三〇七《陈宏谋传》。

③ 《曾文正公全集·家书》卷六《致沅弟》。

④ 王定安：《求阙斋弟子记》卷二十。

⑤ 《曾文正公全书·书札》卷一《复胡莲舫》。

⑥ 《曾文正公全集·书札》卷七《复左季高》。

仁，尤其是士人的贪婪无耻。他说：

> 今世之士，自束发受书，即以干禄为鹄，惴惴焉恐不媚悦于主司。得矣，又挟其术以钓誉，而徼福禄利无尽境，则干人无穷期。下以此求，上以此应，学者以此学，教者以此教，所从来久矣。①

正是士人的毫无廉耻，才使时局日益泥倒，以致纲常颠倒，礼义扫地。对此，曾国藩深恶痛绝。他激切地指出：

> 窃尝以为无兵不足深忧，无饷不足痛哭，独举目斯世，求一攘利不先、赴义恐后、忠愤耿耿者，不可亟得；或仅得之，而又屈居卑下，往往抑郁不伸，以挫以去以死；而贪饕退缩者，果骧首而上腾，而富贵，而名誉，而老健不死。此其可为浩叹者也。②

> 天下之变，只为混淆是非，麻木不仁。③

为此，曾国藩把推行“礼治”作为挽救时局、医治人心的治本之方。他说：“将欲黜邪慝而反经，果操何道哉？夫亦曰：隆礼而已矣。”④“柔远之道在是，自强之道亦在是”⑤。他反复强调：

> 古之君子之所以尽其心、养其性者，不可得而见；其修身、齐家、治国、平天下，则一秉乎礼。自内焉者言之，舍礼无所谓道德；自外焉者言之，舍礼无所谓政事。⑥

> 先王之道，所谓修己治人，经纬万汇者何归乎？亦曰礼而已矣。⑦

① 《曾文正公全集·文集》卷一《田昆圃先生六十寿序》。
② 《曾文正公全集·书札》卷二《复彭丽生函》。
③ 《曾文正公全集·书札》卷三《复吴甄甫制军》。
④ 《曾文正公全集·文集》卷四《江宁府学记》。
⑤ 《曾文正公全集·书札》卷十九《复李少荃中丞》。
⑥ 《曾文正公全集·杂著》卷二《礼》。
⑦ 《曾文正公全集·文集》卷三《圣哲画像记》。

古之学者无所谓经世之术也，学礼而已。[①]

尝谓古人无所谓经济之学，治世之术一衷于礼而已。[②]

在曾国藩看来，“礼”上承理学的“义理”，下则通过具体的规范范围天下万事万物。修身、齐家、治国、平天下，无所不包，“无所不赅”。“舍礼无所谓道德”，“舍礼无所谓政事”。“礼”就是“经济之学”，就是“治世之术”。

曾国藩的“以礼经世”包括“以礼自治”和“以礼治人”两个方面。“以礼自治”是对统治者自身而言，曾国藩希望统治者认清“四方多难，纲纪紊乱”的形势，“谨守准绳，互相规劝”，从而“克己复礼”。他说：“治世之道，专以致贤养民为本，其风气之正与否，则丝毫皆推本于一己之身与心，一举一动，一语一默，人皆化之，以成风气。故为人上者专重修身，以下之效之者速且广也。”[③]“以礼治人”是对他人而言，目的是通过“辟异端”，“正人心”，使“人人纳入规范之中”。曾国藩希望通过对扶持名教与礼治的推行，人人能安分守己，进而化民成俗，天下成治。曾国藩还进一步认为，这种扶持名教与推行礼治的责任，在于士绅和地方官吏。他曾说：“风俗之美恶，主持在县官，转移则在绅士。”主张用孝友睦姻任恤之士绅，亦即有“六行”的士绅，来化“一方之莠民”，使“正气渐伸，奸宄因而敛迹”，以达至“芳草成林，荆棘不锄而自悴；鸾凤在境，鸱枭不逐而自逃”[④]的太平盛世。

崇尚礼治，其实就是理学经世思想的具体化。曾国藩“以礼经世”口号的提出，标志着“理学经世”体系的完成。

三、“讲求船炮为御外之根本”

咸同年间，西力东渐，如何因应这种挑战，是当时经世实学所面临的一个新课题。虽然曾国藩早在鸦片战争时期已注意及中英冲突，但对其含义尚无深切认识。他在家书中说：“英夷在江南，抚局已定。盖金陵为南北咽喉，

① 《曾文正公全集·文集》卷三《孙芝房侍讲刍论序》。
② 黎庶昌：《曾文正公年谱》卷一，道光二十八年。
③ 《曾文正公全集·求阙斋日记类钞》卷上《治道》。
④ 《曾文正公全集·杂著》卷四《直隶清讼事宜十条》。

逆夷既已扼吭而据要害，不得不权为和戎之策，以安民而息兵。”[①]“此次议抚，实出于不得已。但使夷人从此永不犯边，四海晏然安堵，则以大事小，乐天之道，孰不以为上策哉！”[②]此后十数年间，他对洋人的侵略并未产生危机感。第二次鸦片战争中，“堂堂华夏”竟被“区区外夷”打得京师不保，一败涂地，曾国藩始觉创巨痛深。他在接到《北京条约》的副本后“阅之，不觉呜咽，比之五胡乱华，气象更为难堪”[③]。较之他对第一次鸦片战争结束后签订和约的看法，判若天渊，这时的曾国藩悲愤填膺，难以名状。他开始懂得了西洋船炮的效用，因之，忧惧之心随之而生：“四更成寐，五更复醒。念夷人纵横中原，无以御之，为之忧悸。”[④]急剧变化的时势，使曾国藩深感以土地、赋税、荒政、礼治、盐政、河工、治兵、漕运等实政为主要内容的传统经世实学已不敷时用。为挽救时局，维护清王朝的“礼治”秩序，曾国藩继承魏源的“师夷长技以制夷”思想，积极主张推行“洋务”，把“洋务”纳入“经世实学”之中。

在第二次鸦片战争刚刚结束之时，曾国藩就提醒清廷：“此次款议虽成，中国岂可一日而忘备？”并提出“师夷智以造炮制船”的主张。他说：“驭夷之道，贵识夷情。……将来师夷智以造炮制船，尤可期永远之利。”[⑤]咸丰十一年（1860），奕訢奏请“购买外洋船炮”，曾国藩极力赞赏，认为是“今日救时第一要务”：

> 轮船之速，洋炮之远，在英、法则夸其所独有，在中华则震于所罕见。若能陆续购买，据为己物，在中华则见惯而不惊，在英、法亦渐失其所恃。……购成之后，访覃思之士、智巧之匠，始而演习，继而试造，不过一二年，火炮船必为中外官民通行之物，可以剿发逆，可以勤远略。[⑥]

后来他进一步将学习西洋的船炮之术作为“自强”的“下手工夫”。他说：

---

①② 《曾文正公全集·家书》卷一《道光二十二年九月十七日与祖父书》。
③④ 《曾国藩全集·日记》一，岳麓书社 1987 年版，第 557、669 页。
⑤ 《曾文正公全集·奏稿》卷十二《复陈洋人助剿及采米运津折》。
⑥ 《曾文正公全集·奏稿》卷十四《复陈购买外洋船炮折》。

欲求自强之道，总以修政事求贤才为急务，以学作炸炮，学造轮舟等具为下手工夫。但使彼之长技我皆有之，顺则报德有其具，逆则报怨有其具。若在我者挟持无具，则曲固罪也，直亦罪也；怨之罪也，德之亦罪也。①

外国技术之精，为中国所未逮。如舆图、算法、步天测海、制造机器等事，无一不与造船练兵相表里。……精通其法，仿效其意，使西人擅长之事，中国皆能究知，然后可以徐图自强。②

为此曾国藩于同治元年（1862）在安庆“设内军械所，仿造洋枪洋炮，广储军实”③。同治四年（1865），又在上海创建中国第一个规模较大的近代军工企业——江南制造局。曾国藩还十分重视近代科技人才的培养，主张开设新式学堂，派遣留学生。他说：“开馆教习，所以图振奋之基也；远适肄业，集思广益，所以收远大之效也。”④ 曾国藩的上述思想和实践，使他成为洋务运动的前驱人物和精神领袖。

然而，曾国藩毕竟是一个视程朱理学为身心性命的士大夫，他对西方文化的兴趣，只侧重于“技艺”“技巧”和“术数”等器用方面，缺乏向西方文化纵深伸展的内在动力。如曾国藩曾言：“彼外国之所长，度不过技巧制造、船坚炮利而已。以夷狄之不知礼义，安有政治之足言。即有政治，亦不过犯上作乱、逐君弑君、蔑纲常、逆伦理而已，又安足法？”⑤ 在曾国藩看来，“师夷之长技”的目的仅仅在于“制夷”，如果“夷”已被制，或者已无“夷”可制，目的则已达到，“师夷”也就自然失去其存在的价值。

曾国藩的经世思想呈现出鲜明的二重性：一方面，曾国藩“以礼经世”的“礼治”本位思想，集中反映了维护纲常名教的中古意识；另一方面，曾国藩“师夷智以造炮制船”的洋务思想与洋务实践又具有鲜明的时代色彩。传统文

---

① 《曾文正公全集·求阙斋日记类钞》卷上《治道》。
② 《曾文正公全集·奏稿》卷二十九《调陈兰彬江南差遣片》。
③ 黎庶昌：《曾文正公年谱》卷七，咸丰十一年。
④ 《曾文正公全集·奏稿》卷三十《拟选聪颖子弟出洋习艺疏》。
⑤ 《东方杂志》第7卷第12期。

化的卫道士和近代化的先驱者这两种角色竟如此奇特地重叠在一个人身上。曾国藩经世思想的这种二重性，是由鸦片战争后的时代文化背景所决定的，是中国社会转型期的反映。

1840年的鸦片战争，西方商品经济的猛烈炮火轰开了实行闭关锁国政策的天朝上国的大门，古老的中国一向赖以维系社会的“圣经贤传”连同硬弓长矛一齐败下阵来，“天朝帝国万世长存的迷信受到了致命的打击，野蛮的、闭关自守的、与文明世界隔绝的状态被打破了。”这一“变局”是中华民族亘古未遇的一次最严重的文化挑战。中国人不仅感到了在社会存在这一层面上朝不保夕的民族危机感，而且感受到了在生命价值意义层面无处“安身立命”的文化危机。这双重危机带来民族与文化、历史与价值的二律背反：中国要想救亡图存就必须“师夷之长技”，进行近代化转型；但异质文化的输入，又必然冲击中国人赖以安身立命的“圣经贤传”。而中国若安于现状，不思改弦更张，又有亡国灭种的危险。咸、同时期，太平天国运动的爆发与第二次鸦片战争的失败，更加深了中华民族的社会危机和文化危机。尤其是太平天国所表现出来的激烈的反传统精神，不仅极大地破坏了固有的社会秩序，而且沉重地打击了维系社会的纲常礼教。曾国藩在《讨粤匪檄》中将其称为“开辟以来名教之奇变”：

> 自唐虞三代以来，历世圣人扶持名教，敦叙人伦。君臣父子，上下尊卑，秩然如冠履之不可倒置。粤匪窃外夷之绪，崇天主之教。自其伪君伪相，下逮兵卒贱役，皆以兄弟称之，谓惟天可称父，此外凡民之父，皆兄弟也。凡民之母，皆姊妹也。农不能自耕以纳赋，而谓田皆天主之田。商不能自贾以取息，而谓货皆天主之货。士不能诵孔子之经，而别有所谓耶稣之说，《新约》之书。举中国数千年礼义人伦、诗书典则，一旦扫地荡尽。此岂独我大清之变，乃开辟以来名教之奇变，我孔子孟子之所痛哭于九原。①

兼具中兴名臣和学术重镇双重身份的曾国藩，较之他的前辈——道咸经世

① 《曾文正公全集·文集》卷三《讨粤匪檄》。

派（如林则徐、龚自珍、魏源等）——更深刻地感受到近代中国所面临的双重危机，尤其是价值层面的信仰危机。所以曾国藩不仅继承林、龚、魏等道咸经世派的经世实学，而且还从“卫道”的立场出发，倡导“克己复礼”，竭力重建“礼治”秩序。主张救心与救世并重，并将救心看作救世的前提和根本。这既是曾国藩经世思想的深刻之处，也是他的保守之处。

龚、魏一派经世致用的总目标或重心是有关国计民生的实政，而曾国藩的理学经世却着意建立“礼治”秩序，盐、漕、赋税、河工等实政仅仅是“经世之礼”的附属物，服从于“礼治”这一中心。但龚、魏反对拘守古代经典，大胆主张“不必泥乎经史”，透露出变革、进步的锋芒；曾国藩的理学经世却将“礼”作为社会事务与社会生活中不可动摇的价值体系，人世间所有的人、物、事都必须“一秉乎礼”，其保守性又显而易见。

第二节　“兼中西之长”“成日新盛业”——左宗棠的经世观念

左宗棠（1812—1885），字季高，又字朴存，湖南湘阴人。在晚清动荡的政局中，左宗棠以一介布衣出而为“中兴名臣”，历官浙江巡抚、闽浙总督、陕甘总督、军机大臣、总理衙门大臣、南洋大臣。在湖南籍诸洋务大吏中，左宗棠和曾国藩堪称是“双子星座”。

一、“身无半亩心忧天下”

左宗棠出生于一个“积代寒素”之家，“孤露食贫”使他早涉忧患。而地缘的机遇，又使他得以与贺长龄、贺熙龄、陶澍等道咸经世派发生多方面的联系。因此，左宗棠在青年时代便形成忧国忧民、经邦治国的强烈意识。

左宗棠结识贺长龄时在道光十年（1830）。是年，贺长龄丁母忧返居长沙。左宗棠慕名前往拜访，与贺长龄纵论天下大势，颇为契合。贺长龄对左宗棠深为赞许，称他为“国士”，并悉发所藏官私图史，供左宗棠阅读。左宗棠每次还书时，贺长龄“必问其所得，互相考订，孜孜断断，无稍厌倦”[①]。在贺长

① 《左文襄公全集·奏稿》卷五十七，《请将前云贵总督贺长龄事迹付史馆并准入祀湖南乡贤祠片》。

龄的启迪影响下，左宗棠识见大为增长，心胸更为开阔。

道光十一年（1831），贺长龄的弟弟贺熙龄主讲城南书院。贺熙龄讲求“义理经世之学”，与其兄学术路向一致。唐鉴这样评价贺熙龄：“君掌教城南，辨义利，正人心，谕多士，以立志穷经为有体有用之学。”[①] 左宗棠求学城南书院，颇得贺熙龄欣赏。正是在贺家，左宗棠读到了贺长龄、魏源编纂的《皇朝经世文编》。从就读城南书院直至道光二十六年（1846）贺熙龄卒，左宗棠一言一行均受贺熙龄影响。由于贺熙龄卒时，遗命以其小女儿嫁给左宗棠长子，故贺熙龄与左宗棠的关系，既是师生，又是朋友，更是儿女亲家。

左宗棠与陶澍结识是在道光十七年（1837）。时左宗棠主讲醴陵渌江书院。陶澍因任两江总督，阅兵江西，顺便回籍省墓，路过醴陵，醴陵知县为陶澍治馆舍，请左宗棠拟楹联。素来敬仰陶澍的左宗棠奋其才学，拟出楹联如下：

春殿语从容，廿载家山印心石在。
大江流日夜，八州子弟翘首公归。

陶澍激赏此联，延请相见，“纵论古今”，目为奇才，“倾谈竟夕，与订交而别”[②]。次年，左宗棠会试落第，取道南京，再行趋谒陶澍。道光十九年（1839），陶澍病卒，贺熙龄荐左宗棠去陶家当塾师，教其子陶桄，时达八年。在贺熙龄促成下，左宗棠长女孝瑜嫁与陶桄，左宗棠遂与陶家结为儿女亲家。在陶家，左宗棠读遍陶澍藏书。他兴奋地说：“吾在此所最快意者，以第中藏书至富，因得饱读国朝宪章掌故有用之书。”[③] 胡林翼在谈到左宗棠这段经历时说：

> 左孝廉品高学博，性至廉洁，……在文毅（陶澍）第中，读本朝宪章最多。其识议亦绝异。其体察人性，通晓治略，当为今日楚材第一。[④]

① 唐鉴：《御史贺君墓志铭》。
② 罗文钧：《左文襄公年谱》卷一。
③ 《左宗棠家书》，《与周夫人》（辛丑）。
④ 《胡文忠公遗集》卷五十三。

左宗棠与魏源未曾谋面，但对这位道咸经世派巨子深为服膺。他在致陶桄书中说：

> 道光朝讲经世之学者，推默深与定庵，实则龚博不精，不如魏之切实而有条理。近料理新疆诸务，益叹魏子所见之伟为不可及。《海国图志》一书，尤足称也。[①]

对于《皇朝经世文编》，左宗棠亦十分推崇。他称“《皇朝经世文编》《五种遗规》两书，体用俱备，案头不可一日离也”[②]。对《皇朝经世文编》一书，左宗棠反复研读，“丹黄殆遍”，成为他钻研经世之学的指导性著作。

左宗棠不仅在精神上追踪湖南籍的经世派，而且对非湖南籍的林则徐亦表现出由衷仰慕之情。他在致胡林翼的信中说：

> 十数年来，闻诸师友所称述，暨观宫保与陶文毅往复书疏，仆则实有以知公之深。海上用兵以后，行河出关入关诸役，仆之心如日在公左右也，忽而悲，忽而愤，忽而喜，尝自笑耳。[③]

此种哀乐与共的情感真实透露出左宗棠对林则徐的崇敬。道光二十九年（1849）十一月，林则徐“自云南引疾还闽”，道经湘江，与左宗棠在长沙舟中相晤，林则徐对左宗棠深加器重，“诧为绝世奇才”，两人谈论竟夕，“达曙乃别”。在这次相见中，林则徐以不无遗憾的心情谈到“西域屯政不修，地利未尽，以致沃饶之区，不能富强”，“颇以未竟其事为憾”[④]。林则徐壮志未酬的抱负对左宗棠日后经营西北产生一定影响。林、左两人的湘江夜话，在左宗棠心中留下深深的印痕，多年以后，左宗棠为《林文忠公政书》作叙，还深情提到这次夜话：

---

① 《左文襄公全集·书牍》卷二十四《答陶少云》。

② 《左文襄公全集·书牍》卷二《答陶少云》。

③ 《左文襄公全集·书牍》卷一《答胡润之》。

④ 罗文钧：《左文襄公年谱》卷一。

忆道光己酉，公由滇解组归闽，扁舟迂道访宗棠于星沙旅次，略分倾接，期许良厚。……军事旁午，心绪茫然，刁斗严更，枕戈不寐，展卷数行，犹仿佛湘江夜话时也。

道光三十年（1850），林则徐病逝，左宗棠于无比悲痛之际，写了一副传颂一时的长联：

附公者不皆君子，间公者必是小人，忧国如家，二百余年遗直在；
庙堂依之为长城，草野望之若时雨，出师未捷，八千里路大星颓。①

他同时又以真挚感情，忆往悼今，写了一封极生动的唁函，致慰林汝舟，信中写道：

十一月二十一日夜午，在黄南坡长沙寓馆，忽闻宫保尚书捐馆之耗，且骇且痛，相对失声。忆去年此日谒公湘水舟次，是晚乱流而西，维舟岳麓山下，同贤昆季侍公饮，抗谭今昔，江风吹浪，柁楼竟夕有声，与船窗人语互相响答。曙鼓欲严，始各别去。何图三百余日便成千古，人之云亡，百身莫赎，悠悠苍天，此恨何极。②

深切的哀痛悲伤寄寓着左宗棠对林则徐的崇敬与无限怀念。“江风吹浪，柁楼竟夕有声，与船窗人语互相响答”的文字则仿佛一幅白描画，生动逼真地传递出林、左之间沁人肺腑的情谊。

在湖湘学风与道咸经世派的直接影响下，左宗棠自青年时代便确立以天下为己任的远大抱负。他十分推崇贾谊、诸葛亮、陈亮一类重视实事实功的历史人物，仰慕他们“功成事就而天下翕然归之”③。并自号“老亮”，以当今诸葛亮自诩。他曾宣称：“吾儒读书，天地民物，莫非己任。宇宙古今事理，均

① 《左文襄公全集 · 联语》。
② 《左文襄公全集 · 书牍》卷一《唁林镜帆》。
③ 《左文襄公全集 · 书牍》卷一《上徐熙庵先生》。

须融澈于心，然后施为有本。”[①] 其抱负可见远大。

左宗棠所处的时代，“内忧”与“外患”接踵而至：“岛夷肇祸，粤寇随之，皖、豫寇起，秦、陇、滇、黔戎患并兴，天下绎骚，几无完土。”[②] 面对危局，左宗棠忘身以忧天下。他作联自勉：“身无半亩心忧天下，读破万卷神交古人。”

“告危以警世”，是忧患意识的常见形态。早在道光十三年（1833），21岁的左宗棠在第一次参加会试后写下《燕台杂感》七律诗8首，“皆忧危之词”[③]。其中第一首言道：

世事悠悠袖手看，谁将儒术策治安？
国无苛政贫犹赖，民有饥心抚亦难。
天下军储劳圣虑，升平弦管集诸官。
青衫不解谈时务，漫卷诗书一浩叹。[④]

左宗棠对那些大乱将至而依然“升平弦歌”“袖手看”的“诸官”十分不满，企望能以所学来拯救危局，即以“儒术策治安”，但却又报国无门，“青衫不解谈时务，漫卷诗书一浩叹”。

道光十五年（1835），左宗棠在参加第二次会试的试卷中阐述了他对当时“人心之忧”和“世道之忧”的看法：

又有甚者，仕宦成而薄君亲之爱，阅历久而忘廉耻之真。始逾其闲犹恤夫人言，继逾其闲直恬诸梦寐，盖不至决吾之大闲不止也。此则人心之忧也。……又有甚者，逞私见而远家国之忧，擅名业而抱人伦之憾。始逾其闲犹存公论，继逾其闲而习以为常，盖不坏天下之大闲不止也。此则由世道之忧也。

---

① 《左宗棠全集 · 诗文 · 家书》第9页。
② 《左文襄公全集 · 文集》卷一《〈就竹山房诗集〉序》。
③ 罗正钧：《左宗棠年谱》卷一。
④ 《左文襄公全集 · 诗文》，《癸巳燕台杂感八首》。

左宗棠的忧患意识是一种对潜在危机的洞见与预防，即《周易》所说“思患而豫防之”[①]。与那些“籍经世为名”，“博声誉为高”的俗士不同，左宗棠立意经世，重在实行。他“视天下事若无不可为”[②]，一再表示“天下事总是要干，要干事最是要一片实心”[③]，“事到无可如何时，不必计较成败利钝与己之堪此与否，且索性去做为宜”[④]。他曾为自家祠堂作联，其中一联云：“纵读数千卷奇书无实行不为识字”。其务实观念灼然可见。

二、“多读有用之书”“为有用之学”

与“务为词章取悦庸耳俗目”的陋儒不同，左宗棠为学“不专重制艺帖括”，而是注重学术的务实性与致用性。道光十三年（1833）左宗棠在会试试卷上写道：

> 夫穷经将以致用也，而或泥于章句训诂之学，掇摭遗义，苏索经余，前人所弃，后复拾之，纵华辨之有余，究身心之何补？或好为诡异凿空之论，影借旧闻，创为新学，古人所无，今故矫之，既隐怪之可伤，复源流之不辨。若是者，博士赏之，纯儒羞之，曲学主之，至人辟之，职是之由也。[⑤]

其锋芒直指流于空疏的宋学与烦琐细碎的汉学，主张通经致用。

道光二十五年（1845），他致书张玉夫说：“近人著书，惟择易就而名美者为之，绝无实学可飨后人。弟近阅新书万种，赏心者数种已耳。学问之荒，人才之敝，可见一斑。”[⑥]道光二十六年（1846），他又在与张玉夫书中指出，大多儒生士大夫“博极群书，不知五谷；宁奔走于风尘，而怠荒于稼穑；名为学者，实等游民”。他们不仅“自误误人”，而且“败坏天下士习民风，良非浅鲜”[⑦]。这些尖锐的揭露对于当时脱离社会实际、漠不关心国事的恶劣士风

---

① 《易·既济卦·象传》。

② 罗正钧：《左文襄公年谱》卷一。

③④⑥ 《左文襄公全集·书牍》卷十二、二、一。

⑤ 《左宗棠会试卷》（誊录本），1933 年第一问。

⑦ 《左宗棠家书》，上海中央书店 1936 年版，第 8—9 页。

是极为有力的抨击。

为了实现有用于世的抱负，左宗棠在三度会试不中的情况下，绝意仕进并弃词章之学，专心致力于经世致用之学研究。他在致陶桄书中说：

> 山居无事，正好多读有用之书，讲求世务。①

又在给大儿子的信中说：

> 古人经济学问，都在萧闲寂寞中练习出来，积之既久，一旦事权到手，随时举而措之，有一二桩大事办得妥当，便足名世。②

其学以致实用、办大事的意向十分明确。

左宗棠治学，重在如下四端——

（1）舆地学。鸦片战争前后，世界格局与边疆形势的变化推动历史地理学一跃而为显学。左宗棠为这一风气浸润，17岁时即于长沙书肆中购得顾祖禹《读史方舆纪要》与顾炎武的《天下郡国利病书》，“昕夕稽究，有所证发，辄手自条记”。他评论《读史方舆纪要》，虽“考据颇多疏略，议论亦间欠酌”，“然熟于古今成败之迹、彼此之势”。书中“所载山川险要，战守机宜，了如指掌”。可见他对顾著的经世特质有深入把握。在潜心阅读顾祖禹、顾炎武的舆地学著作的过程中，左宗棠还“于可见之实行者另编存录之”。当时的士人“但知有举业”，见左宗棠所为，“莫不窃笑，以为无所用之”，但左不为所动③。攻读《天下郡国利病书》与《读史方舆纪要》是左宗棠研习方舆之学的发轫，也是他致力于“经世致用”之学的开端。

在顾炎武、顾祖禹的影响下，左宗棠日夕研究历史地理。他认为，古今研习地理者，不是“索象于图”，就是“索理于书”，然而，经过千百年的陵迁谷变，图籍所载与实际情况多不符合，非根据史籍和志书互相参证、重加研究不可。于是，他在多年究心舆地学的基础上，自己编制地图，其方法是：“先

① 《左文襄公全集·书牍》卷二。

② 《左文襄公家书》上卷，第65页。

③ 罗正钧：《左宗棠年谱》卷一。

作皇舆一图，计程画方，方以百里，别之以色，色以五物，纵横九尺。俟其成，分图各省，又析各府，各为之说。再由明而元而宋，上至《禹贡》九州。此图为之本，以诸史为之证"[①]。为了实现这一设想，左宗棠付出大量时间和精力，"每作一图易稿，则授周夫人影绘之，历岁乃成。"[②] 最后一次会试失败后，他又广泛阅读《畿辅通志》《西域通志》及其他地理、方志诸书，凡山川、关隘、驿道远近，都分门别类，摘录数十巨册。钞录方志工作完成后，左宗棠又条列历代兵事，"以史印志"。对舆地学的长期勤奋研习，使左宗棠成为一个"与时俗迥异，其胸罗古今地图兵法"[③] 的才智之士。

（2）农学。中国素来"以农立国"，农业直接关系国家的治乱安危，农学因而成为传统经世之学中的重要内容。左宗棠"少小从事陇亩，于北农、南农诸书，性喜研求、躬验而有所得"[④]。第三次会试不中后，左宗棠绝意仕进，表示"不复再踏软红，与群儿争道旁杏李"[⑤]，开始致力于农学探讨。他于光绪三年（1875）在致谭钟麟的信中回忆自己学术上的这一转折说：

> 小弟自戊戌（道光十八年）罢第归来，即拟长为农夫没世，于农书探讨颇勤。[⑥]

为此，他"买得农书甚多"，归家与夫人周贻端"闭门伏读，实地考验"[⑦]。湘阴原不产茶，左宗棠主张试种茶树，结果以良好成效首开风气。相传湘阴种茶就是他由安化引入。他又栽培桑竹，以尽地利，增加收益。他特别对古代"区田法"感兴趣，声称"尝自负平生以农学为长，其于区种一事实有阅历"[⑧]。并作《广区田图说》"以陈其利"。经从事多种农业试验后，左宗棠开始考虑著书立说。他在致罗研生书中说：

① 《左文襄公全集·书牍》卷一《上贺庶农先生》。
② 罗正钧：《左宗棠年谱》卷一。
③ 《胡文忠公遗集》卷五十五，《上张石卿中丞》。
④ 《左文襄公全集·奏稿》卷五十《复陈移屯实边折》。
⑤ 《左宗棠家书》，《与周夫人》（戊戌），上海中央书店 1936 年版，第 4 页。
⑥⑧ 《左文襄公全集·书牍》卷十九《与谭文卿冲函》。
⑦ 《左宗棠家书》，上海中央书店 1936 年版，第 4 页。

仆近因农家为第一要务，而古近颇少传书，思有所述以诏农圃。志此者数年矣，而尚未得成卷帙，不过十数篇。[①]

这十数篇论文经编辑，成《朴农阁农书》。后来，左宗棠成了封疆大吏，所到之处，均特别注意发展农业，而且成效较著，与他青壮年时期攻研农学有直接关系。

（3）时务之学。时务之学涉及广泛，举凡国计民生无不相关。左宗棠早于第一次会试落第便对时务之学如荒政、盐、漕、河等，表现出浓厚兴趣。他在给乡试主考老师徐法绩的信中写道：

宗棠早年孤贫，失时废学，章句末技，且鲜所窥。……比者春榜既放，点检南归。睹时务之艰棘，莫如荒政及盐、河、漕诸务。将求其书与掌故，讲明而切究之，求副国家养士之恩，与吾夫子平生期许之殷。十余年外，或者其稍有所得乎。[②]

以后，他又在陶澍家“饱读国朝宪章掌故有用之书”。所有这一切，为他论事议政以及后来经营洋务事业打下了坚实的基础。

（4）兵学。鸦片战争发生后，中国人“震动于其屡败之烈，怵然以西人兵法为可畏”。兵学研究一时间蔚为热潮。鸦片战争后，左宗棠“日夜思所以自强”，汲汲致力于兵学。道光二十八年（1848），他函告二兄左宗植说：

年来于兵事颇有所得，自觉倘遭时命，假我斧柯，必能实实做到，绝非纸上之谈。因思古人无不文武兼资，凡所称名将者，大抵习诗礼而知古今。……古人谓“不为良相，即为良医”，弟则谓“不为名儒，即为名将”，亦可一洗凡庸龌龊之胸襟也。[③]

舆地学、农学、兵学、荒政及盐、河、漕之学，便是左宗棠登上政治舞台

① 《左文襄公全集·书牍》卷一《与罗研生》。
② 《左文襄公全集·书牍》卷一《上徐熙庵先生》。
③ 《左宗棠家书》，《与景乔》（戊申），上海中央书店 1936 年版，第 10 页。

前主要致力的“经世之学”。由此而来，左宗棠大不同于当时一般沉醉于风花雪月及专习词章举业的士人学子，而以出类拔萃的实学功夫引时人注目。他的老师贺熙龄作诗赞誉道：

> 六朝花月毫端扫，万里江山眼底横。
> 开口能谈天下事，读书深抱古人情。

在诗后，贺熙龄加注说明：“季高近弃词章，为有用之学，谈天下形势，了如指掌。”① 由于左宗棠40岁以前在“有用之学”上打下坚实基础，因此，他初出山即表现出娴熟的经世才干，“自刑名、钱谷、征兵、练勇与夫厘金、捐输，无不布置井井，洞中机要”②。以后更成为名重一时的封疆大吏。其“兵锋所指，东极于海，西尽天山，纵横轶荡”。近人赞其“历古以来，书生戎马……未有如宗棠者也”③。

三、“中不如西，学西可也”

与曾国藩不同，左宗棠早在鸦片战争前后就十分留意从海上浸浸而来的“泰西诸国”。“凡唐、宋以来史传、别录、说部及本朝志乘、载记、官私各书，凡有关系海国故事者，无不涉历及之，颇能知其梗概，道其原委。”④ 他对“洋事于屡次挫衄之余，忽又失利”，而感到“愁愤何可言”。他认为：“敌之所恃，专在炮火，能制其长，即可克日蒇事。”⑤ 主张“编泊埠之利，设造船之厂，讲求大筏、软账之利，更造炮船、火船之式”，“以之制敌”⑥。虽然由于身处闭塞的内地乡村，左宗棠提出的“制其长”的办法还不是“师夷长技”，但却展现出他试图通过了解世界大势以御侮自强的价值取向。

左宗棠能够对世界大势有进一步的了解并走上“师夷长技以制夷”的经世新途，得力于魏源的《海国图志》。据孙占元考证，早在道光二十五年（1845），

---

① 《寒香馆诗钞》卷四《舟中怀左季高》。

② 毛鸿宾：《毛尚书奏稿》卷三。

③ 钱基博、李肖聃：《近百年湖南学风·湘学略》，岳麓书社1985年版，第35页。

④ 《左宗棠家书》，《与周夫人》（辛丑），上海中央书店1936年版，第5—6页。

⑤⑥ 《左文襄公全集·书牍》卷一《上贺庶农先生》。

左宗棠就已从贺熙龄处借阅过《海国图志》[①]。对《海国图志》，他赞叹不已：

默深《海国图志》于岛族大概情形言之了了，物形无遁，非山经海志徒恢奇可比。[②]

海上用兵，泰西诸国互市者纷至，西通于中，战事日亟，魏子忧之，于是搜辑海谈，旁遮西人著录，附以己意所欲见诸施行者，俟之异日。呜呼！其发愤而有作也。……其要旨以西人谈西事，言必有稽。因其教以明统纪，征其俗尚而得其情实，言必有论。所拟方略非尽可行，而大端不能加也。[③]

左宗棠不仅以魏源的后继者自任，而且将自己经营的洋务事业看作是对魏源“师夷长技以制夷”主张的实践：“同光间福建设局造轮船，陇中用华匠制枪炮，其长亦与西人等。艺事末也，有迹可寻，有数可推，因者易于创也。器之精光，淬厉愈出，人之心思，专一则灵，久者进于渐也。此魏子所谓师其长技以制之也。”[④]

对于当时中国社会长期昧于世界大势，对西方长技不屑一顾的颟顸现象，左宗棠深为不满，提出了“中不如西，学西可也”的主张。他说：

窃以为近时人心之蔽，每因此关，未能勘破，遂而见异思迁，夺其素志，浸欲崇般倕之社而废泽宫，精考工之言而弃官礼，傎孰甚焉！今试以艺事言之，聚儒者于一堂，而课以金工、木工之事，固问十不能答一，盖以非所习也。与华之百工校且然，况泰西师匠乎？治天下自有匠，明匠事者自有人，中不如西，学西可也。[⑤]

左宗棠认为，“中国之睿知运于虚，外国之聪明寄于实；中国以义理为本，艺

① 孙占元：《左宗棠评传》，南京大学出版社 1995 年版，第 314 页。
② 《左文襄公全集·书牍》卷二十《答顺天府府丞王孝凤》。
③④ 《左文襄公全集·文集》卷一《海国图志序》。
⑤ 《左文襄公全集·书牍》卷十七《答陈俊臣》。

事为末；外国以艺事为重，义理为轻”。泰西各国弃虚崇实，“以艺事为重”，所以“艺事独擅”；中国“运智于虚”，“以义理为本，艺事为末”，所以在艺事方面“独形其拙”，远不及泰西各国。但“谓执艺事者舍其精，讲义理者必遗其粗，不可也。谓我之所和不如外国，藉外国异其先，可也；谓我之长不如外国，让外国擅其能，不可也”[①]。正确的选择是义理与艺事并重，“藉外国导其先”，向西方学习。左宗棠尚不知西学也极重理论，并非仅有艺事，致使他将“学西”限制在“学艺”范围之内。

左宗棠引经据典，从“道”与“艺”的关系上进一步阐述学习西方“艺事”的重要性和必要性。他说：

> 艺事系形而下者之称，然志道、据德、依仁、游艺，为形而上者所不废。经称工执艺事以谏，是其有位于朝，与百尔并无同异。况自海上用兵以来，泰西诸邦以机器轮船横行海上，英、法、俄、德又各以船炮互相矜耀，日竞其鲸吞蚕食之谋，乘虚蹈瑕，无所不至。此时言自强之策，又非师远人之长还以治之不可。宗棠在闽浙总督任内时，力请创造轮船，并有正谊书局、求是堂艺局之设，所有管驾、看盘、机器均选用闽中艺局生徒承充，并未参杂西洋师匠在内。洋人每言华人明悟甚于洋人，亦足见其言之不诬也。见闻广东正绅多延访深明艺事者课其子弟。此风一开，则西人之长皆吾华之长，不但船坚炮利可以制海寇，即分吾华一郡一邑之聪明才智物力，敌彼一国而有余。[②]
>
> 大约艺事以语言、文字、制造三者为要。能通中西语言、文字，则能兼中西之长，旁推交通，自成日新盛业。……自强之策，固无有急于此者。[③]

显然，左宗棠是把艺事纳入自强之策，来实现“西人之长皆吾华人之长”的目的。《易经·系辞》中有“形而上者谓之道，形而下者谓之器”之说，在左宗棠看来，艺事虽属形而下的“器”的范畴，但“为形而上者所不废”。这是

① 《左宗棠全集·奏稿》卷十八《拟购机器雇洋匠试造轮船先陈大概情形片》。

②③ 《艺学说贴》，《左宗棠全集·札件》，岳麓书社 1996 年版，第 575、577 页。

因为“缘古人以道、艺出于一原，未尝析而为二，周公以多材多艺自许，孔子以不试故艺自明”[①]。所以，只有道艺并重、“兼中西之长”，才能成就“日新盛业”。

左宗棠还为其提倡“师夷长技以制夷”寻找历史依据：

至以中国仿制轮船，或疑失体，则尤不然。无论礼失而求诸野，自古已然。即以枪炮言之，中国古无范金为炮施放药弹之制，所谓炮者，以车发石而已。至明中叶始有“佛郎机”之名，国初始有“红衣大将军”之名。当时得其国之器，即被以其国之名。……近时洋枪、开花炮等器之制，中国仿洋式制造，亦皆能之。炮可仿制，船独不可仿制乎？安在其为失体也？[②]

通过道、艺并举，左宗棠较早地将中国文化与西方文化联系起来考察，形成适应于近代社会发展的中西合璧的新型文化观，冲击了当时视西方长技为“奇技淫巧”、侈谈“夷夏之辨”的封闭社会风气，为西学在晚清的传播找到一条朝野能够基本接受的特殊门径，推动了洋务改革。

当然，作为程朱理学的崇奉者，左宗棠不可能将“西学”与“中学”并列，而是反复强调“不能离道而言艺”。他说：

是艺事虽所兼长，究不能离道而言艺，本末轻重之分固有如此。[③]

他还说：

言学而至于艺，言战而专于械，不过学与战之一端。我不能而人能之，吾不可不师其长，固也。若谓学止在艺，战止在械，夫岂其然。吾人读书，志于大者、远者，博与巧非儒所尚，时迁疏寡效，不如小道可观，致使人以儒为戏，此固学者之过，岂儒术误之耶？[④]

---

①② 《艺学说贴》,《左宗棠全集·札件》，岳麓书社 1996 年版，第 576、576 页。

③ 《左文襄公全集·奏稿》卷十八《拟购机器雇洋匠试造轮船先陈大概情形片》。

④ 《左文襄公全集·书牍》卷二十六《与董韫卿大司农》。

这种“道本艺末”观固然在形而下的“艺”与“末”一隅，给了西学一席之地，从而为“师夷长技以制夷”找到存在根据，但其出发点是将西学纳入中学的体系之内，强调“不能离道而言艺，本末轻重之分固有如此”，把“师夷”限制在“艺”（“以语言、文字、制造三者为要”）的范围内，以艺卫道为其目的。

第三节　“外须和戎，内须变法”——李鸿章的经世观念

李鸿章（1823—1901）与曾国藩、左宗棠为洋务派并肩领袖人物，但左宗棠的声誉一直很高，而曾国藩更是在其生前身后都被推崇为儒家士大夫的典范，但李鸿章无论是生前还是死后，人们对之褒贬不一，毁誉参半。实际上，李鸿章在洋务运动中比曾、左事功更有过之。从 1870 年到 1895 年，他担任直隶总督兼北洋大臣达 25 年之久，长期“坐镇北洋，遥执朝政”，“凡内政外交，枢府常倚为主”[①]，是洋务运动的实际主持者。《清史稿》说他“独立国事数十年，内政外交，常以一人当其冲，……近世所未有也”[②]，被时人誉为“东方俾斯麦”和“中国的伊藤博文”[③]。

一、“求义理经世之学”

李鸿章出生于安徽合肥一个官僚家庭，少年随其父李文安学习，以后又从李仿仙与徐明经为师。李文安、李仿仙与徐明经皆崇尚宋学，“以研寻义理为本”。道光二十五年（1845）春，李鸿章参加京师会试，未中。时曾国藩为翰林院侍讲学士，与李鸿章之父李文安为戊戌同年，彼此友善，文安即命李鸿章受业曾门。曾国藩“为学研究义理”，着意“义理经世”，主张读书要“通于天道人事，志于经世匡时”，李鸿章追随曾氏攻读经史，“求义理经世之学”。曾国藩对李鸿章甚为器重，以为“才可大用”。道光二十七年（1847）春，李鸿章再次参加京师会试，三场中试后，参加殿试。殿试题目为：“孟子曰：子岂好辩哉，予不得已也。”李鸿章述曰：“孟子战国中一人而已。今当举世披

① 刘体智：《异辞录》卷二。
② 《清史稿》卷一九八《李鸿章传》。
③ 麦士尼：《华英会通》（1896 年 3 月 19 日）；梁启超：《李鸿章》（1902 年）。

靡之会，使皆以缄默鸣高，则挽回气运之大权，其将谁属耶！大贤者出不徒辩一身，期其自尽，而当于千载寄其遐思以觉民也。”[①] 批评那些处于颓世的文人学士明哲保身、自鸣清高，对“挽回气运之大权”不负责任。并抒发抱负，表示要像“大贤者”那样，以国家民族命运为己任。

咸丰九年（1859），在仕途上饱经挫折的李鸿章投身湘军幕府，得曾国藩精心训导陶冶，从而成为曾国藩诸门人中“受知最早最深亦最亲切者”。李鸿章贪睡懒散，曾国藩却持身甚严，在曾国藩的严格要求下，李鸿章终对曾氏的生活方式“习以为常，也渐觉不甚吃苦”，逐渐养成“每日起居饮食均有常度”的习惯。曾国藩十分注意对弟子、幕僚的教育，他每日都与幕僚一起吃饭，“饭罢后，即围坐谈论，证经论史，娓娓不倦，都是于学问经济有益实用的话”。这一切对李鸿章影响甚大。吴汝纶《李公神道碑》说：李鸿章“生平严事曾文正公，出治军，持国事，与曾公相首尾。其忠谋英断，能使国重，是非成败，不毫发动心，一秉曾公学”[②]。

李鸿章虽为曾国藩最得意门生，但他并不像曾氏那样倾心学术。他自述曰：“鸿章本不文，从军羁官以来，废学益甚。”[③] 与其他皓首穷经的士子有所不同，他对纯学理的探讨缺乏兴趣，而十分留心时事，注意观察现实问题，以国家振兴为己任。经世致用和因势变通的务实观念成为他开展洋务运动的助力。他一生贯穿务实精神。在与保守派的数次论战中，对理学空论力加驳斥，强调“制胜之实济”远高出道德人心空谈。同治三年（1862）在给总理衙门的一封信中，以“天下事穷则变，变则通”，批评守旧派“无事则嗤外国之利器为奇技淫巧，以为不必学；有事则惊外国之利器为变怪神奇，以为不能学”[④]。并力陈仿效西方的紧迫性和培养近代科学技术人才的重要意义。当论者讽刺他“喜谈洋务”时，他自负地回答：“今日喜谈洋务乃圣之时，人人怕谈、厌谈，事至非张皇即卤莽，鲜不误国。公等可不喜谈，鄙人若亦不谈，天下赖何术以支持耶？”[⑤] 昭示了众睡独醒的意识、舍我其谁的责任感和

---

① 窦宗一：《李鸿章年（日）谱》，第 4772 页。

② 《李文忠公全书》卷首。

③ 《李文忠公全书·朋僚函稿》卷十四。

④ 《筹办夷务始末》（同治朝）卷二十五，中华书局 1979 年版，第 9 页。

⑤ 《李文忠公全书·朋僚函稿》卷十六，第 30 页。

“时不我待”的进取气魄。在同治十三年（1874）清廷海防讨论中，李鸿章再次引述《易经》变通思想，分析中国面临“数千年来未有之变局”和“数千年来未有之强敌”，指出“不变通则战守皆不足恃，而和亦不可久也”，以为“力排浮议，以成格为万不可泥，以风气为万不可不开”才是唯一出路。作为晚清政坛实力派，李鸿章的务实风格对洋务运动向纵深开展起到颇为重要的作用。同时，儒学义理中的纲常名教为核心思想，又限定他的经世实践的范域。

二、“根本之计，尤在变法自强”

太平天国起事后，李鸿章先后在安徽巡抚福济和曾国藩幕府赞划军务。1861 年 11 月，他被曾国藩推荐为独当一面的江苏巡抚。次年 4 月，李鸿章带领他召募训练的淮军来到上海。自此李鸿章开始和洋人交涉。他逐步认识到，中国的真正威胁来自外洋：“盖目前之患在内寇，长远之患在西洋。”[①] 如何才能消弭这“长远之患”？在向曾国藩的报告中李鸿章说：“似当与委曲周旋，但求外敦和好，内要自强。”[②]1874 年他又在《筹议海防折》中向清政府献策：“居今日而欲整顿海防，舍变法与用人，别无下手之方。”[③] 随着对西方的了解加深，李鸿章在光绪六年（1881）把这一思想进一步总结为“外须和戎，内须变法”[④]，成为他进行洋务改革的总纲。19 世纪 90 年代后期，他在致伍廷芳的信中强调，当前的“根本之计，尤在变法自强”[⑤]。

李鸿章之所以力主变法，是因为他对中国所面临的危局有较清醒的认识。早在 1865 年，李鸿章就曾致函朱久香说：

> 外国猖獗至此，不亟亟焉求富强，中国将何以自立耶？千古变局，庸妄人不知，而秉钧执政亦不知，岂甘视其沈胥耶？鄙人一发狂言，为世诟病，所不敢避。[⑥]

---

① 《李文忠公全书 · 朋僚函稿》卷四，第 17 页。
② 《李文忠公全书 · 朋僚函稿》卷一，第 26 页。
③ 《李文忠公全书 · 奏稿》卷二十四，第 12 页。
④ 《李文忠公全书 · 朋僚函稿》卷十九，第 43 页。
⑤ 《李文忠公尺牍》第 31 册。
⑥ 《李文忠公全书 · 朋僚函稿》卷六，第 37—38 页。

在这里，李鸿章首次提出“千古变局”命题。

1874 年，李鸿章在《筹议海防折》中对“变局”作了较全面的论述：

> 历代备边，多在西北，其强弱之势，客主之形，皆适相埒，且犹有中外界限。今则东南海疆万余里，各国通商传教来往自如，麇集京师及各省腹地，阳托和好之名，阴怀吞噬之计，一国生事，诸国构煽，实为数千年来未有之变局。轮船电报之速，瞬息千里；军器机事之精，工力百倍。炮弹所到，无坚不摧，水陆关隘，不足限制，又为数千年来未有之强敌。①

李鸿章把当时中外形势的特点概括为“数千年来未有之变局”，遭遇的是“数千年来未有之强敌”，扼要中肯，发人深思。正是从此种认识出发，李鸿章大声疾呼，不可抱残守缺，强调“我朝处数千年未有之奇局，自应建数千年未有之奇业”②。他一再指出：“数千年大变局，识时局者当知所变计耳”③。“今各国一变再变，而蒸蒸日上”④，“中国若不稍变成法，徒恃口舌，以与人争，正恐长受欺侮”⑤。

李鸿章主张针对时弊，全面改革，其“变法”的内容随着时间的推移而发展变化，主要包括“变易兵制”“改革科举”“更张官制”等。

（一）“变易兵制”

李鸿章初到上海，见外国枪炮性能优越，杀伤力强，十分佩服，他说：“洋兵数千，枪炮并发，所当辄靡，其落地开花炸弹真神技也。”⑥深感清军在武器装备和军事技术方面远逊洋人。他在写给曾国藩的信中说：“鸿章尝往英法提督兵船，见其大炮之精纯，子药之细巧，器械之鲜明，队伍之威整，实非中国所能及。”⑦正是基于这一认识，他萌发了“及早自强，变易军制”的思

① 《李文忠公全书·奏稿》卷二十四，第 11 页。
② 《李文忠公全书·奏稿》卷三十九，第 28 页。
③ 《李文忠公全书·朋僚函稿》卷十一，第 27 页。
④ 《李文忠公全书·朋僚函稿》卷十九，第 43 页。
⑤ 《李文忠公全书·朋僚函稿》卷二十二，第 9 页。
⑥ 《李文忠公全书·朋僚函稿》卷一，第 20 页。
⑦ 《李文忠公全书·朋僚函稿》卷二，第 46 页。

想。他说：

> 鸿章所深虑者，外国利器强兵百倍中国，内则狎处辇毂之下，外则布满江海之间，实能持我所长，无以扼其气焰。盱衡当时兵将，靖内患或有余，御外侮则不足。若不及早自强，变易兵制，讲求军实，仍循数百年绿营相沿旧规，厝为积薪，可危实甚。……兵制关立国之根基，驭夷之枢纽。今昔情势不同，岂可狃于祖宗之成法？①

“变易兵制”的目的是为了“驭外夷”“图自强”。

李鸿章设计，“变易兵制”的具体步骤是：“必须尽裁疲弱，厚给粮饷，废弃弓箭，专精火器，革去分汛，化散为整，选用能将，勤操苦练，然后绿营可恃。海口各项，艇船师船概行屏逐，仿立外国船厂，求购西洋机器，先制夹板火轮，次及巨炮兵船，然后水路可恃。”② 可以说，这是一个以外国为参照系，对本国水陆各军进行改造，以缩小中西强弱差距的系统性“戎政”方案，涉及武器装备、营制饷法、人员素质、训练原则等诸多环节。其中武器装备一项是李鸿章认定的根本，是所谓“身心性命之学”③。认为：“中国欲自强，则莫如学习外国利器”④；“中国但有开花大炮、轮船两样，西人则可敛手”⑤。把制用西式精良武器，作为与外国争雄的根本。

（二）“改革科举”

随着洋务运动的展开，各方面都需要适用人才。而要培养洋务人才，改革育才用人制度是当务之急。李氏说：“居今日之世而欲整顿海防，舍变法与用人，别无下手之方……节省冗费，讲求军实，造就人才，皆不必拘执常例，而尤以人才为亟要。使天下有志之士无不明于洋务，庶练兵、制器、造船各事可期逐渐精强。”⑥ 将培养人才视作自强根本。

李鸿章通过比较中西教育制度，指出：“西洋水陆兵法及学堂造就人才之

---

①② 《李文忠公全书·朋僚函稿》卷五，第 34、34 页。

③④ 《筹办夷务始末》（同治朝）卷二十五，中华书局 1979 年版，第 9 页。

⑤ 《李文忠公全书·朋僚函稿》卷三，第 19 页。

⑥ 《李文忠公全书·奏稿》卷二十四，第 12 页。

道，条理精严，迥非中土所及。”[①] 进而对中国的八股取士制度深恶痛绝，斥为无用且有害。他反复陈说：“试帖小楷丝毫无与于时务”，“小楷试帖，太蹈虚饰，甚非作养人才之道。”[②] 为了培养有用人才，李鸿章认为，最根本的办法是改革科举考试的科目，把洋务、西学也作为进取的一格。在《筹议海防折》中，李鸿章正式向朝廷提出了两条建议：一是变通“考试功令”，理由是“以章句、弓马施于洋务，隔膜太甚”，“所用非所学，人才何由而出？”所以应“另开辟洋务进取一格，以资造就”；二是设立“洋学局”，“分为格致、测算、舆图、火轮、机器、兵法、炮法、化学、电气学等数门”，所学如有成效，“与正途出身无异”[③]。显而易见，李鸿章要求对科举考试制度作某些改革和调整，这一主张无疑是具有远见卓识的。这两项建议，招来一片斥骂声。有的说他忘本，不“重道敦伦”，“或恐不利社稷”。有的说他“用夷变夏”，“师夷洋人，可耻孰甚”！李鸿章毫不示弱，反唇相讥：“是必华学却可制夷，即可敌夷，尚若不足以制敌，则取彼之长，益我之短，择善而从，又何嫌乎？姑不必以赵武灵王胡服为比，即须综核名实，洋学实有逾于华学者，何妨开此一途？且夷人已入内地，驻京师，公尚断断于夷夏之防，则必真有攘夷之本领，然后不为用夷之上策，试问公有何术乎？”[④] 这段驳论，堪称淋漓痛快，泼辣透辟。19 世纪 90 年代后期，他在致友人信中论及废科举一事。他说：“数百年积重之势，非偶然更置一二所能转移，今惟有尽罢各省提学之官，辍春秋两试，裁并天下之书院，悉改为学堂，分门分年以课其功，学成即授以官，而暂停他途之入仕，度二十年间风气变而人才出。”然而，这时李鸿章已是垂暮之年，政治上也已失势，“不过托之空言耳”[⑤]。

（三）“更张官制”

李鸿章深知“吏治洋务，均以得人为要”，在奏折中，他对守旧官僚常以严辞贬斥。至于晚清官场中普遍存在的人浮于事、事权分散、委蛇拱让及各种腐败积习，多有批评，并作改进建言。

光绪三年（1877），李鸿章在给郭嵩焘的一封信中说：“西洋政教规模，

---

① 《李文忠公全书·朋僚函稿》卷十七，第 7 页。

②③ 《李文忠公全书·奏稿》卷二十四，第 23、23 页。

④ 《李文忠公全书·朋僚函稿》卷十五。

⑤ 《李文忠尺牍》第 29 册，《复院幕陈雨樵》。

弟虽未至其地，留心谘访考究几二十年，亦略闻梗概。”[①] 基于中西对比，他洞悉政权体制上的弊病，有“中国政体，官与民、内与外均难合一”之类的议论[②]。后来，他又与驻日公使黎庶昌讨论日本的政治改革，在复黎庶昌的信中，赞赏日本“全用泰西，大抵有一官办一事，大官少，小官多，最为得法”。并且回顾中国官制的历史沿革，说明官制与王朝盛衰的关系：“一部廿四史，自汉书百官公卿表后，更不复见此等官制。故西汉最富强，而治独近古也。自此以降，日益冗烦，至于今日，高资华选，大半养望待迁之官，……事由何制？”[③] 并据此断言：“变法度必先易官制”，将改革官制摆到了变法的首要地位。

在晚清的官制中，李鸿章最厌恶的是言官制度。他一再对人说：“言官制度，最足坏事”，认为他们“信口开河，畅发一篇议论，藉此以出露头角，而国家大事已为之阻挠不少”[④]。他感慨道：“自夷氛不靖以来，大半误于台谏之簧鼓。兹甫就绪，尚腾众口，令人惴慄太息尔！”[⑤] 但他没有提出新的官制来替代它。因此，李鸿章的“变法度必先易官制”的说法，只是一种朦胧意向。

及至晚年出使欧美，李鸿章耳闻目睹，“得亲见欧洲政教之覃敷”，受到很大震动，并认识到西洋各国“政教大略无殊，其根本全在上下一心，故能齐力合作，无事不举，积富为强。中国则政杂言庞，而取材之法又不逮远甚”[⑥]。这较之过去持论的“中国文武制度事事远出西人之上”[⑦]，无疑是认识上的一大进步。

在晚清洋务大员中，大都只主张学习西方的先进技术，而李鸿章呼吁将“外国利器”与“稍变成法”相结合。李鸿章的变法思想，是清廷统治集团中“最先进，最开明的”[⑧]。但李氏改革主张并无响应，正如吴汝沦所说：“李相

① 《李文忠公全书·朋僚函稿》卷十七，第12—13页。
② 《李文忠公全书·朋僚函稿》卷十二，第3页。
③ 《李文忠公尺牍》第7册，《复出使日本大臣黎莼斋》。
④ 吴永：《庚子西狩丛谈》，中华书局2009年版，第107—108页。
⑤ 《李文忠公全书·朋僚函稿》卷五，第20—21页。
⑥ 《李鸿章历聘欧美记》。
⑦ 《筹办夷务始末》（同治朝）卷二十五，中华书局1979年版，第10页。
⑧ 章鸣九：《论李鸿章的变法思想》，《历史研究》1989年第6期。

之欲变法自强，持之数十年，无人应和，历年奏牍可覆按也。”[①] 李鸿章逝世后，严复曾挽之曰：“使生平尽用其谋，其成功或不止此。”[②]

三、“处今时势，外须和戎”

“欧洲各国百十年来，由印度而南洋，由南洋而东北，闯入中国边境腹地，凡前史之所未载，亘古之所未通，无不款关而求互市，合地球东西南北九万里之遥，胥集于中国，此三千年一大变局也。”[③] 因此，如何与洋人打交道，便成为晚清经世实学一个新的课题。李鸿章把“外须和戎”作为对外交涉的总方针，他认为，“中国向用之弓矛、小枪、土炮，不敌彼后门进子之来复枪；向用之帆蓬舟楫、艇船、炮划，不敌彼轮机兵船，是以受制于西人”。客观而理智地承认了中国的劣势地位和不利处境。由于中外实力对比悬殊，“即暂胜必终败”。因此，“居今日而曰攘夷，曰驱除出境，固虚妄之论；即欲保和局，守疆土，亦非无具而能保守之也”[④]。完全撇开了义愤和虚狂，实实在在地指出：“战守无具，不能不以和，允为御侮长策。”[⑤] 总之，对时局的清醒认识，是李鸿章形成“外须和戎”思想的根本原因。李鸿章极不赞成不顾实力的盲目开战，他对两次鸦片战争中的主战人物很不以为然：“即穷今世始末，林（则徐）、僧（格林沁）二公，逞一时之愤，几毁全局，谋国者可不深长思耶？”在他看来，“百战百胜不若不战而胜，尤为驭外良谟”[⑥]。

问题在于，中国积贫积弱，列强虎视眈眈，怎样才能做到“和戎”呢？李鸿章认为，一是遵守“和约”，二是“以夷制夷”，三是“内要自强”。

李鸿章认为，“各国条约已定，断难更改”；“两国相交，全靠条约，条约如何可以改变”[⑦]？李鸿章承认既存的条约制度，认为只要遵守“和约”，便可与各国和平共处。和局对中国而言是承认不平等条约，并严格遵守；争取和局，是在遵守条约的基础上，通过外交手段避免卷入战争。当然在当时和局是不平等的，争取和局是需要付出代价的。李鸿章意识到，要推行“和戎”外

① 《中日战争资料》（五），上海书店出版社2000年版，第302页。
② 《严复集》第5册，中华书局1986年版，第1549页。
③④ 《李文忠公全书·奏稿》卷十九，第44、44页。
⑤ 《李文忠公全书·朋僚函稿》卷十，第25页。
⑥ 《李文忠公全书·朋僚函稿》卷十一，第10页。
⑦ 《李文忠公全书·奏稿》卷二十四，第23页。

交，中国必须改变“天朝上国”的陈腐观念。他指出，中国应派使节常驻各国，“藉探彼族动静，冀可联络牵制，消弭后患”[①]。

“以夷制夷”是李鸿章主要的外交政策和外交手段，几乎每一次外交活动他都不同程度地使用这一智术。“以夷制夷”这一外交策略思想，是李鸿章从当时中国的国情出发，从对世界特别是对资本主义列强的认识出发制定出来的，是他处在弱国外交的要冲上，为寻求出路而提出的策略思想。因此，李鸿章的“以夷制夷”并不是纯袭古代传统，仅操战国策之术，而是认识到了国际均势主义的存在，旨在利用均势，利用矛盾，“以夷制夷”。纵观李鸿章的外交活动，如果把他的“以夷制夷”政策具体化，可分为“有联有拒”“以夷制夷”“连纵结盟”三个相互交织而又依次深化的组成部分。

均势主义作为国际强权政治牵制扩张的产物，虽然可以一时成为弱小国家利用矛盾，维护主权、安全的权宜之计，却也存在着相当的危险性，一旦均势失衡或根本没有均势，“以夷制夷”的结果就可能是被“夷”所制。近代中国外无平等的国际地位，内无强大的军事实力，外交家仅凭外交策略“徒恃笔舌以与人争”[②]，其难度何异于虎口逃生！李鸿章对此认识得极为清楚，曾明确指出：“洋人论势不论理，彼以兵势相压，而我第欲以笔舌胜之，此必不得之数也。”[③]因而他一再强调“外交之道与自强之谋相为表里”[④]，他说：“处今时势，外须和戎，内须变法，若守旧不变，日以消弱，和一国又增一敌。”[⑤]“明是和局，必阴为备战，庶和可速而经久”[⑥]。

“和戎”的目的是为“自强”创造良好的外部环境，假如“中国诚能以其闲暇，选将练兵，通商裕饷，造船简器，内外同心，切实经理，何尝不可争雄于各国”[⑦]。因此，在李鸿章的思想里，“和戎”—“自强”—“御侮”是三位一体的，用他的话说，“和戎”是“忍小愤而图远略”[⑧]。

李鸿章数十年来苦心经营内政外交，可谓唇焦舌敝，精疲力竭。但是，

① 《李文忠公全书·奏稿》卷二十四，第 27 页。

② 《李文忠公全书·朋僚函稿》卷十三，第 9 页。

③ 《李文忠公全书·译署函稿》卷二，第 34 页。

④ 《李文忠公全书·奏稿》卷四十四，第 28 页。

⑤ 《李文忠公全书·朋僚函稿》卷十九，第 43 页。

⑥⑧ 《李文忠公全书·朋僚函稿》卷十四，第 16、30 页。

⑦ 《李文忠公全书·译署函稿》卷十五，第 234 页。

“十年以来，文娱武嘻，酿成此变。平日讲求武备辄以铺张糜费为疑，以至购械、购船，悬以为历禁；一旦有事，明知兵力不敌，而淆于群哄，轻于一掷，遂至一发不可复收。”[①]致使李鸿章“徒唤奈何”，空怀壮志。梁启超对此评价说：“内政不修则外交家实无可办之理，以中国今日之国势，虽才十倍于李鸿章，其对外之策，固不得不隐忍迁就于一时也，此吾所以深为李鸿章怜也。”[②]

第四节 “中学为体，西学为用”——张之洞的经世观念

张之洞（1837—1909），字孝达，号香涛，直隶南皮人。与曾国藩、左宗棠、李鸿章等相比，张之洞在洋务运动中是一个迟到者。曾、左、李等人兴办洋务始于19世纪60年代，而张之洞则在80年代后期方跻身洋务派行列。然而这位洋务活动的迟到者却后来居上。人们一般以中日甲午战争北洋舰队全军覆没作为洋务运动破产的标志，但张之洞的洋务事业恰恰在90年代中期进入高潮。张之洞不仅是一位洋务活动的实行家，他还自立学说，企求建立应对时变的理论体系。张氏1898年撰写的《劝学篇》，以比较完整的形态构筑了洋务运动的思想蓝图，使“中体西用”成为当日“流行语”。1901年，由张之洞主笔、与两江总督刘坤一联衔会奏的“江楚二督变法三疏”，成为“第二次洋务运动”——清末新政的纲领，张之洞本人则是“新政”的主持者之一。因此，在实践和理论两方面，张之洞都可以看作洋务经世派的终结人物。

一、一切学术“要其终也，归于有用”

张之洞的经世思想产生于青少年时代。而这一思想趋向与他所生长环境密切相关。张之洞出生于一个世宦之家，从小接受的是严格的儒家教育，对修身、齐家、治国、平天下的正宗儒术笃信不疑。20岁以前，又大部分居住在贵州。他的父亲张锳自道光中叶起一直在贵州任官，从知府到道员，为西南各省抵抗太平天国革命浪潮最尽责的地方官员之一。在危机四伏环境的刺激下，张之洞自青少年时代起便慨然立意经世，其情势正如胡钧《张文襄公年

① 《李文忠公尺牍》，第784页。
② 梁启超：《饮冰室合集》专集之三《李鸿章传》。

谱》所云：

公生长兵间，好阅兵家言及掌故经济之书，慨然有经世志。

在张锳挚友胡林翼、韩超的指导下，张之洞奋发钻研经世之学。胡林翼、韩超十分器重少年张之洞的才气，而之洞一生奉行经世实学，亦受胡、韩二人影响为最。《大清畿辅先哲传·张文襄公传》描述其治学情形说：

（之洞）洽闻强记，淹贯群书，尤究心经世之务，以天下为已任。咸丰二年，年十六，举乡试第一，一时名噪都下，乃益自淬励，精研历代诸儒之学，而以实用为归。

"通经致用"被其视作治学圭臬。张之洞认为，一切学问，皆以通经为根柢，而通经又必须以致用为最终目的。他说："凡学之根柢，必在经史。读群书之根柢在通经，读史之根柢亦在通经。"而"一切学术……要其终也，归于有用"[①]。通经当用韩愈"提要钩元之法"，务以"切用"为"要指"[②]。"读书期于明理，明理归于致用。"他比喻道：

书尤谷也，种获舂揄，炊之成饭，佐以庶羞，食之而饱，肌肤充悦，筋骸强固，此谷之效也。若终岁勤动，仆仆田间，劳劳爨下，并不一尝其味，莳谷何为？近人往往以读书明理判为两事，通经致用视为迂谈。浅者为科举，博洽者著述取名耳，与己无与也，于世无与也，亦犹之获而弗食，食而弗肥也。随时读书，随时穷理，心地清明，人品自然正直，从此贯通古今，推求人事，果能平日讲求，无论才识长短，筮仕登朝，大小必有实用。《易》大畜之象曰：君子以多识前言往行以畜其德。多识，畜德，事本相因。若读书者既不明理，又复无用，则不劳读书矣。[③]

① 《张文襄公全集》卷二一三"古文二"，《创建尊经书院记》。

② 《劝学篇·内篇·守约第八》。

③ 《张文襄公全集》卷二〇四《輶轩语一·语学第二》。

张之洞鄙薄那些“不知时务”，不切“经济”的士人为“陋儒”。他说：

扶持世教，利国利民，正是士人分所应为。宋范文正、明孙文正，并皆身为诸生，志在天下。国家养士，岂仅望其能作文字乎？通晓经术，明于大义，博考史传，周悉利病，此为根柢。尤宜讨论本朝掌故，明悉当时事势，方为切实经济。盖不读书者为俗吏；见近不见远，不知时务者为陋儒。可言不可行，即有大言正论，皆蹈唐史所讥高而不切之病。①

为纠此弊，张之洞倡导“读书宜读有用之书”。他解释道：

有用者何？可用以考古，可用以经世，可用以治身心三等。唐人崇上词章，多撰璅碎虚诞无理之书。宋人笔墨繁冗，公私文字多以空论衍成长篇，著书亦然。明人好作应酬文字，喜谈赏鉴清供，又好蓝本陈编，改换敷衍，便成著作，以故累车连屋，眩人耳目，耗人精神，不能专意要籍。唐以后书，除史部各有所用外，其余陈陈相因之经注，无关要道之谱录，庸猥应酬之诗文集，皆宜屏绝廓清，庶几得有日力，以读有用之书耳。②

时至清末，“四部之书汗牛充栋，老死不能遍观而尽识”③。为了引导士子在浩如烟海的典籍世界中读有用之书，做切实有用的学问，张之洞提出研习各类学问的“易简”“切用”之策：

一、经学通大义。切于治身心治天下者谓之大义。凡大义必明白平易，若荒唐险怪者乃异端，非大义也。《易》之大义，阴阳消长；《书》之大义，知人安民；《诗》之大义，将顺其美，匡救其恶；《春秋》大义，明王道，诛乱贼；《礼》之大义，亲亲尊尊贤贤；《周礼》大义，治国治官治民三事相维。……

---

①② 《张文襄公全集》卷二〇四《輶轩语一 · 语行第一》。

③ 《劝学篇 · 内篇 · 守约第八》。

一、史学考治乱典制。史学切用之大端有二：一事实，一典制。事实择其治乱大端，有关今日鉴戒者考之，无关者置之。典制择其考见世变可资今日取法者考之，无所取者略之。……

一、诸子知取舍。可以证发经义者，及别出新理而不悖经义者取之，显悖孔孟者弃之。……

一、理学看学案。……惟读学案可以兼考学行，甄综流派。……

一、词章读有实事者。……当于史传及专集总集中择其叙事述理之文读之，其他姑置不读。……

一、政治书读近今者。政治以本朝为要，百年以内政事，五十年以内奏议，尤为切用。

一、地理考今日有用者。……考地理必有图，以今图为主，古图备考。此为中国地理言。若地球全形、外洋诸国，亦须知其方域广狭，程途远近，都会海口，寒暖险易，贫富强弱。重在俄、法、德、英、日本、美六国，其余可缓。

一、算学各随所习之事学之。……一切格致制造，莫不有算，各视所业何学即习何学之算，取足应用而止。如是则得实用而有涯涘。……

一、小学但通大旨大例。……惟百年以来，讲《说文》者终身钻研，汩没不反，亦是一病。要之止须通其大旨大例，即可应用大旨大例者解六书之区分，通古今韵之隔阂，识古籀篆之源委，知以声类求义类之枢纽，晓部首五百四十字之义例。至名物无关大用，说解间有难明义例偶有抵牾，则缺之不论。……①

张之洞对林林总总的各门学术有一个毫不含糊的取舍标准，这便是是否“切用”“实用”，“取足应用而止”。他以经世学者的身份，为士子指明为学路数，其间既凝结着前代经世学者的丰富经验，又包含有他自己“精研历代诸儒之学，而以实用为归”的独到体会。

① 《劝学篇·内篇·守约第八》。

二、“当官为政，一以儒术施之”

张之洞素以“儒臣”著称。有人曾问张之洞的幕僚辜鸿铭“张文襄比曾文正何如？”辜回答道：

> 张文襄儒臣也，曾文正大臣也，非儒臣也。三公论道，此儒臣事也；计天下之安危，论行政之得失，此大臣事也。国无大臣则无政，国无儒臣则无教。政之有无关国家之兴亡，教之有无关人类之存灭，且无教之政终必至于无政也。……虽然文襄之效西法，非慕欧化也；文襄之图富强，志不在富强也。盖欲借富强以保中国，保中国即所以保名教。吾谓文襄为儒臣者以此。[①]

张之洞本人，也向以“儒臣”自居。他对此多有解说：“所谓儒者，宗法圣贤，博通古今，以之为吏，谁曰不宜？”[②]“弟儒家者流，”[③]“余性鲁钝，不足以窥圣人之大道，学术惟舆（与）儒近。儒之为道也，平实而绌于势，恳至而后于机，用中而无独至，条理明而不省事，志远而不为身谋，博爱而不伤，守正而无权……余当官为政，一以儒术施之”[④]。张之洞不仅以儒道为自己行事宗旨，而且希望儿孙辈也以此安身立命。他以二十字叙子孙辈行，曰：“仁厚遵家法，忠良报国恩。通经为世用，明道守儒珍。”[⑤]

“儒臣”的精要处，在于奉儒教为施政圭臬。张之洞便是儒家“仁政—人治”学说的力行者。

儒家政治学说以“仁政”为标帜。“夫仁者，已欲立而立人，已欲达而达人。”[⑥]所谓“仁政”，不过是统治者出于完善自身德性而施之于民众的一种蕴含仁爱的开明政治，反过来，它又可以巩固统治者自身地位，“为政以德，譬

---

① 辜鸿铭：《张文襄幕府纪闻·清流党》。
② 《张文襄公全集》卷二一二“古文一”，《殿试对策》。
③ 《张文襄公全集》卷二一九“书札六”，《致袁慰亭》。
④ 《张文襄公全集》卷二一三“古文二”，《傅鲁堂诗集序》。
⑤ 许同莘：《张文襄公年谱》卷一。
⑥ 《论语·雍也》。

如北辰，居其所而众星共之”[①]。孟子更将“仁政”的君王本位内涵阐述尽致，把王者的“施”与“不施”作为“仁政”成立与否的关键：

> 王如施仁政于民，省刑罚，薄税敛，深耕易耨；壮者以暇日修其孝悌忠信，入以事其父兄，出以事其长上，可使制梃以挞秦楚之坚甲利兵矣。
>
> 彼夺其民时，使不得耕耨以养其父母。父母冻饿，兄弟妻子离散。彼陷溺其民，王往而征之，夫谁与王敌？[②]

所以，以儒学为理论基础的中国传统政治，又可以“人治”二字加以概括，明君贤相秉政则神州安宁，海晏河清；昏君佞臣当道则天下离乱，民不聊生。从“人治”着眼，儒家政治学说认为治国安邦的首务不在法家所主张的“宣法明制”，而在统治者自身的道德修养：“修己以安人”，“修己以安百姓”[③]。如果统治者能做到这一点，“其身正，不令而行”，否则，“其身不正，虽令不从”[④]。

先秦时期，儒家的“人治”学说与法家的“法治”学说曾进行过热烈的论战。儒学重要传人荀子并不否认法的作用，但他以为法的实际效果完全取决于立法、执法者的品行、才识之优劣，故而“有乱君，无乱国；有治人，无治法”[⑤]。秦统一中国，秦始皇严刑峻法，将法家学说阴惨刻毒的一面发挥到极致，结果二世而亡。汉初经过短暂的“与民休息”“无为而治”的黄老政治之后，从武帝开始，儒学独尊地位渐次形成。从此儒学成为中国传统社会意识形态的主干，而“人治”政治思想也成为历代统治者治国安邦的圭臬。历代政治家、思想家对于治国之才的道德、学识要求，选拔途径、标准以及“人治”与“法治”的关系，多有精辟论述。

张之洞对于儒学“人治”学说笃信不疑，并加以力行。同治二年（1863）四月，26 岁的张之洞以复试一等第一名参加殿试。就在这决定科场命运的关

① 《论语·为政》。
② 《孟子·梁惠王上》。
③ 《论语·宪问》。
④ 《论语·子路》。
⑤ 《荀子·君道》。

键时刻，他直抒胸臆，在殿试对策中指陈时政之弊，并依据儒家“人治”思想，作出“任人者治，任法者乱”的论证。他批评“今日人材之乏，资格太拘、科目太隘之致也”，建议“多其途，优其用，严其限，重其不举之罚”，以利人才“奋迅鳞集京师”，然后，“陛下欲综核名实，则何不试其言之效不效，以为用不用之权衡哉”。

关于“任人”与“任法”的优劣，张之洞有自己独到的见解。他认为，“先王用刑，临事酌断，不豫设详细条目”。其理由是“若纤悉毕载刑书，布之民间，则奸民必有挺身扞法、避就、告讦诸弊，蠹吏亦有舞文嚚狱之弊”。正因为如此，“晋铸刑鼎，仲尼非之”，“而赵鞅荀寅弃被庐之法，铸范宣之刑书，则失中又失矣”。他总结道：

> 随时酌断，岂得无弊，但任人之弊，弊在官；任法之弊，弊在吏。任人之弊在国家，任法之弊在奸民，两害相形取其轻，不如任人也。①

立足于“人治”优于“法治”，“任人”优于“任法”的基本认识，张之洞宦海一生，不论为学政，任督抚，放外任，做京官，自始至终注意人才的培养、选拔与任用，他把这称为“治术以培植人才为本，经济以通达时务为先”②。“学术造人才，人才维国势，此皆往代之明效，而吾先正不远之良轨也。”③在各类奏稿中，张之洞一再申述“得人”的重要，认为“凡百政事，皆须得人”④。

张之洞任用属员，首重人品、气节。这也是辜鸿铭以他为“儒臣”而与曾国藩、李鸿章等“大臣”相区别的根据之一。辜氏论李鸿章的人才观：

> 文忠步趋文正，更不知有所谓教者，故一切行政用人，但论功利而不论气节，但论材能而不论人品。⑤

---

① 《张文襄公全集》卷二一一“读经札记二”，《议事以制说》。
② 《张文襄公全集》卷三十四“奏议三十四”，《设立自强学堂片》。
③ 《劝学篇·内篇·同心第一》。
④ 《张文襄公全集》卷四“奏议四”，《整饬治理人才片》。
⑤ 辜鸿铭：《张文襄公幕府纪闻·清流党》。

而张之洞则笃信“修己以安人”，“其身正，不令而行”的先儒教诲，认定“恤民必先恤官，治官必先治己”[①]，“官无瑕疵，四民自然畏服，不必专心致志惟务箝民之口，须当惠法兼施，尽父母斯民之道”。“廉正无欲，必有政绩可观”[②]。他号召士子们要以清正廉洁之风，为下属作出表率。

张之洞为官一生，十分注意维护自己清正廉洁的形象。无论是抚晋、督粤、经营荆楚，还是入赞廷枢，他都颇得人望，“一时称贤”[③]。他在一封给侄子的信中，于谆谆告诫之间，相当自得地描述了自己的官风：

> 良民颂声载道，公事无瑕可指，虽有强宗、讼棍，彼能何为？至于绅士之十分狡狠者，若自揣力不能去而降伏之，则亦不能不略用笼络驾驭之法，免致挠我政事。……既不恋缺，更可放手办事，专心为民，即使将钱漕赢余减去大半，亦不过与无缺等，尚落得口碑载道，万家尸祝也。……州县处处克己恤民，劣绅何从挟持煽动哉？侄能禀请减成征收，又能捐巨金办缉捕破重案，已是探骊得珠，闻之深为欣慰，勉力为之，必然与地方日臻浃洽，……须知声名功德是本官的，余光治润是众人得耳。[④]

这一长篇自白，道出张之洞数十年为官治民的经验之谈，昭显他既重立功立言，更重立德的诉求。

张之洞有儒者之风，注重德行修养，然而他又决非迂儒，其为官治民之道，颇精于谋略。清末民初政论家刘禺生《世载堂杂忆》记载：张之洞入枢府后，一日，问幕僚高友唐，外间对自己有何议论。高回答道：“人皆曰岑西林（即岑春萱）不学无术，袁项城（即袁世凯）不学有术，老师则有学无术。”之洞笑曰：“项城不但有术，且多术矣；予则不但无术，且不能自谓有学。”高对曰：“老成谋国，必有胜算，本从学问中来，房谋杜断，当以老师为归。”之洞莞然[⑤]。

---

① 《张文襄公全集》卷二〇四，公牍二十五，《批司道会详裁减各署公费》。

② 《张文襄公全集》卷二〇四，《轩语一》。

③ 《清史稿》卷四五七《张之洞传》。

④ 《张文襄公全集》卷二二九“家书”，《致侄子密》。

⑤ 刘禺生：《世载堂杂忆》第 54 页。

面对“房谋杜断”的赞誉之词，张之洞莞然接受，可见他虽然自称“不但无术，且不能自谓有学”，但其内心，对自己之学与术，还是颇为自信与自得的。临终之际，他对诸子总结平生：“学术行十之四五，治术行十之五六，心术则大中至正已。”[①] 由此足见他对于学术、治术、心术，均有足够的自觉与深切的体会。

三、“中学治身心，西学应世事”

对“中体西用”文化观的系统阐述和力行实践，是张之洞对晚清经世实学的一项贡献。

张之洞早年接受到的是严格、正统的儒学传统教育。直至光绪七年（1881）底补授山西巡抚之前，他完全生活在纯粹的中国传统文化氛围之中。光绪元年（1875），他在四川学政任内修撰以指导青年学子求学修身为宗旨的《书目答问》一书，收录书目二千二百余种，除历史、地理、天算等类收录《职方外纪》《坤舆图说》《经天该》《数学启蒙》等少数西方传教士著译外，其余全为“端品行、务实学”的传统典籍。结束三省学官生涯，返回京师，入围“清流”。此间张之洞的意气情趣，与传统士大夫别无二致。但“通经致用”的经世、务实学风，使他对待“洋务”“西学”，不像其他清流党人那样深恶痛绝、极端排斥，而认为“塞外番僧，泰西智巧，驾驭有方，皆可供我策遣”。正是由于有这种“师夷长技”的认识基础，张之洞日后才能由清流健将转化为洋务殿军。

光绪七年（1881）底，张之洞出任山西巡抚。从有职守、无言责的清流名士，一变而为执掌一省政治、经济、军事实际事务的封疆大吏。抵任之初，他曾向张佩纶透露自己的治晋规画“皆中法非西法也”[②]，但是不久，错综复杂的日常问题，尤其是山西弊病丛生、积重难返的衰败现实，使他意识到，固守祖宗章法，显然不能打开局面。正当他寻找兴革之策时，接触到英国传教士李提摩太，遂对“西艺”“西技”的价值有了初步了解，并急思效仿，在山西兴办一系列洋务事业，开始了由清流党人向洋务大吏的转化。

与此相应，张之洞的文化思想也发生重要变化，由专注于修、齐、治、平

① 胡钧：《张文襄公年谱》卷六。

② 《张文襄公全集》卷二一四“书札一”，《与张幼樵》。

的儒学大经大纶，转而兼取“洋务”新知。他印发的《延访洋务人才启》称：“查中外交涉事宜，以商务为体，以兵战为用，以条约为章程，以周知各国特产、商情、疆域、政令、学术、兵械、公法律例为根抵，以通晓各国语言文字为入门。”[①]此时的张之洞，已经不再以谈“洋务”为耻，而是唯恐于此不摸门径，落后于时。他在给张佩纶的信中说：“鄙人僻在一隅，大事都不闻知，防海新论交议未及，大约止沿海及本省耳。如蒙朝命洋务，亦许与闻，下采蒭荛，则当抒其管蠡，不致后时发议，徒为不切题之文章也。”[②]足见其时追求洋务新知的急切心情。

光绪十年（1884），张之洞调任两广总督，参与中法战争的军事指挥、后勤保障等事务。战争实践使他对于军事科技层面的中西文化的优劣高下有了真切认识。他在一篇奏议中说：“夫欲善其事必先利其器，……器械不利，与空手同；不能及远，与短兵同；史之良规也。自法人启衅以来，历考各处战事，非将帅之不力，兵勇之不多，亦非中国之力不能制胜外洋，其不免受制于敌者，实因水师之无人，枪炮之不具。”[③]基于这种认识，张之洞在两广任内，从军事人才培养到军械装备改善入手，于洋务事业“小试其端”。与曾国藩、李鸿章等洋务大吏一样，张之洞也是从承认西方物质文化（首先是军械装备）的先进性起步，以强烈的实用态度，企图吸收西方科技，以增强日趋衰微的朝廷实力，并在“理”与“势”、“德”与“力”关系的认识上，区别于迂腐的陋儒。

光绪十五年（1889），张之洞移节湖广。他的洋务事业，进入鼎盛期。湖北枪炮厂、汉阳炼铁厂、纱布丝麻四局相继建成投产。与旧式书院改制的同时，包括普通教育、师范教育、职业教育在内的各类新式学堂开办起来。随着洋务活动的深入发展，张之洞对于西方文化之优长也有了进一步认识。他批评时人“皆知外洋各国之强由于兵，而不知外洋之强由于学”[④]。指出中华学术缺乏的“专门之学”，恰是西洋富强的重要原因。“晚近来，惟士有学，若农、若工、若商无专门之学，遂无专门之材，转不如西洋各国之事事设学、处处设

---

① 《张文襄公全集》卷八十九“公牍四”，《延访洋务人才启》。

② 《张文襄公全集》卷二一四“书札一”，《与张幼樵》。

③ 《张文襄公全集》卷十一“奏议十一”，《筹议海防要策折》。

④ 《张文襄公全集》卷三十七“奏议三十七”，《吁请修备储才折》。

学”[①]。他还划分“专门之学”为四大门类，即交涉、农政、工艺、商务。交涉之学包括律例、赋税、舆图、译书；农政之学包括种植、水利、畜牧、农器；工艺之学包括化学、汽机、矿务、工程；商务之学包括各国尚好、中国地货、钱币轻重、各国货物衰旺。这表明，在对于“西学”优长的肯定与仿效方面，张之洞已超过曾国藩、李鸿章等洋务运动的前驱先路，其广度与深度均有所拓展。

光绪二十年（1894），甲午战争以中国方面的惨败而结束，举国震动。次年三月《马关条约》签订，给中国带来空前深重的民族危机。闰五月二十七日，张之洞上《吁请修备储才折》。这是一份甲午以后张之洞继续从事各项洋务事业的总纲性文件，其间反映出他对“中体西用”关系的认识已趋于成熟。在这份奏折中，张之洞痛陈条约带来的严重危害，提出九项应当急办之事，以为“中国安身立命之端”：一曰宜亟练陆军；二曰宜亟治海军；三曰宜亟造铁路；四曰宜分设枪炮厂；五曰宜广开学堂；六曰宜速讲商务；七曰宜讲求工政；八曰宜多派游历人员；九曰宜豫备巡幸之所[②]。在张之洞开出的九味汤剂中，除最后一条“豫备巡幸之所”外，全部在中国固有的“古时丹”中寻觅不出，而是援用的洋方洋药。虽然此时他还没有明确揭橥“中体西用”的标帜，但这一命题已是呼之欲出了。

光绪二十四年（1898）前后，张之洞开始将“中体西用”思想形诸笔墨。他在《两湖、经心两书院改照学堂办法片》中提出：“两书院分习之大旨，皆以中学为体，西学为用，既免迂陋无用之讥，亦杜离经叛道之弊。”[③]稍后，他在上呈御览的《劝学篇》中，又对此思想作了进一步的阐述：“中学为内学，西学为外学。中学治身心，西学应世事。”[④]中学“以正人心”，西学“以开风气”[⑤]。

“中学为体，西学为用”作为一种文化主张并非张之洞的首创。早在清乾隆时期，钦定《四库全书总目》便宣称：

① 《张文襄公全集》卷四十“奏议四十”，《创设储才学堂折》。
② 《张文襄公全集》卷三十七“奏议三十七”，《吁请修备储才折》。
③ 《张文襄公全集》卷四十“奏议四十七”，《两湖经心书院改照学堂办法片》。
④ 《劝学篇·外篇·会通第十三》。
⑤ 《张文襄公全集》卷二一三“古文二”，《劝学篇序》。

欧罗巴人天文推算之密，工匠制作之巧，实逾前古。其议论夸诈迂怪，亦为异端之尤。国朝节取其技能而禁传其学术，具存深意。

所谓“节取其技能而禁传其学术”，正是“中体西用”论的滥觞。

咸、同以来，从务实致用观念出发，主张在维护纲常名教的前提下，采用西方实用科技者大有其人。咸丰十一年（1861），冯桂芬在《校邠庐抗议》中提出：“以中国之伦常名教为原本，辅以诸国富强之术。”[①] 这是“中体西用”思想的首次明晰表达。以后，洋务思想家和早期维新派在此方面有诸多论述。光绪二十一年（1895），《万国公报》主笔兼上海中亚书院总教习沈寿康以“南溪赘翁”署名发表《匡时策》一文，提出：“夫中西学问，本自互有得失，为华人计，宜以中学为体，西学为用。”首次作出“中学为体，西学为用”的完整表述。光绪二十一年（1896）十二月，《万国公报》第84卷发表江苏按察使、江苏候补道吴之榛《上张香帅请设中西学堂书》。吴之榛在上书中说：“职道滞适吴门愿为吴谋，拟设中西学堂一区于苏州省城，教吴人子弟。议者谓，肄业泰西之语言文字，何以中西名？义不难喻。为此，请于大贤者，创‘中学为体，西学为用’，冀开海内风气。昔汉家之治，王霸杂揉，今运会而遭，酌中证外，名虽变而实不易，舍是，谋富强，戛戛乎其难之。”同年八月，孙家鼐在《议复开办京师大学堂折》中，进一步阐发“中学为体，西学为用”的文化主张，他说：“中国五千年来，圣神相继，政教昌明，决不能如日本之舍己芸人，尽弃其学而学西法。今中国京师创立大学堂，自应以中学为主，西学为辅；中学为体，西学为用；中学有未备者，以西学补之；中学有失传者，以西学还之，以中学包罗西学，不能以西学凌驾中学，此是立学宗旨。”[②] 次年，盛宣怀在举荐何嗣焜总理南洋公学事务的奏折中说：“臣与（何）纵论西学为用，必以中学为体。”[③]

从冯桂芬到盛宣怀的形形色色的“中体西用”说虽然意蕴并不尽同，但以“中学”为体、道、本，以“西学”为用、器、末的思路是一脉相通的，从中透露出中国传统文化对待西方近代文明成果那种既排斥、又汲纳，既怀钦羡之

① 冯桂芬：《校邠庐抗议 · 采西学议》。

② 《戊戌变法》（二），上海人民出版社1957年版，第426页。

③ 《奏陈开办南洋公学情形疏》。

情，又抱虚骄之态的矛盾状况。

张之洞虽非“中体西用”说的始作俑者，但却是“中体西用”说的“最乐道者”[①]，其《劝学篇》对“中体西用”思想进行了系统总结与全面发挥。

（一）对“中学为体”的内涵作了较精密的诠释

对于“中学”，张之洞尤其强调孔儒之学的正宗地位和“经世致用”传统。他极赞“孔子集千圣，等百王”[②]。“盖圣人之道大而能博，因材因时，言非一端，而要归于中正。故九流之精，皆圣学之所有也，九流之病，皆圣学之所黜也。”[③]张之洞力奉儒学“经世”之旨，特别注重宏扬孔儒之哲学的兴教化、正人心的现实政治功能。他的“中学为体”，既指以儒学维系专制政治秩序，更指以儒学强化纲常名教统率下的人际关系。张之洞最担心的，并不在列强虎视鹰瞵，而在于“恢诡倾危乱名改作之流，遂杂出其说以荡众心，学者摇摇，中无所主，邪说暴行，横流天下”。他惊呼“吾恐中国之祸，不在四海之外，而在九州之内矣”[④]。《同心》被列于《劝学篇》之首要位置，正表明张之洞“惟此为大”的焦虑急迫之心。

（二）归纳、总结“西学”的丰富内涵，同时严格限制它“为用”的界限

在林则徐、魏源时代，“夷之长技”仅指坚船利炮。伴随洋务运动的展开，西方“格致”之学，如声光化电开始受到人们的重视。维新派思想家更将“设议院”“通民情”等涉及政治体制方面的内容列入应予仿效的“西学”范畴。张之洞总结前人，从广泛的意义上概括“西学”内容：“西政、西艺、西史为新学”。他具体阐释“西政”“西艺”的含义：“学校、地理、度支、赋税、武备、律例、劝工、通商，西政也。算、绘、矿、医、声、光、化、电，西艺也。”[⑤]除设立议院，张之洞将前此人们提出的中国应该仿效、采纳的西方资本主义近代文明的内容，一并纳入“西学为用”的范围。这里面既有科学技术，又有法律制度，还有行政措施。不过，张之洞反对设立议院、推行民权，将民主政治排斥于“西学为用”的极限之外，其目的是为了守住“中体”的最

① 梁启超：《清代学术概论》，东方出版社 1996 年版，第 88 页。

② 《劝学篇·内篇·循序第七》。

③ 《劝学篇·内篇·宗经第五》。

④ 《张文襄公全集》卷二一三《古文二》，《劝学篇·序》。

⑤ 《劝学篇·外篇·设学第三》。

后防线。

（三）清晰凸现“中学为体，西学为用”的两面锋刃及其中心主旨

从19世纪60年代到90年代，“中学为体，西学为用”思潮由隐而彰，但是，我们应该看到，宣称“中体西用”的人，各自目的并不一致，他们对这一思想的理解角度和强调侧面更大相径庭。早期改良派鼓吹“中体西用”，是为了在陈腐、僵化的旧文化的一统天下为新思想的立足打进一个楔子，为的是让“西用”得以在“中体”之中存身。洋务派以“中体西用”为理论纲领，本意是在以“西用”来捍卫“中体”，这其中既包括采用先进的西方军事技艺对内镇压民众的反抗，以巩固摇摇欲坠的清王朝，又包括用西艺、西技增强朝廷的力量，对列强保全“天朝上国”。总之，是要在“西学”奔涌而至的形势下，通过革故鼎新之术，保全“中学”的核心地位，即它的政治—伦常系统。至于维新派也常言“中体西用”之说，那是他们机敏地将这一现成口号服务于自己的变法活动。

近代各思想流派对于“中体西用”虽有不同理解，各有发挥的重点，但构成“中体西用”论主体的，毕竟是洋务派，他们从理论与实践两方面完成这一文化模式，使其功过得失昭然天下。

张之洞对于“中体西用”说的建树，在于为其“正名”，替这一时代“流行语”核定一个价值基准。《劝学篇》“《内篇》务本，以正人心；《外篇》务通，以开风气”，并将“明保国保教保种为一义”的《同心》列于开篇地位，明言“今日时局，惟以激发忠爱，讲求富强，尊朝廷、卫社稷为第一义”，这段话，再明白不过地申明了“中体西用”理论的主要政治意义和文化意义。《劝学篇》撰成、刊行的1898年春夏之交，正是维新派“托古改制”，推行变法的高潮期，维新派极力鼓吹的兴民权、开议院等“西政”“西用”之说，猛烈地冲击着“中体”的最后防线。张之洞不失时机地推出《劝学篇》，直接目的就在于抵制维新“邪说”，其理论手段则是以平正公允之态，为“中学为体，西学为用”“正名”。惟其如此，一度对张之洞颇怀好感的梁启超后来力诋《劝学篇》“是嗫嗫嚅嚅者何足道？不三十年将化为灰烬，为尘埃野马，其灰其尘，偶因风扬起，闻者犹将掩鼻而过之”[①]。何启、胡礼垣也指

① 梁启超：《自由书》，《饮冰室合集·专集》之二。

责《劝学篇》“不特无益于时，而且大累于世，……深恐似此之说出自大吏……又害我中国十年也”[1]。

张之洞对于“中体西用”论，不惟从理论上详加阐发，他还竭力实现这一主张，使其物化为晚清社会、经济、军事、教育的现实。这正是张氏经世实学的践履。

较早提出“中体西用”模式的冯桂芬等人，或“坐而论道”，或仅从事某一领域的“洋务”活动，其实际的社会影响有限；而曾国藩、李鸿章等人，则全力以赴从事练兵兴学、开矿设厂的具体事务，于“中体西用”理论，未及详加研讨，就学理而言无可深议之处。总之，这两类人物均未能成为“中体西用”论的虚实结合的代表者。张之洞则不同。他主张“中学为体”，不仅于《劝学篇》中具论其详，而且于宦海沉浮中始终以此为立身之本。《劝学篇》讲“新学为用”，应“政艺兼学”，他在两广、湖广总督任内所兴“洋务”，可以说涉及“西政”（学校、地理、度支、赋税、武备、律例、劝工、通商）和“西艺”（算、绘、矿、医、声、光、化、电）的所有领域，并取得引人瞩目的实际成就。总之，张之洞不仅是“中体西用”说集大成式的“力言”者，更是这一思想学说的集大成式的“力行”者。时人与后人将“中体西用”说与张之洞紧密联系起来，言此论则议斯人，就是理所当然的了。

在中国近代文化史上，“中体西用”论作为一种文化观念，其意义是驳杂的。

首先，对于千年来盛行不衰的“夷夏之大防”的传统文化观念来说，“中学为体，西学为用”的提出，无可争辩地体现出它开通、明智的一面。从认识水平看，它是思想进步的一大突破；从社会效用看，它又是缓解矛盾、排除障碍，使“西学”得以在中国这块土地上存身立足的“安全岛”“保护层”。可以说，在戊戌变法以前，“中体西用”说有它产生的历史必要性与合理性，因而较多地体现出积极的历史作用一面。作为“过渡时代”的一种“过渡型”文化理论，“中体西用”说的出现，证实近代工业文明诞生以后，世界范围内民族文化的交融，已成为不可阻挡的历史趋势；证明近代新文化的价值，已经在不同程度上被中华民族的开明士人所认可，尽管这种认可附丽于种种现

① 何启、胡礼垣：《新政真诠》五编《〈劝学篇〉书后》。

实的、甚至是十分保守的政治功利目的之下，从而或多或少地歪曲、篡改了近代文化的本来面目，但它毕竟为古老的中华文化走向近代，提供了一种初步模式，提供了一级认识阶梯。如果说种族观的“夷夏之大防”在19世纪40年代已经动摇，那么文化观的“中西之大防”在90年代“中体西用”说定型以后，也趋向瓦解。我们今天有充足理由来论证“中体西用”说的浅薄、机械和似是而非，但却无法否认它在19世纪末叶这一特定历史阶段，在沟通中西文化、促进中国社会近代转型方面所发挥的无可替代的历史推动作用。无独有偶，与“中体西用”说遥相呼应，明治维新时期的日本亦曾提出“和魂洋才”的口号，这种惊人的相似显示出在本土文化与外来文化沟通、融汇的历史进程中，以本土文化为“体”为“魂”，以外来文化为“用”为“才”是一个必经的认识阶段。

戊戌变法以后，由于张之洞的苦心经营，洋务事业在湖北地区继续发展，“中体西用”的实验基地并未完全丧失。而且，由于《劝学篇》的刊行以及朝廷的极力推崇，“中体西用”说的社会影响更加扩大。但是，由于全国范围内政治、文化形势的重要转折，作为相对成型的社会思潮的“中体西用”说，其历史作用也发生转折。维新派鼓吹“民权”“立宪”，反对君主专制的呼声也日益高涨。历史已经前进到这样的关口：“西用”事实上的大量采纳，并不能拯救“中体”的病入膏肓，而“中体”不可避免地走向更新，又要求人们从理论上予以透彻的说明。在这种新的时代背景之下，“中体西用”说对抗革新舆论、妨碍思想解放、阻挠社会进步的历史消极面便逐渐上升为主导成分。

就纯理论范畴评析，“中体西用”说也有其根本缺陷。它一开始就违背了体用相关、道器一致的事物本来规律。东晋僧人僧肇在《肇论》中指出“即体即用”，道明文化形而上的意识形态与形而下的器用制度，本来就是不可分割的浑然一体。幻想旧“体”能够与新“用”和谐相处，借后者以强化前者，这本来就是一厢情愿。“中体西用”论者割裂道器、本末、体用的有机联系，以机械的方法来处置活泼生动的文化有机体，“塔积木”式地配置中学与西学、传统文化与近代文化的相互联系，在当时就遇到来自“守旧者”和“言新者”的两面夹击。立场迥异的两方面同样基于“体用一致”原理，都对张之洞提出尖锐批评，这无疑是张之洞的悲剧。

然而，无论如何，从思想史的行程来看，“中体西用”论是传统经世致用思想的逻辑演绎，而赋予此说以系统阐述并构成理论体系形态的张之洞因此在晚清经世实学史上踞有特殊地位。

第五节 洋务派“师夷智”的经世实践

洋务运动的魂魄是“自强”，而“自强”的路径便是林则徐、魏源所倡导的“师夷长技”。林、魏论此更多的是一种战略考虑，洋务派则将“师夷长技”变为大规模的经世实践。

一、“师夷智以造炮制船”

两次鸦片战争的失败，使西方的坚船利炮在中国人心目中留下深刻印象。薛福成在《庸庵笔记》中有一篇题名《荩臣忧国》，记胡林翼事迹：

> 楚军之围安庆也，文忠曾往视师，策马登龙山，瞻盼形势，……忽见二洋船鼓轮西上，迅如奔马，疾如飘风。文忠变色不语，勒马回营，中途呕血，几至坠马。文忠前已得疾，至是益焉，不数月薨于军中。

胡林翼见先进的外轮而忧心呕血，几至坠马，是由于深感中国面对西方长技，无制胜之术，“虽欲不忧而不可得也”。胡林翼的感受为那一时期有识见政治家所共有。奕訢、曾国藩、左宗棠、李鸿章，以至后来的张之洞，对于近代时局的变化有比顽固派清醒的历史感和明智的现实感，认为非效法西洋不能自强，而造船制炮又是他们用心所在。

奕訢是洋务运动的前驱与领袖。早在咸丰十年十二月初一日（1861 年 1 月 11 日），他便于《通筹洋务全局酌拟章程六条折》中提出“自图振兴”的口号。十三天后，他再次上奏折指出，他原来所主张的“审敌防边，以弭后患”，只是“治其标而未探其源也”。“探源之策，在于自强。”[1]这是“自强”口号的最初提出。

奕訢所鼓吹的“自强”，其关键是军事近代化，而军事近代化的核心又是

[1] 《奏请八旗禁军训练枪炮片》，《筹办夷务始末》（咸丰朝）第 8 册。

自制近代军事武器。咸丰十年十月十一日（1860 年 11 月 23 日），奕訢在奏请引进俄国武器并借师助剿折内谈到制造枪炮及炸炮、水雷、地雷、火药问题。十二月二十四日（1861 年 1 月 24 日），奕訢在总结借师助剿问题的奏折中明确要求曾国藩和薛焕在上海“酌雇夷匠”“教导制造”洋枪洋炮。担任议政王后，奕訢更频催南方学造西洋武器。从曾国藩的安庆内军械所、李鸿章的上海洋炮局和苏州洋炮局，到后来的金陵机器局、江南制造总局、福州船政局和天津机器局等第一批近代军事工厂的创建，无一不是得到奕訢的全力推动与支持。

曾国藩长期与太平军作战，对洋枪洋炮的威力深有了解，在湘潭、岳州与太平军的两次战斗中，他“赖洋炮之力”而获胜，这更促使他对西方军事武器的高度重视。最初，曾国藩力主从国外购入枪炮，以为这是“今日救时之第一要务”。然而，“阿思本舰队”事件的发生，使他深感购买外洋轮船容易受人控制，由此而从购买洋人船炮转为“锐意另求造船之方”，并明确提出“师夷智以造炮制船，尤可期永远之利”的口号。

曾国藩“师夷智以造炮制船”的事业，开始于安庆内军械所。朱孔彰评论说：“曾公阴有争雄海上之志，设内军械所于安庆，仿造火轮船。”① 中国自行制造的第一艘木壳轮船“黄鹄号”便诞生在这座规模不大的军械所内。同治四年（1865）中国第一个规模最大的近代军工企业——江南制造局在上海创建。对于该局经费的筹措、机器设备的购置、管理人员的委派、洋匠的雇用、机构的设立等问题，曾国藩都亲自过问。在江南制造局制造的军工产品上，曾国藩最注重的是轮船，他认为，“制造轮船实为救世要策”②，“造成此物则显以定中国之心，即隐以折彼族之异谋”③。在曾国藩的大力经营下，江南制造局终于造出了近代中国第一艘大型新式兵轮——“恬吉”号。随后又相继制出多艘兵轮，其制作技术“愈讲愈精”。曾国藩在亲自校阅新造兵轮的操演之后，欣喜地说：“中国自强之道或基于此。”④ 并且期望“各处仿而行之，渐推渐广，以为中国自强之本”⑤。

---

① 朱孔彰《中兴将帅别传》卷一。

② 《曾国藩全集·奏稿》卷二十五。

③⑤ 《曾国藩全集·书札》卷二十七、三十三。

④ 《洋务运动》(四)，上海人民出版社 1961 年版，第 17 页。

李鸿章亦是学习西方军事长技的鼓吹者，他声称：“机器制造一事，为今日御侮之资，自强之本”。“求洋法习洋器为自主张本”。他大声疾呼：“今日所急唯在力破成见，以讲究实际而已。”正是本着志在致用的精神，李鸿章积极赢得中枢机构内奕訢等人的支持，精心筹划建立起以应用机器为工业的军事工业——江南制造总局和金陵机器局，并接手经营天津机器局。虽然，以“雇洋人，购洋器，用洋法”为总方针的沪、宁、津三局在经营与生产上存在着种种弊端，但它们制造的武器装备，比之中国传统的“弧矢”“风篷”要先进得多。丁韪良《中西见闻录》由沪、宁、津三局的生产情况预言：“不数年间，中国陆路之兵，将舍弧矢之戎，而专峙洋枪之威；水师之船，将舍风篷之笨，而独取火轮之速矣。”

注重实事实功的左宗棠亦是学习西方军事长技的倡导者。他吁请朝野上下注意如下情势：“自海上用兵以来，泰西诸邦以机器轮船横行海上，英、法、俄又各以船炮互相矜耀，日竞其蚕食鲸吞之谋，乘虚蹈暇，无所不至，此时而言自强之策，又非师远人之长，还以治之不可。”[①] 左宗棠于闽浙总督任上，力排众议，创办了福州船政局。从同治八年（1869）到光绪十年（1884），该局先后制造了商船、兵舰等 24 只，船质结构由木质发展到铁胁木壳，铁胁双重木壳，中法战争后又发展到钢壳甲。船舰行驶速率由每小时九哩发展到十五哩，船只装备的大炮亦由前膛炮改装为后膛炮、连珠炮，船的吨位也不断增加。到陕甘后，左宗棠又创立甘肃制造局，抓紧新式武器的制造。他曾预言：“若果经费敷余，增造精习，中国枪炮日新月异，泰西诸邦断难挟其长以傲我耳。”[②] “此风一开，则西人之长皆吾华人之长……尚何外侮之足虑乎？”[③]

张之洞的思路亦与其他洋务大吏一样，将“雇匠购器，设厂自造”视为“自强”的不二法门。在两广总督与湖广总督任上，他创设枪弹厂、枪炮厂，生产大批近代军械。辜鸿铭在论及张之洞大力发展军事工业时有一段耐人寻味的话，他说：

> 当甲申一役，清流党诸贤但知德足以胜力，以为中国有此德必可以

---

①③ 《艺学说贴》，《左宗棠全集 · 札件》第 575 页。

② 《左文襄公全集 · 书牍》，卷十五。

> 制胜，于朝廷遂欲以忠信笃敬敌大舰巨炮，而不知忠信笃敬乃无形之物也，大舰巨炮乃有形之物也，以无形之物攻有形之物，而欲以是奏效于疆场也，有是理乎？此知有理而不知用理以制势也。甲申以后，文襄有鉴于此，遂欲舍理而言势。①

"以忠信笃敬敌大舰巨炮"，用泛道德主义与军事实力相对抗，"清流党诸贤"实际上遵循的仍然是宋明理学的"内圣"路线，这条路线将"正心诚意"视为"国治民安之本"，摒弃一切非道德性的科学知识和技术，从而坠入空谈无用的泥淖。张之洞虽也曾是清流派的一名健将，但他以务实的眼光看到，在国际对抗中，物质的大舰巨炮具有忠信笃敬一类道德伦理所不及的威力，他的"合理而言势"，大力兴办军事工业，正是返虚归实，实践他一切归于"致用"的学术宗旨。

二、"广开利源以求富"

因循守旧毕竟在中国有太深太久的传统，稍有时机与气候，这样一种思潮便会集合强大的力量向"经世致用"开新风一路发起挑战。同治十二年（1873），内阁学士宋晋上疏，要求停止制造轮船，其理由有二条：一是"糜费太重"，二是中外"早经议和"，故"不必为此猜嫌之举"②。奕訢以议政王身份，由军机处发廷寄给直隶总督李鸿章、陕甘总督左宗棠、闽浙总督文煜、船政大臣沈葆桢等，谕令他们通盘筹划。李鸿章在复奏中对宋晋之议痛加驳斥，指出"停止轮船之议所由起"乃是"士大夫囿于章句之学而昧于数千年来一大变局，狃于目前苟安，而遂忘前二三十年之何以创巨而痛深。"③左宗棠也上奏指出，"制造轮船，实中国自强要著"。"若如言者所云，即行停止"，"国家旋失自强之远图，隳军实而长寇仇，殊为失算"④。李鸿章和左宗棠、沈葆桢一致表示，国家其他经费皆可节省，惟练习枪炮、制造兵轮之费，"万不可省"，否则，"国无以立，终不得强矣"。针对清政府财政困难的现实，李鸿章提出用西法开采煤铁以"与船器相表里"的主张，以及闽、沪两局兼造商

---

① 辜鸿铭：《张文襄公幕府纪闻》第 20 页。

②④ 《洋务运动》（五），上海人民出版社 1961 年版，第 105—106、110—113 页。

③ 《李文忠公全书·奏稿》卷十九，第 45 页。

船供华商领雇的建议。李鸿章认为："此等日用必需之物，采炼得法，销路必畅，利源自开。榷其余利，且可养船、练兵，于富国强兵之计，殊有关系。"①

在奕訢的主持下，这次关于造船问题的辩论以洋务派胜利告终。根据李鸿章等人的提议，清廷强调船炮一类军事制造工业不仅要"精益求精"，"渐有进境"，"不可惑于浮言浅尝则止"，而且还要进一步拓展机器生产的领域，举办民用工业，由富国而强兵。以此次辩论为契机，李鸿章、左宗棠、张之洞等洋务大吏开始兴办民用企业，并推行官督商办，使"采西学，制洋器"的洋务活动由单纯"求强"向"求富以致强"的纵深发展。

早在同治五年（1865），李鸿章就曾指出："洋机器于耕织、印刷、陶植诸器皆能制造，有裨民生日用，原不专为军火而设。"并预言，数十年后，"中国富农大贾必有仿造洋机器制作，以自求利益者"②。因此，对于"富"与"强"的关系，李鸿章有真切的认识，他说：

> 臣维古今国势，必先富而后能强，尤必富在民生，而国本乃益固。③

"富"是"强"的基础，"求强"必先"求富"。他通过中西对比，阐述了"贫为弱因""富为强本"的道理。他说："中国积弱由于患贫。西洋方千里数百里之国，岁入财赋动以数万万计，无非取资于煤铁五金之矿、铁路、电报、信局、丁口等税。"④中国金、银、煤、铁各矿胜于西洋诸国，只以风气未开，"精华闷而不发，利权之涸日甚一日。复岁出巨款购他国煤铁，实为漏卮之大宗"。因此，"酌度时势，若早图变计，择其至要者逐渐仿行"，广开利源以求富，否则，"以贫交富，以弱敌强，未有不终受其敝者。"⑤正是在此思想指导下，李鸿章倡导兴办近代民用工业，中国大地出现第一家近代航运企业——轮船招商局，第一座近代煤矿和金矿——开平矿务局和漠河金矿，第一个近代棉纺织企业——上海机器织布局，第一个电报局——天津电报局，第一条陆路电

① 《李文忠公全书·奏稿》卷十九，第50页。
② 《李文忠公全书·奏稿》卷九，第34页。
③ 《李文忠公全书·奏稿》卷四十三，第43页。
④ 《李文忠公全书·朋僚函稿》卷十六，第9页。
⑤ 《李文忠公全书·奏稿》卷四十，第41页；《李文忠公全书·朋僚函稿》卷十六，第9页。

话线——天津至上海的电话线路，第一条铁路——唐山至胥各庄铁路，等等。

左宗棠则把兴办民用企业视为“利民实政”，特别是他主张以民用机器生产“为边方开此一利”[①]，更为祖国的西部开发立下首功。光绪五年（1879），左宗棠在所办的兰州织呢局初见成效后，即主张将机器生产在西北加以推广。他指出：

> 陇中寒苦荒俭，地方数千里，不及东南一富郡。新疆南北两路夙号腴区，从未经理，兵燹以后，更难覆按。见筹开河、凿井、制呢诸务，以浚利源，阜民即所以裕国。购运泰西机器，延至师匠，试行内地，有效则渐推之关外，以暨新疆。纵使有成，亦非十年以后不能睹其成效。自知衰朽余年，神识钝绌，未足语此。然目睹时艰，舍此不图，又无以善其后，如是则劳费虽巨，亦有所不辞耳。[②]

左宗棠提出“阜民即所以裕国”的主张，目的是通过引进西方的近代机器工业来改变西北地区的落后状况。

“采西学、制洋器”是一个在官方主持下引入西方科学技术的过程。西方远较中国先进的动力、制造、纺织、矿冶等方面技术与设备，以相当规模输入中国，为中国近代工矿企业的发展，奠定了基础，其意义深远。

三、“翻译一事系制造之根本”

洋务派“师夷智”的经世活动，最初以自行制造坚船利炮为目标。制造坚船利器，必须引入“制器之器”；制器之器又与科学技术不可割离，而学习西方科学技术又存在着文字上的扞格。于是，翻译问题自然而然提到议事日程。曾国藩对翻译西方科技知识十分重视，他指出：

> 盖翻译一事，系制造之根本。洋人制器出于算学，其中奥妙，皆有图说可寻。特以彼此文义扞格不通，故虽日习其器，究不明夫用器与制

---

① 《左文襄公全集·书牍》卷十九《与胡雪岩》。

② 《左文襄公全集·书牍》卷二十二《答王夔石少宗伯》。

器之所以然。[1]

而要明了造器制器之所以然，就必须翻译西方有关工业制造和与之相关联的实用学科著作。

当时译书机构多附设于官办军工企业，其中首推江南制造总局。在曾国藩、李鸿章的主持下，江南制造总局专设翻译馆，聘请外国人伟烈亚力、傅兰雅、玛高温、金楷理、林乐知等，同中国科学家李善兰、华蘅芳、徐寿合作，"专择有裨制造之书，详细翻出"。所译书籍有算学、测量、汽机、化学、地理、天文、行船、博物、医学、工艺、水陆兵、新闻纸、造船、历史、交涉公法、零件等。翻译馆内，"人各一室，日事撰述，旁为刻书处，乃剞劂者所居。"其译述方法则为西人口译，中国科技人员笔录。英国人傅兰雅光绪六年（1880）在《江南制造总局翻译西书事略》中，详细记载了当时工作情形：

> 馆内译书之法，必将所欲译者，西人先熟览胸中而书理已明，则与华士同译，乃以西书之义，逐句读成华语，华士以笔述之；若有难处，则与华士斟酌何法可明；若华士有不明处，则讲明之。译后，华士将初稿改正润色，令合于中国文法。有数要书，临刊时华人与西人核对；而平常书多不必对，皆赖华士改正。因华士详慎郢斫，其讹则少，而文法甚精。

由此可见，翻译馆由西人与华士通力协作，译述方法讲究，态度严谨。

江南制造总局自同治六年（1867）设译馆以来，成绩颇为可观，仅译馆开设后一年，便译成"《汽机发轫》、《汽机问答》、《运规约指》、《泰西采煤图说》四种"[2]。至光绪六年（1880），译馆已刊印西方书籍 98 种，232 本，译成末刊的有 45 种，142 本。至光绪二十一年（1895），除宗教书外，各类译书总计 400 ~ 500 种之多，差不多占全国同期译书数量的一半。据傅兰雅《译西书事略》记录，光绪四年（1878）前 20 年间，江南制造总局翻译馆所译书主要是实用知识和工程技术——兵法工艺，故水陆兵法、造船、天文、行船、工艺、汽机、零件一类书籍占已刊成诸书的 41%，占未刊成诸书的 80%。光绪

①② 《曾文正公全集·奏稿》卷二十七《新造轮船折》。

二十二年（1896）以后，电学、声学、光学、化学、数学等有关格致学的书籍大量增加，“惟西政各籍，译者寥寥”。梁启超曾评论说：“制造局首重工艺，而工艺必求格致，故格致之书，虽非大备，而崖略可见。”[①] 这是关于江南制造局翻译概况的确切评介。

由于江南制造局译馆机构健全并讲究译述方法，承担笔述的中国科学家不仅是科技方面的行家里手，而且具有相当文字功夫，译书因而质量较高。同治十年（1871），翻译馆的首批书出版，《申报》称赞译著“精深微妙，无美不臻，而笔而述之者又复斟酌尽善，……以之为工师之规矩，儒生之图籍，不将见其家喻户晓哉！”[②] 当时译馆所译书，不仅中国官绅人士多所购读，就是西人也“书缄频寄，讯此馆之源流，问译书之理法，究察所用各物之名，访求所译西书之目”[③]。日本人柳原前光专程来馆学习，并“购取译本，归国仿行”[④]。除输入实用制造技术之外，江南制造总局翻译馆还编译新闻报纸和《西国近事汇编》杂志，对时人了解西方时事、开拓视野大有裨益。

与江南制造总局相先后，京师同文馆、福州船政局、天津机器局、北洋水师学堂、开平矿务局、金陵机器局、北京海关税务司等洋务企业与机构，也都集中人力译书。京师同文馆本为培养外交人才而设，但它同时又是一个翻译机构，其教学着重于译书训练，规定：“八年毕业诸生，最末两年都须译书。”[⑤] 在馆洋教习，也多有译书成绩，如其英文教习丁韪良先后译公法书数种，为西洋法学东传之始，其影响无论是在中国还是在日本，都在林则徐主持翻译的《各国律例》之上。有人统计，同文馆设立30年间，译著近200部侧重介绍西方外交、历史、时事等方面的书籍。

从京师同文馆到洋务大吏在各地主办的翻译及教育机构，近代中国自上而下形成一个输入西学的系统。鸟瞰从咸丰三年（1853）到光绪末年西方书籍的译介，可见致用性考虑始终占据首位。在西方科技译介工作初期，“中国官局旧译之书，兵学几居其半”，这是因为“中国素未与西人相接，相接者兵

① 《饮冰室文集类编》上，第736页。

② 《申报》，同治壬申（1872）六月廿七日。

③ 《中国近代出版史料初编》，上海书店出版社2004年版，第9页。

④ 《洋务运动》（四），上海人民出版社1961年版，第79页。

⑤ 毕乃德：《同文馆考》，参见《京师同文馆馆规》，《中国近代出版史料》二编，上海书店出版社2004年版，第44页。

而已。于是震动于其屡败之烈，怵然以西人兵法为可惧，谓彼之所以驾我者，兵也。吾但能师其长技，他不足敌也。故其所译，专以兵为主”[①]。从震惊西方利器到仿效西法制船造炮，中国人方发现船坚炮利并非仅仅是“奇技淫巧”，而是有一套精密的自然科学为基础，诚所谓：“今近一切西法，无不从格致中出。制造机器，皆由格致为之根柢，非格致无以发明其理。”[②]于是，算学、重学，以及声、光、化、电、一类书籍大量译入中国，其目的正如梁启超所说：“皆将资以制造，以为强兵之用。”[③]甲午战争后，人们进而发现“徒译兵学医学之书，而政治经济之本，乃不得一二”的译书方针，实际上是未通本源。于是，西方社会科学一类著作乃至哲学论著开始陆续翻译。这种从实用技术到自然科学再到社会科学、哲学的译书进程，同时也就是中国人对于“师夷智”的认识过程。尽管洋务大吏以“师夷智”为宗旨进行的翻译活动，被后来的维新派批评为肤浅或本末倒置，但是，由西方科技书籍而产生的知识结构的改变却是中国近代思想演进的不可或缺的一环。从早期维新思想家到康有为、梁启超、谭嗣同等人思想的进步或升华，从徐寿、华蘅芳到各企业的中国员工科学技术水平的提高，无不受益于这批翻译过来的声、光、化、电之类书籍的启蒙。

四、“开馆教习，远适肄业”

以“师夷智”的眼光筹划全局，洋务大吏有一个共通的认识，这就是学习西方利器，不仅要输入“制器之器”以及有关科学技术理论，而且还要培养“制器之人”。这样，才能从根本上达到“师夷智”“收远大之效”的目的。

洋务大吏培养“制器之人”亦即科技人才，是两条并举的道路：一是立足国内，“开馆教习”；二是走出国门，“远适肄业”。

最初提出在中国传统教育中增加西方科技内容的是洋务派中枢人物奕訢。他于同治五年十一月初五日（1866 年 11 月 12 日），奏请在同文馆开设“天文算学馆”即设自然科学专业，令“正途科甲人员”入馆研习。奕訢的建议一出，立即遭到以倭仁为首的守旧派的激烈抗议，他们宣称：“立国之道当以礼义人心为本，未有专恃术数而能起衰振弱者。天文算学只为末议，即不讲习，

①③ 梁启超：《变法通议 · 论译书》，《饮冰室合集 · 文集》之一。

② 王韬：《格致书院丙午年课艺序》。

于国家大计亦无所损，并非谓欲求自强必须讲明算法也。”[①]又谓：“洋人之所长在机器，中国之所贵在人心，……窃恐天下皆将谓国家以礼义廉耻为无用，以洋学为难能，而人心因之解体，其从而习之者必皆无耻之人。洋器虽精，谁与国家共缓急哉！”[②]对于奕訢提出的令科甲人士研习天文算学的建议，他们更愤激不已，在他们看来，叫正途科甲人员学习天文算学，就是使他们“变而从夷”。他们危言耸听地预言道：若采纳此建议，“邪氛因而弥炽”，数年以后，“中国之众”将“咸归于夷”[③]。对于守旧派的论调，奕訢一一加以驳斥，他指出：“当年内外臣工，不求御制实际，徒以空言塞责，遂酿庚申之变。……此臣等所以鳃鳃过虑不敢以道学鸣高，只顾眼前而不肯任劳任怨也。”[④]心性道德之说固然“陈义甚高，持论甚正”，但根本不能解决中国的实际问题。所以识时务者都明白“西学之不可不急为肄习也”[⑤]。奕訢与守旧派展开的“同文馆之争”最终以奕訢胜利告终，近代自然科学第一次在中国传统教育中获得堂堂正正的地位。

曾国藩是“开馆教习”西方科技的积极倡导者。同治七年（1868），曾国藩到上海考察，亲赴江南制造局参观，容闳为陪同人员，他引导曾国藩“历观由美购回各物，并试验自行运动之机，明示以应用之方法。”曾氏为之兴致勃然，容闳“乘此机会，复劝其于厂旁立一兵工学校”，给中国青年工人“授以机器工程上之理论与实验，以期中国将来不必需用外国机械及外国工程师。文正极赞许”[⑥]。在曾国藩支持下，容闳顺利创设新式机械学校，培养出一批早期熟练工人和工程技术人员。对于曾国藩的支持，容闳深为感激。他在《西学东渐记》中深情地指出：“曾公盖中国之军事家及政治家”，“其识量能力，足以谋中国进化者也”。“因曾而予之教育计划乃得告成；又因予之教育计划告成，而中西学术萃于一堂。”李鼎芳曾评价曾国藩对容闳的支持，指出其意义不仅在设学校本身，而且对于中国人了解西方文化，“于西学东来，实辟一途径”[⑦]。这确是深切之论。

---

① 《洋务运动》（二），上海人民出版社1961年版，第38页。

②③④ 《洋务运动》（一），上海人民出版社1961年版，第121、128、129页。

⑤ 《筹办夷务始末》（同治朝）卷四十六，中华书局1979年版，第44页。

⑥ 容闳：《西学东渐记》，湖南人民出版社1981年版，第85页。

⑦ 李鼎芳：《曾国藩及其幕府人物》，岳麓书社1985年版，第61页。

李鸿章关于培养“制器之人”的思想也十分明确。早在同治三年（1864），李鸿章便在冯桂芬思想的影响下，提出于原有科举项目外“专设一科”，此科设置的目的在于引导“聪明智巧之士”“以从事于制器尚象之途”，“自造自修自用”西方坚船利炮。同治六年（1867），李鸿章又代呈藩司丁日昌条款，主张变通“文场科举之制”，“以求实济”[①]。同治十三年（1874），海防之议起，李鸿章在议海防问题的同时，再次提出变通科举制度、培养科技人才的问题。在《筹议海防折》中，李鸿章指出：“用人最是急务，储才尤为远图”，而中国殊为缺少“练达兵略，精通洋法”之人，究其原因，就在于朝廷坚持以章句取士而堵塞了士大夫趋向西学的门径。然而，与洋人的抗衡终依赖于实力而不是性理空论。“彼以兵势相压我，第欲以笔舌胜之，此必不得之数也”。因此，朝廷应“力开风气，破拘挛之故习，求制胜之实际”，以支撑“天下危局”。他具体建议道：“考试功令稍加变通，另开洋务进取一格，以资造就。”凡有海防省份，均应设立“洋学局”，择通晓时务大臣主持其事。“分为格致、测算、舆图、火炮、机器、兵法、炮法、化学、电器学数门，此皆有切于民生日用军器制作之原”。而通过“洋学局”培养出来的掌握西方近代自然科学和工程技术的人才，应“与正途出身无异”[②]。

李鸿章变通科举制的主张在守旧顽固势力的强大反对下被否决，但是，李鸿章始终为培养科技人才执着努力。据王韬《格致课艺汇编》记载，李鸿章曾于光绪二十四年（1898）以培根、达尔文学说为题考试学生，其识见显然远在一般洋务大吏之上。同治六年（1867）与同治十一年（1872），他终奏准效法西方，设立天津水师学堂和武备学堂。天津水师学堂学习中学、西学、文事、武事。天津武备学堂学习天文、地舆、格致、测绘、算化、炮台营垒新法，并操习马队、步队及行军布阵分合攻守诸式，仍兼习经史以充根底。这两个学堂为北洋海陆军培养了一批“文理通畅、博涉西学”[③]的将佐。此外，李鸿章还效法西方相继设立了威海水师学堂、旅顺鱼雷学堂、天津电报学堂、天津西医学堂等。其设立科目与教学方法颇具开创性示范意义。

---

① 《筹办夷务始末》（同治朝）卷五十五，中华书局 1979 年版，第 19—20 页。

② 《李文忠公全书·奏稿》卷二十四，第 22—23 页。

③ 余思贻：《楼船日记》上册。

张之洞举办教育的宗旨亦“专注重实用”[①]，着力培养掌握西方科学技术的人才。他于湖广总督任上，兴办了一系列实业学堂。其中著名者有矿业学堂和工业学堂、湖北自强学堂、湖北算术学堂、湖北农务学堂、湖北工艺学堂。湖北自强学堂初分方言、格致、算学、商务四门，清末著名数学家华蘅芳曾在算学门任教，张之洞对这四门学科的重要性分别作了叙述：“方言学习泰西语言文字，为驭外之要领；格致兼通化学、重学、电学、光学等事，为众学之入门；算学乃制造之根源，商务关富强之大计。”[②]湖北农务学堂以学习西方（尤其是美国）农牧业先进技术为目的，学堂内分农桑、畜牧、森林各门，皆为切实有用之科目。湖北工艺学堂“选募东洋工学教习二人，一教理化学、一教机器学，招集绅商士人有志讲求商学者入堂学习，并派中国通晓化学制造之士人帮同教导艺徒，讲求制造各事宜”[③]。

在奕訢、曾国藩、李鸿章、张之洞“开馆教习”西方科技的不懈努力下，大批科技人才脱颖而出，中国传统科技结构乃至文化结构因之发生变更，“风气为之大开”[④]。

五、游学生派遣

洋务大吏培养科技人才还有另一条路径，这就是派遣留学生出洋。

派遣留学生出洋的建议最初提出者是容闳。容闳19岁漂洋过海，到美国求学，22岁考入耶鲁大学。在大学期间，他构思了一个救国方案，即通过留学教育，“以西方之学术，灌输于中国，使中国日趋于文明富强之境”[⑤]。回国后，容闳托请江苏巡抚丁日昌将自己的“教育计划”转呈清廷，其中第二条说：

> 政府宜选派颖秀青年，送之出洋留学，以为国家储蓄人材。派遣之法，初次可先定一百二十名学额以试行之。此百二十人中，又分为四批，按年递派，每年派送三十人。留学期限定为十五年。学生年龄，须以十二

① 《清史稿》卷一七〇《选举二》。
② 《张文襄公全集》卷三十四“奏议”三十四，《设自强学堂片》。
③ 《张文襄公全集》卷四十七“奏议”四十七，《设立农务工艺学堂暨劝工劝商公所折》。
④ 《洋务运动》（八），上海人民出版社1961年版，第30页。
⑤ 容闳：《西学东渐记》，湖南人民出版社1981年版，第26—27页。

岁至十四岁为度。视第一、第二批学生出洋留学著有成效，则以后永定为例，每年派出此数。派出时并须以汉文教习同往，庶幼年学生在美，仍可兼习汉文，至学生在外国膳宿入学等事，当另设留学生监督二人以管理之。此项留学经费，可于上海关税项下，提拨数成以充之。①

由于此条陈系请军机大臣文祥转奏清廷，而文祥又恰因“丁忧”奔丧守制，容闳的条陈遂石沉大海而无消息。

正当容闳因条陈受挫而苦闷之际，曾国藩奉命赴天津查办天津教案。作为翻译同行的容闳即利用此时机，通过丁日昌面晤曾国藩重提遣派幼童出国的建议。曾国藩经与丁日昌磋商，采纳了容闳的主张，于是，由曾国藩领衔，李鸿章、丁日昌、容闳等署名的奏折飞递入京。奏折指出：

凡西人游学它国，得有长技者，归即延入书院，分科传授，精益求精。其于军政、船政，直视为身心性命之学。今中国欲仿效其意，而精通其法。当此风气既开，似宜亟选聪颖子弟携往外国肄业，实力讲求，以仰副我皇上徐图自强之至意。……或谓天津、上海、福州等处，已设局仿造轮船、枪炮、军火；京师设同文馆选满汉子弟延入西人教授；又上海开广方言馆，选文童肄业，似中国已有基绪，无须远涉重洋。不知设局制造，开馆教习，所以图振奋之基也；远适肄业，集思广益，所以收远大之效也。……中国欲取其长，一旦遽图尽购其器，不唯力有不逮，且此中奥妙苟非遍览久习，则本原无由洞彻，而曲折无以自明。②

曾国藩等人有力地阐明了一个道理：仅仅购入外国机器并不能真实发展本国工业，只有采取包括派遣海外留学在内的培养科技人才的措施，才能从根本上“图振奋之基”，“收远大之效”。

关于留学海外问题，曾国藩等人的具体规划是：

---

① 容闳：《西学东渐记》，湖南人民出版社 1981 年版，第 86—87 页。

② 《曾文正公全集·奏稿》卷三十《拟选子弟出洋学艺折》。

选聪颖幼童，送赴泰西各国书院，学习军政、船政、步算、制造诸书，约计十余年，业成而归。使西人擅长之技，中国皆能谙习，然后可以渐图自强。

每年至三十名为率，四年计一百二十名。驻洋肄业十五年后，每年回华三十名。由驻洋委员胪列各人所长，听候派用，分别奏赏顶戴、官阶差事。

由此可见，用官费派遣留学生出国，不是曾国藩等人一时的兴致所至，而是经过深思熟虑的一项长远战略规划，在中国文化史上，这是向西方学习迈出的一步。

曾、李关于派遣赴美幼童留学的奏折，得到清廷中枢奕訢的有力支持，他兴奋地称此事为“中华创始之举”。同治十年（1871）夏，留学生准备学校在上海设立，次年春，曾国藩病逝，由李鸿章独力支撑派遣留学生计划的实施。同治十二年（1873）夏，第一批官费留学生 30 人在陈兰彬的率领下，东渡太平洋前往美国。到光绪元年（1875），120 名留学生全部按计划派送完毕。这些留学生中，有后来成为中国著名铁路工程专家的詹天佑，有后来出任国家电报局局长的朱宝奎，有回国后派往唐山的我国第一批矿业工程师祁荣光、陈荣贵、陈锡贵、祁景耀、黄耀昌等人。据统计，这批留学生中后来从事工矿、铁路、电报者 30 人，其中从事工矿者 9 人，工程师 6 人，铁路局长 3 人；从事教育事业者 5 人，其中大学校长 2 人；从事外交、行政者 24 人，其中领事、代办以上外交官 12 人，外交次长、公使 2 人，外交总长 1 人，内阁总理 1 人；从事商业者 7 人；从事海军者 20 人，其中海军将领 14 人[①]。他们各以所学知识为中国近代化事业作出了重要贡献。

李鸿章除了选派幼童赴美留学外，还相继选派了一些官弁和学生赴欧洲分别学习“陆军技艺”、制造与驾驶轮船技术、水师兵法以及矿学、化学、交涉公法等。他所殷切希望的是“虽未必人人能成，亦可拔十得五，实于海防自强

① 参见李喜所：《中国近代早期留美学生小传》，《南开史学》1984 年第 1 期。

之基，不无稗益”[①]。

继曾国藩、李鸿章之后，张之洞成为派遣海外留学生最积极的推动者。张之洞派遣留学生始于19世纪90年代任湖广总督时。光绪二十四年（1898）日本驻华使臣矢野义雄函请选派中国学生200名，陆续前往日本各学堂学习，并允支援经费。御史杨深秀极表赞同，奏请朝廷速议游学日本章程，经议复同意。正在湖广总督任内的张之洞会商选择“聪颖子弟”湖北100名、湖南50名，前往日本学习武备、格致、农、商、工诸艺，这是两湖派遣大批学生留日之始。由于日本离中国近，所花费用远较赴欧美少，日文又近于汉文，易通晓，故张之洞派遣留学生的总方针是：“西洋不如东洋”。从19世纪90年代到20世纪初叶，在张之洞主持下，数千名湖北留学生游学日本，湖北成为留日学生数量最多的省份之一。“据光绪三十三年的统计，留日学生全国各省共计5400多名，湖北所派学生即有1360余名，占了四分之一，所以湖北在当时有先进省之称”[②]。

张之洞积极派遣留学生出洋学习，也是基于培养洋务人才的急需。他在《劝学篇·外篇》中说：

> 出洋一年，胜于读西书五年。此赵营平百闻不如一见之说也。入外国学堂一年，胜于中国学堂三年。此孟子置之庄岳之说也。[③]

以派遣留学生出洋留学，收西学致用之效，这就是洋务大吏一以贯之的战略思考。留学运动的发展，促进了中华文化与世界文化的交流和融合，加强了中国的国力，加速了中国近代化的步伐，引起了思想的突破和价值观念的变易，展示了经世实学导向近代文化的特别功效。

---

① 《李文忠公全书·奏稿》卷二十八，第22页。

② 陈青之：《中国教育史》，商务印书馆1936年版，第634页。

③ 《劝学篇·外篇·游学第二》。

第七章　同光时期的“格致之学”

洋务大吏以“师夷智”为新内涵的经世活动，引发中国文化结构的异动，其直接后果之一，便是康熙末年以来中断了100多年的西方科技输入，在新的历史条件下，以更大规模重新展开，从而造成晚清“格致之学”的勃兴，这是晚清经世实学的新发展。

第一节　“格致之学”兴起

一、从“格物致知”到“格致之学”

所谓“格致”即“格物致知”，出自《礼记·大学》：

> 古之欲明明德于天下者，先治其国。欲治其国者，先齐其家。欲齐其家者，先修其身。欲修其身者，先正其心。欲正其心者，先诚其意。欲诚其意者，先致其知。致知在格物，物格而后知至，知至而后意诚，意诚而后心正，心正而后身修，身修而后家齐，家齐而后国治，国治而后天下平。

这里的“格物致知”是一种道德和政治范畴，是“修、齐、治、平”的起点。

北宋以后，随着理学的兴盛，“格物致知”说受到普遍的重视。如程颐说：

> 学莫大于知本末终始。致知格物，所谓本也，始也；治天下国家，所谓末也，终也。……格犹穷也，物犹理也，若曰穷其理云尔。穷理然后

> 足以致知，不穷则不能致也。[①]

将“格物致知”提升到“学”之“本”“始”的高度。

朱熹继承和发展了程颐的“格物致知”说，作《补大学致知格物传》。文曰：

> 右传之五章，盖释格物致知之义，而今亡矣。间尝窃取程子之意以补之，曰：“所谓致知在格物者，言欲致吾之知，在即物而穷其理也。盖人心之灵，莫不有知，而天下之物，莫不有理。惟于理有未穷，故其知有不尽也。是以《大学》始教，必使学者即凡天下之物，莫不因其已知之理而益穷之，以求至乎其极。至于用力之久，而一旦豁然贯通焉，则众物之表里精粗无不到，而吾心之全体大用无不明矣。此谓物格，此谓知之至也。”[②]

他还进一步解释说：“格，至也。物，犹事也。穷至事物之理，欲其极处无不到也。”“致，推极也。知，犹识也。推极吾之知识，欲其所知无不尽也。”[③]因此，在朱熹看来，所谓“格物致知”，就是彻底探求事物之理，到达它的极处，并把“吾之知识”推求到无不尽的极处，最终达到“众物之表里精粗无不到，而吾心之全体大用无不明”的境界。

虽然理学的“格物致知”说不在于探求外物之理，而在于体认心内之理，明道德之善，但是，它承认“天下之物，莫不有理”，“穷理然后足以致知”，赋予“格物致知”以“即凡天下之物，莫不因其已知之理而益穷之”的认识论价值，从而为“格致”一词内涵的扩展和转换奠定了学理基础。

早在宋元时期，一些学者就开始将一些自然科学纳入“格致”范围。如宋代陈景沂在《全芳备祖·序》中说：“子之说则信辨而美，子之书则信全而备矣，不几于玩物丧志乎？答曰：余之所纂盖人所谓寓意于物，而不留滞于物者也，恶得以玩物为讥乎？且《大学》立教，格物为先，而多识于鸟兽草木之名，亦学者之当务也。以此观物，庸非穷理之一事乎？程先生语上蔡云贤却记

---

① 《河南程氏粹言》卷一《论学篇》。

②③ 朱熹：《四书章句集注》，上海书店影印本 1987 年版，第 5—6、2 页。

得多许事谓玩物丧志，今止纂许多，姑以便检阅，备遗忘耳，何至流而忘返而丧志焉？”批评程颐的“玩物丧志”论调，认为“多识鸟兽草木之名”，亦是“穷理之一事”，为“学者之当务”。到元代，医学家朱震亨更直接将其医学著作命名为《格致余论》，其《序》曰：“古人以医为吾儒格物致知一事，故目其篇曰《格致余论》。”明代王世贞则盛赞李时珍的《本草纲目》为“性理之精蕴，格物之通典”①。

随着晚明西方自然科学知识的输入，徐光启、利玛窦及方以智等人开始以“格致之学”指代自然科学。如利氏在《〈几何原本〉序》中说：“夫儒者之学，亟致其知，致其知当由明达物理耳。……吾西陬国虽褊小，而其庠校所业，格物穷理之法，视诸列邦为独备焉。……其所致之知且深且固，则无有若几何一家者矣。”②徐光启在《刻〈几何原本〉序》中则把传入中国的西学分为大、小两种，“大者修身事天，小者格物穷理，物理之一端别为象数”③利玛窦与徐光启所说的“格物穷理之法”，实际上即探求客观规律的自然科学。方以智更认为，在经、史、子、集中，子部里探讨“物理”的学问是“格致之学”。他说：“子部凡十一，……而农学、医学、算测、工器，乃是实务，各存专家……总为物理，当作《格致全书》。”④王夫之还将方以智的“格致之学”与宋代理学家的“格物”相区别，他说：“密翁与其公子为质测之学，诚学思兼致之实功。盖格物者，即物以穷理，唯质测为得之。若邵康节、蔡西山则立一理以穷物，非格物也。”⑤唯有“即物穷理”“质测得之”的学问，方为真正的“格致之学”。

在徐光启、利玛窦等的启示下，近代学者多以“格致”指科学技术。咸丰十年（1860），冯桂芬到上海，与西学接触，认为西学中“如算学、重学、视学、光学、化学等，皆得格致至理，舆地书备列百国山川厄塞，风土物产，多中人所不及”⑥。同治二年（1863）。李鸿章奏请于上海设立广方言馆，该馆不仅研习外语，而且颇重数学，其原因在于“西人制器尚象之法，皆从算学

① 王世贞：《〈本草纲目〉序》。
② 《几何原本》卷首，同治四年金陵刻本。
③ 《徐光启集》上册，上海古籍出版社 1984 年版，第 75 页。
④ 方以智：《通雅·藏书删书类略》。
⑤ 王夫之：《骚首问》。
⑥ 冯桂芬：《校邠庐抗议·采西学议》。

出。若不通算学，即精熟西文亦难施之实用”。故该馆章程规定：“凡肄业者算学与西文并须逐日讲习。”为了强调上海广方言馆研习科技的风格，李鸿章为该馆正厅所题匾额即为“格致堂”三字[①]。同治五年（1866），传教士、京师同文馆教习傅兰雅为了表示感谢清政府的“知遇”之恩，编纂刊行了一部介绍西方科技的书，全书分为力学、水学、气学、火学、电学、化学、测算举隅七卷，其名便为《格物入门》。

晚清“格致”一词无论是含义还是旨趣，都与传统的“格致”概念迥然相异。中国近代著名科学家徐寿在这方面有重要论述：

> 惟是设教之法，古今各异，中外不同，而格致之学则一。然中国之所谓格致，所以诚、正、治、平也；外国之所谓格致，所以变化制造也。中国之格致，功近于虚，虚则常伪；外国之格致，功徵诸实，实则皆真也。[②]

上海格致书院《课艺》亦分辨中西“格致”之不同，指出：

> 中学尊古薄今，不知变通，以身心性命、三纲五常为本原；西人不断探索，喜新厌旧，往往求胜于前人而务求实际，此中西格致之所由分也。

洋务时期兴起的“格致之学”，走的便是“外国之格致”的路数，其概念沿用传统，其魂灵却具有近代意义，强调格致的真谛在“实”，又与经世实学存在内在联系。

二、“格致之学”的“兴行”

19世纪60年代至70年代，在洋务大吏和一批中国学者、外国传教士的推动下，“格致之学”有迅猛发展的势头。一批以“格致”为名的科学团体，如“格致书院”在上海、宁波、广州等地相继成立。这些格致书院以“兴行

---

① 《万国公报》，台湾华文书局影印本，第4册，第2139页。

② 《申报》第574号，同治甲戌正月二十八日，上海书店影印本。

格致之学”为宗旨[①]。不涉传教、不习儒家经典，“逐日逐类宣讲格致之学”。以“格致”命名的科技书刊亦如雨后春笋般涌现。如英国传教士傅兰雅为了中国“多兴西法，推广格致，自富自强，浸昌浸炽”，创办了《格致汇编》杂志，该杂志的英文名称是 *The Chinese Scientific and lndustrial Magazine*（《中国科学与工艺杂志》），内容涉及数、理、化、生、天文、地理、医药卫生、冶金、采矿、纺织、磨面、机器制造、土木工程、印刷制板、摄影、电镀、水利治河、陆军海军、绘画透视法乃至历史与语言文字。其后，他又陆续出版了一套《格致须知》的普及性小书，全套三集，每集八册，计有地志、地理、地学、化学、气学、声学、算学、天文（以上初集）；量法、电学、代数、画器、三角、微积、曲线、重学（以上二集）；力学、水学、富国（即经济学）、矿学、全体（即生理）、光学、热学、植物（以上三集），共二十四册。19 世纪 70 年代至 80 年代，外国传教士与中国学者合作编译的《格致启蒙》《格致测算》等书相继出版，这些题为“格致”的书籍都是综合性的科技读物。与此同时，格致书院与洋务派举办的洋务学堂成为研习、讨论格致之学的中心，当时的情况是：

> 四方好事者造诣无虚日，算数、格致、矿路、制造之属，随事指陈，各满其意而去，以故通达者众，风气为之大开。[②]

晚清格致之学的兴起，无疑是以社会经济结构的异动为阔大背景，然而曾国藩、左宗棠、李鸿章、张之洞等洋务大吏以及诸多经世思想家的大力推动亦在其间起有关键性作用。洋务大吏以及经世思想家们之所以不遗余力地推动格致之学的发展，其原因有二：

首先，和晚明徐光启等人的看法如出一辙，洋务大吏与思想家们把格致之学视为一种实学。如郭嵩焘把培根以来的近代科技统而称之为“实学”，诚所谓“英国讲实学者，肇自比耕（Bacon，培根）”。王韬也说，“机器、象纬、舆图、制造、建筑、电气、化学”等学科，皆是“有益于时，有用于世”。由

① 傅兰雅：《格致书院会讲西学章程》。

② 《洋务运动》（八），上海人民出版社 1961 年版，第 30 页。

于洋务运动本身就是以“务实”为宗旨，大力推进格致之学的发展，自然成为洋务运动的重要内容之一。

其次，洋务大吏与思想家们有一种共识，这就是欲学习西方科学技术，求强、求富，格致之学是根本。在这方面，奕訢、曾国藩等人有诸多论述，其中以王韬的语言最为清晰：

> 窃谓近今一切西法无不从格致中出，制造机器皆由格致为之根柢，非格致无以发明其理而宣泄其间奥。以是言之，格致顾不重哉！①

随着“师夷智”活动的深入展开，格致之学的引入与研习越来越显示出其重要性，其风起云涌之势遂成为洋务运动发展的题中自有之义。

第二节　“格致之学”创获

同光时期“格致之学”的发展，直接推动了一批近代科学家脱颖而出，其中著名者有李善兰、华蘅芳、徐寿等人。他们虽广采博取西方自然科学，其思想的深层结构仍与传统的经世实学保有血肉联系。

一、李善兰的“格致之学”

李善兰（1811—1882），字壬叔，号秋纫，浙江海宁人。小喜数学，“方年十龄，读书家塾，架上有古九章，窃取阅之……从此遂好算”。15岁时，他读到利玛窦、徐光启所译《几何原本》前6卷，尽通其义，并对徐、利二人没有译出后面更艰深的几卷，感到遗憾，常希望有“好事者或航海译归”，使自己得窥全豹。咸丰二年（1852），他到上海，结识了英国传教士伟烈亚力与艾约瑟，他们对李善兰的才能颇为欣赏，遂邀请他到墨海书馆共译西方格致之书。

墨海书馆为英国传教士麦都思所创设，此书馆原为传教而设，其后译书工作从宗教书刊扩张到西方科技领域。郭嵩焘出使英、法前路经上海，曾到墨海

① 《格致书院课艺·丙辰年王韬序》，光绪二十三年上海书局石印本，第1页。

书馆参观，并在日记中记述道：

次至墨海书馆。有麦都思者，西洋传教人也，自号墨海老人。所居前为礼拜祠，后厅置书甚多，东西窗下各设一球，右为天球，左为地球。麦君著书甚勤，其间相与校定者，一为海盐李壬叔……李君淹博，习勾股之学。

李善兰到墨海书馆后，率先与伟烈亚力合作，翻译《几何原本》后9卷，以完成利玛窦、徐光启的未竟之业。《几何原本》一书，在西方各国亦多未全译，英国虽有一部从希腊文译为英文的完本，但因翻译和校勘粗疏，伪误迭出，“毫厘千里，所失非轻”。伟烈亚力自己也承认，“余愧翦陋，虽生长泰西，而此术未深，不敢妄为勘定”①。只能就英译本照本宣科，口译为汉语，而谬误之处全凭李善兰以深广的数学知识加以匡正审定。经伟烈亚力和李善兰“四历寒暑”的努力，《几何原本》中译本终成完璧，而在全书翻译过程中，李善兰用力甚巨。伟烈亚力曾谦逊地说：“删芜正讹，反复详审，使其无有疵病，则李君之力居多，余得以借手告成矣。”他同时宣称：“异日西土欲求是书善本，当反求诸中国矣”②。《几何原本》全本的翻译是中国数学界的一件大事，诚所谓“自明万历迄今，中国天算家愿见全书久矣”。故李善兰与伟烈亚力的翻译工作引起当时许多科学家的注目和支持。在《几何原本》后9卷续译序中，李善兰语重心长地说：“后之读者勿以是书全本入中国为等闲事也。”其间包容了经历过万般艰辛后的无限感叹。

在《几何原本》后9卷的翻译过程中，艾约瑟又邀请李善兰同译英国人胡威力所著《重学》。所谓“重学”即力学。对于这一学科的重要性，艾约瑟有简明阐述，他说：

几何者，度量之学也；重学者，权衡之学也。昔我西国以权衡之学制器，以度量之学考天。今则制器、考天皆用重学矣，故重学不可不知也。

①② 伟烈亚力：《续译几何原本序》，同治四年金陵刻本《几何原本》卷十五。

鉴于“今畴人子弟皆能通几何”而“未知重学”，李善兰欣然允诺与艾约瑟同译《重学》。于是，李善兰“朝译《几何》，暮译《重学》”，“阅二年同卒”。李善兰所译《重学》虽然只是原文书的中间部分，但译出的部分已较为详细地介绍了力学的一般知识。书中的牛顿力学三大定律则是第一次介绍到中国。《几何原本》全本以及《重学》的翻译出版，为“求强”“求富”的洋务运动提供了重要科技基础理论，因而引起洋务大吏的高度重视。曾国藩大力支持李善兰所译《几何原本》后9卷在金陵重校付印，并命曾纪泽代为序，推荐介绍是书。李鸿章亦大力推动《重学》重刊。对于《重学》一书的实用性，李善兰在《重学》序中指出：

> 今欧罗巴各国，日益富强，为中国边患，推原其故，制器精也。推原制器之精，算学明也。曾、李二公有见于此，亟以此付梓。上好之，下必有甚焉。异日人人习算，制器日精，以威海外各国，令震慑奉朝贡，则是书之刻，其功岂浅鲜哉？①

由此可见，李善兰等科学家所致力的格致之学，即使是抽象的数学和物理学，亦意在治平，与这一时期的经世思潮有着密切联系，是这一时期经世实学的不可分割的一部分。

除了《几何原本》后9卷与《重学》外，李善兰与伟烈亚力还合译了另一本重要的科学理论著作，这就是《谈天》。

《谈天》原名《天文学纲要》，其作者为英国著名天文学家约翰·赫歇尔。该书对太阳系的结构和行星运动有比较详细的叙述，并涉及万有引力定律、光行差、太阳黑子理论、行星摄动理论、彗星轨道理论等方面，对恒星系、如变星、双星、星团、星云等也有一定篇幅的介绍。

西方近代天文学知识传入中国当然并非自李善兰始，而是发端于明末清初，但是，中国士大夫却囿于传统宇宙观念对近代天文学加以抵拒。博学者如阮元指斥哥白尼的地动学说是“违经叛道不可信也”，“设其象为椭圆面积，其实不过假以推步，非真有此象也”。阮元还迂腐地认为，“天道渊微，非人

① 诸可宝：《李善兰传》，《碑传集补》卷四十三。

力所能窥测”，面对奥秘无穷的天道，“但言其所当然而不复强求其所以然”，这样就会“终古无弊”。

李善兰以一种理性的科学精神来廓清传统宇宙观的荒谬。他在《谈天》序中指出，科学研究绝不能“言其当然而不言其所以然”，而应深究其故，探究其间最深层奥秘。西方科学家便是“善求其故者”。他举例说，“哥白尼求其故，则知地球五星也绕日”。“刻白尔（刻卜勒）求其故，则知五星与月之道皆为椭圆”。“奈顿（牛顿）求其故，则以为皆重学之理也”。李善兰列举如上科学家成绩，意在指出：西方科学技术的发展正是科学家不断探索真理，不断“求其故”的结果。这一真知灼见显示了李善兰在思维方式上已走出传统科技的范畴，步入近代科学家的行列。正是依据近代实证科学思想，李善兰宣布，哥白尼的地动学说是“定论如山，不可疑矣”。

由于李善兰等科学家的努力，从哥白尼开始至牛顿完成的建立在牛顿古典力学体系上的西方近代天文学知识，开始系统地传入中国，后来一些著名的维新派人士，如康有为、严复、谭嗣同等人都曾利用哥白尼日心说和康德、拉普拉斯的天体演化学说等，为维新变法制造舆论。

咸丰十一年（1861），曾国藩在攻占安庆的同时，积极着手创办、发展军事工业。为此，他广泛延揽自然科学人才。据容闳回忆，当时荟集于曾国藩安庆大营的，“凡法律、算学、天文、机器专门家无不毕集”①。李善兰亦被招至曾幕中，进行科学研究工作。此后，李善兰入江南制造局译馆，从事西方科技书籍的翻译。据傅兰雅说，馆中的西人遇到“西国最深算题”，向李善兰请教，“无不冰解”②。而李善兰所“撰译诸书”，“剖析入微，奥窔尽辟，体大而思精，言简而义赅”，为“海内外所倾倒”③。同治七年（1868），李善兰因郭嵩焘推荐，到北京任同文馆天文学算馆总教习，在此位置上一直工作到病逝。

在中国近代科技史上，李善兰以卓越的数学研究引人瞩目。李善兰数学造诣颇深，“其精到处自谓不让西人，抑且近代罕匹”④。他编辑刊刻的《则古昔斋算学》中，包括有数学著作 13 种，其中《方圆阐幽》《弧矢启秘》《对数

① 容闳：《西学东渐记》，湖南人民出版社 1981 年版，第 74 页。

② 傅兰雅：《江南制造总局翻译西书事略》，《格致汇编》第三年夏，第 11 页。

③④ 诸可宝：《李善兰传》，《碑传集补》卷四十三。

探源》3 种，是关于幂级数展开式方面的研究，在尚未接触微积分的情况下，李善兰创造了尖锥求积术，表明了他实际上已具有微积分的初步概念。

李善兰还创造了不少数学名词和术语，例如“代数”“微积分”“积分”，等等，一直被沿用到今天，而且也流传到日本。他还直接引用了西方的不少数学符号，例如=、+、(　)、>、<，等等。

鉴于李善兰在格致学方面的突出成绩，光绪三年（1877），《格致汇编》夏季卷特别印出李善兰的大幅照片，并附刊《李壬叔先生像序》一文。丁韪良在该文中写道：他对李善兰“知之深而慕之切”，其敬仰之情溢于言表。梁启超对李善兰也评价甚高，称其“学有根柢”，“成绩可比明之徐（光启）、李（之藻）”①。

二、徐寿、华蘅芳的“格致之学”

同光时期，与李善兰齐名的科学家还有华蘅芳与徐寿。傅兰雅曾说，当时的无锡，“士人多以为诗书经史几若难果其腹，必将究察物理，推考格致，始觉惬心。如是者凡数人，而徐、华二君好之尤甚”②。这里所说的“徐”，就是徐寿；“华”就是华蘅芳。

徐寿（1818—1884），字雪村，江苏无锡人。少时“娴帖括，习举业”，走的是传统科举老路。然而，“道、咸间，东南兵事起”，给予徐寿极大刺激，他“一应童子试”后，便“思（举业）以为无裨实用，弃之”，乃“讲求经世有用之学”③，“专究乎致知格物之学，潜心经济”。“凡与格致有涉者如数学、律吕、几何、重学、化学、矿产、医学，靡不穷源竟委”④。徐寿在潜心格致之学的同时，对制造技术也有浓酣兴趣。他认为，“格致之学必藉器以显，而制造之学原以格致为旨归”。两者是互为表里的。因此，他不仅长于科学理论，而且“于制器之学为尤精”⑤。家居时，他“手制器械甚多，若指南针、象限仪等，皆自制之”⑥。他还“仿制墨西哥银元”，“虽老于贾者不能辨其非也，只见花样崭新，咸以新板目之”。英人韦廉臣曾专门要去数十枚徐制墨西

① 梁启超：《清代学术概论》，东方出版社 1996 年版，第 88 页。
② 傅兰雅：《江南制造总局翻译西书事略》，《格致汇编》第三年夏，第 11 页。
③⑥ 华世芳：《记徐雪村先生轶事》，《碑传集补》卷四十三。
④⑤ 程培芳：《徐雪村先生传》，《碑传集补》卷四十三。

哥银元，“置伦敦博物馆中，今犹存也”[①]。徐寿“浑然敦朴”，“自奉俭约”，但是，购备格致器物却“多金不惜”。作为一名科学家，徐寿“毋谈星命风水，毋谈巫觋谶纬”。婚嫁丧娶不用僧道谶醮以及乐工鼓吹，营葬不用堪舆家言，所有五行生克之说、理气肤浅之言，绝口不道”。表现了科学唯物主义的思想。

华蘅芳（1833—1902），字若汀，江苏金匮（今无锡）人。自幼酷爱数学。14岁时，华蘅芳得到一本程大位的《算法统宗》残帙，“读而好之”。书中所列“飞归”等题，“皆世俗所谓难能者”，蘅芳却“不数日而通其术”。其父翼纶“喜其早慧，因购求《数理精蕴》及《九章算术》等书相授，由是所学益进”。以后，华蘅芳从同县岁贡生邹安鬯处读到秦九韶、李冶、朱世杰诸家之书，“豁然通天元、四元之术”。他曾“校补《数书》《九章》凡数百字，皆宋景昌校勘记未详者”。坚实的数学基础，成为他深入研究格致之学的利器。

徐寿与华蘅芳俱为无锡县人，一居“邑城之东”，一居“邑城之西”，相距“一日程时”。徐寿与华蘅芳初不相识，亦不相闻，后华蘅芳之父听说“西乡有一人能作古乐器，皆协律”。遂往访徐寿，“而得订交”。以后，华父每赴徐寿处，“必与偕长子蘅芳”。徐寿比华蘅芳大18岁，但两人情愫相通，情谊遂笃。由于徐寿与华蘅芳对格致之学有同样兴趣，学理上的探究成为他们友谊中的重要内容。钱基博《华蘅芳传》记述说：

> 咸丰初，西人开墨海书馆于上海，代数、几何、微积、重学、博物之书，次第译出。是时西学初入中国，士大夫故见自封，率鄙不措意，独蘅芳与徐寿能以是相砥砺，目验手营然无所得，机械实试偶有疑难，两人龂龂日夜不休，必求涣然冰释而后已。

显示了执着追求真理的精神和开放的文化心态。

徐寿与华蘅芳科学精神的一大特色，在于他们十分重视实验。“目验手营然无所得”，遂进行“机械实试”。为了实验光的色散现象，他们克服缺少三棱镜的困难，“用水晶印章磨成三角以验之”。他们学到了枪弹轨迹呈抛物

① 钱基博：《徐寿传》，《碑传集补》卷四十三。

线的知识，为了验证仰攻与俯攻是否一致，“乃设立远近多鹄，射击以测视之”[①]。此种一切付诸实验的实证精神正是近代科学家的实学品格。

咸丰十一年（1861），曾国藩在安庆“设内军械所制造洋枪、洋炮，广储军实”[②]。为此广为延揽自然科学人才。徐寿与华蘅芳因“研精器数，博涉多通”，亦属网罗之列。在安庆内军械所，徐、华密切合作，在既无实际经验，又缺乏详细资料的条件下，他们“潜心研究，造器制机，一切事宜，皆由手造，不假于外”[③]。于咸丰十一年秋，首先试制出火轮船蒸汽机，其结构与当时居于世界先进水平的“往复式蒸汽机”相差无几。曾国藩在日记中以喜悦之情记录下轮机试演的情形：

> 中饭后，华蘅芳、徐寿所作火轮船之机来此试演。其法以火蒸水，气贯入筒，筒中三窍，闭前二窍，则气入前窍，其机自退，而轮行上弦；闭后二窍，则气入后窍，其机自进，而轮行下弦。火愈大，则气愈盛，机之进退如飞，轮行亦如飞。约试演一时。窃喜洋人之智巧，我中国人亦能为之，彼不能傲我以其所不知矣。[④]

对于洋务大吏的“求强”“求富”而言，广而论之，对于中国工业的近代化，中国人自制蒸汽机都具有十分重要的意义。在成功试制中国第一台轮机的基础上，徐寿与华蘅芳又造出我国第一条木壳小火轮。该船“长五十余尺，每一时行四十余里”。曾国藩“登船试行江面”，亲自命名为“黄鹄”[⑤]。《徐寿传》与《华蘅芳传》的作者钱基博在谈到“黄鹄”号制造成功时说，“中国之能造轮船，盖自寿始也”。“寿之造‘黄鹄’轮船也，一切绘图测算、推求动力，盖蘅芳之力居多”，高度肯定了徐、华二人卓著的功绩。

同治四年（1865）秋，曾国藩奏设江南制造局于上海，“遂委蘅芳佐徐寿经始其事”。徐寿赴任后，“条呈四事：一为译书，二为开煤炼铁，三为自造

① 钱基博：《徐寿传》，《碑传集补》卷四十三。
② 黎庶昌：《曾文正公年谱》，咸丰十一年。
③ 徐珂：《清稗类钞·工艺类》，第 6 页。
④ 《曾国藩全集·日记》（二），第 766 页。
⑤ 黎庶昌：《曾文正公年谱》，同治二年。

大炮，四为操练轮船水师”，显示出战略家的眼光。曾国藩采纳徐寿建议，在江南制造局内设翻译馆，由徐寿主其事。与此同时，徐寿负责化学、气机方面的翻译工作，华蘅芳则负责数学、地质方面的科技书籍翻译。徐寿与华蘅芳皆具有第一流的翻译水平。徐寿所译书，人们“服其精审”。“日本闻之，派柳原前光等赴局考访，购载寿译本以归”[①]。“蘅芳译本，文辞朗畅，论者谓足兼信、达、雅三者之长”[②]。

在江南制造局，徐寿编译的书籍共有13种近120卷，它们是《汽机发轫》（9卷）、《化学鉴原》（6卷）、《化学鉴原续编》（24卷）、《化学鉴原补编》（7卷）、《化学考质》（8卷）、《化学求数》（3卷）、《物体遇热改易记》（4卷）、《西艺新知》（6册）、《西艺新知续刻》（9册）、《宝藏兴焉》（16卷）、《营阵发轫》（卷册不明）、《测地绘图》（4册）、《法律医学》（26卷）。在徐寿所译化学著作中，《化学鉴原》一书最为重要，它包括了一般化学教科书的内容，概略论述了化学的基本理论和各种重要元素的性质，在相当长的时间内，此书声名卓著，流行颇广，对西方近代化学知识在中国的传播起有重要作用。此外，徐寿所译《化学鉴原续编》介绍了有机化学方面的知识；《化学鉴原补编》一书专论无机化合物，书中介绍了1875年发现的新元素镓（Ga）；《化学考质》论述化学研究中的定性分析；《化学求数》介绍化学研究中的定量分析理论；《物体遇热改易记》是关于物理化学初步知识的著作。如上化学译著，再加上徐寿儿子徐建寅所译《化学分原》、汪振声所译《化学工艺》，构成了较为完整的西方近代化学知识体系，有力地促进了中国近代化学的勃兴。

徐寿在翻译《化学鉴原》等著作时，接触到化学元素名称翻译问题。他首创取西文名字第一音节造新字的原则，并运用于《化学鉴原》一书的翻译中，今天人们熟知的钠、锰、镍、钴、锌、钙、镁等化学元素名称，便是徐寿依据这一原则而命名的。徐寿创立的以西文第一音节造字的原则，不仅被后来的中国化学界所接纳沿用，而且影响到日本，“今日本所译化学名词，大率仍袭寿本者为多”[③]。

徐寿在制器方面亦卓有成就，“船炮枪弹多所发明，自制强水、棉花（即

---

①③ 钱基博：《徐寿传》，《碑传集补》卷四十三。

② 钱基博：《华蘅芳传》，《碑传集补》卷四十三。

硝棉)、药汞(雷汞)、爆药等",[①] 显示了出色的技术制作水平。

华蘅芳在译馆的工作也颇有成绩。他"译述成书十二种百六十卷",其中有涉及达尔文进化学说的《地学浅释》,有介绍代数、微积分、概率论的《代数学》《代微积拾级》《决疑数学》。华蘅芳的数学译著与李善兰的数学译著相与推引,为中国近代数学的崛兴与发展,奠定了坚实的基础。

在江南制造局工作期间,华蘅芳两次被邀请往天津,协助解决技术上的疑难问题。天津东局邀请华蘅芳,是因为"驻德使署购归新出试弹速率电机一具,见者莫知其用,蘅芳以微分之理解之,理明而用亦明"。天津武备学堂邀请他,是因为"德教习购得法越战时所用行军了望轻气废球一具,主者欲新之以授学生演放,而教习居奇久之,而功不就。蘅芳乃督工别制径五尺小球,用强水发轻气以实其中,演放飞升,观者赞叹"[②]。后人评论华蘅芳的治学风格说:

> 论物理、尚实验似英之培根;讲算术、发明新理新例似英之奈瑞;至著书惟恐人不解,则又似宣城之梅文鼎。[③]

徐寿、华蘅芳"力穷格致之学",是为了振兴民族,求强求富。因而,在完成大批西方近代科技书籍的翻译后,他们亟亟思考的是"虽译有成书,尤恐学者难寻门径"[④]。为此,徐寿与傅兰雅开始筹建格致书院。光绪二年(1876),上海格致书院在今北海路格致中学处落成开学。关于格致书院建立的宗旨,徐寿在同治十三年(1874)上南北洋大臣的第一次呈文中有明白阐述,他说:

> 欲使人人通晓(西学),不虞日久废弛,则必有会集讲论之所,招集深思好学之人,随会学习,讲求参考,以冀将来艺学振兴,准备人材,施诸实用。卑职等筹议及此。拟于上海设立格致书院,使风气渐开,以收致用之效。[⑤]

---

① 《清史稿》卷五〇五《徐寿传》。

②③ 钱基博:《华蘅芳传》,《碑传集补》卷四十三。

④ 程培芳:《徐雪村先生传》,《碑传集补》卷四十三。

⑤ 《万国公报》第314卷,第79页。

傅兰雅也在《格致书院会讲西学章程》中指出：“本书院之设，原欲兴行格致之学”[①]。可见，格致书院主要为宣传、普及、研习西方科学技术而设。为此，书院有讲论理法、演示仪器需要的格致大讲堂；有收藏中外各种新旧书报杂志和经、史、子、集、丛书、东西学书目六类书籍的藏书楼。有“搜藏各国瑰器，资诸生考镜”的博物院。博物院中，陈列着各种工艺机械、实验器具、动植物标本、化石，摄影绘画器材，以及天文、地理、交通、枪炮、工业、农业产品等样品模型。

书院开办后，徐寿与华蘅芳均出任书院董事，并亲自为学生授课。华蘅芳不仅在院内主讲十余年，而且曾赴湖北自强学堂、两湖书院及无锡俟实学堂“宣讲格致之学”。在讲学中，华蘅芳“诱掖奖劝，口讲指画，务以浅显易明之语，达精奥之思”。“一时承学之士，闻风兴起”[②]。

此处值得一提的还有另一位格致学者，这就是徐寿的儿子徐建寅（1845—1901）。徐建寅18岁时便随父亲赴曾国藩兴办的安庆内军械所，从事制器工作。在徐寿、华蘅芳主持的“黄鹄”号轮船建造过程中，“建寅累出奇思佐之”。其后，徐建寅又随徐寿到江南制造局，“助父寿成惠吉、操江、测海、澄庆、驭远等船”。“时父寿方与西士傅兰雅等译西书，建寅亦昕夕从事”。“成《器象显真》附图三册，《轮船布陈（阵）》两册，《汽机必以》一册”。此外，他还与傅兰雅合译了《声学》《电学》《运规约指》与《化学分原》等书，补充续译了李善兰于早些年翻译出版的《谈天》。曾国藩曾将他译的《运规约指》与其他三部译书（《汽机发轫》《汽机问答》《泰西采煤图说》）合称为“新译四书”，递呈同治帝阅览[③]。同治十三年（1874），“徐建寅奉调天津制造局创造强水，所费视外国购者价三之一耳，厥为中国能制造强水之权舆。是年，总理衙门下书征求人才，江苏巡抚丁日昌命建寅论时局，建寅遂上万言书，总署得书称善，时建寅已官郎中，因奏保堪充使才，奉旨以出使大臣记名简放”[④]。次年，徐建寅调山东机械局任总办，“建寅躬自营度，未尝延用西人，三年有成”。山东巡抚丁葆桢称赞徐建寅“心思缜密，条理精强”。

---

① 王尔敏：《上海格致书院志略》，香港中文大学1981年版，第41页。

② 钱基博：《华蘅芳传》，《碑传集补》卷四十三。

③ 《曾文正公全集·奏稿》，卷二十七。

④ 钱基博：《徐建寅传》，《碑传集补》卷四十三。

光绪五年（1879），徐建寅因杰出才干，“奏派驻德参赞，往西洋考求一切，遂周游英法诸国”。徐建寅此次出国有两项任务：一是订购铁甲军舰，二是考察西欧工业发展情况。在订购铁甲舰的过程中，徐建寅以缜密的态度检验军舰质量。北洋舰队的主力“镇远”和“定远”号便是经他手而购置。在1894年甲午战争大东沟战役中，北洋舰队大多船只均被击坏，“独先生所购钢面铁甲船两艘，价廉而坚固，各受弹数百，仅成深凹未穿成空，绝无所损”[①]。作为第一位系统考察西欧近代工业的中国科学家，徐建寅考察了德国、法国和英国的有关工厂、矿山、作坊及八十多个科研单位，涉及西欧先进工业技术200多项。对于考察情况，他一一作了详细记载，并就其中若干问题撰写了专论10篇，寄回国内，由《格致汇编》刊登。在“游历各处”期间，徐建寅“留心暗访水雷之法，记录积成一帙”，成《水雷录要》一书，回国后，他又将旅欧见闻整理成《欧游杂录》，自刻刊行，成为近代中国人开眼看世界的又一部重要著作。

徐建寅回国后，继续参与各种制器活动。光绪十二年（1886），他会办金陵机器局，督炼钢铁和制造后膛枪。其后又督办保安火药。“是时外洋火药不入口，谋国者心忧而无所为计”。有鉴于此，徐建寅决定自制火药，他“指授众工自造机器仿西制，三月而药成，其燃放比验与外洋舶来者等”。光绪二十七年（1901），他在汉阳钢药厂自制棉花火药成功。然而，当他视察工厂时，“工人配药，卒然炸发”，徐建寅身死这场爆炸事故中。钱基博赞颂徐建寅：

> 以身殉所学，舍命不渝，此尤可以厉世磨钝，而立天下懦夫之志焉[②]。

从李善兰到徐氏父子再到华蘅芳，格致学者“辟西学门户”，“阐发器数之理为天下倡”，使“泰西声、光、化、电、营阵、军械各种实学，遂以大明”，冲击了中国传统学术观念，造成思想界的深层革命，推动传统经世之学逐步过渡为近代新学。

---

① 张罗澄：《兵学新书·序》。

② 钱基博：《徐建寅传》，《碑传集补》卷四十三。

第八章　同光时期的经世史学

经过第二次鸦片战争的失败和洋务运动的开展，“华夷隔绝之天下，一变为中外联属之天下”。同光时期的有识之士，对这一“古今变局”的认识日益深入。在这一变局观的引导下，同光时期的经世史学的“通今致用”趋向更为鲜明。“述兴亡之由，明成败之得失”已不限于中国，而且扩大到世界性的广阔时空。

第一节　“中兴史”和外交史著的编纂

一、“中兴史”编纂热的出现

同治年间，随着太平天国和捻军的失败，全国范围内的民变逐渐平息，以“自强”为目的的洋务新政次第展开，一度风雨飘摇的清朝统治呈现出复苏气象，朝廷自诩为“中兴之治”。19 世纪 60 年代初，兴起一股研究“中兴史”的热潮。据有关资料初步估算，这一时期的“中兴史”著作，至少有六百多种[①]。这些众多的“中兴史”著作有全国性记载，也有地方性记载；既有官修史书，也有私人著述。从事和参与“中兴史”著作编纂的学者，上自朝廷大员、洋务巨擘，下至地方官吏和一般士子，人数甚众。

从编纂体例看，“中兴史”著作体裁形式有纪事本末、编年、传记、谱牒、笔记、日志、文牍等，其中尤以纪事本末体的“方略”和“纪略”为多。从内容上看，“中兴史”著作主要可分为如下几个方面。

① 胡逢祥、张文建：《中国近代史学思潮与流派》，华东师范大学出版社 1991 年版，第 95 页。

（一）记载“剿平”方略，总结历史经验

这方面的著作以官修为多，尤以方略馆编纂的五种《方略》为代表。同、光年间由奕訢主持、朱学勤等编纂的《钦定剿平粤匪方略》（420卷）、《钦定剿平捻匪方略》（320卷）、《钦定平定云南回匪方略》（50卷）、《钦定平定贵州苗匪方略》（40卷）、《钦定平定陕甘新疆回匪方略》（320卷），均为御笔制序的官修史书，由清朝内务府刊行。五种方略均按年月日排列，收录汇编了有关章奏文牍，详尽记述清军先后镇压太平天国、捻军和云南、陕甘、新疆回民及贵州苗族起事的全过程，并着重总结经验教训。清廷编纂《方略》，其主要目的是“拟官箴之补，考镜得失”[①]，吸取历史教训。正如同治皇帝在《钦定剿平粤匪方略》的“御序”中所说：“今大憝虽除，而吾民之苦兵燹者已深，将士之罹锋镝者已众，输饷供军民力已竭，抚绥数年元气未复。言念及此，盖深祗惧，惟当恭承懿训，勤求治理。尔诸臣众，当追惟皇考委任之深恩，奉公忘私，上下交儆，即以此编为毫末，斧柯之炯或，勿谓民碞为可忽，勿谓小丑为可玩，勿以贼平而懈武备，勿以内安而弛边防，抑墨扬清，劝农善俗，用以持盈保泰，敬迓天休，笃我国家亿万年无疆之祐，予一人有厚望焉。”[②]

此外，还有由清军将领和地方官吏编纂的半官方史志。主要有：易孔昭的《平定关陇纪略》、周义亭的《平定瑶匪纪略》、杜文澜的《平定粤匪纪略》和《曾爵相平粤逆节略》、杨婉秀的《平回志》、魏光焘的《勘定新疆记》、李鹤年的《平捻纪略》、陈锦的《南师平捻纪略》、尹嘉宾的《征剿纪略》、钱勖的《吴中平寇记》、周世澄的《淮军平捻记》、张瑞墀的《两淮勘乱记》、陈庆年的《镇江剿平粤匪记》、钱塘的《广东剿匪纪略》，等等。这些著作一般多按武功记的形式，依年记载清军平定各地民变的经过。

（二）颂扬“中兴之业”和“中兴名臣”

有关这方面的著作非常之多，影响较著者主要有李滨的《中兴别纪》、朱孔彰的《中兴将帅别传》、彭鸿年的《中兴名将传略》等。这些著作竭力颂扬当代武功之显赫，人才之盛美，以彰大朝廷“中兴”伟绩。

《中兴别记》共61卷，70余万字。李滨自述撰写宗旨在于“欲求造乱之

① 《钦定平定贵州苗匪方略》卷首。

② 《钦定剿平粤匪方略》卷首。

由，勘克始末”。他以当时的邸钞、奏议、官方文书、诸家别集、郡邑新志，及年谱、碑传、笔记、杂录为依据，并参阅《钦定剿平粤匪方略》，所采史料200余种。还走访参与战事的清军将领，随访随记，相与考证，以30年的精力，完成这一巨著。叙事自道光十六年三月洪秀全、冯云山等在广西传教开始，迄同治三年九月幼天王被俘止。俞樾读后，评价颇高。他致书李滨，称赞此书“采辑繁富，叙次详明，洵足以昭得失之林，为后事之鉴”。“文繁事赅，具见搜罗之富，编纂之精，真近代一大著作，必传无疑。”①

《中兴将帅别传》又名《咸丰以来将帅别传》，共30卷。在书中，朱孔彰为之“树碑立传”的大小将帅达数百人之多，如曾国藩、胡林翼、左宗棠、李鸿章、曾国荃、江忠源、罗泽南、塔齐布、李续宾、张国梁、沈葆桢、僧格林沁、刘铭传、刘锦棠、岑毓英、丁宝桢，等等，几于无一遗漏。参加“助剿”的外国人华尔、戈登、法尔第福等，也以“客将”身份名列其中。朱孔彰早年曾入曾国藩幕，“于戏下材官健儿，多相狎习。尝从询其间事，辄得其详，故此传纪述特翔实”②。孙诒让高度评价此书，认为可与司马迁的《史记·李广传》媲美，他称赞道：“两朝勋臣事迹略备，下逮偏将，外附客将，采录亡所遗。又间及轶闻杂事，以见伟人奇侠精神志趣所流露，则奄有史公李将军传之奇矣。所缀论述简而竺，严而刿，信乎良史之才，非与夫琐屑者校其长短也。”③

别外，王闿运的《湘军志》和王定安的《湘军记》等著作，虽非传记，但目的也在于为湘军将帅“叙战绩、纪功烈”。王闿运的《湘军志》共16篇，分别是：湖南防守篇、曾军篇、湖北篇、江西篇、曾军后篇、水师篇、江西后篇、临淮篇、援江西篇、援广西篇、援贵州篇、川陕篇、平捻篇、营制篇、筹饷篇。大力褒扬曾国藩、胡林翼、左宗棠和李鸿章等“中兴名臣”的“中兴伟业”。在歌功颂德的同时，王闿运还对湘军缘起、水陆营制、筹办俸饷、兵法谋略等有所论述。喻蹇的《重刻湘军志跋》评价说，《湘军志》不仅“其文章经济足备一朝掌故，其于将才之贤否，军谋之得失，与夫始终艰难胜败之数，莫不言之亲切，无所顾忌，实中国近今信史也”。支伟成更赞誉《湘军志》“是非之公，推唐后良史第一”④。

① 《太平天国资料汇编》(二)上，中华书局1979年版，第1页。

②③ 孙诒让：《咸丰以来将帅别传序》。

④ 支伟成：《清代朴学大师列传·王闿运》。

（三）表彰“忠义节烈之士”

太平天国革命的风暴曾经席卷半个中国，清廷在与太平军的交战中，死伤累累，损失惨重。为了表彰效命朝廷的忠臣孝子节夫烈妇，咸丰十一年（1861）秋，各直省督抚奉旨设立褒忠局，在各地兴建“昭忠祠”，并由各地素有名望的封疆大吏领衔主修忠义录之类的谱牒名册。如《两江忠义录》《中兴苏浙表忠录》《江表忠略》《哀忠集》《广西昭忠录》《湖南褒忠录》《湖北节义录》《汉口节烈传》《江西忠义录》《皖省褒忠录》《江苏昭忠录》《浙江忠义录》《四川通省忠义总录》等。此类忠义录，也是人物传记的种类之一。它专收在与太平军作战中的殉节者，内又细分为殉阵、殉城、殉防、殉劳、殉团、殉职、殉贞等门类。清廷之所以花如此大的力气编纂各种“忠义录”，其目的是为了“正人心，厉国俗，兴教化”，“以忠诚为天下倡”，从而使人“油然生忠孝之心”①。

总之，同光时期的“中兴史”的编纂，有其强烈的经世目的。褒扬“中兴之业”和“中兴名臣”，固然是为了“以诩我国家中兴”，但更重要的是“存信实而昭法戒”②，总结历史经验和教训，探寻“致治之法”，重建统治秩序。

二、外交史著的兴盛

随着“天朝上国”与外部世界的人为隔绝状态被打破，清朝统治者不得不正视现实，被迫和外国人打交道，从而产生了所谓“夷务”问题。尤其是19世纪60年代以后，随着对外事务的扩大，从政治、经济、外交等方面都需要编纂中外关系的史料和史著，一批外交史著应运而生。

较早系统地辑录中外交涉史料，起自《筹办夷务始末》的编纂。其于咸丰初年奉旨纂辑，历道光、咸丰、同治三朝，包括《筹办夷务始末》（道光朝）、《筹办夷务始末》（咸丰朝）和《筹办夷务始末》（同治朝）。《筹办夷务始末》是一部官修的大型外交史料汇编，其时间上起道光十四年（1834），下迄同治十三年（1874），“凡内阁军机大臣所奉谕旨，内外臣工折奏，下至外国夷书，凡有涉于夷务而未尽载入实录者，编年纪月，按日详载，以次备书”。《筹办

① 《曾文正公全集·文集》卷四:《湘乡昭忠祠记》。
② 易孔昭:《平定关陇纪略·凡例》。

夷务始末》的编纂“非徒详往事之是非，实以资异时之考证”[①]。

1861年总理各国事务衙门成立后，清廷的外交理念逐渐由“夷务”向“洋务”转换，对外交史料的备案和外交史的编纂更为重视。还在“总理衙门”成立之初，洋务派首领文祥即指示专人编纂《洋务纪事本末》，将有关中外交涉的文件“分门别类”地按专题汇编起来，试图打破《筹办夷务始末》实录式的编纂方法，以便检索和实用，惜后因故未能完成。1866年以后随着洋务的扩展，清廷多次遣使出洋办理外交，并于1875年派出第一批驻外公使。“总理衙门”又明文规定：出国使臣“应随时咨送日记一片，内称凡有关系交涉事件，及各国风土人情，该使臣皆当详细记载，随时咨报”[②]。这样，就产生了一大批“星轺日记”。如志刚的《初使泰西记》、郭嵩焘的《使西纪程》、陈兰彬的《使美述略》、何如璋的《使东述略》、张德彝的《随使法国记》、黎庶昌的《西洋杂志》、李凤苞的《使德日记》、曾纪泽的《使西日记》、薛福成的《出使四国日记》、张荫桓的《三洲日记》、刘锡鸿的《英轺私记》，等等。这些“星轺日记”不仅反映了驻外使节对世界各国的认识，而且介绍了西方近代外交知识和外交理念，并为清廷作外交建言献策，可以说是一种日记体的外交史。

驻外使节通过对欧美各国的实地考察，将西方的国际法原理、国家主权论、均势理论等介绍进来，开阔了国人的视野，引起晚清外交观念的变化。其中，薛福成的贡献尤为显著。

薛福成（1838—1894），字叔耘，号庸庵，江苏无锡人，少年时即“慨然欲为经世实学，以备国家一日之用，乃摒弃一切而专力于是。始考之二千年成败兴坏之局，用兵战阵变化曲折之机，旁及天文阴阳奇门卜筮之崖略，九州阨塞山川险要之统纪，靡不切究”[③]。1862年，曾国藩张榜招揽贤才，薛福成“于宝应舟中上万言书”，深得曾国藩赏识，“遂邀入幕，军谋机要，多所赞画，由是声誉隆起，以一书生负天下重望”[④]，与张裕钊、黎庶昌、吴汝伦合称“曾门四弟子”。曾国藩死后，薛福成又入李鸿章幕府，专办洋务外交，“于

① 《筹办夷务始末·恭诏》（道光朝）。

② 《薛福成选集》，上海人民出版社1987年版，第406页。

③ 《庸庵文外编·上曾侯相书》。

④ 李鼎芳：《曾国藩及其幕府人物》，岳麓书社1985年版，第34页。

时局多所斡旋”[1]。1989年，薛福成被任命为出使英国、法国、意大利、比利时四国大臣。1894年于离任返国途中病逝。薛福成在任驻外公使期间，“恪恭使职”，细心考察西方国家的政治、经济和风俗民情，并通过“出使日记”“出使公牍”“出使奏疏”向国内介绍“西方情事”及其外交观念，对晚清外交提出了许多建设性意见。

近代国际公法是近代欧洲政治发展的产物，它所倡导的国家主权平等、不干涉内政等外交原则，对于解决国际间的争端，协调各国之间的相互关系有着重要作用。薛福成多次以国际公法为武器，与列强交涉。当时的一些守旧大吏昧于世界大势，“不知万国公法为何书”，以致在对外交涉中进退无据，薛福成深为忧虑。1892年著《论中国在公法外之害》，对中国由于自外于公法而受到的损害痛切言之：

> 中国与西人立约之初，不知万国公法为何书，有时西人援公法以相诘责，秉钧者尝应之曰：“我中国不愿入尔之公法。中西之俗，岂能强同，尔述公法，我实不知。”自是以后，西人辄谓中国为公法外之国，公法内应享之权利，阙然不与。如各国商埠独不许中国设领事馆，而彼之领事在中国者，统辖商民，权与守土官相埒；洋人杀害华民，无一按律治罪者；近者美国驱禁华民，几不齿中国于友邦；此皆与公法大相刺谬者也。公法外所受之害，中国无不受之。盖西人明知我不能举公法与之争，诸国皆漠视之，不肯发一公论也，则其悍然冒不韪以凌我者，虽违理伤谊，有所不恤矣。……秉钧者初不料一言之失，流弊至于此极也。[2]

薛福成建议，“宜将《万国公法》《通商条约》等书，多为刊印，……一临事变，可以触类旁通，援引不穷也”[3]。

外国使臣入觐的礼仪问题，一直是晚清中西关系上的一个死结。虽然在英、法等国公使的一再交涉下，清廷终于在1873年同治皇帝宣告亲政之际同意以折中方式让外国公使以鞠躬礼完成首次觐见仪式，但其陈旧观念仍无多大

① 钱基博：《薛福成传》，《碑传集补》卷十三。
② 《庸庵海外文编》卷三。
③ 《庸庵文编》卷一。

改变。这表现在觐见的地点仍在历来接见外藩君长的紫光阁,《筹办夷务始末》对外使入觐的解释仍是"入则请觐龙光,无异呼韩之朝汉"①。薛福成出使欧洲后,亲见亲历西方国家优待外国公使以联络邦交的外交礼节,深有感触:"外洋各国风气,交际与交涉截然判为两事,交际之礼节务为周到,交涉之事件不稍通融,惟其厚于交际,故可严于交涉。"对清廷"勤虚礼而受实损"的行为感慨系之,认为"非计之得也"②。

1890 年 8 月他致函总理衙门,建议朝廷应改变以往皇上拒不接见外国公使的旧制。他首先说明"西洋通例":

> 凡各国使臣初到一国驻扎之时,其君主无不接见,慰劳数语,以示优待,使臣鞠躬而退,并不言及公事,此西国之通例也。③

> 西洋通例,于各国使臣来驻国都者。平日接待礼文,颇为周至,异乎寻常。即如朝会礼节,其待各国使臣,与本国贵戚一体,而与待国中之臣不同,以寓宾敬之意,即以联彼此之情。福成来英四月,除常例朝会外,听乐观舞,已非一次。④

同时,他也注意到,西方国家对中国皇帝不接见外国使节颇为不满,如英国《泰晤士报》发表评论文章,"谓中国皇上亲政之后,尚未接见外国使臣,其意不无觖望"。他预料"彼族不久必有合词请见之举",因而建议清廷采取主动,仿照 1873 年成案,颁发谕旨,定期召见。这一建议迅速为清廷采纳。同年 12 月 11 日,光绪帝发布上谕:

> 兹朕亲裁大政已阅二年,在京各国使臣谊应觐见。允宜仿照同治十二年成案,并增定岁见之期,以昭优礼。所有各国驻京实任署任各使臣,著于明年正月由总理各国事务衙门奏请定期觐见,即于次日在该衙门设宴款待,嗣后每逢正月,均照此举行。续到使臣,按年觐见。至国有大

---

① 《筹办夷务始末》(同治朝)卷一。

②③ 薛福成:《预筹各国使臣合请觐见片》,《出使奏疏》卷上。

④ 薛福成:《论接见外国使臣书》,《出使公牍》卷三。

庆，中外胪欢，并著该衙门届时奏请筵宴，用示朝廷修好睦邻有加无已至意。[①]

至此，外国使节觐见清帝一事及平时交际礼节才从制度上得到基本解决。

同光时期除了上述官方和半官方的外交史著外，私人撰写的外交史论著也时有出现，如王之春的《国朝柔远记》、罗惇曧的《中英滇案交涉本末》和《中俄伊犁交涉始末》、钱恂的《中外交涉类要表》和《光绪通商综核表》、倚剑生的《中外大事汇记》、唐才常的《各国交涉源流考》、屯庐主人的《五千年中外交涉史》等。在这些外交史著中，较早自成一家体例，影响较大的，应首推王之春的《国朝柔远记》。

王之春（1842—1906），字爵棠，又作芍棠，湖南清泉（今衡阳）人，为明末清初著名思想家王夫之的后裔。他"少为名诸生"，青年时期先后投身曾国藩、李鸿章等人幕府，以"文人兼武事"[②]的"才干"受到湘淮洋务大吏的赏识与重用，累官至巡抚。1874年，日本侵台事件发生，王之春深受刺激，开始留心洋务。

《国朝柔远记》又名《国朝通商始末记》，初稿约编成于光绪五年（1879）前后，首刊于光绪十七年（1891）。全书共20卷，前18卷为正编，以编年体形式叙述了清代顺治元年（1644）到同治十三年（1874）两百多年间中外交涉的历史，以及清朝同边疆少数民族关系的若干史事。后两卷为附录，包括《瀛海各国统考》《蠡测卮言》《沿海形势略》《环海舆图》《三岛分图》等。其中，《蠡测卮言》又分为十三篇，即慎约议、联与国、广学校、精技艺、固边圉、修船政、兴矿利、防漏税、强兵力、练民团、禁贩奴、编教民、论鸦片。"皆时务切要之言"[③]。王之春在取材上除汇辑有关上谕及颁发的官书之外，"并搜录当时诸臣奏疏，与名臣撰述、西人图志及各家私著可采掇者，荟萃而成。间有得之闻见者，要必采访确实，不敢稍涉虚诬"[④]。

《国朝柔远记》编于"同光中兴"之时，适应了洋务运动的需要，具有强

① 朱寿朋：《光绪朝东华录》（三），中华书局1958年版，第104页。
② 《国朝柔远记·彭玉麟叙》。
③ 《国朝柔远记·李元度叙》。
④ 《国朝柔远记·凡例》。

烈的经世色彩。王之春曾自述著书动机："爰搜葺陈编，考证往事，自定鼎起，讫同治止，仿《纲目》编年之体，就中外交涉之端，详晰编次，著为是书。俾颠末尽窥，得失互证，冀以默消夫隐患，实有难已之苦衷。欲使善于约束羁縻，或有裨于久安长治也夫。"[①]王之春在记述中外关系历史时，对所涉及的域外各国，逐一介绍其地理、历史概况及明清时期对这些国家的不同译名和称谓，使仍处于闭塞状态的国人能够明了国际形势。卷末附沿海形势图，"俾言防海者得以览焉"[②]。不仅如此，王之春还引古筹今，提出自己的济世良策。书成之后，颇受时人重视，虽未付印，而"索阅者多，苦不暇给"[③]，被"谈时务者奉为圭臬"[④]。彭玉麟称赞此书"诚抚远之宏图，绥远之良策也"[⑤]。俞樾更将此书与魏源的经世名著《圣武记》相提并论："昔道光时有臣魏源，著一书曰《圣武记》，自开国之初用兵次第，以及康熙中勘定三藩，乾隆时荡平回部，备载无遗，述皇朝武功之盛，以传示后世，其意至深远也。今光绪朝又有臣曰王之春，著一书曰《国朝柔远记》，自顺治以迄于同治，于中外交涉机宜以及通商始末，凡所以控御八荒、怀柔万国者皆在焉，视魏源之书用意尤为深远。"[⑥]

第二节 域外史地研究的新拓展

洋务运动以学习西方长技为自强手段，而欲习西方长技，必须了解西方国情，于是对域外（主要是欧美与日本）史地与现状的研究成为这一时期经世实学中的重要内容。与道咸时期的林则徐、魏源、徐继畲等人相比，同光时期的士子开眼看世界的幅度更为广大。除了以外国教会组织和洋务出版机构翻译过来的西书为媒介了解世界外，某些人还与来华的洋学士朝夕过从、切磋知识，更有一部分士子足践欧土，对于西方世界的了解无论在深度还是广度上都远超道咸经世派，这一时期的域外史地研究因而取得令人瞩目的成就。郭嵩焘

①③ 《国朝柔远记·序》。
② 《国朝柔远记·凡例》。
④ 李元度:《椒生诗草序》。
⑤ 《国朝柔远记·彭玉麟序》。
⑥ 《国朝柔远记·俞樾叙》。

的《使西纪程》、王韬的《普法战纪》和《法国志略》、黄遵宪的《日本国志》，便是其中的代表作。

一、郭嵩焘对西方的考察与研究

郭嵩焘（1818—1891），字伯琛，号筠仙，湖南湘乡人。地域缘故使其自青少年时代起便深受湖湘学派经世精神的熏染。

郭嵩焘青年时代就读于岳麓书院，而岳麓书院是湖湘学派的中心，素重经世之学。郭嵩焘在此与曾国藩、刘蓉结为至交。是年，曾国藩 26 岁，刘蓉 21 岁，郭嵩焘 19 岁，“均志大气盛，自视颇高，以著述立言相期许”[①]。“其志终不在温饱”[②]。以后，郭嵩焘在“馆辰州”期间又得张晓峰太守启示，“恍然悟自古边患之兴，皆由措理失措，无可易者”。“嗣是读书观史”，在经世之学上用功甚勤。

道光二十年（1840）鸦片战争爆发，在会试中一再受挫的郭嵩焘投到浙江学政罗文俊幕下，开始了他的艰难曲折的经世之旅。

在罗文俊幕下，郭嵩焘对浙江防务多所陈献。他“亲见浙江海防之失，相与愤然言战守机宜，自谓忠义之气，不可遏抑”[③]。他甚至以一文弱书生之身，冒着“矢石”“锋镝”之危，亲临战场杀敌，表现出义无反顾的献身精神。鸦片战争失败后，郭嵩焘悲愤万分，他长歌当哭，以“老将云间歌敕勒，宗臣江畔泣离骚。杜陵偃蹇干时策，泪洒将军大食刀”[④]的诗句，表述一腔忧愤。

咸丰初年，郭嵩焘避乱山中，得读王夫之著作，深受王氏思想影响，服膺其经世之学，以为“船山王氏《通鉴论》《宋论》，通古今之变，尽事理之宜，其论事与人，务穷析其精微，而其言不过平则”。又说：“国朝王船山先生《通鉴论》出，尽古今之变，达人事之宜，通德类情，易简以知险阻，指论明确，粹然一出于正，使后人无复可置议。故尝以谓读船山《通鉴论》，历代史论可以废。”他一度欲踵王夫之足迹，“综论元、明二代之史，以附船山之后，而

① 郭廷以：《郭嵩焘先生年谱》，台湾中央研究院近代史研究所出版，第 17 页。

② 郭嵩焘：《玉池老人自叙》。

③ 《养知书屋文集》卷三《罪言存略小引》。

④ 《养知书屋诗集》卷二《丰乐镇书壁六首》。

未敢遽也”[①]。

19世纪50年代，湘系军政集团崛起，郭嵩焘在其间发挥了重要作用。

首先，当太平军入湘，湖南全境处于危急之时，郭嵩焘先后劝说正任塾师的左宗棠以及守制在家的曾国藩出山，并把曾与胡、左串联起来。以后，曾、李发生矛盾，李鸿章愤然辞幕，郭嵩焘致函劝说李鸿章回到曾国藩身边，使李鸿章“读之怦然有动于心”，终于重投曾幕。郭嵩焘晚年忆及这段历史，常常不无得意地说，清廷“中兴”四位名将（曾国藩、左宗棠、李鸿章、胡林翼）中有三位（曾、左、李）“一由嵩焘为之枢纽”[②]。虽然，郭言不免自夸，但在曾、左、李等人出山的过程中，他确实起了有力的推动作用。

其次，曾国藩初建的湘军虽然勇猛强悍，但只能陆上作战，无力对付太平军的水师，郭嵩焘倡议建立水师，“成肃清江面之功”，加强了湘军的战斗力。

再次，为了解决湘军军费问题，郭嵩焘创办湖南厘金，为曾国藩提供强有力的经济支持。郭嵩焘在《玉池老人自叙》中说：“湖南筹兵筹饷，一皆发端自鄙人，曾文正公始出，提用经费，支绌百端。……黄南坡（冕）任铸炮，私设厘局常德，嵩焘以为此筹饷之一大端，言之骆文忠公（秉章），开办通省厘捐。”“曾文正公办理军务，终赖此三项（湘省厘捐及粤、淮盐厘）以济军食，而湖南亦恃此以为富强之基，支柱湖南数省。”

郭嵩焘在湘军建设中的业绩，是他“经世之学”的重要实践活动。在曾幕中，他“于经营国计，保卫地方，无敢稍释于心，始终未一任事”，并和刘蓉、曾氏约定，“服劳不辞，惟不乐仕宦，不专任事，不求保举”[③]。

光绪二年（1876），郭嵩焘被委派为清政府第一任驻英公使。两年后，又受命兼任出使法国钦差大臣。作为思想敏锐的士子，郭嵩焘很早就觉察到西方的强大在“朝廷政教”，在全社会文化水准的普遍提高，而不仅仅是依赖船坚炮利。他光绪元年（1875）给总理衙门上的条陈指出：“西洋立国有本有末，其本在朝廷政教，其末在商贾、造船、制器，相辅以益其强。”“（西方）通国士民一出于学，律法、军政、船政，下及工艺，皆由学升进而专习之。”[④]因

① 《郭嵩焘诗文集》，岳麓书社1984年版，第67页。

② 郭嵩焘：《玉池老人自叙》。

③ 钱基博、李肖聃：《近百年湖南学风》，岳麓书社1985年版，第44页。

④ 《洋务运动》（一），上海人民出版社1961年版，第136—144页。

此，中国学习西方，不应仅仅着眼于一般船政、铁路、制造，而应潜心研究西方政教制度并加以吸收，其见解超越同时代的士大夫。光绪二年（1876）间的出使英法，给予郭嵩焘一个实地考察西方社会的机会，他充分把握这一时机，参观了议院、监狱、市政厅、邮政局、银行、工厂、报馆、学校、博物馆、图书馆、天文台、美术馆、军队及100多处重点企业，接触到电话、留声机、彩色照相、天文、地质、光学、声学、生物学及工业区位等一系列科技尖端成就与近代科学，他还以极大的兴趣了解并钻研古希腊哲学、亚当·斯密的经济思想，培根、伽利略、牛顿、笛卡儿、莱布尼茨的哲学观及科学思想。与西方文明的广泛接触，使郭嵩焘对其先进性有较为深刻的了解。他在日记中，以睿智的洞察力，揭示西方文化的精髓，并以"腆然内自怀愧"的心情展开了中西文化比较研究。

郭嵩焘通过考察西方文化，发现科学知识是西方社会进步的原动力。他一再指出："欧洲各国日趋于富强，推求其源，皆学问考核之功也。"① "英国富强之业，一出于学问。"② 科学与国家兴旺发达紧密相联，而科学又来不得半点虚骄，郭嵩焘因此把西方近代科学称为"实学"。他赞叹"西人立志之专，百挫不惩，遇事必一穷究其底蕴。即北海冰雪之区，途径日辟，天地之秘，亦有不能深闭固拒者"③。更指出"西人格致之学，所以牢笼天地，驱役万物，皆实事求是之效"。"实事求是，西洋之本也。"在"考览其学校"的过程中，郭嵩焘发现"西洋专以教养人才为急务"④，"其教课之方，一皆文武实用"⑤。而西方社会"通国男妇"皆对科学技术有热切的关心，以致"泰西格致之理，人人能言之"⑥。他再三感叹说："此邦学问日新不已，实因勤求而乐施以告人，鼓舞振兴，使人不倦。"⑦

以英、法两国"制造学问，穷极推求"的态势与中国传统教育路径相比，郭嵩焘不禁忧心如焚，他犀利揭示道："西洋以智力相胜"，"中国乃一以虚骄

① 《郭嵩焘日记》，光绪三年十月二十九日。
② 《郭嵩焘日记》，光绪三年四月二十日。
③ 《郭嵩焘日记》，光绪四年五月十二日。
④ 《郭嵩焘日记》，光绪三年三月二十六日。
⑤ 《郭嵩焘日记》，光绪四年六月初六日。
⑥ 《郭嵩焘日记》，光绪五年二月二十三日。
⑦ 《郭嵩焘日记》，光绪四年六月初九日。

之大言当之”。“各国人材政教如此之盛，而勤勤考求，集思广益，不遗余力，中国漠然处之”。“西洋政教、制造、无一不出于学。中国召收虚浮不根之子弟，习为诗文无实之言，高者顽犷，下者倾邪，悉取天下之人才败坏灭裂之，而学校遂至不堪闻问。”[①] 在此种情况下，“西洋安得而不日盛，中国安得而不日蹙也欤？”[②] 为此，他致书国内“衮衮诸公”，建议开设博物馆，建议“先就通商口岸设学馆，求为征实致用之学。……行之有效，渐次推广至各省以达县乡”[③]。

考察西方社会，郭嵩焘对西方近代民主制度深感兴趣。他曾亲自“赴下议院听会议事件”，观察两党辩论，赞赏“西洋议院之有异党相与驳难，以求一是，用意至美”。在日记中，他记载西方民主制度的具体内容是：

西洋一切情事，皆著之新报。议论得失，互相驳辨，皆资新报传布。执政亦稍据其所言之得失以资考证，而行止一由所隶衙门处分，不以人言为进退也。所行或有违忤，议院群起攻之，则亦无以自立。故无敢有恣意妄为者。[④]

正是这样一种行政、立法分权与言论自由的民主制度，保证了西方政教体制的活力，推动其“气象日新”。反观中国传统德治主义，郭嵩焘不禁深有感触地说：

圣人以其一身为天下任劳，而西洋以公之臣庶。一身之圣德不能常也，文、武、成、康四圣，相承不及百年，而臣庶之推衍无穷。……圣人之治民以德，德有盛衰，天下随之以治乱。……西洋治民以法，法者，人已兼治者也，故推其法以绳之诸国，其责望常迫。其法日修，即中国之受患亦日棘，殆将有穷于自立之势矣。[⑤]

---

① 《郭嵩焘日记》，光绪五年三月初八日。
② 《郭嵩焘日记》，光绪四年十月二十七日。
③ 《养知书屋文集》卷十一《致沈幼丹制军》。
④ 《郭嵩焘日记》，光绪三年十一月十六日。
⑤ 《郭嵩焘日记》，光绪四年五月二十日。

在这里，郭嵩焘相当敏锐地发现了中西政治的一大歧异点，这就是“德治”与“法治”。“德治”是中国宗法伦理文化的产物，其核心在于以儒家的伦理道德，以君主的个人表率来治理天下，然而，正如郭嵩焘所说：“德有盛衰”，“圣德不能常”，整个社会便随之治乱，造成极大损伤。西方社会实行法治，杜绝了个人的随意性，为社会稳态运行提供了有力机制。一方实行法治，一方实行德治，两者社会发展的差距日益扩大。“中国之受患亦日棘，殆将有穷于自立之势”。在中国文化史上，对法治与德治进行如此深入比较研究的，或以郭嵩焘为第一人。郭嵩焘关于法治、德治的见解与日本近代福泽谕吉颇为一致。福泽谕吉在《文明论概略》中说：西方近代国家文明程度高的原因在于实行法治，东方君主专制国家文明程度低则是由于实行德治，但是，“事实证明数千年来一直到今天，从没有过由于遵行孔孟之道天下大治的事例”。梁启超在《五十年中国进化概论》一文中曾三次提到郭嵩焘，把郭氏列为中国新思想界的第一批人物，他自己和康有为、严复则位列为第二批。由此可见梁启超对郭嵩焘深为服膺。

郭嵩焘考察英、法社会，还十分注意求实求真的社会风气：“其民人周旋，一从其实，不为谦退辞让之虚文。国家设立科条，尤务禁欺去伪。自幼受学，即以此立之程，使践履一归诚实……朝廷又一公其政于臣民，直言极论，无所忌讳。庶人上书，皆与酬答。其风俗之成，酝酿固已深矣。”[①]相比之下，他对中国“以粉饰为固有之常规”[②]，“专以大言自欺”[③]的陋习，痛心疾首。郭嵩焘又指出，西方社会是一个开放的社会，“游历交接”“已成风俗”，“各国互相款接，不为异也”。中国却是“不许民人私行出入，无至外国游历者”，以至一见到与华人不同的洋人，中国人便“相与惊骇”，“万不能容”[④]。对于此种“闭门自尊大”的“最害事”[⑤]，郭嵩焘至为痛切。

“泰西人最喜奇迹”的积极进取的精神，也使郭嵩焘欣羡不已。相较之下，他对因循守旧的“中国人心”深恶痛绝。在一封致李鸿章的信中，郭嵩焘十分

---

① 《郭嵩焘日记》，光绪三年十二月十八日。
② 《郭嵩焘日记》，光绪四年二月初七日。
③ 《郭嵩焘日记》，光绪四年四月二十八日。
④ 《郭嵩焘日记》，光绪四年八月二十五日。
⑤ 《郭嵩焘日记》，光绪四年八月二十七日。

感慨地说：

> 窃谓中国人心有万不可解者。……一闻修造铁路电报，痛心疾首，群起阻难，至有以见洋人机器为公愤者。曾劼刚以家讳乘坐南京小轮船至长沙，官绅起而大哗，数年不息。[①]

他进而追索中国士大夫对西方文化严加拒绝的文化根性，指出，自南宋以来，士大夫就高倡“夷夏大防”，以致“七八百年，尽士大夫之心相率趋于愚妄，而莫知其所以然”。“西洋之局，非复金元之旧矣，而（士大夫）相与祖述南宋诸儒之议论，以劫持朝廷，流极败坏，至于今日而犹不悟”[②]。面对西方日益强大的严峻局势与中国被淘汰的险恶命运，郭嵩焘发出振聋发聩的呼喊：

> 虽使尧舜生于今日，必急取泰西之法推而行之，不能一日缓也。[③]

郭嵩焘欲以国外实地考察的真情惊醒国人，推动人们走出封闭世界，去呼吸新鲜空气，然而，他却受到朝野上下的围攻。朝官中，李慈铭声称读郭嵩焘《日记》，“凡有血气者，无不切齿”。“嵩焘之为此言，诚不知是何肺肝。”[④]编修何金寿弹劾郭嵩焘“有二心于英国，欲中国臣事之”[⑤]。王闿运则叹息郭嵩焘“殆已中洋毒”[⑥]。郭氏回乡后，人们冷眼相视，街头巷尾流言屡出，连他关起门做体操，也被人讥为“打洋拳”。在“尘秽湖湘”，“骂名穷极九州四海”的大围攻中，郭嵩焘倍感孤独。他晚年在日记中抒发悲情：“大势所趋，万事敝坏，人心从之而靡，无可与共语者。”[⑦]

当郭嵩焘遭到朝野上下讨伐之时，一位洋务大吏从郭嵩焘的命运中看到了中国的命运，他就是李鸿章。李氏说：

---

① 《养知书屋文集》卷十一《伦敦致李伯相》。

② 《郭嵩焘日记》，光绪三年十一月二十日。

③ 《养知书屋文集》卷二十八《铁路议》。

④ 《越缦堂国事日记》，光绪三年六月十八日。

⑤ 郭廷以：《郭嵩焘先生年谱》，第666页。

⑥ 《湘绮楼日记》，光绪三年四月二十八日。

⑦ 《郭嵩焘日记》，光绪十四年十二月初一日。

筠仙虽有呆气，而洋务确有见地，不谓丛谤如此之甚。若达官贵人皆（不）引为鉴戒，中土必无振兴之期，日后更无自存之法，可为寒心。[①]

此一预感在清末的历史进程中不幸而言中。

二、王韬对普鲁士、法国和日本史的研究

王韬（1828—1897），原名利宾，字紫铨，号仲弢，江苏长洲人。少时便厌倦八股时文，而致力于经世之学研究。“偶与客谈，辩析毫芒如肉，贯穿经史，尤精地理，凡遇山川厄塞及古今用兵争战之处，辄能言其胜败，了如指掌。”[②] 鸦片战争后，他到上海，入墨海书馆参与科技书籍的翻译，与艾约瑟合译《格致西学提纲》《光学图说》，与伟烈亚力合译《重学浅说》《华英通商事略》《西国天学源流》，并撰《泰西著述考》一卷，此 6 种书后来合称《弢园西学辑存六种》。

同治六年（1867），与王韬私交甚笃的英国传教士理雅谷回国省亲，来信邀王韬到苏格兰翻译《春秋左氏传》《易经》《礼记》。王韬久存漫游世界之心，遂欣然接受理雅谷邀请，得以旅英近三年。他两游伦敦，三游苏格兰都城爱丁堡，并两次经过法国，从而“眼界顿开”，“几若”进入“别一世宙”[③]。

在欧洲，他乘坐火车，为其高速所慑服；参观电报局，对“电线之妙用”有至为真切的体会；他又参观议会，广泛考察文化胜迹，留意市政建设与公用设施。

与郭嵩焘一样，王韬对西方文明感受最深的是高度发达的科技文化。他在《漫游随录》中有一节专门介绍西方现代科学，他说：

英国以天文、地理、电学、火学、气学、光学、化学、重学为实学，而弗尚诗赋词章。其用可由小而大。如由天文知日月五星距地之远近，行动之迟速，日月之合璧，日月交食，彗星、行星何时伏见，以及风云雷电何所由来；由地理知万物之所由生，山水起伏，邦国大小；由电学知

---

① 《李文忠公全书·朋僚函稿》卷十七，第 20 页。

② 《遁窟谰言》卷一《天南遁叟》。

③ 王韬：《漫游随录·改罗小驻》。

天地间何物生电，何物可以防电；由火学金木之类知何以生火，何以无火，何以防火；由气学知各气之轻重，因而创气球、造气钟，上可凌空，下可入海，以之察物、救人、观山、探海；由光学知日月五星本有光耀，及他杂光之力，因而创灯戏，变光彩，辨何物之光最明；由化学、重学辨五金之气，识珍宝之苗，分析各物体质。又知水火之力，因而创火机，制轮船火车，以省人力，日行千里，工比万人。穿山、航海、掘地、渡河、陶冶、制造以及耕织，无往而非火机，诚利器也。

在访问牛津大学和爱丁堡大学等地后，王韬对英国注重科学文化教育的体制赞叹不已，他说：

所考非止一材一艺而已也，历算、兵法、天文、地理、书画、音乐，又有专习各国语言文字者，如此，庶非囿于一隅者可比。故其英国学问之士，皆有实际。其所学武备、文艺，均可实见诸措施。坐可言者，可以起而行也。[①]

他回国后，大力鼓吹格致之学，倡导近代科学，其思想基础便奠基于此。

王韬还深为英国“君民共主”的政体所吸引，他多次旁听英国下议院开会，目睹人们在议院中公开讨论“大政重务”，“参酌可否，剖析是非”，大有耳目一新之感。在《漫游随录·游亨得利》中说：“国家有大事则集议于上下议院，必众论佥同，然后举行。如有军旅之政，则必遍询于国中，众欲战则战，众欲止则止，故兵非妄动，而众心成城也。”虽然，王韬此时还未系统提出改革中国政治的主张，但已对西方政制不胜羡慕，晚年更力主在中国实行君主立宪制。

王韬此次游欧，历“五洲四洋，百数国家”，对域外史地产生强烈兴趣。从英国回到香港后，他即着手撰写域外史地著述，如《普法战纪》《法国志略》等。

王韬撰写《普法战纪》并非一时兴之所至，而包含着深刻的经世意图。该

① 王韬：《漫游随录·制造精巧》。

书《前序》说：

> 余之志《普法战纪》，岂独志普法哉？欧洲全局之枢机，总括于此矣。普强法弱，此欧洲变局之所由来也。普中欧洲而立国，西有法而东有俄，皆强邻也。曩者为法所制，几于一步不可复西。日耳曼南北列邦势涣而不聚，虽推奥为盟主，亦仅拥虚名而已。以春秋列国之大势例之欧洲，普仅等宋、卫焉耳。英、法、俄、奥则晋、楚、齐、秦也。近十余年间普国势日尊，……坐成强大，而法方晏然于其间，犹复自恃雄盛，轻启衅端，此法之所以几覆也。昔普兴而奥衰，论者遂以普、法、英、俄为四大，今普强而法弱，论者乃举英、普、俄为三雄，然而法国之兴衰强弱，实为欧洲变局一大关键。何则？以地当冲要也。

王韬强调普法战争是“欧洲全局之枢机”，而欧洲的新形势必然对亚洲特别是中国产生影响，研究普法战史，将有助于中国人了解世界形势，并在通观世界形势的前提下，制订出中国的内政外交方针。

作为一部经世之作，《普法战纪》不仅史料丰富，叙述详尽完备，而且于描述间多有精当评议，指出此次战争过程足供“史鉴”。

（1）人才是决定国家兴亡之关键。“有国家者得人则兴，失人则亡；得人则弱可以为强，小可以为大”。普鲁士国王起用了出身低微的毛奇、士颠密士、福竖士、田蛮雕、飞窝等人才，使之“折衡行阵”，“左右辅弼若心膂”，再加上长于智谋的俾斯麦与乐尚书，“能不兴乎？”法国则不然，“任人唯亲，文恬武嬉，军队晏然，将不将，兵不兵，终致师熸君虏”[①]。

（2）知己知彼，洞悉敌情，是战守必胜的基本前提。普鲁士在普法战争前多方侦察法国守备情况，其总参谋长毛奇早在1868年数次潜入法国，“相度形势，窥察险隘，每至一处，则以笔绘图，曲尽纤微。因是绘有法国舆图”，由此得以“筹变守御之方，布置周密殆无遗算”，“而法方曼然于其际，犹复自恃雄盛，转启衅端。”有鉴于此，王韬一针见血地指出：“法之所以蹶，普之所以兴者，无他，在有备与无备而已。”如果夜郎自大，不加守备，不增强

① 王韬：《普法战纪》卷三，光绪丙戌刊本。

国力，其结果必然是国亡家败。

（3）武器精良，科技发达，对于战争胜负具有重要影响。法军武器落后，枪炮陈旧，而“普所用火器，专恃墨迭儿鲁士炮……四周有八轮，皆可旋转，每轮纳弹三十七枚”，“能不百战百殆乎？”①

（4）两国交战，不仅仅是武器装备的角力，而且也与民心向背密切相关。法国民众受高压统治，拿破仑三世骄横淫逸，不得人心，以致“兵败师丹”。普鲁士民众当普鲁士向法国宣战时，“群歌爱国之诗”，“环立宫门，静候王命”。朝野上下同仇敌忾，因而得以获胜。

王韬就普法战争所总结的如上四方面经验教训，不仅是关于普胜法败原因的精当分析，而且对于危机中的中国不无启示意义。

在《普法战纪》中，王韬还就普胜法败后的欧洲形势进行了分析。他指出，强大的法国以前是俄国的牵制力量，法国失败后，英法联盟解体，西欧力量大大削弱，俄国所受牵制大大松弛，从而有力量西侵欧洲或东侵中国。王韬的天才预见，在19世纪末俄国对中国的侵略以及日俄战争中得以验证，从而显示出其目光的敏锐。

与《普法战纪》一样，王韬作《法国志略》，也具有明确的经世意图。

王韬初至法国，便被法国的灿烂文化所征服。他以“眼界顿开，几若别一世宙”之语来表达他当时的感觉。在他看来，法国社会制度之美，为泰西诸国之冠，“而我民人固陋自安，曾不知天壤间有瑰伟绝特之事，则人何以自奋？国何以自立哉！”②因此，他在《法国志略》中详细介绍法国的人口户籍、都邑疆界、国用度支、兵船火器、交通邮驿、学术文化，以期打开国人眼界，进而“自奋”“自立”。日本学者冈千仞曾说，王韬著《法国志略》，其目的是“探本求源”，“求法之所以衰，俾便为中国之殷鉴”③。

在《法国志略》中，王韬多处流露出对西方近代文明的欣羡之情。他十分赞赏国会和议院制度，认为“议会为张治化之基本也”，“国会之设，唯其有公而无私，故民无不服也。欧洲诸国类，无不如是，即有雄才大略之主崛起

① 王韬：《普法战纪》卷十四，光绪丙戌刊本。
② 王韬：《重订法国志略·序》，光绪乙丑刊本。
③ 《扶桑游记·冈千仞跋》。

于其间，亦不能少有所更易新制变乱旧章也。如是则上下相安，君民共治。”① 对于法律在资本主义政治中的功能，王韬也十分注重。在《法国志略》中，他引述日本冈千仞的有关论述说：“所有法律皆成于国会，国会所定故其为法，以护人民权利为主。人民权利日益增加而国家元气日愈充厚矣，上下之情通，君民之交固，国家有大事，千万人之心为一心，近世欧洲列国雄视宇内，职是之由。”以法国乃至欧洲的法律制度观照中国，王韬不禁感慨万千。他一针见血地指出，欧洲的法律是“保民以辅君”，中国的法律却是“尊君以卑民”。“君尊民卑则必以张政府威权为主，政治威权日益隆盛而人民生气日益凋丧”，这是中国之所以积弱衰败的原因。他大声疾呼：“世之论政体得失者，宜鉴于此。”② 其改良中国传统政治的倾向跃然于字里行间。

如果说，《海国图志》《瀛环志略》等书是启发人们开眼看世界的最初著作，那么，王韬的《普法战纪》与《法国志略》就是引导人们深入观察西方政治、军事、经济等情况的重要作品。当时思想界对这两部书“皆誉之不容口”。《普法战纪》一书未及付印，就不胫而走，“钞本流传，南北殆遍”③。“于是谈泰西掌故者，可以为鉴。”④ 洋务派文武官员和维新派人士十分重视这两部书，将它们视为认识世界和学习西法的必读书。梁启超在《西学书目表》和《史学书目提要》中对王韬的史著大力推荐。唐才常在《湘学报》亦将《法国志略》作为必读书介绍给广大读者。

《普法战纪》与《法国志略》还在日本广为流传，使王韬声名远播。日本近代文学泰斗、天皇府宫内侍读重野安绎对王韬十分敬仰，他说：“余观先生所著书，羡其文藻，爱慕其襟度通侻，不规规乎绳墨，欲一相见请教。”⑤ 为王韬《扶桑游记》作跋的冈千仞亦说：

> 《普法战纪》传于我邦，读之者始知有紫铨王先生；（先生）之以卓识伟论，鼓舞一世风痹，实为当世伟人矣。

①② 王韬：《重订法国志略·凡例》，光绪乙丑刊本。

③ 陈桂士：《普法战纪序》。

④ 《弢园文录外编》卷一《韬园老民自传》。

⑤ 王韬：《扶桑游记·重野安绎序》。

在如此心境下，日本学者酝酿邀请王韬访日。日本文学家龟谷省轩在为《扶桑游记》所写的跋中回忆道：

> 戊寅（1878）之春，余与粟本匏庵、佐田白茅探梅于龟井户，归途饮于柳岛。匏庵曰："吾闻有弢园王先生者，今寓粤东，学博而材伟，足迹殆遍海外。曾读其《普法战纪》，行文雄奇，其人可想。若得飘然来游，愿为东道主。"白茅曰："善矣！"余友寺田士弧曾至南海，与先生善。乃有东游之约。

于是，光绪五年闰三月初九日（1879年4月23日），应寺田望南邀请，王韬"摒挡行李作东瀛之游"。

明治维新后的日本，锐意进取，生气勃勃，王韬对此感受良深。回国后，他以日记体裁撰成《扶桑游记》一书。

《扶桑游记》是以实地观察所得材料撰写的关于日本社会生活的著作。该书记录了日本明治维新后发生的政治、经济、社会变化，同时记述了王韬与日本学术界的交往，具有较高的史料价值。

王韬的《扶桑游记》，包含着从明治维新的成功中觅取治国良方的强烈意向，时时发出警世之论。

在《扶桑游记》中，王韬指出，日本"维新以来，崇尚西学，一变其积习，而焕然一新"，这种"焕然一新"是根本的而不是表层的。他以皮毛与肺腑来比喻一个国家的改革深度，根本性的改革即"肺腑之变"，指的是国家政治体制、学术思想的变化；表层的改革亦即所谓"皮毛之变"，指的是经济、军事、技艺制造方面的改革。"肺腑之变"与"皮毛之变"是一个本末的关系。凡是改革，只有集中全力于"肺腑之变"，才能使"皮毛之变"为之一新。

基于这种认识，王韬在《扶桑游记》中，对魏源"师夷长技以制夷"的口号加以重新评说：

> 重野谓予曰：或序先生之文，谓为今日之魏默深。默深，所著《海国图志》等书，仆亦尝一再读之，其忧国之心深矣。然于海外情形，未能洞若蓍龟；于先生所言，不免大有径庭。窃谓默深未足以比先生也。余

曰：当默深先生之时，与洋人交际未深，未能洞见其肺腑，然师长一说，实倡先声。惜昔日言之而不为，今日为之而犹徒袭皮毛也。

在这里，王韬指出，魏源提出“师夷长技以制夷”的口号，主张习西方科学技术，增强国力，抵御侵略，“实倡先声”之功不可泯灭。但是，由于客观条件的制约，没有亲历欧美的魏源未能看到西方科学技术迅速发展的背后隐藏着更根本的社会变革的政治内容。这无疑是一种深刻的评断。王韬进而对国内洋务派的“自强运动”加以剖析说：“余谓仿效西法，至今日可谓极盛，然究其实，尚属皮毛。”①

王韬的如上论说，揭示了洋务运动仅在物质层次上学习西方科学技术的严重缺陷，预告洋务派的“自强新政”必然为更深刻的社会政治革新所替代，这确为真知灼见。与此同时，王韬还指出，中国向西方学习，进行深层次的“肺腑之变”，其目标是“论政于议院，君民一体”的君主立宪政体。此议实开晚清维新运动之先声。

三、黄遵宪的日本维新史研究

黄遵宪（1848—1905），字公度，广东嘉应州（今梅州）人。其高祖黄润经营当铺致富，父亲黄鸿藻为清末举人，做过知府。黄遵宪10岁入蒙馆，学习中国传统旧学。黄遵宪所生活的中国华南地区，是鸦片战争以来外国资本主义侵袭中国的要冲之地。清政府的腐败无能，民族国家的危厄命运，使黄遵宪矢志经世之学。在《感怀》一诗中，他辛辣讥讽当时的俗儒说：

世儒诵诗书，往往矜爪咀。昂头道皇古，抵掌说平治。上言三代隆，下言百世俟。中言今日乱，痛哭继流涕。摹写车战图，骈胝过百纸。手持井田谱，画地期一试。古人岂我欺，今昔奈势异。儒生不出门，勿论当世事。识时贵知今，通情贵阅世。

此诗道明了经世实学的一个基本原则，这就是“以实事程实功”，即依据变化

① 王韬：《扶桑游记》，湖南人民出版社1982年版，第20—21页。

了的时势来筹划经世方案，而不能脱离实际，热衷于以古方治今病。黄遵宪又在《感怀》诗中直斥津津乐道于性理高论的宋儒：

宋儒千载后，勑窣探理窟。
自诩不传学，乃剽思孟说。
讲道稍僻违，论事颇迂阔。[①]

批评性理之谈的迂腐无用，其旨趣在于倡导经世有用之学。

黄遵宪不仅将批判锋芒直指宋儒的无用之学，而且对培养无用之才的科举制也有尖锐批评。黄遵宪指出，此制自“宋之始萌蘖，明制皇朝沿”，“今盖六百年”。然而，这一体制只能产生唯唯诺诺、不思进取的“学究”“策士”，而培养不出真才实学的人才，他呼吁道：

到此法不变，终难兴英贤，
中兴名世者，岂不出其间。[②]

黄遵宪对理学空论与科举制弊端的批判，显示了他与经世实学的深刻联系，而他的明治维新史研究是在道咸经世派域外史地学研究的基础上，开拓一新境界。

黄遵宪对明治维新史的研究，得益于出使日本的经历。光绪二年（1876），何如璋出使日本，任黄遵宪为参赞。是时，黄遵宪虽已中举人，但他感怀时局，以为海禁大开，外国侵略势力直趋中国腹地，“非留心外交，恐难安内”，遂放弃举业，于次年乘槎东渡，并在中国驻日使馆任参赞达五年之久。

黄遵宪出使日本期间，明治维新运动正深入开展。“文明开化”“富国强兵”“殖产兴业”等一系列资产阶级改革措施，推动着日本迅速走向强盛。耳闻目睹日本政局的巨大变化，黄遵宪深有感触，他“信其改从西法，革故取新，卓然能自树立。……进步之速为古今万国所未有”[③]。遂收集资料，从事

①② 《人境庐诗草笺注》，上海古籍出版社1981年版，第8、178页。
③ 黄遵宪：《改定日本杂事诗序》，《日本杂事诗》卷首。

日本历史研究，并撰写《日本国志》。黄遵宪撰写《日本国志》意图有二：

一是希望通过这部书打开国人视界，增进对域外情况的了解。在《日本·国志自叙》中，黄遵宪揭示了中国士大夫眼界狭隘的致命弱点：

> 昔契丹主有言："我于宋国之事，纤悉皆知，而宋人视我国事，如隔十重云雾。"以余观日本士夫，类能读中国之书，考中国之事，而中国士夫好谈古义，足已自封，于外事不屑措意。无论泰西，即日本与我仅隔一衣带水，击柝相闻，朝发可以夕至，亦视之若海外三神山，可望而不可即。……可不谓狭隘欤？

他再三强调："不出户庭而论天下事则浮，坐云雾而观人之国则暗"。只有广泛接触外部世界，积极吸纳新知，才能真正打开眼界。

黄遵宪撰《日本国志》的另一意图是希望把日本明治维新后"百务更新，气象一新"的情况介绍到国内，"意在借镜而观，导引国人，知其所取法"，推进国内的自强变法。由此可见，黄遵宪作《日本国志》绝非为撰史而撰史，而是将它作为一种"匡时之策"即一种经世方案呈现于世。

需要指出的是，以"导引国人，知其所取法"研究日本明治维新史并非黄遵宪独有的思考。由于"日本地势近我，政俗近我，成效最速，条理尤详，取而用之，尤易措手"[①]，与黄遵宪同时代的一些中国学者也十分注意日本明治维新史的研究，并从不同角度得出不同结论。如洋务派顾厚焜撰《日本新政考》，着重强调明治维新后日本的成功在于向西方"师习各艺"，"购制器之器"。他以此批评保守派的言论说："处今日而必谓西法可屏而不用者，岂笃论者？"他进而从日本经验中总结道："海陆军之电扫风驰；枪炮制之日新月异；邮筒万里，藉电线以飞驰；地宝五金，赖矿师之辨别，是诚可用者也。"对于日本推翻幕府，改革政治，推行一整套旨在清除封建制度的有力措施，顾厚焜则大有异议，斥为"好异矜奇，竟一变而无不变也，是诚何道也？"显然，顾厚焜的明治维新史研究服从于洋务派"中学为体，西学为用"的政治路线，并为这一政治路线寻求合理性论证。学术上颇有成就但在政治上殊为保守的王

① 黄遵宪：《日本国志·自叙》。

先谦，也研究过日本明治维新史。他认为，明治维新后日本之所以“不数年，屹然为东方强国”，其原因在于维护了天皇“万世一系”。早期维新思想家郑观应、王韬亦对日本明治维新史甚感兴趣，他们的结论是学习西方不可只移植“坚船利炮”，更为重要的内容在于体制上的改革。黄遵宪的明治维新史研究与郑观应、王韬的路数相近。由于黄遵宪对日本有多年详尽的考察，“与日本维新诸大臣交谊甚笃”，有“当时最谙明治维新条理者”[①]的称誉，《日本国志》因而具有特殊价值。

《日本国志》精心撰著八载，成篇后呈交总理衙门，遭冷遇，蹉跎八年，于光绪二十一年（1895）正式出版，此已在《马关条约》签定、中国赔款割地之后。国人方读此书，得知强敌日本兴起之情实。《日本国志》共40卷，全书除卷首年表外，分国统、邻交、天文、地理、职官、食货、兵志、刑法、学术、礼俗、物产、工艺凡十二类，50多万字。作者从日本“变法以来，革故鼎新，旧日政令，百不存一”的实际出发，根据“详今略古，详近略远，凡涉西法，尤加详备”的原则[②]，探究“维新变政之由”，研究日本明治时代的政治经济制度，以为中国变法自强借鉴，表现出强烈的“经世致用”的性格。

黄遵宪总结明治维新的成功，以为其主要原因有如下几点：

（1）推行政治改革，实行“君主立宪制”。《日本国志》详细介绍了明治维新后“立宪制”的情况，谈到明治政府成立之后，就设议政官、行政官、刑法官等类机构，议政官负责立法，行政官担负政策的执行，司法权则属于刑法官，在黄遵宪看来，这种“君民共主”的“三权分立”的政权组织形式，中国应效法实行。以后他在湖南协助陈宝箴推行“新政”，便曾仿行日本“府县会议”形式设“南学会”，意欲使它成为省级基层议会。在介绍日本议会组织形式时，黄遵宪不仅描述甚详，而且赞美议会制“以公国是，而伸民权，意甚美也”。

（2）“易米以钱”与“定相当地价以收税”，推行“地税改革”。在翔实记载日本“地税改革”内容与效应的同时，黄遵宪就中国土地改革的必要性发表了许多重要意见。他指出，无论是西方还是日本，均“凿山通海，废阡毁陌”，

① 高维廉：《黄公度先生就任新加坡总领事考》。

② 黄遵宪：《日本国志·凡例》，光绪二十四年刻本。

在土地所有制方面推行了一系列改革，“以兴自古未兴之利”。中国的土地制度在昔日是“势不极法不变”，但“今日值多事之秋，履至艰之会，则不变其何待？”[①]他批评中国古代“均田画井以授民”的传统土地改革是“三代以下既万不可行，逮今为尤甚”。要谋“经久之大利”，就必须“参用西法”，制定出崭新的土地改革方案。而所谓“西法”即英国在美洲、澳大利亚实行的“移民垦辟”、兴办农场的资本主义农业生产方式。《日本国志》具体建议道：“中国东南之沙滩，西北之荒地，未及升科者，随在而有。……仿照西法，择要而试行之。”其方法为“召集农工为之垦辟，即以其垦辟所得之利，以养农工，农工也与分其利”。此种经营方式显然已是资本主义性质，而不再是封建土地所有制。

（3）提倡实学，注重科技教育。黄遵宪和郭嵩焘、王韬一样，十分推崇新的教育体制，他在《日本国志·学术志》中介绍道：“明治四年，设立文部省，寻颁学制于各大学区，分设诸校。有外国语学校，以英语为则。有小学校，其学科曰读书、曰习字、曰算术、曰地理、曰历史、曰修身。”“观其学校分门分类，亦骎骎乎有富强之势”。他批评中国传统教育“喜言空理”，轻视工艺之学，主张把日本着重“智力资源开发”的学制推行于中国，以取代中国的“帖括八股”无用之学。

黄遵宪对明治政府的外交也甚为注意。日本“近世贤豪，志高意广，竞事外交，骎骎乎进开明之域”，从而推动日本进入世界强国行列。黄遵宪进而指出，开放外交不仅是日本明治维新成功的重要原因之一，而且是任何一个民族国家走向强盛的必经路径。“西人欧洲之兴也，正以诸国鼎峙，各不相让，艺术以相摩而日善，武备以相竞而强，物产以有无相通。邻交日盛而日势日强。”[②]对于中国外交来说，黄遵宪的这一论断无疑具有启示意义。

黄遵宪研究日本明治维新史，还有一个重要体会，这就是当今之世是“弱肉强食”，“以力服人”，所有的国家都被卷入竞争角逐之中，凡是老朽腐败而又不知改革求新者，如衰草枯叶骤临秋风之肃杀；奄奄病躯徒遇烈暑苦寒之侵袭；破舟漏船惨遭狂涛之覆没，最终逃脱不了亡国亡种的命运，“印度则亡矣，

① 黄遵宪：《日本国志》卷十六，光绪二十四年刻本。
② 黄遵宪：《日本国志》卷四，光绪二十四年刻本。

埃及则弱矣，土耳其则危矣”。凡是振作进取，求实求强者，则如猛兽，如强人，如山洪，如烈风，横扫天际，吞噬弱者，在世界上赢得生存地位。日本的超人之处便在于当列强“兵船劫盟”“迫订草约”“开港互市”的危急关头，能够奋起变法，从而挣脱被动处境。他大声疾呼中国向日本学习，矢志维新变法，以应世界大势之变，以求自强于世界民族之林。其爱国之心与经世之意灼然可见。

黄遵宪在《日本国志》中广泛运用史表，汇集了很多调查资料和日本政府公布的有关统计数字，为中国人了解和研究日本提供了具体可靠的依据。梁启超对《日本国志》评价甚高，认为此书“在旧体史中实为创作”。“其于日本之政事、人民、土地及维新变政之由，若入其闺闼而数米盐，别白黑，而颂昭穆也。”[①] 尤为值得注意的是，黄遵宪不仅对明治维新后日本的飞速发展加以肯定，呼吁国人向日本学习，推行维新变法，而且洞若观火地觉察到日本军国主义的潜在威胁，他就日本掠夺琉球一事向中国当权者发出警告说：

> 日本今日得琉球矣，明日且及朝鲜，欲必未厌也。其势且将及我。……日本维新之效或则霸，而首先受其冲者为吾中国。[②]

他还再三强调朝鲜战略地位的重要性说：

> 朝鲜一土，实居亚细亚要冲，为形势之所必争。

事态的发展，充分验证了黄遵宪眼光的准确。就在黄遵宪提出《琉球三策》与《朝鲜策略》后不久，日本入侵朝鲜，酿起祸端，发动对清战争，中方由于缺乏思想准备与物质准备，惨遭失败，割地丧权。梁启超对黄遵宪的真知远见十分叹服，他说：

> 日本方据我琉球，且觑及朝鲜，先生告使者，乘彼谋未定，先发制

① 黄遵宪：《日本国志·后序》，光绪二十四年刻本。

② 梁启超：《嘉应黄先生墓志铭》，《碑传集补》卷十三。

> 之，具牍数千言，陈利害甚悉。……而当事不省，不二十年，二属遂相继不保。……吾国二十年以前，群未知日本之可畏，而先生此书则已言。……及后而先生之言尽验，以是人尤服其先见。[①]

黄遵宪关于日本“其势且将及我”的先见与林则徐先期预言俄国“终为中国之患”的情形颇为相似，此种洞察未来国际形势发展深邃眼光，来自经世学者对国家民族命运的深切关注。

《日本国志》刊行后，在中国思想界引起强烈反响。梁启超说：“黄子公度撰《日本国志》，梁启超读之，欣怿咏叹黄子：乃今知日本，乃今知日本之所以强，赖黄子也。”[②]康有为说：“黄遵宪参日使何子峨幕，读日本维新事故，考于中外之政，及著《日本国志》，于政治裨益尤深。”由于康有为“于维新条理，究无直接之体会”，因此，他在修改旧作《日本变政考》时，大量参考了《日本国志》中提供的关于明治维新的资料。立意改革变法，走明治天皇道路的光绪帝也对《日本国志》深感兴趣。他于光绪二十四年（1898）“命枢臣进《日本国志》，继再索一部”[③]。据英国学者米尔纳考证，百日维新诏令中“关于经济方面的、行政方面的、文化教育和军事方面的改革，而其中以经济改革尤为明显，与黄氏之《日本国志》一般无异”[④]。

从薛福成、郭嵩焘、王韬到黄遵宪，同光时期的域外史地考察与研究不断拓展，在这个过程中，一批先进士子，承袭着经世实学求真务实的传统，朝着近代新学迈出了艰辛而踏实的步伐。

---

① 梁启超：《嘉应黄先生墓志铭》，《碑传集补》卷十三。
② 黄遵宪：《日本国志·后序》，光绪二十四年刻本。
③ 钟仲联：《黄公度先生年谱》。
④ 吴天任：《黄公度先生传稿》，香港中文大学1972年版，第371页。

第九章　早期维新派的经世思想

所谓早期维新派，是一个主张变法以求富强的思想家群体，崛起于洋务运动勃兴之时，与洋务派有着千丝万缕的联系。如郭嵩焘与曾国藩为至交，久参戎机；薛福成是曾门弟子，先后追随曾国藩和李鸿章；冯桂芬与郑观应也都曾是李鸿章的幕僚，备受倚重。但随着洋务运动的展开，他们逐渐不满足于洋务运动，开始与洋务派分道扬镳，成为洋务运动的批评者。早期维新派人士大都学贯中西，是当时中国最有学识的人。他们上承道咸经世实学，又全力吸纳西学新知，使经世实学的内涵不断扩展，渐有突破古典学术之潜势。

第一节　“至今日而言治，非一变不为功”

早期维新派与洋务派的真正区别在于：洋务派主张“变器不变道”，只“布新”而不“除旧”；早期维新派则主张“布新”同时“除旧”，不仅要学习西方的坚船利炮，还要学习西方的政治学说和制度，实行更深刻的社会变革[①]。他们认为：“至今日而言治，非一变不为功”[②]。因此，早期维新派人士在著述中极力阐述变法的合理性和急迫性。其中，尤以冯桂芬、王韬、郭嵩焘、马建忠、薛福成、郑观应、陈炽等人的思想影响最大。薛福成、王韬、郭嵩焘的生平及思想在前面章节中已略有述说，因此就不再赘述了。这里着重介绍冯桂芬、郑观应、陈炽的实学思想。

① 陈旭麓：《中国近代社会的新陈代谢》，华东师范大学出版社 1992 年版，第 124 页。

② 王韬：《弢园文录外编》卷一《变法中》。

一、“法苟不善，虽古先吾弃之；法苟善，虽蛮貊吾师之”——冯桂芬的变法思想

冯桂芬（1809—1874），字林一，又字梦奈，号景廷，亦写作景亭、敬亭，江苏吴县人。自幼博览群书，通晓经史，“尤达于经世之学”[①]，举凡天文、舆地、兵制、刑法、盐铁、河渠、钱漕、食货诸书，“靡不极虑专精，务欲推究其本原，洞彻其微奥，隐然负拨乱澄清之志”[②]。因而“未仕时已名重大江南北”[③]。道光十二年（1832），时任江苏巡抚的林则徐在苏州考课书院，读到冯桂芬的制举之文，大为赞赏，“有百年以来仅见之誉”[④]。遂招入巡抚衙门，对其“期之者甚厚”。冯桂芬对此感激奋发，“思所以不辱公知者，夙夜实兢兢焉”[⑤]。后曾入陶澍、裕谦幕，与姚莹、张穆、陈庆镛等交往颇深。冯桂芬与魏源亦有交往。“桂芬在京时，曾与默深等修楔慈仁寺，在扬州，尝与默深、刘孟瞻诸子纵言河事……默深所撰《海国图志》，桂芬亦草文正其错误，凡四端[⑥]。”

道光二十年（1840），冯桂芬中一甲二名进士，授翰林院编修，先后做过顺天府试同考官和广西乡试正考官。道光三十年（1850）正月，咸丰帝即位，诏中外大臣各举贤才，大学士潘世恩以林则徐、姚莹、邵懿辰、冯桂芬奏举。咸丰三年（1853），太平军攻克南京，丁忧归籍的冯桂芬奉命在原籍办理团练。咸丰十年（1860），太平军李秀成部连克杭州、常州、苏州，兵临上海，避居上海的冯桂芬为江浙士绅起草《公启曾协揆》，请曾国藩派兵增援，深受曾氏嘉许，即决定派李鸿章率淮军开往上海，并邀冯桂芬入其幕府，冯桂芬因“肝疾屡举”，辞谢曾国藩之招。同治元年（1862）春，李鸿章督师至上海，冯桂芬应邀入李鸿章幕府，为其出谋划策。李鸿章“于上海设立外国语言文字馆（即上海广方言馆——引者）及请减苏松太等属漕粮，皆采其议居多”[⑦]。晚年辞官回乡，专心著述讲学。

---

① 《显志堂稿·吴大澂序》。

② 《显志堂稿》卷四。

③ 《清史稿》卷四八六《冯桂芬传》。

④ 《显志堂稿》卷一《关帝觉世真经阐化编序》。

⑤ 《显志堂稿》卷十二《林少穆督师小像题辞》。

⑥ 李柏荣：《魏源师友记》，岳麓书社 1983 年版，第 110 页。

⑦ 《李文忠公全书·奏稿》卷九，第 24 页。

冯桂芬一生著述颇丰，有《说文解字段注考证》《弧矢算术细目图解》《西算新法直解》《显志堂稿》《校邠庐抗议》等，还主修《苏州府志》，参与编纂《两淮盐法志》。其中，尤以《校邠庐抗议》的影响巨大而深远。

《校邠庐抗议》成书于1861年，在书中，冯桂芬全面阐述了自己的变法主张，从而成为早期维新派的先驱人物。

冯桂芬把中国在两次鸦片战争中的失败称为“开辟以来未有之奇愤”，认为要雪耻，“莫如自强”。他说：

> 有天地开辟以来未有之奇愤，凡有心知血气莫不冲冠发上指者，则今日之以广运万里地球中第一大国而受制于小夷也。……如耻之，莫如自强。[①]

冯氏认为，中国之所以受制于“小夷”，关键是因为中国在许多方面“实不如夷”：中国不仅“船坚炮利不如夷”，而且“人无弃材不如夷，地无遗利不如夷，君民不隔不如夷，名实必符不如夷”。所以彼“小而强”，我“大而弱”。中国要自强就必须向西方学习，“博采西学”，“始则师而法之，继而比而齐之，终则驾而上之。自强之道，实在乎是”[②]。

对魏源提出的“师夷长技以制夷”主张，冯桂芬大加赞许，说它是“得之”之论[③]。当时守旧派攻击学习西方是“以夷变夏”，斥责主张学习西方的人是“名教罪人，士林败类”。对此，冯桂芬在《校邠庐抗议》中予以义正辞严的驳斥和批判。他指出：

> 世变代嬗，质趋文，拙趋巧，其势然也。时宪之历，钟表、枪炮之器，皆西法也。居今日而据六历以颁朔，修刻漏以稽时，挟弩矢以临戎，曰吾不用夷礼也，可乎？[④]

冯氏认为，因时变法是时势使然，居今日之世，治国不仅要“法后王”，还必须“鉴诸国”。他说：“诸国同时并域，独能自致富强，岂非相类而易行之尤

①②③④ 《校邠庐抗议·制洋器议》。

大彰明较著者？如以中国之伦常名教为原本，辅以诸国富强之术，不更善之善者哉？”[①] 如果一味拘泥成法，因循苟且，“有可自强之道暴弃之而不知惜，有可雪耻之道隐忍之而不知所为计，亦不独俄、英、法、米之为患也，我中华且将为天下万国所鱼肉，何以堪之？”[②] 他主张：

> 法苟不善，虽古先吾斥之；法苟善，虽蛮貊吾师之。[③]

冯氏列举赵武灵王“胡服骑射”和俄国彼得一世改革等中外事例，说明只有变法革新，才是自强的唯一出路：“昔吴受乘车战法于晋，而争长于晋，赵武灵王为胡服而胜胡。近事则俄夷有比达王者，微服佣于英局三年，尽得其巧技，国遂勃兴。”并说：“日本撮尔国耳，尚知发愤为雄，独我大国将纳污含垢以终古哉？”[④] 阐述了变法革新的必要性和急迫性。

针对中国在五个方面的“不如夷”，冯桂芬提出自己的改革主张。针对“船坚炮利不如夷”，冯桂芬主张“设局厂”“制洋器”；针对“人无弃材不如夷”，冯桂芬主张改革科举，废除八股，设同文馆；针对“地无遗利不如夷”，冯桂芬主张大兴水利，广植农桑，开采矿山，扩大对外贸易；针对“名实必符不如夷”，冯桂芬主张精简机构，裁汰冗员，肃清吏治；针对“君民不隔不如夷”，冯桂芬主张“公黜陟”（对官员的考核要与百姓的“公论”相联系）、“复乡职”（即扩大绅权）、“复呈诗”（允许人民用诗歌表达意见）。这些变法措施涉及政治、经济、军事、文化等多个方面，既“法后王”，又“鉴诸国”，不仅继承发展了林则徐、魏源的“师夷长技以制夷”的思想，而且把龚自珍、魏源等的“平人心之积患”的改革内政的朦胧要求进一步具体化为颇具近代色彩的改革措施。

值得一提的是，在冯桂芬之前，太平天国干王洪仁玕就提出过类似的变法主张。洪仁玕（1822—1864），字益谦，号吉甫，广东花县人，洪秀全族弟。洪仁玕是洪秀全拜上帝教的最早信从者之一，金田起义后被迫逃亡香港。在与欧美传教士的广泛接触中，对西方文化有深入的了解，深谙“欧洲各大国所以

---

① 《校邠庐抗议·采西学议》。

②④ 《校邠庐抗议·制洋器议》。

③ 《校邠庐抗议·收贫民议》。

富强之故"[①]。他自称："不仅在宗教方面，而且在科学与社会改革方面，完全赞同外国人讲的道理。"[②]1859年，洪仁玕历经艰险到达天京，被洪秀全封为干王，"总理朝纲"。为挽救危机中的太平天国，洪仁玕上《资政新篇》，提出了自己的改革方案。与冯桂芬一样，洪仁玕也认为审时度势、革故鼎新是唯一的解决之道。他说："夫事有常变，理有穷通，故事有今不可行而可豫定者，为后之福；有今可行而不可永定者，为后之祸。其理在于审时度势与本末强弱耳。然本末之强弱适均，视乎时势之变通为律。"[③]在《资政新篇》中，洪仁玕对西方各国"技艺精巧，国法宏深"表现出热烈的向往。称英国为世界上"最强之邦"，其所以强盛是由于"法善"和"人智"；美国"以多人举者为贤能也，以多人议是者为公也"，所以也步英国之后而"堪称富足"；俄罗斯本是弱国，屡为英法所迫，彼得一世"伪装凡民到法兰西学习邦法，火船技艺，数年回邦……大兴政教，百余年声威日著，今也为北方冠冕之邦也"；日本近年与美国通商，"得有各项技艺以为法则，将来亦必出于巧焉"[④]。因此，他力主效仿欧美，"因时制宜，度势行法"。提出要"兴矿藏""兴器皿技艺"，以振兴经济；主张造火车、修铁路、浚河流、制轮船，兴车马、舟楫之利；开银行、设邮亭、办保险，以利商民。尤为重要的是，他还提出"要向西邦学邦法"，以革新政治。主张设新闻馆（即报馆），立"暗柜"（即意见箱），使"上下情通，中无壅塞弄弊者"；"兴乡官，公议者司其任，以理一乡民情曲直吉凶等事。"[⑤]其思想的近代色彩比冯桂芬的"复陈诗""复乡职"要鲜亮得多。但是，由于各种原因，洪仁玕的《资政新篇》除博得洪秀全的若干条"此策是也"的朱笔御批外，未能付诸实施。

虽然并没有资料证明冯桂芬曾受过《资政新篇》的影响，但正如容闳在评价太平天国时所说："天假此役以破中国顽固之积习，使全国人民皆由梦中警觉，而有新国家之思想。"[⑥]因此冯桂芬的《校邠庐抗议》一问世即引起了广泛的关注，"见者咸叹为通儒"[⑦]。同治元年（1862），曾国藩在日记中称《校邠庐抗议》一书是"名儒之论"[⑧]。同治三年（1864），曾国藩致书冯桂芬：

---

①⑥ 容闳：《西学东渐记》，湖南人民出版社1981年版，第57、62页。

②③④⑤ 《太平天国》（二），上海人民出版社1952年版，第852、532、531、535页。

⑦ 李柏荣：《魏源师友记》，岳麓书社1983年版，第110页。

⑧ 《曾文正公手书日记》，同治元年九月。

“尊论必为世所取法，盖无疑义。”[①]曾任军机大臣的李棠阶在同治四年（1865）五月的日记中称赞《校邠庐抗议》“留心时事，讲求实用”，“其说夷务，尤裨时用”[②]。王文韶也在同治六年（1867）的日记中记载：“阅冯敬亭桂芬《校邠庐初稿》，议论纵横，颇多可采”[③]。其变法思想也对19世纪七八十年代后的维新思潮产生了深刻的影响，被维新派奉为思想先导。梁启超说：“《校邠庐抗议》一书，虽于开新条理未尽周备，而于除旧弊之法，言之甚详”，“实为三十年变法之萌芽”[④]。

光绪二十四年五月二十九日（1898年7月17日），孙家鼐奏请光绪帝将此书“饬下直隶总督，刷印一二千部，交军机处，再请皇上发交部院卿寺堂司各官”，令各官“将其书中某条可行，某条不可行，一一签出，或各注简明论说”，送还军机处，择选“进呈御览”[⑤]。光绪允其请。从而使《校邠庐抗议》一书成为维新运动期间的重要参考读物。据统计，当时共有上自大学士、内阁学士、尚书侍郎，下至知州、知县、同知等327名大小官员参加签注，签注的内容形形色色。对于《校邠庐抗议》中流露出的不满封建专制的朦胧的民权思想，签注者竞相提出不同见解。如内阁学士阔普武写道：“其全书精粹最妙者有二语；曰法苟不善，虽古先吾斥之；法苟善，虽蛮貊吾师之。”御史黄均隆对《公黜陟议》深加赞赏，他的签批是：“用人凭公论，固是古法，而西人议院亦是此意。此法行，而徇情纳贿之弊可除。”杨深秀、宋伯鲁的签批对《公黜陟议》持一种谨慎、保留的态度：“西国多行此法，然中国在今日变法之初，决不可用。盖士习帖括，通达时务者少，若用此法，诸多窒碍，必待学校兴而民智开，然后用之，方无流弊。”昆冈关于《公黜陟议》的签议则持一种反对派的姿态：“庶僚会推，下位保举，流弊滋多，似不可行。考官学政，皆由公举等语，尤为室碍。”《校邠庐抗议》中的《广取士议》亦引起众多大吏的注目。徐承煜对此签注道：“近来取士之法，屡奉明诏，实力讲求，无庸再议。夫取才不可不广，用人不可不严，且用舍之权，操之自上。冯桂芬谓‘荐举之

---

① 《曾文正全集·书札》卷二。
② 《李文清公日记》，同治四年五月。
③ 《王文韶日记》，同治六年五月。
④ 梁启超：《戊戌政变记》，第34页。
⑤ 吴善中：《淮系人物列传·冯桂芬》。

权，宜用众不用独，用下不用上’二语，即是民权说，实属荒谬。”[①]《校邠庐抗议》一书在戊戌维新运动中的影响，充分显现出冯桂芬思想的价值。

二、“千古无不敝之政，亦无不变之法”——郑观应的经世观念

郑观应（1842—1922），本名官应，字正翔，号陶斋，别号杞忧生、慕雍山人、罗浮偫鹤山人等，广东香山（今中山）县人。郑观应出生于一个与买办有密切联系的士人家庭，“幼读书，知大义，恒以帖括为耻，乃弃去学陶朱术”[②]。在亲戚的介绍下，入上海外商洋行学习经商，先后任宝顺洋行、太古洋行卖办。1867年，郑观应投资于公正长江轮船公司，被举为董事。1872年，年仅31岁的郑观应当上宝记盐务总理，成为一位颇有影响力的实业家。郑观应与李鸿章、盛宣怀等人过从甚密，并深受李鸿章的赏识，曾出任上海机器织布局帮办、总办，上海电报局总办，轮船招商局帮办、总办、会办，汉阳铁厂总办、商办，粤汉铁路公司总办等职。同时，还以商股身份参加洋务企业的管理。所以，郑观应将自己的一生概括为“初则学商战于外人”和“继则与外人商战”两个阶段[③]。

正是在“初则学商战于外人，继则与外人商战”的实业救国生涯中，郑观应逐步认识到“政治关系于实业之盛衰，政治不改良，实业万难兴盛”[④]，从而形成了他的维新变法思想。从1870年起郑观应开始将自己与“中外达人”广泛接触中“侧闻绪论”和“时阅中外日报”所得的“安内攘外之道”[⑤]发表出来，先后出版了《救时揭要》《易言》和《盛世危言》三部著作。

《救时揭要》刊行于1873年，共24篇，据郑观应自序是因“触情伤时，略陈利弊，随所见闻，频登《申报》，更伸鄙臆，撰成是篇”[⑥]。书中揭露外人贩卖华人的罪恶行径，主张严禁鸦片，要求清政府在各国设立领事以保护华民免受外洋之辱，呼吁鼓励私人投资创办近代工商业，反对落后的社会习俗和劝人行善救灾济贫。表明郑观应的变法思想已处于萌芽之中。余治称赞此书：

---

① 参见李侃：《戊戌变法时期对〈校邠庐抗议〉的一次评论》，载《中国近代史散论》，人民出版社1982年版，第119页。

②⑤⑥ 《郑观应集》上册，上海人民出版社1982年版，第228、235、5页。

③ 《郑观应集》下册，上海人民出版社1982年版，第620页。

④ 郑观应：《盛世危言后编·自序》。

"崇论宏议，震古烁今，又复抉摘隐微，切中时弊。……此经世之大文也。"[①]

《易言》有36篇和20篇两个版本，据郑观应自言分别刊行于1874年和1880年。36篇本署名"杞忧生"，20篇本改为"慕雍山人"，"意期再见雍熙之世"[②]。《易言》为《救时揭要》的"续集"，在《易言》中，郑观应对当时外患日深的严峻形势忧心如焚，"感触于怀"，提出了自己的救治之方，主张："由今之道，变今之俗，宜览往古，法自然，诹远情，师长技，攻其所短，而夺所恃。"[③]标志着郑观应维新思想的初步成熟。《易言》一书获王韬高度评价，他说："《易言》一书，乃杞忧生盱衡时事、思挽危局、幽愁积愤之所作也。凡目有所睹、耳有所闻，默识于心而深思其故，一旦恍然有得，因揭其要，以质于世。其词畅而不繁，其意显而不晦，据事胪陈无隐，同条共贯切而不浮，真措诸世而有济，施诸今而可行者欤！"[④]

《盛世危言》为郑观应的代表作。1884年中法战争后，外患日深，强邻日逼。辞职归田、闭门养疴的郑观应"感激时事，耿耿不能下脐"[⑤]。他不避"狂戆僭越"，以"医国者"自居，从1886年至1890年的4年间，集全力修改《易言》，成《盛世危言》5卷，并于1894年付印。1895年、1900年又先后增订为14卷本和8卷本。在《盛世危言》中，郑观应全面阐述了自己的变法主张。他认为："中国当此危极之时，而求安图治，上下皆知非自强不可，而自强非变法不可。"[⑥]

值得注意的是，早期维新派在阐述自己的变法思想时，几乎无一例外都将"穷变通久"等中华元典变易思想作为立论之依据。如王韬在《变法》一文中开宗明义写道：

> 《易》曰："穷则变，变则通。"知天下事未有久而不变者也。上古之天下，一变而为中古；中古之天下，一变而为三代。自祖龙崛起，兼并宇内，废封建而为郡县，……三代之天下，至此而又一变。自秦汉以来，各代嬗递，征诛禅让，各有其局，……至今日，而泰西大小各国，无不通商立约，叩关而求互市……秦汉以来之天下，至此而又一变。[⑦]

---

①②③④⑤⑥ 《郑观应集》上册，上海人民出版社1982年版，第3、235、63、61、236、338页。
⑦ 王韬：《弢园文录外编》卷一《变法中》。

认为从古代到近代，从中国到西方，无不贯穿着“穷久通变”的变易之道。因此，使“孔子而处于今日，亦不得不一变”[①]。

薛福成也在其《筹洋刍议》“变法”篇中说：

> 天道数百年小变，数千年大变。……世变小，则治世之法因之小变；世变大，则治世之法因之大变。夏之尚忠始于禹，殷之尚质始于汤，周之尚文始于文、武、周公，阅数百年，则弊极而变，或近至数十年间，治法不能无异同。故有以圣人继圣人，而形迹不能不变者；有以一圣人临天下，而先后不能不变者。是故惟圣人能法圣人，亦惟圣人能变圣人之法。彼其所以变者，非好变也，时势为之也。[②]

认为因时变法是“时势为之也”，中国处此亟变之世，“惟是通变方能持久，因时所以制宜”[③]。

郑观应在阐述自己的经世观时，同样以“穷变通久”等元典变易思想为武器。在《盛世危言》的《自序》中，郑观应开篇即引经据典反复申述“变法”的合理性和必然性：

> 《中庸》曰：“君子而时中。”孟子曰：“孔子圣之时者也。”时之义大矣哉。《易》：“穷则变，变则通，通则久。”虽有智慧，不如乘势；虽有镃基，不如待时。故中也者，圣人之所以法天象地，成始而成终也；时也者，圣人之所以赞地参天，不遗而不过也。中，体也，本也，所谓不易者，圣之经也。时中，用也，末也，所谓变易者，圣之权也。无体何以立？无用何以行？无经何以安常？无权何以应变？[④]

发挥《易经》的“穷变通久”说、《中庸》的“时中”说和《孟子》的“圣之时者”说等元典变易观来阐明：因时而变是天地之大经，变法维新乃是“法天

① 王韬：《弢园文录外编》卷一《变法上》。
② 薛福成：《筹洋刍议·变法》。
③ 《薛福成选集》，上海人民出版社 1987 年版，第 501 页。
④ 《郑观应集》上册，上海人民出版社 1982 年版，第 233 页。

象地”“赞地参天”。

在《考试》一文中，他引用《易经》的“穷变通久”说，进一步阐明：“千古无不敝之政，亦无不变之法”。他说：

> 《易》曰：“穷则变，变则通，通则久。”千古无不敝之政，亦无不变之法。中国文试而不废时文，武试而不废弓矢，所学非所用，所用非所学，平日之所用已与当日之所学迥殊矣。及至外患循生，内忧叠起，又举平日之所用者而一无所用焉！以一人之身而终身三变，精乎不精乎？幼学壮行之谓何？而国家犹勉策驽骀，期以千里，株守成法，不思变通，以此而言富强，是欲南辕而北辙耳，其何裨乎！①

郑观应认为，“时文”与“弓马”已落伍于时代，“一无所用”，必须因时而变。当此“外患循生，内忧叠起”之际，不思变通、株守成法而言富强，只能是南辕而北辙。郑观应“千古无不敝之政，亦无不变之法”的提法，与魏源的“天下无数百年不弊之法，无穷极不变之法”②的思想如出一辙。

目睹民族危机，郑观应忧心忡忡。他“愤彼族之要求，惜中朝之失策。于是学西文，涉重洋，日与彼都人士交接，察其习尚，访其政教，考其风俗利病得失盛衰之由”③。通过深入考察与探究，郑观应对西方列强的“治乱之源”“富强之本”有了进一步的认识。他说：

> 其治乱之源，富强之本，不尽在船坚炮利，而在议院上下同心，教养得法。兴学校，广书院，重技艺，别考课，使人尽其才。讲农学，利水道，化瘠土为良田，使地尽其利。造铁路，设电线，薄税敛，保商务，使物畅其流。④

这一认识远远超越了洋务派。他批评洋务派“只知选购船炮，不重艺学，不兴商务，尚未知富强之本”⑤。为此，郑观应提出了自己的变法纲领：

---

①③④⑤ 《郑观应集》上册，上海人民出版社1982年版，第301、233、233—234、234页。
② 《魏源集》下册，中华书局1983年版，第432页。

有国者苟欲攘外，亟须自强；欲自强，必先致富；欲致富，必首在振工商；欲振工商，必先讲求学校，速立宪法，尊重道德，改良政治。①

在这里郑观应将御侮、自强、致富、振兴工商与改良政治的关系，作了系统而有机的阐述。

与郑观应同时代的思想家、政治家们，谈论抵御外侮必须振兴工商者有之，谈论振兴工商必须革新政治者有之，但像郑观应这样把御外侮、振工商、改良政治三者统一并有机地联系起来论述的，还实属罕见。正因为此，《盛世危言》一问世，即受到普遍关注。杨毓煇在为《盛世危言》5卷本所写的《跋》中说："观其上下五千年，纵横九万里，直兼乎韩潮、苏海，则不啻读'经世文编'焉。绎其兴利除弊之意，忠君爱国之忱，并露于字里行间，则又如披'名臣奏议'焉。彼王景略之谈时势，贾长沙之策治安，恐亦逊此详明，无其宏富。吾知斯编一出，世之不达时务者如闻晨钟暮鼓，忽发省悟之心，如服玉札金丹，悉革聩聋之病，为斯人导其先路，使天下除厥弊端，不诚有裨于大局哉？"②将《盛世危言》与《经世文编》和《名臣奏议》等经世名著并列，并朦胧地意识到郑观应的经世思想已超越了王猛、贾谊等代表的古典经世之学，而具有"振聋发聩""导其先路"的作用。陈炽说："曩拟作《庸书》内外篇，博考旁征，发明此义，簿书鲜暇，卒卒未果。陶斋观察资兼人之禀，负经世之才，综贯中西，权量今古，所著《盛世危言》淹雅翔实，先得我心。世有此书，而余亦可以无作矣。"③认为《盛世危言》之论高于自己的《庸书》。光绪二十一年（1895），江苏布政使邓华熙将《盛世危言》推荐给光绪帝，光绪帝作了批示并刊印二千部发各省有司，而国内各书坊立即辗转翻刻，印至十多万部，版本多达二十余种。其于当时的影响，由此可见一斑。近人曾以六种出版物来标示晚清思潮的嬗递："《格致汇编》也，命之曰制造；《经世文续编》也，命之曰洋务；《盛世危言》也，命之曰时务；《时务报》也，命之曰变法；《清议报》也，命之曰保皇；《新民丛报》也，命之曰立宪。"④即将《盛世危

① 郑观应：《盛世危言后编·自序》。

② 《郑观应集》上册，上海人民出版社1982年版，第929—930页。

③ 《陈炽集》，中华书局1997年版，第305页。

④ 《辛亥革命前十年间时论选集》第1卷下册，第740页。

言》作为早期维新思潮的代表作。

三、"今之世，一维新之宇宙也"——陈炽的变法思想

陈炽（1855—1900），原名家瑶，字次亮，号瑶林馆主，江西瑞金人。光绪八年（1882）中举，光绪十二年（1886）考取军机章京，长期在户部任职，官至户部郎中。陈炽从青年时代开始即"留心天下利病，深研经济学。尝以学问之道非游历多、见闻广不足济大艰、任大事、兴革大利弊。乃剑游海疆，足迹满天下"①。通过对中西各国学问的钻研和"当世之务"的考察，形成了维新变法思想。1893年，著《庸书》内外百篇，详尽阐述了他的维新变法思想。陈炽自叙其著书宗旨：

> 炽束发授书，留心当世之务，自髫龀至于弱冠，闻长老述庚申之变，亦常流涕太息，深恶而痛绝之。壮年奔走四方，周历于金复登莱、江浙闽粤沿海诸要区大埠，登澳门、香港之颠，览其形势，诇其情伪，详其战守进退分合之所由，然复博采之已译之西书，广征诸华人之游历出使者，参稽互证，悉其统宗，然后知内也外也，无外之非内也，一而二二而一者也。不揣固陋，作为《庸书》内外百篇，略明其指，区区之意，所望于当世公忠直谅读书明理之君子，去其矜情及其骄气，各竭其耳目心思之用，识大识小，博通今古，总持全局，以宏其志业而定厥指归，则无内无外，无古无今，无人无我，一以贯之耳。南华之内篇曰：唯达者知通为一，为是不用而寓诸庸。庸之者，用也；用也者，通也；通也者，得也。适得而几矣。因是已已而不知其然，谓之道，此长治久安之本计，招携怀远之先声，即居中驭外、西被东渐之权舆嚆矢也。②

因此，所谓"庸书"，即经世致用之书，其宗旨是探讨"长治久安之本计"。

《庸书》的思想体系，宋育仁在《序》中言之甚详：

> 陈次亮农部，湛深经世之学，既稽于古，知其本源，久直枢垣，明

① 赵柏岩：《陈农部传》，《陈炽集》，中华书局1997年版，第385页。

② 《陈炽集》，中华书局1997年版，第145页。

> 当世之事，周咨博采，遍历沿海大埠，至香港、澳门，又旁考西书，至于輶轩译语，镜机甄微，感念时变，乃探古今中外全局，发愤著《庸书》内外百篇。言综名实，故以《名实》篇托首，其于审官、牧民、兴学、理财、平律、治兵、筹边，反复于古今盛衰之故，中外名实之科，治乱之条贯备矣。而于风化治本，尤钦钦致意焉，始以《自强》，终以《圣道》。《自强》之言曰："形而上者谓之道，形而下者谓之器。器为道之粗迹，先王遗意之所存，经秦政之酷烈澌灭而迁流于外域。天将以器还中国，而以道行泰西，表里精粗，交易而退。"《圣道》之言曰："宜及此时，上下同心，修明学校，博采泰西制器尚象之理，强兵富国之原，使天下万世，不得议其迂疏而寡效。"夫孔子之书，言政者过半矣。《周官》治内，《春秋》治外，先富而后教，由兵而反礼，则何者不备？……外患与内忧，恒相因而相积，不必言外交也，言内治而已。明政刑，兴教养，理财治兵，今固有其名也，而未有其实也。言内治者，亦审名实而已；审名实之实，亦用人而已。敷奏以言，明试以功，上圣人之所以审名实而熙庶绩也。故百篇言治者备，而以《名实》为枢，若网在纲，有条而不紊。①

陈炽认为，外患与内忧相因而相积，一方面，"外患之来，必由于内政之尚有所阙也"，另一方面，"内忧之伏，正可倚外力以阴持其终也"，因此，要消除外患就必须"以四海为镜"，改革内政，"内治既清，则外忧自息"②。他批评洋务派"弃其菁英而取其糟粕，遗其大体而袭其皮毛"③。在陈炽看来，改革内政的关键是"核名实、明刑政、兴教养"，他说："内治何在？核名实、明刑政、兴教养诸大端而已矣。"④所谓"核名实"即综核名实："法之宜守者，慎守之，实课以守法之效，毋庸见异思迁也；法之当变者，力变之，实责以变法之功，毋俟后时而悔也。迂疏之议论，试以临事而必穷；夸诞之文辞，验之当机则立遁。不饰词以欺世，不违众以徇人，不朝令而夕更，不避难而就易。"⑤在《圣道》篇中，陈炽进一步将这一改革内政的思想系统化，他说："宜及此时，上下同心，修明学校，博采泰西制器尚象之理，强兵富国之原，使天下万世之人，不得议其迂疏而寡效。"⑥

①②③④⑤⑥《陈炽集》，中华书局1997年版，第3、143、143、144、6、142页。

陈炽的变法思想有三点值得注意：

其一，以“西学中源”说为理论武器，阐述学习“西法”以变法维新的必要性。陈炽在《庸书·自强》中说：

> 形而下者谓之器。是道之粗迹，先王遗意之所存，经秦政之酷烈熏烁而迁流于西域者。天将以器还中国，而以道行泰西，表里精粗，交易而退。人情之所便，天意之所开，虽圣人复生，其能拂人情、违天意，而冥行独往、傲然其不顾哉！故知彼物本属乎我，则无庸显立异同；知西法之本出乎中，则无俟概行拒绝。[①]

陈炽认为，西法本出于中国，“矿产、化学，丱人之职也；机轮、制造，考工之书也；几何、天算，太史之官也；方药、刀圭，灵台之掌也；倚商立国，《洪范》八政之遗也；籍民为兵，《管子》连乡之制也。议员得庶人在官之意，而民隐悉闻；书院有书升论秀之风，而人才辈出。罪人罚锾，实始《吕刑》；公法睦邻，犹秉《周礼》……”总之，“良法美意，无一非古制之转徙迁流而仅存于西域者”[②]。西人之通中国，是“天将以器还中国”，“天与我以复古之机，维新之治”。采“西法”以变法维新，是“顺天应人”，是“礼失求野，择善而从，以渐复我虞夏商周之盛轨”[③]。既使圣人复出，也不能“拂人情，违天意”。如果“终拒之”，则是逆天而行，“逆天者不祥莫大焉”[④]。“缅甸、越南、琉球，不变者也，其亡不旋踵焉；日本，变法者也，而今存焉，强且富焉；暹罗、朝鲜，欲变而未变者也，其势岌岌然，如不终日。”[⑤]他指出：“君子观于此，而中国之当变不当变者，从可知矣。”[⑥]

“西学中源”说起源于明清之际，开其先河者为黄宗羲。黄宗羲说：“勾股之术，乃周公、商高之遗，而后人失之，使西人得以窃其传。”[⑦]后经圣祖康熙提倡于上，王锡阐、梅文鼎阐扬于下，“西学中源”说逐步流行。洋务运动时期，洋务派人士多以“西学中源”说作为批驳顽固派的思想武器。如奕訢在驳斥倭仁反对在同文馆增设天文算馆时，就曾以“西学中源”说为依据，他

①②③④⑤⑥ 《陈炽集》，中华书局1997年版，第8、304—305、305、7、8、7页。

⑦ 《鲒埼亭集》卷十一《梨洲先生神道碑文》。

说："查西术之借根，实本于中术之天元，彼西土犹目为东来法。特其人情性缜密，善于运思，遂能推陈出新，擅名海外耳。其实法固中国之法也。天文算术如此，其余亦无不如此。中国创其法，西人袭之。"因此，学习西学并不是"舍中法而从西人"[①]。早期维新派人士也多持此说，如冯桂芬说："中华扶舆灵秀，磅礴而郁积，巢、燧、羲、轩数神圣，前民利用所创始。诸夷晚出，何尝不窃我绪余。"[②]郑观应认为，不仅"星气之占始于臾区，勾股之学始于隶首，地图之学始于髀盖，九章算术始于周礼"，近代西方的声光化电诸学，无不源于中国。所以，郑观应说，学习西学是"所谓礼失求诸野者"，是"以中国本有之学还之于中国"[③]。然而，无论是奕訢，还是冯桂芬、郑观应，他们所说的"西学中源"大都不出声光化电等所谓的格致学范围，并未超出明末清初人的认识水平。陈炽则对"西学中源"说有所发展，他对"西学中源"说的阐释从自然科学扩展到社会科学，即从"艺学"扩大到"政学"，鼓吹"西政出于中国"论。

其二，以自然之理阐述"维新"之义。陈炽在《庸书·游历》中说：

> 今之世，一维新之宇宙也。古之言天者，占星揆日，岁实岁差，不及百年，辄多乖舛。今有地球自转之说，始知行星百数，均绕太阳，而目之所见之恒星，皆日也。于是古法尽废，千秋疑窦，一旦豁然，日至历元，不差累黍，此天文之新志也。古人望洋，向若辄云海与天通，方丈蓬莱，转相附会。今则五洲鼎立，万岛星罗，轮舶往来，有如户闼，开方计里，了然掌上之纹，乃至南北冰洋，亘古人迹不到之区，亦能凿险缒幽，穷其究竟，此地理之新图也。古之时，搜神纪异，侈语仙灵，夸诞荒唐，本无足据。今则轮舟铁道，俨缩地之神方；电报气球，即补天之秘术。一灯如月，光照百城，二气转轮，力逾万马，以至快枪巨炮、铁舰鱼雷，无坚不摧，无远弗届，权侔造化，功夺鬼神，此人事之新法也。古人取五行百产，以利用宜民，以云天无弃材、地无遗利则未也。今则轻养炭气，考原质之所成，水土木金，悉化分之，何自耳目无偶遗之物，

① 《洋务运动》(二)，上海人民出版社 1961 年版，第 24 页。
② 《校邠庐抗议·制洋器议》。
③ 《郑观应集》上册，上海人民出版社 1982 年版，第 276 页。

山川无不泄之藏！动植飞潜，察形声之变异，金石骨角，化腐朽为神奇，订山经地志之伪，开格物致知之学，此物产之新理也。①

“维新”一词出于《诗·大雅·文王》：“周虽旧邦，其命维新。”意谓变旧法而行新政。陈炽从自然科学发展的日新月异，体悟到“今之世，一维新之宇宙也”，将“维新”之义从社会政治层面提升为普遍的自然之理。他说：“更新之气运，天实开之。而谓人能遏之哉！”②维新是天经地义，不是人为因素所能阻止的。顺之则昌，逆之则亡。如果“刻舟胶柱，不思改图，他日必有先受其祸者”。③这是早期维新派突破“天不变，道也不变”经学束缚的初步尝试。

其三，不仅重视对变法理论的探讨，而且注重实践。陈炽在《庸书·自叙》中说：

《书》曰：“知之匪艰，行之维艰。”《诗》曰：“予其惩而毖后患。”又曰：“亹亹我王，纲纪四方。”夫子曰：“欲载之空言，不如见之于行事之深切著明也。”斯则款款愚诚，所为穆然以思，复不禁殷然以望者也。④

表现出注重实践的价值取向。

早期维新派人士虽然都抱有炽烈的经世热忱，但知之匪艰，行之维艰，他们的变法方案大都只能是“载之空言”。而陈炽则努力将自己的思想付诸实践，积极参与变法运动。他多次致书李鸿章、翁同龢、陈宝箴等当道，评论时事，陈述己见。1895年甲午战败后，陈炽上书光绪，倡言变法，他说：“欲振作，必须自强。欲自强，必须变法。”在上书中他提出七大当务之急：“下诏求言”“阜财裕国”“分类育才”“改制边防”“教民习战”“筑路通商”“变法宜民”⑤。

陈炽还积极促成以翁同龢为首的“帝党”与康有为、梁启超等维新派的合作。康有为《自编年谱》载：

①②③④ 《陈炽集》，中华书局1997年版，第75—76、76、76、146页。
⑤ 陈炽：《中倭苟且行成，后忧方大，敬陈管见呈》，台北故宫博物院藏。

> 时翁常熟以师傅当国，憾于割台事，有变法之心，来访不遇，乃就而谒之。……与论变法之事，反复讲求，自未至酉，大洽。……常熟令陈次亮来谢其意，然苟不能为张柬之之事，新政必无从办矣。时常熟日读变法之书，锐意变法，吾说以先变科举，决意欲行，令陈次亮草定十二道新政意旨，将次第行之。①

从康有为的上述回忆可知，陈炽实际上是维新派与翁同龢之间的中间联络人。

在维新运动期间，陈炽颇为活跃。他与维新派人士一起创办《万国公报》，创立强学会，均为核心人物之一。1896年，《时务报》在上海创刊，陈炽任该报在京代收捐款之事。时议立京师大学堂，陈炽代孙家鼐拟定章程。强学会遭封禁后，陈炽的心灵受到极大的创伤，“竟得心疾”。戊戌政变后，陈炽“郁郁不得志，酒前灯下，往往高歌痛哭，若痴若狂，归江西数年，卒”②。晚清政治改革的先行者便这样抱恨辞世。

第二节　“治国以富强为本，求强以致富为先”

虽然早在19世纪60年代洋务派就提出了以“富”求“强”的自强观，兴办了一批近代民用企业，但他们的着眼点依然是传统的理财、开源和裕饷。早期维新派则不同，他们突破传统思想的轨范，以近代西方社会为蓝本，提倡“重商富民”，把“商”放到了国民经济的枢纽地位。

一、“商富即国富”

早期维新派将“求富”视为“为治之本”。如王韬说：“富强即治之本。”③“舍富强而言治民，是不知为政者也。”④马建忠说：“治国以富强为本，而求强以致富为先。”⑤在如何“求富”的问题上，早期维新派主张应向西方学习，“恃商为本”，大力扶持和发展近代工商业。

① 《戊戌变法》(四)，上海人民出版社1957年版，第13页。

② 赵柏岩：《陈农部传》，《陈炽集》，中华书局1997年版，第385—386页。

③ 《弢园文录外编》卷四《中外合力防俄》。

④ 《弢园文录外编》卷二《兴利》。

⑤ 《适可斋记言》卷一《富民说》。

王韬从时代的变化来阐述重商的必要性，他说：

> 贸易之道广矣哉。通有无，权缓急，征贵贱，便远近，其利至于无穷，此固尽人而知者也。抑知古今之局变而贸易之途亦因之以变。古之为商仅遍于国中，今之通商必越乎境外。……西国之为商也，陆则有轮车，水则有轮船，同洲异域，无所不至。所往之处，动集数千百人为公司，其财充裕，其力无不足。而其国又为之设官戍兵，以资保卫。赀虽出自商人，而威令之行，国家恃以壮观瞻致盛强。此古今贸易之一变也。[①]

正是基于对古今变局的认识，王韬提出了“商为国本说”。他说：“通商之益有三：工匠娴于艺术者得以自食其力；游手好闲之徒得有所归；商富即国富，一旦有事，可以供输糈饷。此西国所以恃商为国本欤？”因此，他力主“仿行西国”，全面开放通商，“广贸易以重财货”，“如是则可收西商之利，而复为我所有，而中国日见其富矣”[②]。

与王韬一样，薛福成也从古今之变的角度立论[③]，他说：

> 昔商君之论富强也，以耕战为务。而西人之谋富强也，以工商为先，耕战植其基，工商扩其用也。……夫商务未兴之时，各国闭关而治，享其地利而有余；及天下既以此为务，设或此衰彼旺，则此国之利，源源而往；彼国之利，不能源源而来，无久而不贫之理。所以地球各国，居今日而竞事通商，亦势有不得已也。[④]

认为以农为本的是古代社会的特点，而现代社会则以商为本，以商富国。“居今日万国相通之世，虽圣人复生，必不置商务为缓图。”[⑤]所以“论一国之贫富强弱，必以商务为衡。商务盛则利之来，如水之就下而不能止也；商务衰则

①② 《弢园文录外编》卷十《代上广州府冯太守书》。
③ 《筹洋刍议·变法》。
④ 《筹洋刍议·商政》。
⑤ 《庸庵海外文编·英吉利用商务开辟荒地说》。

利之去，如水之日泄而不自觉也”[①]。在薛福成看来，西方各国之所以富强，正是以商务振兴为要端，而中国的日渐贫弱，就在于商务不振兴。

虽然部分洋务派人士也曾提出过一些重商思想，但却并未摆脱传统的“农本商末”“重农抑商”观念的束缚。如李鸿章就曾说：“自古加赋则为苛虐，征商未为弊政”；“与其病农，莫如病商，犹得古人重本抑末之义。”[②]早期维新派则完全否定“农本商末”，把本末和士农工商的秩序颠倒过来，将商推至无以复加的“国本”高度。如薛福成说：

> 夫商为中国四民之殿，而西人则恃商创国造家、开物成务之命脉，迭著神奇之效者，何也？盖有商则士可行其所学而学益精，农可通其所植而植益盛，工可售其所作而作益勤。是握四民之纲者，商也。此理为从前九州以内所未知，六经之内所未讲。西洋创此规模，实有可操之券，不能执崇本抑末旧说以难之。[③]

公开向中国传统的“崇本抑末”之旧说挑战，将商由“四民之殿”列于“四民之纲”。而其立论依据则是西方国家富强的成功经验：“恃商为创国、造家、开物、成务之命脉”，并且“迭著神奇之效”。

郑观应也说：

> 中国以农立国，外洋以商立国。农之利，本也；商之利，末也。此尽人而能言之也。古之时，小民各安生业，老死不相往来，故粟布交易而止矣。今则不然，各国兼并，各图利己，藉商以强国，藉兵以卫商。其订盟立约，聘问往来，皆为通商而设。英之君臣又以商务开疆拓土，辟美洲，占印度，据缅甸，通中国，皆商人为之先导。彼不患我练兵讲武，特患我之夺其利权，凡致力于商务者，在所必争。可知欲制西人以自强，莫如振兴商务，安得谓商务为末务哉！[④]

---

① 《出使日记续刻》“光绪十八年六月三十日记”。

② 《李文忠公全书·朋僚函稿》卷六，第45、37页。

③ 《庸庵海外文编·英吉利用商务开辟荒地说》。

④ 《郑观应集》上册，上海人民出版社1982年版，第614页。

以西方国家“以商立国”“藉商以强国”的事实，批判了“商为末务”的迂腐陈见，揭示出在新的时代潮流中更新观念的必要：“欲制西人以自强，莫如振兴商务。”他批评洋务派在向西方学习时“徒效皮毛”：“查我国与泰西各国通商在日本之先，而商务、制造瞠乎其后者，皆因无机器、格致院讲求制造诸学，无商务通例恤商惠工，是以制造不如外洋之精，价值不如外洋之廉，遂致土货出口不敌洋货之多，漏卮愈甚。当道虽时欲整顿商务，挽回利权，究竟未知扼要所在，数年来工商生计愈见其绌。若再不悉心考究，徒效皮毛，仍如隔靴搔痒，有名无实，或言不顾行，势必至国困民穷，不堪设想矣！”①

早期维新派的“重商”和“振兴商务”，其含义已不限于传统上狭义的重视商业，而是要提倡和大力发展工矿、贸易、交通、电讯、金融等实业。事实上，就是要以西方资本主义国家的以机器大工业为主干的近代工业社会为模式，来改造中国的以个体农业和手工业相结合的社会经济构成。如薛福成说：“泰西风俗，以工商立国，大较恃工为体，恃商为用，则工实则尚居商之先。”②因此，“中国欲振兴商务，必先讲求工艺”③。郑观应在提倡振兴商务的时候，也十分明确地指出：“国家欲振兴商务，必先通格致、精制造。”“论商务之原，以制造为急；而制造之法，以机器为先。”④都注意机器工业在经济发展中的重要作用。

由于“以商立国”主张从根本上触动了“以农立国”这一根深蒂固的观念，因而引起守旧势力的激烈反对。他们死死抱住“开源之计惟在于农”的陈旧观念，以“固本”重农为理由，反对兴工商开利源，将一切重商兴利的建策概斥之为祸国殃民的邪道旁门。对此，早期维新派坚决予以反击。王韬指出：

> 中国地大物博，于地球四大洲中最为富强（按：王韬此处的“富强”系指自然条件之优越）。特当轴者不能自握其利权，自濬其利薮，而亟为之兴利焉耳。迂拘之士动谓：“朝廷宜闭言利之门，而不尚理财之说。中国自古以来重农而轻商，贵谷而贱金，农为本富而商为末富。如行泰西之法，是舍本而求末也。况乎中国所产足以供中国之用，又何假外求而

①④ 《郑观应集》上册，上海人民出版社1982年版，第626页。

② 《庸庵海外文编·振百工说》。

③ 《出使日记续刻》“光绪十八年闰六月二十七日记”。

有俟乎出洋贸易哉？”呜呼！即其所言农事以观，彼亦何尝度土宜，辨种植，辟旷地，兴水利，深沟洫，泄水潦，备旱干，督农肆力于南亩，而为之经营而指授也哉？徒知丈田征赋，催科取租，纵悍吏以殃民，为农之虎狼而已。徒有其名而无其实，又复大言而不惭，此真今日士子之通病也。如是天下何由而治？①

王韬此论，戳穿了守旧者侈谈“重农”的虚伪，指出他们所谓的“重农”并非是出于对农业生产的真正关心，而仅仅是为了“丈田征赋，催科取租”，所以，名为“重农”，实为“残农”。

对当时守旧者所蛊惑的“机器夺民生计论”，早期维新派也进行了驳斥。其中，以薛福成的“用机器殖财养民说”最有代表性。

“用机器殖财养民说”，是薛福成在考察并总结西方工业社会成功经验后提出的一个重要建策。他指出：

西洋各国，工艺日精，制造日宏，其术在使人获质良价廉之益，而自享货流财聚之效，彼此交便，理无不顺。所以能致此者，恃机器之用也。有机器，则人力不能造者，机器能造之；十人百人之力所仅能造之，一人之力能造之。夫以一人兼百人之工，则所成之物必多矣。然以一人所为百人之工，减作十人之工价，则四方必争购之矣；再减作二三人之工之价，则四方尤争购之矣。然则所成之物，一人可兼十百，论所获之价，一人可兼二三，加以四方之争购其物，视如减十减百之便利，而谓商务有不殷盛，民生有不富厚，国势有不勃兴者哉！②

薛福成通过机器生产与手工生产的劳动生产率的巨大差异，以及由此形成的产品的市场优势和经济效益的比较，说明广用机器才是最好的养民办法。他说：“余观西洋用机器各厂，皆能养贫民数千人，或数万人。”他认为，倘若“中国以屏除机器为养民之法”，只会导致更加深重的社会后果：

---

① 《弢园文录外编》卷二《兴利》。

② 《庸庵海外文编・用机器殖财养民说》。

必有人所能造之物，而我不能造者；且以一人所为之工，必收一人之工之价，则其物之为人所争购，必不能与西人之物相抗也明矣。自是而中国之货，非但不能售于各国，并不能售于本国；自是中国之民，非但不能自食其力，且知用力之无益，亦遂不自用其力；自是中国之民，非但不能成货以与西人争利，且争购西人之货以自供其用，而厚殖西人之利。然则商务有不衰歇，民生有不凋敝，国势有不陵替者哉！是故守不用机器调剂贫民之说者，皆饥寒斯民，困阨斯民者也。①

三个“自是”的排比论列，雄辩地证明：倘若屏除机器，非但不能达到“养民”的目的，反而造成商务衰歇、民生凋敝、国势陵替的严重后果。这一站在时代高度、极其精当且富有穿透力的辨析，使“机器夺民生计论”的荒谬无知暴露无遗，并勾勒出中国发展近代工业的巨大意义。

二、“欲富国，先富民”

早期维新派虽然与洋务派都主张振兴商务以“富国”，但二者的目的和方法迥异。洋务派的着眼点是国家之“富”，所以洋务派的民用企业一般都采用官办、官督商办的官商体制。同时，由于洋务官僚多是地方实力派，他们不是通过经济调控手段，而是通过政治权力和行政手段操纵企业，在这种情况下，局部的官僚利益取代了全局的国家利益，官商企业很大程度上成为洋务官僚个人实力的一部分，所以，在官商体制下，“官夺民利”是一种基本趋势。如李鸿章在创办上海机器织布局时即奏准朝廷明令：“十年之内只准华商附股搭办，不准另行设局。”②而早期维新派则不同，他们强调“民富”优于“国富”，主张护商富民，支持民办工商业。即所谓“欲富国，先富民。而富民之道，则不外以实业为总枢”③。

郭嵩焘早在同治二年（1863）洋务运动刚兴起之时就洞察到官商体制之弊，在官办、商办、官商合办、官督商办几种形式中更倾向于“商办”④。

① 《庸庵海外文编·用机器殖财养民说》。
② 《李文忠公全书·奏稿》卷四十三，第44页。
③ 《郑观应集》下册，上海人民出版社1982年版，第512页。
④ 《郭嵩焘日记》卷二，岳麓书社1983年版，第95页。

光绪元年（1875），他在《条议海防事宜》中更明确地主张让商人开机器局。他说：

> 嵩焘前署广东巡抚，与英领事罗伯逊等商制造轮船之方，罗伯逊言西洋机器，惟舟车外轮机器最巨，各国多者不过数具，国主不能备，则富商备之，国主兵船亦多假商人机器用焉。丁韪良亦言英人铁路通至缅甸，俄人铁路通至伊犁，皆商人为之。往闻粤商伍怡和为弥利坚开修铁路，费至巨万。其伍怡和、吴健章及籍隶宁波之胡墉、杨坊，号称巨富，皆有轮船，经营贸易遍及西洋诸国。……窃谓造船、制器当师洋人之所利以利民，其法在令沿海商人广开机器局。[①]

在对西方近代企业进行调查研究的基础上，郭嵩焘提出了"师洋人之所利以利民"的"商办"主张。他认为，让"商人为之"，可以缓解国家财力不足，达到官商两利的目的。

郭嵩焘晚年极力反对张之洞官办矿业与民争利，主张"听民为之"。他说：

> 天地自然之利，百姓皆能经营，不必官为督率。若径由官开采，则将强夺民业，烦扰百端，百姓岂能顺从，而在官者之烦费又不知所纪极，为利无几，而所损耗必愈多。若仍督民为之，则亦百姓之利而已，国家何恃以为富强之基乎？[②]

官办不仅会强夺民业，而且"在官者之烦费又不知所纪极"，再加之委员的侵蚀、中饱私囊，往往是得不偿失。更重要的是，与民争利，会使国家失去"富强之基"。郭嵩焘指出："不待取法西洋，而端本足民，则西洋与中国同也。国于天地，必有与立，亦岂有百姓困穷而国家自求富强之理？今言富强者，一视为国家本计，与百姓无与，抑不知西洋之富专在民，不在国家也。"[③]"端本足民"是天下之共理，西洋以此致富强，中国要富强自然也不能违背此理。

---

① 《郭嵩焘奏稿》，岳麓书社1983年版，第341页。

②③ 《郭嵩焘诗文集》，岳麓书社1984年版，第253、255页。

这正是郭嵩焘强调商办近代工商业的根本理论依据。

王韬也说："欲富国者，莫如足民。"[①] 认为"民富"优于"国富"，"民富"是"国富"之本。与郭嵩焘一样，王韬也主张"官办不与商办"。王韬认为，仿行西方的股份公司形式是开办近代工矿企业的最好形式，他说：

> 若开掘煤铁五金诸矿，皆许民间自立公司，而不使官吏得掣其肘，又如制造机器，兴筑铁路，建置大小轮船，其利皆公之于民，要令富民出其资，贫民殚其力，利益溥沾，贤愚同奋。[②]

将工商之利"皆公之于民"，实际上就是主张打破官办经济的垄断，藏富于民。他还进一步指出，利本属于民，"兴利"的目的就是要把属于民的潜在之利变成实在之利而还之于民："天施地生，山蕴川怀，此自然之利也；制造操作，佐以机器，此人工之利也；舟车致远，贩有易无，此商贾之利也……此非与泰西诸国争其利也，亦欲使我固有之利仍归诸于民耳。民生既足，国势自张，而后一切乃有可为。"[③]

郑观应长期任职于洋务企业中，因而对官办或"官督"企业之弊有切肤之感。他说：

> 历观商务由官专办者终鲜获利。闻近年中国商情，惟棉纱布头大占其利益。上海纺纱局获利甚厚，而湖北织布局仍虞折阅。其故何哉？窃恐各委员不免仍局官场积习，非但不知商务利弊，不通权变而已也。[④]

郑观应认为，"官场积习"是"官督商办"企业的弊中之弊。这种"官场积习"使洋务企业在经营中"非但不知商务利弊，不通权变"，而且"全以官派行之"，"位尊则权重，得以专擅其事"，致使各种腐败现象丛生。近十年来，商

---

① 《弢园文录外编》卷十二《臆谭》。

② 《弢园文录外编》卷一《重民中》。

③ 《弢园文录外编》卷七《补伍起废药痼议》。

④ 《郑观应集》上册，上海人民出版社 1982 年版，第 611 页。

民“为其所累者已不鲜矣”[1]。因此他主张：

> 故欲整顿商务，必先俯顺商情，不强其所难而就其所易，不强其所苦而从其所乐。凡通商口岸，内省腹地，其应兴铁路、轮舟、开矿、种植、纺织、制造之处，一体准民间开设，无所禁止。或集股，或自办，悉听其便。全以商贾之道行之，绝不拘以官场体统。[2]

所谓“一体准民间开设”“全以商贾之道行之”，就是鼓励商民自办企业，自主经营，自负盈亏。这是与传统的官商体制完全不同的市场经济体制。

与郑观应类似，马建忠也反对洋务派官僚对工商业的垄断。他特著《富民》一文，主张废除上海织布局“专利十年”的规定，“扩张资本，或再立新局”，兴办近代工商业。他说：“其办理之法，总以商人纠股设立公司为根本。”“民富而国自强。”[3]这说明，“听商自办”和“富国先富民”的思想已成为早期维新派的共识。

三、“习兵战不如习商战”

中国门户洞开后，外国商品大量涌入内地，使我国利源外流日甚。19世纪60年代初，一些洋务派人士对于外国列强的经济侵略已有所认识，主张举办民用企业以“稍分洋人之利”，挽回利权。曾国藩更产生了“商鞅以耕战，泰西以商战”[4]的认识，首次提出了“商战”这一概念。19世纪70年代以后，西方列强的经济侵略日益加深，早期维新派人士深刻认识到西方列强经济侵略的危害性，主张“彼既以商来，我亦当以商往”[5]，通过“商战”以收回利权。

薛福成认为，中国之所以日益“民穷财尽”，其根本原因是由于西方各国在对中国的通商中掠夺了中国的大量财富所致。他说：各国商船“于中国每岁进出口货价银在二万万两上下，约计洋商所赢之利，当不下三千万，以十年计之，则三万万，此皆中国之利，有往而无来者也。无怪近日民穷财尽，有

①②⑤《郑观应集》上册，上海人民出版社1982年版，第611、612、596页。
③《适可斋记言》卷一《富民》。
④《曾文正公全集·书札》卷十七。

岌岌不终日之势矣”。为此，他主张中国应该加强对外贸易，通过增加出口以减少逆差。他说：“为中国计者，既不能禁各国之通商，惟有自理其商务而已。”“中国多出一分之货，则外洋少获一分之利，而吾民得自食一分之利，夺外利以润吾民，无逾于此者矣。是故中国之于商政也，彼此可共获之利，则从而分之；中国所自得之利，则从而扩之；外洋所擅之利，则从而夺之。三要既得，而中国之富可期，中国富而后诸务可次第修举。如是而犹受制于邻敌者，未之有也。”①

马建忠也把中国在对外贸易中的入超导致白银的大量外流看成是中国贫穷的根本原因。他说：“中外通商而后，彼易我银之货岁益增，我易彼银之货岁益减，而各直省之购炮械、购船只又有加无已。于是进口货之银浮于出口货之银，岁不下三千万。积三十年，输彼之银奚啻亿万！宝藏未开，矿山久闭，如是银曷不罄、民曷不贫哉！”因此他主张发展近代工商业，扩大对外贸易。他说：“欲中国之富，莫若使出口货多，进口货少。出口货多，则已散之财可复聚；进口货少，则未散之财不复散。”“中国多出一分之货，外洋即少一分之利，而中国工商转多得一分之生计。”②为了加强同外国商品的竞争力，马建忠还极力反对不平等条约中规定的“协定关税”，要求收回关税自主权，实行保护贸易政策，“重征进口货而轻征出口货”，他说：“不出十年，中国税则不亚于欧洲各国，商民可富，饷源可充，中国转亏为盈，转弱为强之基，实在于此。”③

正是在吸收薛福成、马建忠等人思想的基础上，郑观应提出了系统的“商战”思想。他说：

> 彼之谋我，噬膏血匪噬皮毛，攻资财不攻兵阵，方且以聘盟为阴谋，借和约为兵刃。迨至精华销竭，已成枯腊，则举之如发蒙耳。故兵之并吞祸之易觉，商之掊克敝国无形。我之商务一日不兴，则彼之贪谋亦一日不辍。纵令猛将如云，舟师林立，而彼族谈笑而来，鼓舞而去，称心

① 《筹洋刍议·商政》。
② 《适可斋记言》卷一《富民说》。
③ 《适可斋记言》卷四《复李伯相札议中外官交涉仪式洋货入内地免厘禀》。

餍欲，孰得而谁何之哉？吾故得以一言断之曰："习兵战不如习商战。"[①]

首先，郑观应认为，"泰西各国以商富国，以兵卫商，不独以兵为战，且以商为战"，军事侵略与经济侵略是同时并用的两手，其最终目的是把中国变成他们的"取材之地，谋利之场"[②]。"我之商务一日不兴，则彼之贪谋亦一日不辍"。因此，中国应该"以商为战"。其次，郑观应认为，"商战"与"兵战"相比，"商战"为先、为目的，"兵之并吞祸之易觉，商之掊克敝国无形"，"兵战之时短其祸显，商战之时长其祸大"[③]。因此"商战重于兵战"。其三，郑观应认为，"富源于商"，只有实行"商战"以振兴商业才能富国。"国既富矣，兵奚不强，窃恐既富且强，我纵欲邀彼一战，而彼族且怡色下气，讲信修睦，绝不敢轻发难端矣。此之谓决胜于商战"[④]。所以"习兵战不如习商战"。

正是从"商战重于兵战"这一立场出发，郑观应批评一些洋务派人士只知"兵战"而不知"商战"的做法，认为他们是"舍本图末"，"遗其精义而袭其皮毛"[⑤]。郑观应提出，要强国不仅要"练兵将、制船炮，备有形之战以治其标"，更重要的是要"讲求泰西士、农、工商之学，裕无形之战以固其本"[⑥]。

那么，如何进行"商战"呢？郑观应认为："欲知商战，则商务得失不可不通盘筹画，而确知其消长盈虚也。"[⑦]首先，革除"困商之政"，实行"保商之法"，像"西人"那样"士农工为商助也，公使为商遣也，领事为商设也，兵船为商置也"[⑧]。其次，设立"商部"，"以熟悉商务曾环游地球兼通中西语言文字之大臣总司其事"，各省设立商务总局和商务公所，皆由公举的商人代表主持，"一切商情准其面商当道，随时保护"[⑨]。其三，"先讲种植、制造，次讲贩运、销售。……必使中国所需于外洋者，皆能自制；外国需于中国者，皆可运售。"[⑩]其四，"重订税则，厘定捐章，务将进口之税大增，出口之税大减"[⑪]。其五，"兼设商学，分门别类，以教殷商子弟：破其愚，开其智；罚其伪，赏其信；劝其创，戒其因；务其大，箴其小，使豁然于操奇逐赢之故"[⑫]。由此观之，郑观应"通盘筹画"的"商战"措施涉及政治、经济、军事、文化诸多方面的变革。

---

①②③④⑤⑥⑦⑧⑨⑩⑪⑫ 《郑观应集》上册，上海人民出版社 1982 年版，第 586、595—615、595、591、595、595、586、596、605—606、616、616、616—617 页。

第三节 “举维新之政，则必自恢复民权始”

与经济上主张“重商”相联系，在政治改革上，早期维新派主张“重民”。他们继承古代民本思想的精华，并把它与西方近代的民主理念融合起来，形成了初步的近代民权思想。

一、“天下之治，以民为先”

早期维新派一方面继承古代“民为邦本”“民贵君轻”等民本思想，批判秦汉以来的君主专制制度，另一方面吸纳西方近代民主思想，来重铸民本思想，以鼓吹民权。如郭嵩焘说：

> 孟子言政曰：“民为贵，社稷次之，君为轻。”天生民而立之君，所以为民也。三代圣人所汲汲者，安民以安天下而已。自战国游士创为尊君卑臣之说，而君之势日尊。至秦乃竭天下之力以奉一人而不足，又为之刑赏劝惩以整齐天下之人心。历千余年而人心所同拱戴者，一君而已。①

即以民本论批判君主专制制度，将矛头直指君主专制制度的理论基础“尊君卑臣”说，强调立君为民。

在早期维新派中，郭嵩焘较早认识到西洋立国“以政教为本”，他通过对西方近代政治制度的实地考察和中西比较研究，认识到西方近代政治制度比中国君主专制制度优越。他说：

> 圣人以其一身为天下任劳，而西洋以公之臣庶。一身之盛德不能常也，文、武、成、康四圣，相承不及百年，而臣庶之推衍无穷，愈久而人文愈盛。颇疑三代圣人之公天下，于此犹有歉者。秦汉之世，竭天下以奉一人……而三代所以治天下之道于是乎穷。圣人之治民以德。德有盛衰，天下随之以治乱。德者，专于己者也，故其责天下常宽，西洋治

① 《郭嵩焘日记》卷四，岳麓书社1983年版，第69页。

民以法。法者，人已兼治者也，故推其法以绳之诸国，其责望常迫。其法日修，即中国受患亦日棘，殆将有穷于自立之势矣。[①]

郭嵩焘认为，中国集大权于皇帝一身，不能保持长久的稳定和繁荣；而西方把权力公之臣庶，愈久而人文愈盛。中国尚德治，西方尚法治。“德有盛衰，天下随之以治乱。”因此，与西方“公之臣庶”的政治相比，三代圣人的“公天下”“犹有歉者”，更何况自秦汉以后的“竭天下以奉一人”的君主专制制度早已将“三代所以治天下之道”丢光了。郭嵩焘此论，把握了西方民主政治的精髓，击中了东方专制制度的要害。

正是基于这样的认识，郭嵩焘高度称赞英国的政治制度。他说：

推原其立国本末，所以持久而国势益张者，则在巴力门议政院有维持国是之义；设买阿尔治民，有顺从民愿之情。二者相持，是以君与民交相维系，迭盛迭衰，而立国千年终以不敝，人才学问相承以起，而皆有以自效，此其立国之本也。……中国秦汉以来二千余年适得其反。[②]

在郭嵩焘看来，这种“君与民交相维系”的政治制度才是西方“立国千年终以不敝”的“立国之本”。而“中国秦汉以来二千余年适得其反”，既不限制君权，又且拂逆民意，国家是以衰弱。因此郭嵩焘提出了“循习西洋政教”的主张，他说：西洋“各国士民皆得与议其得失，此风最为可尚”[③]。

王韬也主张以民为本，他说：“天下之治，以民为先。所谓民惟邦本，本固邦宁也。”[④]他将中西政体进行对比，指出：

试观泰西各国，凡其骎骎日盛财用充足兵力雄强者，类皆君民一心，无论政治大小悉经议院妥酌然后举行，故内则无苛虐残酷之为，外则有捍卫保持之谊，常则尽懋迁经营之力，变则竭急公赴义之忱。……中国则不然，民之所欲上未必知之而与之也，民之所恶、上未必察之而勿施

①②③ 《郭嵩焘日记》卷三，岳麓书社1983年版，第548、373、680页。
④ 《弢园文录外编》卷一《重民上》。

之也。[①]

王韬认为，西方国小民寡而强盛，中国却是地广人众而衰弱，原因就在于中国尊君卑臣，尊君卑臣则民情隔阂，“民之视君如仰天，然九阍之远，谁得而叩之？”与此相反，“泰西各国，以英为巨擘，而英国政治之美实为泰西各国所闻风向慕，则以君民上下互相联系之效也”[②]。因此，王韬主张以“重民”政治代替以往的“轻民”政治，求民之隐，达民之情，使“君民之分亲”。他说：

《书》有之曰：“民惟邦本，本固邦宁。”苟得君主于上，而民主于下，则上下之交固，君民之分亲矣，内可以无乱，外可以无侮，而国本有若苞桑磐石焉。由此而扩充之，富强之效亦无不基于此矣。[③]

郑观应则将中国古代的民本思想与西方近代的“天赋人权”思想相结合，提出“天赋民权”说。他说：

民爱[受]生于天，天赋之以能力，使之博硕丰大，以遂厥生，于是有民权焉。民权者，君不能夺之臣，父不能夺之子，兄不能夺之弟，夫不能夺之妇，是犹水之于鱼，养气之于鸟兽，土壤之于草木。故其在一人，保斯权而不失，是为全天。其在国家，重斯权而不侵，是为顺天。勿能保于天则为弃，疾视而侵之于天则为背，全顺者受其福，而背弃者集其殃。何者？民与权俱起，其源在乎政府以前。[④]

首先，郑观应认为，民权是天赋的，生而有之，保民权、顺民权即为全天、顺天，反之，失民权、侵民权则为弃天、背天，“全顺者受其福，而背弃者集其殃”；其次，郑观应认为，民权先于君权和官权，君相之权是由民授予的，“固

① 《弢园文录外编》卷三《达民情》。

②③ 《弢园文录外编》卷一《重民下》。

④ 《郑观应集》上册，上海人民出版社 1982 年版，第 334 页。

假之于民，非自其权也”。所以“吏于上者民之设，而非以役民而已”。①

郑观应还进一步指出，“中国古圣贤创业垂训，具合于泰西民权之宗旨”。他说：“尧、舜官天下，求贤禅让，何与美利坚合众国公举总统之制类也；汤、武顺天应人以伐独夫，代膺大位，何与欧洲列国之民迫其政府更革政治类也。”孔子主张“百姓足，君谁与不足”，孟子以“君为轻，民为重”发明民权，也都是显著的例子。但可惜的是，后世昧于圣哲本旨，未能扩充阐明民权以成太平，以至于“大道晦冥，冠履倒置”。“自秦、汉以降，沦胥至今，风气之不开，纲纪之不肃，国本之不固，宫闱之不清，民力之不厚，士气之不振，是由上有背天之政府而无顺天之君下，有弃天之人而无敬天之民”。因此，郑观应主张：“今欲举秦、汉以来积弊，摧陷而廓清之，以举维新之政，则必自恢复民权始。”②

值得注意的是，早期维新派在倡导民权思想时，既反对君主专制，也反对民主共和，而对君民共主的君主立宪政体情有独钟。他们认为君主专制政体与民主共和政体各有所偏，惟有君民共主的君主立宪政体最为理想。如王韬说：“君为主，则必尧、舜之君在上，而后可久安长治；民为主，则法制多纷更，心志难专一，究其极，不无流弊。惟君民共治，上下相通，民隐得以上达，君惠亦得以下逮，都俞吁咈，犹有中国三代以上之遗意焉。”③郑观应说：“盖五大洲有君主之国，有民主之国，有君主共主之国。君主者权偏于上，民主者权偏于下，君民共主者权得其平。”④薛福成说：“夫君民共主，无君主、民主偏重之弊，最为斟酌得中。”⑤何启、胡礼垣阐发得更为明白：“民权者，其国之君仍世袭其位；民主者，其国之君由民选立，以几年为期。吾言民权者，谓欲使中国之君世代相承，践天位于勿替，非民主国之谓也。”⑥这种对“民权”与“民主”的区分，说明早期维新派未能挣脱古代民本思想的束缚，对近代民权思想和君主立宪制度的认识也还比较肤浅。

①② 《郑观应集》上册，上海人民出版社 1982 年版，第 334、334—335 页。

③ 《弢园文录外编》卷一《重民下》。

④ 《郑观应集》下册，上海人民出版社 1982 年版，第 310 页。

⑤ 《出使日记续刻》，光绪十八年四月己丑朔记。

⑥ 《新政真诠·〈劝学篇〉书后》。

二、“民权之复，首在设议院，立议员”

晚清第一个向清廷明确提出开设议院的人是崔国因，1883年崔国因上折提出储才、兴利、练兵等十项自强之道，其中第九项就是“设议院”，认为设议院“为自强之关键”[①]。此后，主张设议院的呼声就不绝如缕。

早期维新派把设议院作为通民情、去隔阂、兴民权的最佳措施。薛福成说：“议院者，所以通君民之情也。凡议政事，以协民心为本，大约下议院之权，与上议院相维制，上下议院之权，与君权、相权相维制。”[②]李凤苞更把“设上下议院”以“通民气”列为西国制治之要五大端之首，他说：“民居甚散，分位悬殊，通之匪易，乃由乡举里选，以设上下议院，遇事倡言无忌，凡纤细不利于民者，必本至诚以设法妥帖之。”[③]陈炽则强调，泰西议院之法，“合君民为一体，通上下为一心”，使“民气日舒，君威亦日振”[④]。郑观应明确提出：“欲张国势，莫要于得民心；欲得民心，莫要于通下情；欲通下情，莫要于设议院。”[⑤]而何启更响亮地主张：“夫民权之复，首在设议院，立议员。”[⑥]

当时有些人借口“议政院宜西不宜中”，坚决反对在中国设议院。其理由是：中国的民风土俗与西方不一样，“泰西之民顾大局明大势者居多，中国之民往往爱己不爱人，顾家不顾国，行之既久，必有借公议钳制官府、把持公事者”[⑦]。针对此一论调，郑观应援引许象生的《议院论》进行了有力驳斥：“泰西之设议院，亦合众小私以成一大公也。如一事也，而民欲之，必其利己者，私也。然一人之欲之则为私，人人欲之则为公矣。一政也，而民恶之，必其害己者，私也，然一人恶之则为私，人人恶之则为公矣。即有时众议员意见不合，各执一是，亦可互相辩驳，使曲不胜直，非不敌是，复何虑其有弊乎？中国诚能行之，将见君民联为一气，家国合为一体，古所云‘民为邦本，本固邦

① 《皋实子存稿·奏为国体不立后患主深请鉴前车速筹布置恭折》。
② 《薛福成选集》，上海人民出版社1987年版，第603页。
③ 李凤苞：《巴黎答友人书》，《皇朝经世文续编》卷一〇三。
④ 《陈炽集》，中华书局1997年版，第107页。
⑤⑦ 《郑观应集》上册，上海人民出版社1982年版，第314、326—327页。
⑥ 《新政真诠·〈劝学篇〉书后》。

帘'，又所云'众志成城'者，不难再见于今也。[①] 因此他认为所谓"议政院宜西不宜中"的说法完全是"不识大局，不深知中外利病者之言"。郑观应还通过"阅万国史鉴，考究各国得失盛衰，而深思其故"，指出："试观英国弹丸之地，主女当国，用人行政皆恃上、下议员经理，比年得人土地已二十倍其本国，议院之明效大验有如此者。……今日本行之亦勃然兴起，步趋西国，陵侮中朝，而犹谓议院不可行哉？而犹谓中国尚不可亟行哉？噫！傎矣！"[②] 所谓"傎"者，颠倒错乱之意也。

19 世纪 90 年代前后，早期维新派不仅论证了设立议院的合理性和急迫性，而且还提出了在中国设立议院的具体方案。何启、胡礼垣主张从有功名的士大夫中选举议员，省、府、县三级议会各设议员 60 人，分别从进士、举人、秀才中选择。"议员者，将出其所学，而施之于政，以济民之困，而养民之和。地方之利弊，民情之好恶，皆借议员达于官。兴革之事，官有所欲为，则谋之于议员，议员有所欲为，亦谋之于官，皆以叙议之法为之，官与议员意合，然后定其从违。从违既定，乃由县详府；府议员意合，则由府详省；省议员意合，则详于君；君意合，则书名颁行；意不合，则令其再议。若事有不能衷于一是者，则视议员中可之者否之者之人数多寡，而以人多者为是，所谓从众也。"[③] 陈炽主张每乡选举乡官二名，其年必足 30 岁，其产必是一千金，"择保人多者用之"，以乡官充任下院议员，任期二年，上院则由阁部会议成员充任[④]。陈虬主张由各省"札饬州县，一例创设议院，可即就所有书院或寺观归并改设，大榜其坐，国家地方遇有兴革事宜，任官依事出题，限五日议缴，但陈利害，不取文理，择优议行"[⑤]。汤震主张"自王公至衙门堂官翰林院四品以上者，均隶上议院，而以军机处主之"，"四品以下者，均隶下议院而以都察院主之"，国家遇有大兴革，上下议院论其得失，"由宰相核其同异之多寡，上之天子，请为所议行"[⑥]。虽然他们所设计的议院并非是三权分立中的立法机构，而仅仅是皇帝或官员的咨询机构，但其中毕竟包含有相当的"民主"成分，并提出了变革中国传统君主专制制度的任务，为随后蔚然兴起的维新思潮

①② 《郑观应集》上册，上海人民出版社 1982 年版，第 327、314—315 页。

③ 《新政真诠·新政论议》。

④ 《陈炽集》，中华书局 1997 年版，第 17—18、108 页。

⑤⑥ 《戊戌变法》(一)，上海人民出版社 1957 年版，第 228、177 页。

和变法运动开了先河。

早期维新派的经世思想无论是在治体上还是在治法上，都逸出古典学术的轨范，已非传统的经世实学所能涵盖。但由于他们经学的根柢不深，真正称得上“通经致用”的人寥寥无几，因而最终未能完全冲破经学的束缚，完成从经世实学向近代新学的转换。他们一方面主张“至今日而言治，非一变不为功”，另一方面又反复宣讲“尧、舜、禹、汤、文、武、周、孔之道，为万世不易之大经”，“法可变而道不可变”[①]；一方面主张兴民权、设议院，另一方面又抑民主、尊君权。这表明早期维新派已经走到他们所不能逾越的地方，继续向前迈进的，是以康有为、梁启超、严复为代表的新一代知识分子。

① 《郑观应集》上册，上海人民出版社1982年版，第244页。

第十章　晚清经世实学的终结

甲午战争的惨败，宣告洋务派三十年自强运动的破产，唤醒“吾国四千余年大梦”[①]。在以康有为、梁启超为代表的维新派的推动下，一场声势浩大的维新变法运动迅速在全国兴起。与这场政治运动相适应，一场为维新变法寻求学理根据和指导思想的新型文化运动，也以狂飙之势席卷中华大地。经世主义精神在这场疾风暴雨的政治运动和文化运动中得到充分体现，而也正是这场疾风暴雨的政治运动和文化运动终结了晚清经世实学。

第一节　康梁“新学”与经世实学蜕变

康有为（1858—1927），原名祖诒，字广厦，号长素，广东南海人。梁启超（1873—1929），字卓如，号任公，广东新会人，康门弟子。作为维新运动的领袖和旗手，康有为、梁启超不仅发动和领导了戊戌变法运动，而且创制出一套“新学”体系，来阐明和论证变成法、行“新政”的必要。

一、“不中不西即中即西”之新学派

康有为出生于一个“世以理学传家”的“名门望族”[②]，幼年受到严格的正统教育。据他的《自编年谱》，5 岁时，“能诵唐诗数百首”；6 岁，读《大学》《中庸》《论语》和《孝经》；11 岁，攻读经史，“始览《纲鉴》而知古今，攻读《大清会典》《东华录》而知掌故”[③]。总之，18 岁以前的康有为与当时

---

① 梁启超：《戊戌政变记》，上海古籍出版社 2014 年版，第 1 页。

② 梁启超：《康南海先生传》，《饮冰室合集·文集》之六。

③ 《康南海自编年谱》，《戊戌变法》（四），上海人民出版社 1957 年版，第 110 页。

一般士子无异。光绪二年（1876），19岁的康有为师从粤中大儒朱次琦，“得闻中国数千年学术之源流，治教之政变，九流之得失，古人群书之指归，经说之折衷”①。朱次琦“持汉学之平，而要归于讲求实用”②的通经致用思想，对康有为影响至深，他“捧手受教，乃如旅人之得宿，盲者之睹明。乃洗心绝欲，一意归依，以圣贤为必可期，以群书为三十岁前必可尽读，以一身为必能有立，以天下为必有可为”③。

但是，目睹国家贫弱，民生困苦，时局艰危，康有为在传统经典中却找不到挽救的途径，因而陷入了极度的苦闷和徘徊：

> （光绪四年）秋冬时，四库要书大义，略知其概，以日埋故纸堆中，汩其灵明，渐厌之。日有新思，思考据家著书满家，如戴东原，究复何用？因弃之而私心好求安心立命之所。忽绝学捐书，闭户谢友朋，静坐养心。同学大怪之。……静坐时忽见天地万物皆我一体，大放光明，自以为圣人则欣喜而笑，忽思苍生困苦，则闷然而哭，……同门见歌哭无常，以为狂而有心疾矣。……此楞严所谓飞魔入心，求道迫切，未有归依之时，多如此。④

这些描述生动地反映了一个有志于改革社会的青年学子在“经世致用”思想的启迪下，对传统经典发生怀疑，并为摆脱这种根深蒂固的束缚进行痛苦挣扎的真实情景。此后，康有为“退而独居西樵山者两年，专为深沉之思，穷极天人之故，欲自创一学派，而归于经世之用”⑤：

> 于是舍弃考据帖括之学，专意养心，既念民生艰难，天与我聪明才力拯救之，乃哀物悼世，以经营天下为志，则时时取《周礼》《王制》《太平经国书》《文献通考》《经世文编》《天下郡国利病全书》《读史方舆纪要》纬划之，俛读仰思，笔记皆经世纬宙之言。既而得《西国近事汇编》

① 陆乃翔、陆敦敏：《新镌康南海先生传》上编，1929万木草堂刊本，第3页。
② 《南海县志》卷十四《列传》。
③④ 《康南海自编年谱》，《戊戌变法》（四），上海人民出版社1957年版，第112、114页。
⑤ 梁启超：《清代学术概论》，东方出版社1996年版，第72—73页。

> 《环游地球新录》及西书数种览之，薄游香港览西人宫室之瑰丽，道路之整洁，巡捕之严密，乃始西人治国有法度，不得以古之夷狄视之。乃复阅《海国图志》《瀛环志略》等书，购地球图，渐收西学之书，为讲西学之基矣。①

传统经世实学和近代西学，是康有为创立新学派的知识来源。尤其是与西学的接触，给康有为开启了一扇新的知识之窗。1882 年，他首次赴北京应试，南归时“道经上海之繁盛，益知西人治术之有本。舟车行路，大购西书以讲求焉。十一月还家，自是大讲西学，始尽释故见”。次年，又“购《万国公报》，大攻西学书，声、光、化、电、重学及各国史志、诸人游记皆涉焉。……专精问学，新识深思，妙悟精理，日新大进”②。虽然“彼时所译者，皆初级普通学及工艺、兵法、医学之书，否则耶稣经典论疏耳，于政治哲学，毫无所及。而先生以其天禀学识，别有会悟，能举一反三，因小知大，自是于其学力中，别开一境界”③。

通过艰苦的上下求索，康有为初步形成自己的思想体系。1884 年至 1887 年间，康有为先后撰写《诸天讲》《人类公理》《康子内外篇》等著作，在这些著作中，他“合经子之奥言，探儒佛之微旨，参中西之新理，穷天人之颐变，搜合诸教，披析大地，剖析今故，穷察后来。自生物之源，人群之合，诸天之界，众星之故，……以是为道术，以是为行己”④。从生物学说和地质变迁学说等西洋皮相之学中“举一反三”“因小知大”，悟出自然和人类的进化之理，并糅合公羊学说，“以进化之理释经世之志”，形成较为系统的维新变法思想。康有为曾说：“吾学三十岁已成，此后不复有进，亦不必有进。”⑤此说虽不免有所夸大，但的确反映出康有为的思想和学术在 30 岁时已开始趋向成熟。

1888 年，31 岁的康有为第二次赴京应试，他“以布衣伏阙上书，极陈外国相逼，中国危险之状；并发俄人蚕食东方之阴谋，称道日本变法致强之故事，请厘革积弊，修明内政，取法泰西，实行改革。当时举京师之人，咸以康

①②④⑤ 《康南海自编年谱》，《戊戌变法》（四），上海人民出版社 1957 年版，第 116、116、117、118 页。

③ 梁启超：《康南海先生传》。

为病狂，大臣阻格，不为代达”[①]。虽然此次上书未能“上达天听”，但却在当时知识阶层产生不小影响，康有为从此走上维新运动的政治舞台。

“治安一策知难上，只是江湖心未灰。”第一次上书的失败使康有为深感顽固守旧势力无论是在政治上、还是在学术上，都占着统治地位，认识到只有进一步深化、完善自己的变法理论，并以此造就一大批有志于为改革献身的“新国之才”，方足以言救国。于是，一方面“复事经说，发古文经之伪，明今学之正”[②]；一方面在广州创办长兴学舍和万木草堂，“制造新国之才”[③]。

康有为以今文经学的形式来阐释变法理论，深受廖平经学思想的启示。廖平（1852—1932），原名登廷，字旭陔，1879年改名平，字季平，四川井研人。廖平一生致力于经学研究，为晚清今文经学大师。1886年，廖平著《今古学考》，在该书中廖平“平分今古”，认为今文经学与古文经学的根本区别在于礼制的不同，今文经学礼制祖《王制》，古文经学礼制祖《周礼》。这个观点的提出，解决了经学史上两千年来的今古之争，从而奠定了廖平在经学史上的地位。1888年，廖平著成《知圣篇》和《辟刘篇》，推崇今文经学为孔圣之真，古文经学乃刘歆作伪，强调孔子“微言”的真谛是“改制”。康有为吸取廖平及嘉道以来今文学的成果，“而推阐之”，倾力撰写《新学伪经考》《孔子改制考》和《大同书》三部巨著，建构自己的变法理论体系。对于廖平学术与康有为思想之间的继承与发展关系，梁启超曾有阐释：

> 康先生之治《公羊》治今文也，其渊源颇出自井研，不可诬也。然所治同，而所以治之者不同，畴昔治《公羊》者皆言例，南海则言义。惟牵于例，故还珠而买椟；惟究于义，故藏往以知来。以改制言《春秋》，以三世言《春秋》者，自南海始也。改制之义立，则以为《春秋》者，绌君威而申人权，夷贵族而尚平等，去内竞而归统一，革习惯而尊法治，此南海之言也。畴昔吾国学子，对于法制之观念，有补苴而无更革，其对于政府之观念，有服从有劝谏而无反抗，虽由霸者之积威，抑亦误学孔子，谓教义固如是也。南海则对于此种观念，施根本的疗治也。夫三

① 梁启超：《戊戌政变记》，上海古籍出版社2014年版，第1页。
② 《康南海自编年谱》，《戊戌变法》（四），上海人民出版社1957年版，第121页。
③ 陆乃翔、陆敦敏：《新镌康南海先生传》上编，1929年万木草堂刊本。

世之义立，则以进化之理释经世之志，遍读群书则无所于阂，而导人以向后之希望、现在之义务。夫三世之义，自何邵公以来，久暗曶焉，南海之倡此，在达尔文主义未输入中国以前，不可谓非一大发明也。①

廖平属于“牵于例”的经生派，而康有为则是“究于义”的维新派，他将西学新知与今文经学杂糅在一起，形成“不中不西即中即西”之新学派。

康有为在长兴学舍和万木草堂的讲学也以新颖的思想和活泼的学风吸引了陈千秋、梁启超等一大批热血青年。万木草堂学生张伯桢回忆说：“先生之讲学也，亦以穷理创义为要旨，广罗英才而教育之，求广大之思想，脱前人之窠臼，辟独得之新理，寻一贯之真谛。各省学子，千里负笈，闻风相从，前后达三千人。”② 这一新的学术团体的崛起，在社会上引起巨大反响。同学们“每出则举所闻以语亲戚朋旧，强聒而不舍，流俗骇怪指目之，谥曰康党”③。从康有为学习的才俊之士，如梁启超、欧榘甲、韩文举、徐勤、麦孟华、龙泽厚、叶觉迈等，都成长为后来维新运动的健将。尤其是梁启超，不仅协助康有为编纂《新学伪经考》和《孔子改制考》，而且在以后的维新运动中成为康有为的得力助手，与康有为齐名，世称“康梁”。参加过维新运动的张元济曾高度评价康有为在万木草堂的讲学：“南洲讲学新开派，万木森森一草堂，谁识书生能报国，晚清人物数康梁。”④ 这说明万木草堂不仅是一个学术团体，而且也是一个变法维新的政治团体。

二、思想界的“飓风”与“地震”

康有为的三部代表作除《大同书》“秘不示人”外，《新学伪经考》和《孔子改制考》先后刊行，在当时的思想界和学术界产生巨大影响。

《新学伪经考》刊行于1891年，梁启超对其思想内容作了极简明的概括：

“伪经”者，谓《周礼》《逸礼》《左传》及《诗》之毛传，凡西汉末

① 梁启超：《论中国学术思想变迁之大势》，《饮冰室文集》之七。

② 张伯桢：《万木草堂始末记》。

③ 梁启超：《南海先生七十寿言》，《饮冰室合集·文集》之四十四（上）。

④ 马洪林：《康有为大传》，辽宁人民出版社1988年版，第125页。

刘歆所力争立博士者。"新学"者，谓新莽之学。时清儒诵法许、郑者，自号曰"汉学"。有为以为此新代之学，非汉代之学，故更其名焉。《新学伪经考》之要点：一、西汉经学，并无所谓古文者，凡古文皆刘歆伪作。二、秦焚书，并未厄及六经，汉十四博士所传，皆孔门足本，并无残缺。三、孔子时所用字，即秦汉间篆书，即以"文"论，亦绝无今古之目。四、刘歆欲弥逢其作伪之迹，故校中秘书时，于一切古书多所羼乱。五、刘歆所以作伪经之故，因欲佐莽篡汉，先谋湮乱孔子之微言大义。①

康有为通过反复考证，力辩清朝尊信的儒家经典，大部分不是孔子的本经，而是刘歆编造的"伪经"；清儒服膺的汉学，也不是孔子的真传，而是刘歆替新莽统治辩护的"新学"。这就从理论上动摇了古文经学"述而不作"的传统理念，打击了顽固派"恪守祖训"的古旧礼制，冲荡阻碍变法维新的保守思想，引导人们由疑古而寻求新知识，接受新观念，因而具有破除迷信、解放思想的意义。诚如梁启超所说：

夫辨十数篇之伪书，则何关轻重？殊不知此伪书者，千百年来，举国学子人人习之，七八岁便都上口，心目中恒视为神圣不可侵犯；历代帝王，经筵日讲，临轩发策，咸所依据尊尚。毅然悍然辞而辟之，非天下之大勇，固不能矣。自汉武帝表章六艺、罢黜百家以来，国人对于六经，只许征引，只许解释，不许批评研究。韩愈所谓"曾经圣人手，议论安敢到？"若对于经文一字一句稍涉疑议，便自觉陷于"非圣非法"，蹙然不自安于其良心，非特畏法网、惮清议而已。凡事物之含有宗教性者，例不许作为学问上研究之问题。一作为问题，其神圣之地位固已动摇矣！今不唯成为问题而已，而研究之结果，乃畴昔所共奉为神圣者，其中一部分实粪土也，则人心之受刺激起惊愕而生变化，宜何如者？盖自兹以往，而一切经文，皆可成为研究之问题矣。再进一步，而一切经义，皆可以成为研究之问题矣。以旧学家眼光观之，直可指为人心世道之忧。②

①② 梁启超：《清代学术概论》，东方出版社1996年版，第70、14页。

因此，梁启超将《新学伪经考》喻为思想界的“一大飓风”，他说：“此说一出，而所生影响有二：第一，清学正统派之立脚点，根本动摇。第二，一切古书，皆须从新检查估价，此实思想界之一大飓风也。”①

《孔子改制考》始撰于1892年，1898年由上海大同书局刊出。康有为在书中运用公羊家的义法把历来被儒家当作“述而不作”的“先师”孔子，改造成为“托古改制”的“素王”。他宣称，六经都是孔子为治“乱世”而制作，六经中尧、舜、文王，都是“孔子民主君主之所寄托”。“《春秋》始于文王，终于尧舜，盖拨乱之治为文王，太平之治为尧舜，孔子之圣意，改制之大义，《公羊》所传微言之第一义也。”② 从而巧妙地将进化论、民权、立宪、议院、民主等西学新知通过“微言大义”注入“公羊三世说”，使“由据乱而升平而太平”的公羊三世说一变而为“由君主而君民共主而民主，由专制而立宪而共和”的进化之理，并以“托古改制”的形式，第一次将变法维新的主张升华到历史哲学的高度。所以梁启超说：

> 近人祖述何休以治公羊者，若刘逢禄、龚自珍、陈立辈，皆言改制，而有为之说，实与彼异。有为所谓改制者，则一种政治革命社会改造的意味也，故喜言“通三统”。“三统”者，谓夏、商、周三代不同，当随时因革也；喜言“张三世”，“三世”者谓据乱世、升平世、太平世，愈改而愈进也。有为政治上变法维新之主张，实本于此。③

虽然早在明清之际，徐光启等已有中西文化必将会通的预测，鸦片战争后，魏源、王韬等人也有过“天地气运自西北而东南，将中外一家”④，天下之道“其终也由异而同”，“必有人焉融会贯通而使之用”⑤ 的良好愿望，但直到康有为，一种融会中西的“新学”才以较为完备的形态问世。

《孔子改制考》将孔子改铸为维新变法的祖师，使维新变法的学理，可以借助公羊学的“微言大义”和孔子的权威合理合法地宣传和实施。这对当时思

①③ 梁启超：《清代学术概论》，东方出版社1996年版，第70、71页。

② 康有为：《孔子改制考》，中华书局1988年版，第285页。

④ 魏源：《海国图志后序》。

⑤ 王韬：《弢园文录外编》卷一《原道》。

想界的冲击与震动，比《新学伪经考》更为巨大。梁启超把它比作“火山大喷火”“大地震”，他概括说：

> 一、教人读古书，不当求诸章句训诂名物制度之末，当求其义理。所谓义理者，又非言心言性，乃在古人创法立制之精意。于是汉学、宋学，皆所吐弃，为学界别辟一新殖民地。
>
> 二、语孔子之所以为大，在于建设新学派（创教），鼓舞人创作精神。
>
> 三、《伪经考》既以诸经中一大部分为刘歆所伪托，《改制考》复以真经之全部分为孔子托古之作，数千年来共认为神圣不可侵犯之经典，根本发生疑问，引起学者怀疑批评的态度。
>
> 四、虽极力推挹孔子，然既谓孔子创学派与诸子之创学派，同一动机，同一手段，则已夷孔子于诸子之列。所谓“别黑白定一尊”之观念，全然解放，导人以比较的研究。①

《新学伪经考》和《孔子改制考》从文化根基上破除了旧制度的权威，确立了变法改制的新权威，这一破一立，完成了今文经学向近代意识形态的转化。

守旧派的中坚人士也十分敏感地认识到康梁“新学”带给他们的致命危害。《翼教丛编》的编者苏舆列数康梁“新学”的“罪状”，他说：“邪说横溢，人心浮动，其祸实肇始于南海康有为。康为人不足道，其学则足以惑世。招纳门徒，潜相煽诱。……其言以康之《新学伪经考》《孔子改制改》为主，而平等、民权、孔子纪年诸谬说辅之。伪六籍，灭圣经也；托改制，乱成宪也；倡平等，堕纲常也；伸民权，无君上也；孔子纪年，欲使人不知本朝也。”②这五条“罪状”从另一个侧面说明，康梁“新学”代表的已是一种全新的文化观念。

三、“清学以提倡一‘实’字而盛，以不能贯彻一‘实’字而衰”

康有为治经，目的在经世，如梁启超所说，康有为是“借经术以文饰其政论”：

---

① 梁启超：《清代学术概论》，东方出版社 1996 年版，第 72 页。

② 苏舆：《翼教丛编序》，《翼教丛编》卷首。

南海以其所怀抱，思以易天下，而知国人之思想束缚既久，不可以猝易，则以其所尊信之人为鹄，就其所能解者而导之，此南海说经之微意也。[①]

康有为在经世致用宗旨的驱动下，苦心孤诣，欲以《新学伪经考》与《孔子改制考》托出石破天惊之论，为自己维新变法的荆棘之途开出一条道路来。但学术与政治毕竟属于两个不同的范畴，作为一种政治策略，托古改制自有可取之处，可作为一种学术思路，托古改制则遗害无穷。《新学伪经考》和《孔子改制考》固然轰动一时，成为"思想界一大飓风"，学术上则从一开始就备受攻击，其中的一个重要原因，是因为"两考"在学术上出现了一系列的失范现象。

首先，康有为虽然高擎公羊今文学大旗，却不守今文学之家法。今文经学的治学方法"偏重于'微言大义'"[②]，以经术为治术。虽然康有为一再斥考据为无用之学，然而在"两考"中，乾嘉汉学的考据方法却俯拾皆是。这种杂糅古今的做法，在壁垒森严、门户水火的今古文之争中自然招来非议。章太炎即批评康有为是"立说不纯"，自乱家法，并因此告诫弟子"以经治经，则宜守家法，不可自乱途辙"[③]。而守旧派则指责康有为"杂乱抄撮"[④]。钱穆曾指出康有为著述中这一逻辑上的矛盾：康有为的历史功绩在于"力反乾嘉以来考据之学，而别求辟一新径"；可不巧的是，"其书亦似从乾嘉考据而来，而已入考据绝境，与长兴宗旨并不合，而长素不自知"[⑤]。

其次，今文经学本就多"非常异议可怪之论"，而康有为"以好博好异之故，往往不惜抹杀证据或曲解证据，以犯科学家之大忌"[⑥]。康有为在"两考"中的诸主题许多是凭胸臆为断的虚构，为了使这些虚构得以成立，康有为不惜曲解一系列史实，致使《新学伪经考》与《孔子改制考》在学术上出现了种种不可思议的问题。如康有为不顾刘歆主持校订宫廷藏书之职为时仅数月，指控刘歆在此短短数月期间不但从伪作《左传》开始，株连扩大，遍伪《乐经》

① 梁启超：《论中国学术思想变迁之大势》，《饮冰室合集·文集》之七。
② 周予同：《〈经学历史〉序言》，见皮锡瑞《经学历史》，中华书局1959年版，第3页。
③ 荣孟源、章伯锋：《近代稗海》（第二辑），四川人民出版社1985年版，第102页。
④ 《翼教丛编》卷一，第11页。
⑤ 钱穆：《中国近三百年学术史》，中华书局1986年版，第641—642页。
⑥ 梁启超：《清代学术概论》，东方出版社1996年版，第70页。

《古文尚书》《毛诗》《逸礼》《周官》《费氏易》《尔雅》等群经，甚至还伪作《汉书》，增窜《史记》《楚辞》数十条；为了辅证此论，康有为甚至捏造证据，指控刘歆伪造古文，私铸钟鼎彝器埋于地下。诸如此类违背常理与逻辑的诡谲之论，不仅被章太炎斥为怪迂之说，连康门亲炙弟子梁启超也认为“此实为事理之万不可通者”，并“时时病其师之武断”①。

康有为在学术上的种种失范，使《新学伪经考》和《孔子改制考》无法经得起学术上真伪之考验，不仅予守旧派以反对的口实，而且，相当一部分同情、支持、参与变法的帝党中人和维新派人士，对康的“两考”也不以为然。孙家鼐说：“康有为才华甚高，学术不端。”② 翁同龢在日记中写道：“《新学伪经考》以为刘歆古文无一不伪，窜乱六经……真说经家一野狐也。”③ 陈宝箴认为伪经改制之说是“偏宕之辞”，并上折要求“将所著《孔子改制考》一书版本，自行销毁”④。严复、黄遵宪、唐才常、章太炎等虽然极为赞同康有为的维新变法主张，但都曾在公开场合或私下里对康有为的伪经改制理论表示不敢苟同。这种由思想与学术的二律背反带来的负面影响，使康有为通过托古改制来重建变法合法性的努力宣告失败。后来学者在探讨戊戌变法失败的原因时，即将“经学纷争之无益”视为一重要因素⑤。戊戌变法是“以经术言变法”——借用传统的理论形式对社会实施改造——的最后实践，它的失败标志传统的经世实学的终结。

清代学术本是对晚明学术的反拨，针对晚明学术的空疏无用，顾炎武、黄宗羲、王夫之等开辟了重实证、求经世的新学风。顾炎武被誉为“清学开山之祖”⑥，其学术以“明道救世”为宗旨，主张以实学求实用。潘耒在《日知录序》中称赞顾炎武之学“综贯百家，上下千载，详考其得失之故，而断之于心，笔之于书，朝章国典，民风土俗，元元本本，无不洞悉。其术足以匡时，其言足以救世”。并指出：“如第以考据之精详，文辞之博辨，叹服而称述焉，

① 梁启超：《清代学术概论》，东方出版社 1996 年版，第 70 页。

② 《孙文正公年谱》，《戊戌变法》（四），上海人民出版社 1957 年版，第 209 页。

③ 《翁文恭公日记》卷三十四。

④ 《戊戌变法》（二），上海人民出版社 1957 年版，第 357—359 页。

⑤ 李双璧：《戊戌变法失败原因的再认识》，王晓秋主编：《戊戌维新与近代中国的改革——戊戌维新一百周年国际学术讨论会论文集》，社会科学文献出版社 2000 年版。

⑥ 梁启超：《中国近三百年学术史》，中国书店 1985 年版，第 53 页。

则非先生所以著此书之意也。”[①] 然而，清中叶乾嘉间的学界，恰恰只继承和发展了顾氏的“考据之精”，而抛弃了顾氏“明道救世”的主旨，以致考据学极一时之盛，经世精神则暗而不彰，清代学术也由此而衰。诚如梁启超所言：

> 考证学之研究方法虽甚精善，其研究范围却甚拘迂。就中成绩最高者，惟训诂一科，然经数大师发明略尽，所余者不过糟粕。其名物一科，考明堂，考燕寝，考弁服，考车制，原物今既不存，聚讼终未由决。典章制度一科，言丧服，言禘祫，言封建，言井田，在古代本世有损益变迁，即群书亦未由折衷通会。夫清学所以能夺明学之席而与之代兴者，毋亦曰彼空而我实也？今纷纭于不可究诘之名物制度，则其为空也，与言心言性者相去几何？甚至言《易》者摈“河图洛书”而代以“卦气爻辰”，其矫诬正相类。诸如此类者尚多，殊不足以服人。要之清学以提倡一“实”字而盛，以不能贯彻一“实”字而衰，自业自得，固其所矣。[②]

乾嘉考据学提倡“考证”之“实”却不能贯彻“实用”之“实”，而康有为则是提倡“经世”之“实”，却不能贯彻“实学”之“实”。所以梁启超说：“有为、启超皆抱启蒙期‘致用’的观念，借经术以缘饰政论，颇失‘为经学而治经学’之本意，故其业不昌，而转成为欧西思想输入之导引。”[③] 但康有为的学术缺失并不只是他个人的学术困境，它反映的是整个传统学术的没落和困境，是以经学为中心的传统学术不能经世致用而新思想、新学术又未能成为主流这种新旧纠缠、死的拖住活的的历史情势的写照。

第二节　章太炎、严复与近代“新学”确立

在戊戌前后，主张维新变法并自成一家的学术派别，除康梁一派外，还有章太炎和严复。如果说章太炎是在乾嘉考据学的基础上努力恢复和重建清初的学术传统，那么，严复则是以近代西学为根基对中国传统学术施以根本性的改造。

---

① 潘耒：《日知录序》。

②③ 梁启超：《清代学术概论》，东方出版社 1996 年版，第 63—64、6 页。

一、“学在求是，不以致用”——章太炎的学术观

章太炎（1868—1936），名炳麟，字枚叔，因仰慕顾炎武更名为绛，号太炎，浙江余杭人。侯外庐说：“太炎在近代中国学术史上，是自成宗派的巨人。”[①] 与康有为由今文经学走向近代新学不同，章太炎是从古文经学走向近代新学。许寿裳在《纪念先师章太炎先生》一文中说，章太炎之学，“以朴学立根基，以玄学致广大”[②]。此论极确。章太炎自叙其“思想迁变之迹”：

> 少时治经，谨守朴学，所疏通证明者，在文字、器数之间。虽尝博观诸子，略识微言，亦随顺旧义耳。遭世衰微，不忘经国，寻求政术，历览前史，独于荀卿、韩非所说，谓不可易。……及囚系上海，三岁不觌，专修慈氏、世亲之书。……以分析名相始，以排遣名相终，从入之涂，与平生朴学相似。既出狱，东走日本，尽瘁光复之业。鞅掌余闲，旁览彼土所译希腊、德意志哲人之书，时有概述。……而时诸生请讲许书。余于段、桂、严、王未能满志，因翻大徐本十数过，一旦解寤，畇然见语言文字本原，于是初为《文始》。而经典专崇古文记传，删定大义，往往可知，由是所见与笺疏琐碎者殊矣。……释《齐物》，乃与瑜珈、华严相会。……始探其妙，千载之秘，睹于一曙。次及荀卿、墨翟，莫不抽其微言。以为仲尼之功，贤于尧舜，其玄远终不敢望老庄矣。癸甲之际，厄于龙泉，始玩爻象，重籀《论语》。……又以庄证孔，而“耳顺”“绝四”之指，居然可明。……凡古近政俗之消息，社会都野之情状，华梵圣哲之义谛，东西学人之所说，拘者执箸而鲜通，短者执中而居间，卒之鲁莽灭裂，而调和之效终未可睹。譬如侏儒，解遘于两大之间，无术甚矣。余则操“齐物”以解纷，明“天倪”以为量，割制大理，莫不孙顺。……自揣平生学术，始则转俗成真，终乃回真向俗。[③]

梁启超认为：“其所自述，殆非溢美。盖炳麟中岁以后所得，固非清学所能

① 侯外庐：《中国近代启蒙思想史》，人民出版社 1993 年版，第 214 页。
② 许寿裳：《纪念先师章太炎先生》，《制言》第 25 期。
③ 章太炎：《菿汉微言》。

限矣。”[1]

康有为今文经学的兴起，既从政治上激发了章太炎要求变革的进步要求，亦从学术上促进了章太炎的“求是”精神的发展。康有为主张“伪经说”和“改制说”，使坚持古文经学立场的章太炎“始终不能与彼合”[2]。他继承章学诚的“六经皆史”说，认为“言六经皆史者，贤于《春秋》制作之论”[3]，坚持六经只是史籍而非政治教条，孔子只是大史家、大教育家，而非是为后世立法的教主和预言家。章太炎进一步认为，无论是《春秋》，还是《公羊》，“言制度者亦少”，“《春秋》二百四十二年之事，不足尽人事蕃变，典章亦非具举之。即欲为汉制法，当自作一通书……今以不尽之事寄不明之典，……《公羊》《谷梁》《驺》《夹》之传为说各异，是则为汉制惑，非制法也。”他以历史事实为据，指出汉之“官号、郡县、刑辟之制，本之秦氏，为汉制法者李斯也，非孔子明甚”。要之《春秋》是为“藏往”，即记载历史，而并“不亟为后王议法”[4]。他还大胆指出《春秋》的不足：“官制之弊，孰若封建？生民之痛，孰如肉刑？……今《春秋》徒讥世卿而不非封建，有书妄杀不议肉刑。”[5]于当时弊端尚不能正确针砭，哪里还谈得上为后世立法呢？所以章太炎认为：“《春秋》言治乱虽繁，识治之原，上不如老聃韩非，下犹不逮仲长统。”[6]

针对康有为等今文学派强物就我、随意附会的实用主义的治学方法，章太炎继承清儒实事求是的治学风格，认定孔子是否著六经，是个事实问题，与义理是非无关，必须精研故训，博考事实，才能“每下一义泰山不移”。因此，由考据通经，由通经达道，才是章氏心目中的治经正道。至于撇开音韵训诂而侈谈通经致用，只能是“大言欺世”。关键还不在于如此治学必然会穿凿附会，更因通经本就难以致用，治世也都不靠经术。因此，章太炎特别欣赏清儒“不欲以经术致用”以及“夷六艺于古史”的治学态度。他说：

自周、孔以逮今兹，载祀数千，政俗迭变，凡诸法式，岂可施于挽

① 梁启超：《清代学术概论》，东方出版社 1996 年版，第 87 页。
② 章太炎：《太炎先生自订年谱》。
③④⑥ 章太炎：《原经》，《国故论衡》卷中。
⑤ 章太炎：《驳皮锡瑞三书》，《章太炎全集》第 3 卷，第 135 页。

近？故说经者，所以存古，非以适今也。先人手泽，贻之子孙，虽污垢伫劣者，犹见宝贵，若曰尽善则非也。《礼经》一十七篇，守之贵族，不下庶人，皇汉迄今，政在专制，当代不行之礼，于今不用之仪，而欲肆之郡国，渐及乡遂，何异宁人欲变今时之语，返诸三代古音乎？《毛诗》《春秋》《论语》，荀卿之录，经纪人伦，平章百姓，训辞深厚，宜为常典；然人事百端，变易未艾，或非或韪，积久渐明，岂可定一尊于先贤？《春秋》三统三世之说，无虑陈其概略，天倪定分，固不周知，岂有百世之前，民凡起例，以待后人遵其格令者？故通经致用，特汉儒所以干禄，过崇前圣，推为万能，则适为桎梏矣！①

孔氏之教，本以历史为宗。宗孔氏者，当沙汰其干禄致用之术，惟取前王成迹可以感怀者流连弗替。《春秋》而上，则有六经，固孔氏历史之学也，《春秋》而下，则有《史记》《汉书》，以至历代书志纪传，亦孔氏历史之学也。若局于公羊取义之说，徒以三世三统，大言相扇，而视一切历史为刍狗，则违于孔氏远矣！②

治经固然可以“明流变”“审因革”，但并非今文家吹得神乎其神的以经术直接治理国家。所谓“求汉人致用之方，如《禹贡》治河，《洪范》察变之类”，还有“以《春秋》决狱，以三百五篇当谏书”，在现代人看来，都是“非愚即妄”③。而且从根本上，治经本在“求是”而不在“讽议”，不该以有用与否为评判标准。章太炎宣称：

学者在辨名实，知情伪，虽致用不足尚，虽无用不足卑。古今学者学为君也，今之学者学为匠也，为君者南面之术，观世文质而已矣，为匠者必为规矩绳墨，模形惟肖，审谛如帝，用弥天地，而不求是，则绝之。④

① 章太炎：《与人论朴学报书》，《章太炎全集》第3卷，第153页。
② 章太炎：《答铁铮》，《章太炎全集》第4卷，第371页。
③ 周予同：《〈经学历史〉序言》，皮锡瑞：《经学历史》，中华书局1959年版，第12页。
④ 章太炎：《与王鹤鸣书》，《章太炎全集》第4卷，第151页。

主张学术的独立性，认为“求是”为学者之起码条件。以孔子为良史，或者主训诂以通经，都并非是章氏的独创，唯独在力倡治经当实事求是而不必通经致用这一点上，章太炎把今古文之争推进了一步。

为了做到“求是”，章太炎还强调论人、论文、论事均须先论其所处之世，对于此中三个要素：“地齐”（即地理环境）、“政俗”（即当时的政教习俗）、“材性”（即个人的经历和素质）应加以综合考察，而尤其应从了解“政俗”“观省社会”着眼[①]。总之，他要求分析事件得以产生、思想得以形成的主客观条件，并从整体上把握思想实质。这正是近代思维方法的体现。

虽然在今古文之争中，章太炎明显扬“求是”而抑“致用”，但他并不反对经世致用，也不是说经世不能借重学术，或者学术不屑于致用，而是反对将两者直接挂钩乃至等同起来的“曲学阿世”和“以学干禄”，主张在“求是”的基础上讲“致用”，追求“求是”与“致用”的统一，反对舍“求是”而趋“致用”。章太炎平生极为推崇顾炎武：

> 若顾宁人者，甄明音韵，纤悉寻求，而金石遗文，帝王陵寝，亦靡不殚精考索，惟惧不究，其用在兴起幽情，感怀前德，吾辈言民族主义者犹食其赐。[②]

在学术研究上，“殚精考索”为“体”，“兴起幽情”为“用”。顾炎武的学术魅力在于具体治学时，“求其真，不取其美”，故“持论多求根据，不欲空言义理以诬后人”[③]；可治学之初衷以及学术之效用，却关涉世事人道家国兴亡，合“体”与“用”“求是”与“经世”于一体。章太炎自己的学术路向，可说是追踪顾炎武，以重建清初的学术传统。一方面，他主张治学要“研精覃思，钩发沈伏，字字征实，不蹈空言，语语心得，不因成说”[④]；另一方面主张“用宗教发起信心，增进国民的道德”；“用国粹激动种姓，增进爱国的热肠”[⑤]。他说：

---

① 章太炎：《訄书·原学》，《章太炎全集》第3卷，第340页。

②③ 章太炎：《答梦庵》，《章太炎政论选集》，中华书局1977版，第398页。

④ 章太炎：《再与人论国学书》，《章太炎全集》第4卷，第355页。

⑤ 章太炎：《东京留学生欢迎会演说辞》，《章太炎政论选集》，中华书局1977版，第272页。

> 仆以为民族主义，如稼穑然，要以史籍所载人物、制度、地理、风俗之类，为之灌溉，则蔚然以兴矣；不然，徒知主义之可贵，而不知民族之可爱，吾恐其渐就萎黄也。①

因此，章太炎的论学宗旨可以概括为：治学以求是为先，不必讲求致用，而经世必须借重学术，求是是第一位的，致用则是第二位的。用章太炎自己的话说就是："学在求是，不以致用；用在亲民，不以干禄。"②

章太炎对自己的学术颇为自负，他说："秦汉以来，依违于彼是之间，局促于一曲之内，盖未尝睹是也。乃若昔人所诮，专志精微，反致陆沉，穷研训诂，遂成无用者，余虽无腆，固足以雪斯耻。"③ 的确，章太炎的自负是有道理的。他通过对清初学术传统的重建，初步确立了中国现代学术的轨范。所以侯外庐高度评价说："故太炎为最后的朴学大师，有其时代的新意义，他于求是与致用二者，就不是清初的经世致用，亦不是乾嘉的实事求是，更不是今文家的一尊致用，而是抽史以明因果，覃思以尊理性，举古今中外之学术，或论验实或论理要，参伍时代，抑扬短长，扫除穿凿附会，打破墨守古法，在清末学者中卓然凌厉前哲，独高人一等。"④

20 世纪 20 年代初，章太炎曾作题为《说求学》的演讲，分"求是"与"致用"二途，并比较其长短：

> 求学之道有二：一是求是，一是应用。前者如现在西洋哲学家康德等是，后者如我国之圣贤孔子、王阳明等是。顾是二者，不可得兼。以言学理，则孔子不及康德之精深；以言应用，则康德不及孔、王之切近。要之二者各有短长，是在求学者自择而已。⑤

求学理精深者讲实事求是，求切近人事者讲经世致用，二者不分长短高下，只

① 章太炎：《答铁铮》，《章太炎全集》第 4 卷，第 371 页。
② 章太炎：《与钟君论学书》，《文史》第 2 辑，中华书局 1963 年版，第 279 页。
③ 章太炎：《菿汉微言》。
④ 侯外庐：《中国近代启蒙思想史》，人民出版社 1993 年，第 206 页。
⑤ 汤志钧：《章太炎年谱长编》，中华书局 1979 年版，第 620 页。

是宗旨不同因而问学途径有别。在某种意义上，章太炎、康有为正体现了清代学术中“求是”“致用”两股学术思潮的发展趋向，成为横跨清学与中国现代学术的桥梁[①]。

二、“以自由为体，以民主为用”——严复的学术观

严复（1854—1921），初名宗光，字又陵，一字几道，福建侯官人。14岁考入由洋务大吏左宗棠创办的海军学堂——福州船政学堂，“所习者为英文、算术、几何、代数、解析几何、割锥、平三角、弧三角、代积分、动静重学、水重学、电磁学、光学、音学、热学、化学、地质学、天文学、航海术”等西学新知[②]。严复在船政学堂学习五年，以优等成绩毕业，随后被派到军舰上实习。1877年，严复被选派到英国留学。在英国学习期间，严复怀着极大的兴趣和热情，如饥似渴地学习西方的近代科学。时任驻英公使的郭嵩焘见而异之，“引为忘年交”，严复经常“与郭公论述中西学术政制之异同”[③]。这一早年经历和教育背景，使严复在当时士林学子中堪称中学西学皆一流的人物，也是后来严复在维新阵营中能够独树一帜、自成一派的重要因素。

1895年2月至6月间，受甲午战败的刺激，严复陆续在天津《直报》上发表了4篇重要文章：《论世变之亟》《原强》《辟韩》和《救亡决论》。如果说同一时期的康有为、梁启超等人发动“公车上书”着重从政治角度，运用传统三世说，揭开维新变法的序幕；那么严复的这些论文则主要立足于学术，通过中西对比，对中国的社会政治和文化学术做了更深层次的探讨，开中国新文化之先河。

严复首先认为，中国所处的危机不是一时出现的社会政治危机，而是千古未有的文化危机：“今日之世变，盖自秦以来，未有若斯之亟也。”“我四千年文物声明，已涣然有不终日之虑。”[④]他深刻剖析中西文明的差异，指出造成中西之间差异的根本原因在于“自由”：

① 陈平原：《“求是”与“致用”——章太炎学术思想覆论》，《中国文化》第7期（1992年秋季号）。

②③ 严璩：《侯官严先生年谱》，《严复集》第5册，中华书局1986年版，第1546、1547页。

④ 严复：《论世变之亟》，《严复集》第1册，中华书局1986年版，第1页。

今之夷狄，非犹古之夷狄也。今之称西人者，曰彼善会计而已，又曰彼擅机巧而已。不知吾今兹所见所闻，如汽机兵械之伦，皆其形而下之粗迹，即所谓天算格致之最精，亦其能事之见端，而非命脉之所在。其命脉云何？苟扼要而谈，不外于学术则黜伪而崇真，于刑政则屈私以为公而已。斯二者，与中国理道初无异也。顾彼行之而常通，吾行之而常病者，则自由不自由异耳。①

由于中国“历代圣贤”畏惧自由，而西洋各国则持“唯天生民，各具赋畀，得自由者乃为全受”，故导致中西文明大相径庭，如：“中国最重三纲，而西人首明平等；中国亲亲，而西人尚贤；中国以孝治天下，而西人以公治天下；中国尊主，而西人隆民；中国贵一道同风，而西人喜党居而州处；中国多忌讳，而西人众讥评。其于财用也，中国重节流，而西人务发舒；中国尚节文，而西人乐简易。其于为学也，中国夸多识，而西人尊新知。其于祸灾也，中国委天数，而西人恃人力。”②

他进一步比较中西学术。对于辞章和汉学，他的评价是：

超俗之士，厌制艺则治古文词，恶试律则为古今体；鄙摺卷者，则争碑版篆隶之上游；薄讲章者，则标汉学考据之赤帜。于是此追秦汉，彼尚八家，归、方、刘、姚，恽、魏、方、龚；唐祖李、杜，宋祢苏、黄；七子优孟，六家鼓吹。魏碑晋帖，南北派分，东汉刻石，北齐写经。戴、阮、秦、王，直闯许、郑，深衣几幅，明堂两个。钟鼎校铭，珪琮著考，秦权汉日，穰穰满家。诸如此伦，不可殚述。然吾得一言以蔽之，曰：无用。③

对于宋学，他的评价是：

侈陈礼乐，广说性理。周、程、张、朱，关、闽、濂、洛。学案几

①② 严复：《论世变之亟》，《严复集》第1册，中华书局1986年版，第2、3页。
③ 严复：《救亡决论》，《严复集》第1册，中华书局1986年版，第44页。

部，语录百篇。《学蔀通变》，《晚年定论》。关学刻苦，永嘉经制。深宁、东发，继者顾、黄。《明夷待访》，《日知》著录。褒衣大袖，尧行舜趋。訑訑声颜，距人千里。灶上驱虏，折箠笞羌。经营八表，牢笼天地。夫如是，吾又得一言以蔽之，曰：无实。①

在严复看来，汉学、词章、宋学统统是“无用”“无实”的学问，这些学问只能点缀太平，决不能挽救危亡，其甚焉者，不仅“无用”而且“有害”。所以严复主张：“与［举］凡宋学汉学，词章小道，皆宜束高阁也。”②

与中国传统学术的“无用”“无实”相比，“西学格致，则其道与是相反”：

一理之明，一法之立，必验之物物事事而皆然，而后定之为不易。其所验也贵多，故博大；其收效也必恒，故悠久；其究极也，必道通为一，左右逢源，故高明。③

严复认为西学之所以优于中学，其根本原因是西学“以自由为体，以民主为用”。他说：

其为学术也，又一一讲之实事实理，层累阶级，以造于至大至精之域，盖寡一事焉可坐论而不可起而行者也。推求其故，盖彼以自由为体，以民主为用。④

学术能够独立，学者可以自由进行思考和从事学术研究，并掌握科学的研究方法，是现代学术区别于古代学术的标志。严复已意识到中西学术不仅仅是民族之异，更是时代之差、古今之别。他批评当时流行的所谓“中国之智虑运于虚，西洋之聪明寄于实”的说法：

①②③ 严复：《救亡决论》，《严复集》第1册，中华书局1986年版，第44、44、45页。
④ 严复：《原强》，《严复集》第1册，中华书局1986年版，第11页。

> 自不佞观之，中国虚也，彼西洋尤虚；西洋实也，中国尤实，异者不在虚实之间也。夫西洋之于学，自明以前，与中土亦相埒耳。至于晚近，言学则先物理而后文词，重达用而薄藻饰。且其教子弟也，尤必使自竭其耳目，自致其心思，贵自得而贱因人，喜善疑而慎信古。其名数诸学，则藉以教致思穷理之术；其力质诸学，则假以导贯物察变之方，而其本事，则筌蹄之于鱼兔而已矣。故赫胥黎曰："读书得智，是第二手事，唯能以宇宙为我简编，民物为我文字者，斯真学耳。"此西洋教民之术也。回观中国则何如？夫朱子以即物穷理释格物致知，是也；至以读书穷理言之，风斯在下矣。①

在严复看来，中西之间正是学术的高下导致民智的高下，并从而导致国家的强弱。因此，严复认为，"民智者，富强之原。"而"欲开明智者，非讲西学不可"②。

针对传统学术治、学不分的落后状况，严复主张治学宜以学术为本，而不应以仕途为依归。他说：

> 天下之人，强弱刚强，千殊万异，治学之材与治事之材，恒不能相兼。尝有观理极深，虑事极审，宏通渊粹，通贯百物之人，授之以事，未必即胜任而愉快。而彼任事之人，崛起草莱，乘时设施，往往合道，不必皆由于学。③

严复认为，学术与政治分属于不同范畴，有各自不同的规律。"使奈端以带兵，不必能及拿破仑也；使毕士马以治学，未必及达尔文也。"政治与学术不分，正反映一个国家文明程度的低下。"土蛮之国，其事极简，而其人之治生也，则至繁，不分工也。国愈开化，则分工愈密，学问政治，至大之工，奈何其不分哉？"治、学不分，政治、学术混同为一，不仅窒息学术之生机，而且有碍于维新事业之发展。"今新立学堂，革官制，而必曰，学堂之学，与天下

---

①② 严复：《原强修订稿》，《严复集》第1册，中华书局1986年版，第29、30页。

③ 严复：《论治学治事宜分二途》，《严复集》第1册，中华书局1986年版，第89页。

之官相应，则必其治学之材，幸而皆能治事则可，倘或不然，则用之而不效，则将疑其学之非，其甚者，则将谓此学术之本无用，而维新之机碍，天下之事去矣。”因此，严复力主将学术与政治分立，“有学问之名位，有政治之名位。学问之名位，所以予学成之人；政治之名位，所以予入仕之人。”[①]首先是政学分途，然后才谈得上互相借重。这也是后来学者们所强调的“学术的独立自由，不仅使学术成为学术，亦且使政治成为政治”[②]。

严复通过中西学术的比较和对中国传统学术的批判，确立了中国学术独立自由的新精神。冯友兰说：“严复在《论世变之亟》中提出政治和学术两点，在《救亡决论》中他只提到学术一点，这说明他认为学术的改变是最根本的。这不是他迂阔，二十多年后的新文化运动正是这样说和这样做的，文化是一个外来的名词，如果用中国的旧名词，那就是学术。严复的《救亡决论》中所提出的主张，如果发展为一个运动，就可以成为新学术运动。”[③]

从维新变法运动到辛亥革命爆发前的十余年间，是严复一生中精力旺盛、学问造诣宏厚、思想和认识成熟的年代，他将主要精力投入到翻译 18、19 世纪西方政治学、经济学、社会学、法学、哲学、逻辑学诸方面的代表作品，系统地介绍“西学”精华，即其所说的“西学命脉之所在”[④]。他的这些翻译工作，使国人发现了一片新的文化天地，为中国学术的更新，为中国近代社会科学的创建奠定了基础。

梁启超在《清代学术概论》一书中，对康有为与严复的学术差异有中肯的评价：

> 盖当时之人，绝不承认欧美人除能制造能测量能驾驶能操练之外，更有其他学问，而在译出西书中求之，亦确无他种学问可见。康有为、梁启超、谭嗣同辈，即生于此种“学问饥荒”之环境中，冥思枯索，欲以构成一种“不中不西即中即西”之新学派，而已为时代所不容。……时独有侯官严复，先后译赫胥黎《天演论》，斯密亚当《原富》，穆勒约翰

① 严复：《论治学治事宜分二途》，《严复集》第 1 册，中华书局 1986 年版，第 89 页。

② 贺麟：《文化与人生》，商务印务馆 1988 年版，第 250 页。

③ 冯友兰：《中国哲学史新编》第 6 册，人民出版社 1989 年版，第 159 页。

④ 严复：《论世变之亟》，《严复集》第 1 册，中华书局 1986 年版，第 2 页。

《名学》《群己权界论》，孟德思鸠《法意》，斯宾塞尔《群学肄言》等数种，皆名著也。虽半属旧籍，去时势颇远，然西洋留学生与本国思想界发生关系者，复其首也。①

康有为与严复，代表着两个不同的学术时期，康有为意味着旧学术时代的终结，严复则预告了新学术时代的来临。

第三节　晚清新政与经世实学终结

学术的演变虽然有其内在的理路，但最终起决定因素的仍然是社会历史的变动。戊戌变法掀起的文化变动从逻辑上宣告了晚清经世实学的终结，但实际的政治变革只有短短的百日便被扼杀。“黑格尔在某个地方说过，一切伟大的世界历史事变和人物，可以都出现两次。他忘记补充一点：第一次是作为悲剧出现，第二次是作为笑剧出现。”② 扼杀戊戌变法的西太后在3年后即发布“新政”上谕，导演了一幕漫画化的戊戌变法——晚清新政，戊戌变法的悲剧就这样转化为晚清最后十年的“新政”。正是这些社会变动使经世实学完成历史的终结。

一、科举制的废除与四民社会的解体

科举制度之为后世诟病，见于明清两代人士的言论的，不胜枚举。明遗民如顾炎武、魏禧等，痛故国沦丧，言之尤为激切。如顾炎武说：“愚以为八股之害等于焚书，而败坏人才，有甚于咸阳之郊。”③ 清承明制，对于科举制的批评也不绝如缕，清廷虽屡有变革科举制的意向，却因“未有良法美意以善其后”而无可奈何④。进入晚清，由于时势刺激和人才的匮乏，废八股、改科举

① 梁启超：《清代学术概论》，东方出版社1996年版，第88—89页。

② 马克思：《路易·波拿巴的雾月18日》，《马克思恩格斯全集》第8卷，第121页。

③ 顾炎武：《日知录》卷十六《拟题》。

④ 康熙二年（1663）曾下诏曰：“八股文章，实于政事无涉，自今之后，将浮饰八股文章永行停止，惟于为国为民之策论中出题考试。”但康熙七年后又恢复旧制（见《清圣祖实录》卷9、卷26）。乾隆三年（1738），兵部侍郎舒赫德奏请改科举、废八股，礼部答复说：“时艺取士，自明至今，殆四百年，人知其弊而守之不变，非不欲变，诚以变之，而未有良法美意以善其后。”（《皇朝经世文编》卷57《议时文取士疏》）

的言论更是充溢朝野上下。至甲午、戊戌间，言事者鲜有不以变科举、废八股为言。如康有为说：“今日之患，在吾民智不开，故虽多而不可用，而民智不开之故，皆以八股试士为之。”[①] 严复也说：“天下理之最明而势所必至者，如今日中国不变法则必亡是已。然则变将何先？曰：莫亟于废八股。”[②] 这些呼声最终汇为戊戌变法中的变法实践。光绪二十四年五月五日（1898 年 6 月 23 日）上谕曰：

> 我朝沿宋、明旧制，以四书文取士。……一时文运昌明，……制科所得，实不乏通经致用之才。乃近来风尚日漓，文体日敝，试场献艺，大都循题敷衍，于经义罕有发明，而谫陋空疏者，每获滥竽充选。若不因时变通，何以励实学而拔真才？著自下科始，乡、会试及生、童岁、科各试，向用四书文者，一律改试策论。[③]

虽然戊戌变法仅百日而罢，政变后第 18 日即有“乡试、会试及岁考、科考等，悉照旧制，仍以四书文、试贴、经文、策问等项，分别考试”之谕[④]；但形势比人强，在西太后发布“新政”上谕后六个月即丁丑七月十六日（1901 年 8 月 28 日），有诏自明年始科举罢时文、试贴，改以经义、时务策问试士：

> 科举为抡才大典，我朝沿用前明旧制，以八股文取士，……行之二百余年，流弊日深。士子但视为弋取科名之具，剿袭庸滥，于经史大义无所发明，急宜讲求实学，挽回积习。况近年来各国通商，智巧日辟，尤贵博通中外，储为有用之才。所以各项考试，不得不因时变通，以资造就。著自明年为始，嗣后乡、会试头场，试中国政治史事论五篇，二场试各国政治艺学策五道，三场试四书义二篇、五经义一篇。……生童岁、科两考，仍先试经古一场，专试中国政治史事及各国政治艺学策论，正场试四书义、五经义各一篇。考试试差、庶吉士散馆，均用论一篇、策

① 《康南海自编年谱》，《戊戌变法》（四），上海人民出版社 1957 年版，第 146 页。

② 严复：《救亡决论》，《严复集》第 1 册，中华书局 1986 年版，第 40 页。

③ 《清德宗实录》卷四一九，光绪二十四年五月丁巳。

④ 《清德宗实录》卷四二八，光绪二十四年八月乙巳。

一道。进士朝考论疏、殿试策问，均以中国政治史事及各国政治艺学命题。以上一切考试，凡四书、五经义，均不准用八股文程式，策论均应切实敷陈，不得仍前空衍剽窃。[①]

其诏文用语，与戊戌年的罢时文之诏，几乎如出一辙。废除八股虽然还不代表科举制的最终废除，但改革一旦起动，离最终废除科举制的日子也就不远了。

光绪二十九年（1903）十一月，清廷接受张之洞、袁世凯、张百熙等“递减科举，注重学堂”的建议，允许递减科举名额，“著自丙午科为始，将乡、会试中额及各省学额，按照所陈，逐科递减。俟各省学堂一律办齐，确有成效，再将科举学额分别停止，以后均归学堂考取，届时候旨遵行。”[②]

光绪三十一年（1905）八月，直隶总督袁世凯，会同盛京将军赵尔巽、湖广总督张之洞、两江总督周馥、两广总督岑春煊与湖南巡抚端方，联衔奏请立停科举，大兴学堂。其奏称：

科举一日不停，士人皆有侥幸得第之心，以分其砥砺实修之志。民间更相率观望，私立学堂者绝少，非公家财力所能普及，学堂决无大兴之望。就目前而论，纵使科举立停，学堂遍设，亦必十数年后人才始盛。如再迟至十年，甫停科举，学堂有延迁之势。……科举夙为外人诟病，学堂最为新政大端。一旦毅然决然，舍其旧而新是谋，则风声所树，群且刮目相看，推诚相与。……故欲补救时艰，必自推广学校始；而欲推广学校，必自先停科举始。拟请宸衷独断，雷厉风行，立沛伦音，停罢科举，庶几广学育仁，化民成俗，胥基于此。[③]

清廷于光绪三十一年八月初四日（1905 年 9 月 2 日）接受袁世凯等人的吁请，谕令：“著即自丙午科为始，所有乡、会试，一律停止；各省岁、科考试，亦即停止。”[④] 科举制度最终退出了历史的舞台。

从汉代发端到唐宋成熟的通过考试选官的科举制，是一项集文化、教育、

---

① 《清德宗实录》卷四八五，光绪二十七年七月己卯。

②③ 朱寿朋《光绪朝东华录》，中华书局 1958 年版，第 5129、5390—5392 页。

④ 《清德宗实录》卷五四八，光绪三十一年八月甲辰。

政治、社会等多方面为一体的基本体制。在传统社会中，“士农工商，四民有业。学以居位曰士。”[①]位居“四民之首”的“士”既是“大夫”即官吏的基本社会来源，又是文化的承担者，在他们身上，治、道、学是一体的。而科举制正是“士”与其他三民维持有机联系、实现“得君行道”“经世宰物”的主要渠道。马克斯·韦伯曾说：“如果科举考试的技术及其实质内容，在性质上全然是俗世的，代表一种‘给士的教养试验’；那么，一般民众对他们（士）的看法就完全是另一回事了：它赋予了他们一种巫术性卡里斯马的意义。在中国一般民众的眼里，一个通过考试的候选人，绝对不仅只是个在知识上够资格做官的人。他已证明拥有巫术的特质。”[②]因此，科举制在中国传统社会结构中实起着重要的联系和中介作用，它上及官方之政教，下系士人之耕读，并使整个社会处于一种循环的流动之中。科举制的废除从根本上改变了人的上升性社会变动取向，切断了“士”的社会来源，使“士”的存在成为一个历史范畴，导致了传统四民社会的解体。

对于传统四民社会的解体，金耀基曾分析说：

> 一百多年来，中国社会经历了亘古未有的形变。儒家的意理与价值在西方文化的冲击下，已逐渐由遗落而退隐，原来的士大夫阶级已无力应付一个全新的科学和技术构造的世界秩序。随着工业化的发展，士大夫阶级慢慢地从实际人生退向虚拟的舞台。……由于科技的持续性和倍增性的发展，社会机构越来越多趋向分歧，人众的职业角色亦越来越专业化；过去士、农、工、商的四分已成为历史陈迹，商人阶级已从传统不受重视的地位上升；经理阶层已逐渐在新工业秩序中得势；军人、律师、医生、电影明星……都以崭新的面目攀据社会金字塔的上层，成为中国转型时期的重要角色。……官僚角色已非传统的士大夫所垄断，反之，已由军人、律师、乃至医生以及专业性的人员所充斥。在这里，我们必须了解，这些新的角色虽不是“士大夫”，但却是广义的的知识分子。而比较上承替了传统士大夫地位的人则是“狭义”的知识分子，他们是大

① 《汉书·食货志上》。
② 马克斯·韦伯：《中国的宗教》，台湾远流出版事业公司 1989 年版，第 193 页。

学教授、大学学生，以及其他从事思想的建构与传播的人士。不容讳言，这些狭义的知识分子与传统的士大夫是有基本的差异的。其中最重要的差异是：他们已非知识与社会价值的垄断和独占者；他们不再与政治权力必然地连在一起；他们不再是一个明显的身份的知识的集团；他们不再是社会金字塔顶层上的人；他们不再是一个排他性的特权阶级。[①]

传统社会的解体当然是一个渐进的过程，但1905年科举制的废除无疑是这个渐变过程中的突变，对于“士”阶层而言尤其如此。科举制的废除使“士”与“大夫”分离，阻断了传统士人“学而优则仕”的“仕进之途”，从而使“士”这一旧的社会群体逐渐消失，“士”的消失也就意味着“四民”社会已成为历史范畴。所以罗兹曼把1905年看作是“新旧中国的分水岭”，认为“它标志着一个时代的结束和另一个时代的开始”[②]。传统的以“士”为首的“四民”社会是传统经世实学赖以产生、存在的社会基础。如今“士”和“四民”社会都已成为历史的陈迹，而由“士”转化的知识分子又日益边缘化，经世实学也就成了无源之水、无本之木了。正所谓“皮之不存，毛将焉附？”

二、近代学制的确立与学术的分科发展

破与立是同一问题的两面。晚清新政在改革和废除科举制的同时，也在创建新的学校教育制度。1902年，清廷颁布了由张百熙拟定的《钦定学堂章程》，因颁布于壬寅年，所以又称为“壬寅学制”。但因学制本身不够完善，以及清廷对学制的拟订人张百熙有忮心等原因，没有实行。1903年，受清廷委派，张之洞会同张百熙、荣庆重新拟订学制。他们“博考外国各项学堂课程门目，参酌变通，择其宜者用之。其于中国不相宜者缺之，科目名称不可解者改之，其有过涉繁重者减之”[③]，制定了新的学制，即《奏定学堂章程》，因该年为癸卯年，所以该学制又被称为“癸卯学制”。“癸卯学制”是中国第一个正式颁布并在全国推行的近代学制。

---

① 金耀基：《中国的现代化和知识分子》，台湾时报文化出版企业有限公司1977年版，第79—80页。

② 吉尔伯特·罗兹曼：《中国的现代化》，江苏人民出版社1995年版，第335页。

③ 《奏定学堂章程·重订学堂章程折》，湖北学务处1903年刊印本。

"癸卯学制"共分三段七级。第一段为初等教育，分为蒙养院四年、初等小学五年、高等小学四年，共三级十三年。蒙学院的教育宗旨规定为："保育教育儿童，专在发育其身体，渐启其心知，使之远于浇薄之恶风，习于善良之轨范。"教学内容主要有"游戏、歌谣、谈话和手技"[①]。初等小学"以启其人生应有之知识，立其明伦理爱国家之根基，并调护儿童身体，令其发育为宗旨；以识字之民日多为成效"[②]。学习科目有修身、读经讲经、中国文学、算术、历史、地理、格致、体操等。高等小学"以培养国民之善性，扩充国民之知识，强壮国民之气体为宗旨；以童年皆知作人之正理，皆有谋生之计虑为成效"[③]。必修学科有修身、读经讲经、中国文学、算术、中国历史、地理、格致、图画、体操，此外视地方情形可加授手工、商业、农业等科目为随意科。

第二段为中等教育，设中学堂一级共五年。中学堂的教育宗旨为："俾毕业后不仕者从事于各项实业，进取者升入各高等专门学堂均有根底为宗旨。"[④]学习科目有修身、读经讲经、中国文学、外国语、历史、地理、算术、博物、物理及化学、法制及理财、图画、体操。

第三段为高等教育，分为高等学堂（大学预备科）三年、大学堂（分科大学）三年到四年、通儒院五年，共三级十一年到十二年。张之洞仿日本大学学制，将大学分为经学、政法、文学、医、格致、农、工、商八科。每科又分为若干目或若干系，经学科包括周易学、尚书学、毛诗学、仪礼学等十一门，政法科包括政治学、法律学两门，文学科包括中国史学、万国史学、中外地理学、中国文学等九门，医科包括医学、药学两门，格致科包括算学、星学、物理学、化学、动植物学、地质学六门，农科包括农学、农艺化学、林学、兽医学四门，工科包括土木工学、机器工学、电气学、采矿及冶金学等十门，商科包括银行及保险学、贸易及贩运学、关税学三门。张之洞的"八科分学"方案，最大的特点是将"经学"列为群学之首，不仅单独开辟了经学科，而且在"经学科"设置了十一个学科门类。张之洞解释说："若学堂不读经书，则是尧舜禹汤文武周公孔子之道，所谓三纲五常者尽行废除，中国必不能立国

① 《奏定学堂章程·蒙养院章程》。
② 《奏定学堂章程·初等小学堂章程》。
③ 《奏定学堂章程·高等小学堂章程》。
④ 《奏定学堂章程·中学堂章程》。

矣。学失其本则无学，政失其本则无政。其本既失，则爱国爱类之心亦随之改易矣。安有富强之望乎？故无论学生将来所执何业，在学堂时经书必宜诵读讲解。”[①] 充分反映身为儒臣的张之洞尊崇经学的保守文化心态。尽管张之洞在学科的设置上存在着不少值得批评的谬误，但“八科分学”的方案分科之细、科目之专、课程之详，在当时确实是空前的，它将中国传统学术门类及西方近代学术门类整合在一个全新的学术体系之中，传统的经学、史学、诸子学、词章学逐渐转化为近代意义上的经学、史学、诸子学、中国文学，并置于八科之中“经学科”和“文学科”。因此，“癸卯学制”不仅奠定了近代中国新学制的基础，而且也初步奠定了中国近代学术分科发展的基础。

据清廷学部统计，光绪三十年（1904）学堂总数4222所，学生总数92169人；光绪三十三年（1907），学堂总数增至37888所，学生总数扩展到1024988人；至宣统元年（1909），学堂总数达59177所，学生总数达1636641人[②]。其发展速度相当惊人。虽然当时清廷以学堂代科举，从高小毕业到大学毕业分别授予附生、贡生、举人、进士的功名，使学校沦为“一变名之科举”，而新学亦沦为“一变质之八股”[③]。但从学校出来的毕竟是接受新式教育的各类专业知识分子，他们所用以经世的已是近代新学。

---

① 《奏定学堂章程·学务纲要》。

② 陈景磐：《中国近代教育史》，人民教育出版社1983年版，第271页。

③ 梁启超：《清代学术概论》，东方出版社1996年版，第89页。

第十一章　晚清“经世文编”的编纂

与晚清经世实学的勃兴桴鼓相应，晚清出现了一个“经世文编”隆盛现象。继贺长龄、魏源编纂的《皇朝经世文编》问世之后，仿其体例而编纂的各种续编、新编如雨后春笋，层出不穷，前后竟达20余种之多，形成晚清一道亮丽的文化风景线。考察这些“经世文编”，我们可以清晰地发现晚清经世实学演变的轨迹。

第一节　“经世文编”滥觞及体例的成熟

一、《皇明经世文编》的开创之功

以“经世文编”的形式作为汇集和播扬经世思想的载体，滥觞于晚明。明朝万历前后，出现了一批以“经世”“经济”为名的著作和文集，如《皇明名臣经济录》（黄训编）、《皇明经济文录》（万表编）、《皇明经世要略》（黄仁溥编）、《经世要谈》（郑善夫著）、《皇明经世实用编》（冯应京编）、《经世要略》（万廷言著）、《经世宏策》（郑璧著）、《经世奇谋》（俞琳编）、《经世宏词》（沈一贯编）、《经济类编》（冯琦、冯瑗等编）、《经济文辑》（陈其愫编）、《经济文钞》（张文炎编）、《经济录》（张鍊编）、《八编经世类纂》（陈仁锡编）、《经世急切时务》（颜季亨著）、《昭代经济言》（陈子壮编），等等。《皇明经世文编》则集其大成，开创了“经世文编”的体例。

《皇明经世文编》编纂于明崇祯十一年（1638），主编为陈子龙、徐孚远、宋征璧、李雯。陈子龙等人有感于晚明“南寇北奴，日益滋大”的统治危机，更愤慨于其时“士无实学”的空疏学风，将“宪章当代”“以资世用”作为总的编纂方针。如陈子龙说：

> 俗儒是古非今，文士撷华而舍实。夫抱残守缺，则训诂之文充栋不厌；寻声设色，则雕绘之作永日以思。至于时王所尚，世务所急，是非得失之际，未之用心。苟能访求其书者盖寡，天下才智日以绌，故曰“士无实学”。[①]

针对当时“士无实学”、是古非今的风气，陈子龙等以“足以资世用”为原则，“取国朝名臣文集，撷其精华，勒成一书，……志在征实，额曰经世云”[②]。欲使《皇明经世文编》成为“通今者之龟鉴，谋国者之兵卫”，开创“通今”“致用”的新风气，以挽救晚明的社会危机。他说：

> 夫孔子观于周，萧相收入秦，大率皆天下要书，足以资世用者。嘉谟令典，通今者之龟鉴，谋国者之兵卫也。失今不要集，更数十年，亡散益甚，后死者之责，其曷诿焉？……则是编也，岂惟益智，其以教忠哉！[③]

与俗儒们泥古不化，是古非今不同，陈子龙等人在强调经世致用的同时，也反复申述“宪章当代”的“通今”意识。宋征璧在《凡例》中，开篇即抨击泥古之害，他说：

> 儒者幼而志学，长而博综，及致治施政，至或本末眩瞀，措置乖方，此盖浮文无裨实用，拟古未能通今也。……此有志之士，所抚膺而叹也。[④]

因此，只有在“通今”的基础上方可言“经世”。徐孚远进一步指出：

---

①③ 《明经世文编·陈子龙序》。

②④ 《明经世文编·凡例》。

观列圣以来诸名贤之议论，推其所以出入于祖宗之制度，其为损为益，轻重较如，则今日所以补救之宜，可得而知之也。[①]

他认为，古今异势，古意难法，唯有从本朝“诸名贤议论”中，方可知“今日所以补救之宜”，并可立即置诸措施，以收实功。但“今天下学士无不搜讨缃素，琢磨文笔，而于本朝故实，罕所措心，以故剡藻则有余，而应务则不足”。因此，他提出：“高论百王，不如宪章当代。”[②]

《皇明经世文编》在“宪章当代”“以资世用”的总编纂方针的指导下，又特别强调“明治乱”“存异同”“详军事”的选文原则[③]。

关于“明治乱”，《皇明经世文编》的编者指出：

此书非关彰瘅，弹劾之文，不能尽录。著其大者，非名教所裨，即治乱攸关。若乃其言足存，不以人废。分宜老奸，秩宗之文，采其数篇，特于卷首，直斥其名。若近者熊芝岗，刚愎自用，已经服法。然筹策东隅，多有英论。无讳之朝，可以昭揭。[④]

《皇明经世文编》的编者们在从明代420多位有影响的人物的文集、奏疏、尺牍、杂文中搜集入选作品时，首先考虑的是入选作品能否说明历史的兴衰、治乱的道理。在这一标准下，只要“其言足存”，能成一家之理，就“不以人废”，不管是大奸臣，还是朝廷钦犯，都予以选入。

关于“存异同”，《皇明经世文编》的编者说出：

异同辩难，特以彼我未通，遂成河汉。就其所陈，各成一说。如大礼之仪，张桂与新都并存；河套之复，襄愍与东涯各异。一哈密也，或主闭关，或主授爵；一倭奴也，或主封贡，或主征讨。又若军伍之虚实，边墙之修废，胶莱海运之通塞，得失虽殊，都有可采，不妨两存，以俟拣择。[⑤]

①② 《明经世文编·徐孚远序》。
③ 吴晗：《影印明经世文编·序》。
④⑤ 《明经世文编·凡例》。

《皇明经世文编》的编者们在选文时，对于持不同观点的文章，本着实事求是的原则，兼收并蓄，“以俟拣择”。

关于“详军事”，《皇明经世文编》的编者称：

> 国家外夷之患，北虏为急，两粤次之，滇蜀又次之，倭夷又次之，西羌又次之。诚欲九塞尘清，四隅海燕，方叔召虎，一时咸慕风采，奕世犹仰威名。指受方略，半系督抚。如北摧劲虏，则详于王威宁；南伐麓川，则详于王靖远；两广寇乱，则详于韩襄毅；剿灭土达，绥戢荆襄，则详于项襄毅；处置宁藩，则详于王文成；河套恢复，则详于曾襄愍；倭奴抄掠，则详于胡少保、戚总戎、唐荆川；顺义封贡，则详于王鉴川；平播则详于李襄毅；水蔺地界，则详于郭青螺；西征则详于梅客生；东征则详于宋桐冈；若经略奴酋，则详于熊芝岗；抚赏插部，则详于王霁宇；水西本末，则详于朱恒岳。姑举数端，以该远近。至于山川扼塞之形，营阵车骑之制，部落种类之异，测候侦探之法，凡可资于韬钤，罔弗施夫罗戈。[①]

晚明民族战争和农民战争烽火连年，狼烟四起，“南寇北奴，日益滋大”。因此，《皇明经世文编》选文特重军事，共收军事文章1590篇，占全书总篇幅的48%。

《皇明经世文编》“网罗本朝名卿巨公之文有涉世务国政者”，共508卷，洋洋400万字。内容涉及时政、弹劾、谏诤、刑法、职官、科举；军务、边防、边情、边墙、兵饷、马政、海防、火器；财政、赋税、徭役、商课、工匠、钱币、盐茶、漕运、屯田、水利、农事、灾荒；贡市、番舶；礼仪、宗室等。记录有明一代各个时期的政治、军事、经济、文化、民族关系、对外关系等各个方面的具体情况和典章制度，“一代兵农礼乐刑政之大端，赅是矣”[②]。《皇明经世文编》的刊布，不仅把晚明经世实学推向高潮，而且开后世“经世文编”体例之先河，其“发凡起例”之功，不可磨灭。

---

① 《皇明经世文编·凡例》。

② 《皇明经世文编·许誉卿序》。

二、《切问斋文钞》与“经世文编”体的完善

《切问斋文钞》为清代陆燿所纂。陆燿（1726—1785），字青来，一字朗夫，江苏吴江人。乾隆九年（1745），19岁的陆燿以举人的身份为内阁中书，充军机处章京，自此步入仕途。乾隆三十五年（1771），陆燿由京官调任山东，此后数十年间一直任职山东。在鲁期间，陆燿特别热衷于以编辑书籍的方式来表达经世理想，辑有《济南谳读》（济南知府任内）、《山东运河备览》（山东河运道任内）、《任城漫录》（山东河运道任内）和《甘薯录》（山东布政使任内）等书。

《切问斋文钞》是陆燿力作，大约从乾隆三十年（1766）前后开始，陆续地邀请友人协助搜集清初以来有关经世的重要著作，至乾隆四十年（1776）选辑排比，编成《切问斋文钞》一书，前后达十年之久。

《切问斋文钞》确定了四条编辑方针：

（1）“贵乎有用”。陆燿说：“立言贵乎有用。布帛粟菽为生人一日不可无之物，若珠玉锦绣，止可以余力及之。兹编皆取其质言而有文者，瑰词丽句，纵极工巧，概以无用不录。”[①] 根据此原则，《切问斋文钞》不注重文词的瑰丽工巧，专选切合时用的文章。

（2）“切于当今”。陆燿指出：“以今人之文言古人之所已言与其所不必言，不若以今人所欲言与其必当言者以著之文。”反对是古非今、食古不化的保守思想。他以“碣石”的移动为喻来批评泥古之弊，他说：“事固有与古相违而于今适合者，譬诸河焉碣石，其入海而之路也，自屡徙而南，今在怀卫徐邳以下矣，言道而必执古人之说，不犹入海而必循碣石之踪乎？”[②]《切问斋文钞》选文尤切于今。

（3）“两说并存”。陆燿说：“一事而两说并存，欲使穷理君子，去短取长，补偏救过，归于至是。故限田、授田，黄、陈两说并录；民兵、屯兵，魏、李之言各著。因时措施，惟在当局者之权衡一心矣。”[③]《切问斋文钞》对于同一问题若有两种意见，则两说并存，以供参考。

（4）“言论有轻重缓急”。陆燿指出：“立言有轻重缓急之不同，是编于

---

①②③ 陆燿：《切问斋文钞·凡例》。

诸家同论一事中，微分次第。若以名位时月为先后，转虑颠倒失序，不便循览。”[①]《切问斋文钞》在对待同一主题的文章时，在编排上依其重要性略分先后，而不以作者名望或作品时间为标准。

从上述编辑方针，可以看出《切问斋文钞》是对《皇明经世文编》的承继。只是当时《皇明经世文编》为禁书，为避嫌疑，陆燿不敢用“经世文编”名称，而用《切问斋文钞》。同治八年（1869），江陵钱氏重印《切问斋文钞》时就径直改名为《皇朝经世文钞》。

《切问斋文钞》在承继《皇明经世文编》的同时，也有所改进和发展。

首先，《切问斋文钞》摒弃了《皇明经世文编》以人物为中心的分类法，改为以类别为中心的分类法。《皇明经世文编》按照“文从其人，人从其代”的标准分类，这种结构体例虽然能集中展示某个历史人物方方面面的思想，使得人物的个案研究较为便利，但因此使围绕同一问题的各种议论支离破碎，无法显示经世之学的整体全貌，既有碍士子对经世之学的系统研习，也不方便检索和使用。《切问斋文钞》设计了一种全新的编排方法，以问题为中心，分为学术、风俗、教家、服官、选举、财赋、荒政、保甲、兵制、刑法、时宪、河防十二门，所选文章按讨论的问题和轻重缓急安排在各个分类目录中。《四库全书总目提要》曾指出“以人分类”和“以事分类”的不同功效：“以人而分，可以综括生平，尽其人之是非得失，为论世者计也。以事而分，可以参考古今，尽其事之治革利弊，为经世者计也。”因此，从《皇明经世文编》到《切问斋文钞》，从表面上看是分类方法的转变，深层的内蕴则是经世之学的成熟化和体系化。以类别为中心的分类法，使经世思想落实为一种更有系统的学问。晚清的各种“经世文编”，都承继了《切问斋文钞》的以类别为中心的分类法。

其次，陆燿在《切问斋文钞》中将学术置于各类目之首，彰显了经世之学“学”“治”合一的特色，也使“经世文编”的体例更为完善。《皇明经世文编》虽然也强调“有经世之才，必济以经世之学”[②]，但所收文章大都为治平之术，“仅为施政文牍之汇编”。与《皇明经世文编》相比，《切问斋文钞》“治体”

① 陆燿：《切问斋文钞·凡例》。

② 《皇明经世文编·徐孚远序》。

与“治法”并重，显然更具经世之学的理性自觉。《切问斋文钞》全书共分 12 目、30 卷，约 44 万字，各目的卷数、篇数、页数和页数比例详见下表：

名称	学术	风俗	教家	服官	选举	财赋
卷数	3	5	2	1	3	4
篇数	51	99	36	18	38	48
页数	69	121	41	32	72	101
比例	9.4%	16.4%	5.6%	4.3%	9.8%	13.7%
名称	荒政	保甲	兵制	刑法	时宪	河防
卷数	2	1	1	1	1	6
篇数	30	26	13	19	17	11
页数	66	45	16	25	23	125
比例	9.0%	6.1%	2.2%	3.4%	3.1%	17.0%

资料来源：黄克武：《理学与经世——清初〈切问斋文钞〉学术立场之分析》，《中央研究院近代史研究所集刊》第 16 期，台北，1987 年。

从表中可见，河防、风俗、财赋者是《切问斋文钞》关注的重心，其次是选举、学术、荒政，其他的六部分所占分量则较少。

乾隆年间，考据学如日中天，经世精神隐而不彰，《切问斋文钞》刊印推动了经世实学的发展，成为清代经世实学及“经世文编”发展过程中的一个重要环节，上承《皇明经世文编》，下启《皇朝经世文编》。

第二节　《皇朝经世文编》编纂及影响

一、“晚清经世运动之宣言”

《皇朝经世文编》一书编纂于道光五六年间（1825—1826），刊行于道光七年（1827），编纂者署名贺长龄，实由魏源操作。据魏源自称：“少游京师，好咨掌故，曾以道光五载为江苏贺方伯辑《皇朝经世文编》。”①

① 《魏源集》上册，中华书局 1983 年版，第 163 页。

魏源在代贺长龄撰写的《皇朝经世文编叙》中，明示该书编纂的四条准则，这就是：

> 事必本夫心。……然无星之秤不可以程物，故轻重生权衡，非权衡生轻重。善言心者，必有验于事矣。
>
> 法必本于人。……然恃目巧，师意匠，般、尔不能闭造而出合。善言人者，必有资于法矣。
>
> 今必本夫古。……然昨岁之历，今岁而不可用，高、曾器物，不如祖、父之适宜；时愈近，势愈切，圣人乘之，神明生焉，经纬起焉。善言古者，必有验于今矣。
>
> 物必本夫我。然两物相摩而精者出焉，两心相质而疑难形焉，两疑相难而易简出焉。……切焉劘焉，委焉输焉。善言我者，必有乘于物矣。[①]

在心与事、人与法、古与今、我与物四大关系上强调了事、法、今、物的重要性，从而不仅为“经世致用”这个古老的概念作出较明确的界说，而且鲜明昭示了晚清经世实学的基本精神。台湾学者刘广京认为，魏源所撰《皇朝经世文编叙》一文，“不啻为晚清经世运动之宣言”[②]。

根据四项原则，魏源在《皇朝经世文编五例》中确立了“审取”“广存”“条理”“编校”“未刻”五项具体的选文标准和编辑准则。

所谓“审取”，即选文的总原则。魏源说：“书各有旨归，道存乎实用。志在措正施行，何取纡途广径？既经世以表全编，则学术乃其纲领。凡高之过深微，卑之溺糟粕者，皆所勿取。”

所谓“广存”，指选文时要广取存异。魏源说：“有利必有害，论相反者或适相成，见智亦见仁，道同归者无妨殊辙。……惟集思而广益，庶执两以用中，则取善之宜广也。文无难易惟其是，讵容喜素而非丹？圣有谟训择于狂，未可因人以废论。矧夫适用之文，无分高下之手。或迩言巷议，涓流辄裨高深；或大册鸿编，足音寥同空谷。故有录必有披，无简可略，匪但专集宜寻，

① 《魏源集》上册，中华书局1983年版，第156—157页。

② 刘广京：《魏源之哲学与经世思想》，《近世中国经世思想研讨会论文集》（台北），第364页。

亦多他书别见，则网罗之宜广也。”

所谓“条理”，指选文的分类原则。魏源说：“纲举固目张，事繁则理颐。方分疆划界之中，有会［同］触类之旨。漕储裕国，事专户，而河漕相关，则并宜问之工矣。水利动帑，事［专］工，而农田救荒，又牵连夫户矣。有治人无治法，故仓储、保甲各专门者，仍挈其原于吏。知治家即治国，故宗法、家教皆自修者，而属其政于礼。经筵遍陈天下之庶政，而义主陈诲，则政本归焉。风俗备罗人事之缺失，而义箴非礼，则正俗统焉。他若出礼入刑，服制通乎断狱；寓兵于农，保甲亦可审丁；此异而同也。至于同类之中，各有伦族：一荒政而蝗、蛟、疫厉胥皆；一农政而蚕桑、牧、树咸属；学校则包贡举，马政则兼驿传；钱币先以矿场，地利旁及城堡；下河本淮、扬水利，而入河防则淆；滹、桑为畿甸河工，而滥之水利则混；此［同］而异者也。甚至数篇之内，先后无移；两文之间，切磋互发；物其多矣，方以聚之，右有左宜，是在君子。”

所谓“编校”，指对已入选文章的编辑和校勘规则。魏源说：“今兹所录，咸据椠本，保无子瞻海外未辨存亡，乐天时人已疑今古，彼既行世之书，吾取经世之益。其有见闻所及，确然生存，则止旁注集名，虚其氏字，庶文资乎救时，复例绝夫标榜。若夫论事尚简明，而公牍之蔓冗易晦；建议期切实，而臆见或择焉不精。不节冗，将以无文妨行远也；不去偏，将以小疵废大醇也。岂必待韩而削荀，抑亦撿瑕以全璧。至于句读以省浏览，圈识以明章段，上法老泉《读孟》，近仿梨洲《文定》云尔。”

所谓“未刻”，指同时拟订但还未完成的同类著作。魏源说：“创编之始，蓄愿良奢，尚有《会典提纲》廿卷以稽其制，《皇舆图表》廿卷以测其地，《职官因革》廿卷以详其官，更辑《明代经世》一编以翼其旨，庶几自叶流根，循源达渤，质之往古如贯串，措之当世若指掌。欲脱全稿，尚待他时，先出是编，以质同志。”

与此同时，在《皇朝经世文编五例》揭示经世学者的两大主张：

第一，研究当代之典制及其历史沿革：“盖欲识济时之要务，须通当代之典章；欲通当代之典章，必考屡朝之方策。”

第二，注重功效与实际“治术”：“盖土生禾，禾出米，米成饭，而耕获舂炊，宜各致其功，不可谓土能成饭也。脉知病，病立方，方需药，而虚实补泻宜各通其变，不得谓一可类推也。”[①]

《皇朝经世文编》远绍陈子龙的《皇明经世文编》，近承陆燿的《切问斋文钞》。但与两书相较，《皇朝经世文编》在分类上则更为成熟。陆燿的《切问斋文钞》分学术、风俗等十二门，显得较为散漫。《皇朝经世文编》则分学术、治体、吏政、户政、礼政、兵政、刑政、工政八纲，八纲之下又细分为65目：

学术：原学、儒行、法语、广论、文学、师友

治体：原治、政本、治法、用人、臣职

吏政：吏论、铨选、官制、考察、大吏、守令、吏胥、幕友

户政：理财、养民、赋役、屯垦、八旗生计、农政、仓储、荒政、漕运、盐课、榷酤、钱币

礼政：礼论、大典、学校、宗法、家政、昏礼、丧礼、服制、祭礼、正俗

兵政：兵制、屯饷、马政、保甲、兵法、地利、塞防、山防、海防、蛮防、苗防、剿匪

刑政：刑论、律例、治狱

工政：土木、河防、运河、水利通论、直隶水利、直隶河工、江苏水利、各省水利、海塘

这八纲65目又可以分为“学术”“治体”和“六政”三部分，反映了魏源经世之学的基本架构：学术—治体—治法。因此，《皇朝经世文编》无论是在宏观把握上还是在细密分类上，都比陆燿的《切问斋文钞》成熟。《皇朝经世文编》还具有一种学术自觉，这就是“视经世之学为一门学术，足与汉学、宋学分庭抗礼”[②]。这一点更为《皇明经世文编》和《切问斋文钞》所不具有。因此，《皇朝经世文编》的问世，开创一代学风，成为晚清经世实学复兴的重要标帜。

二、“讲求经济者”的“矩矱”

《皇朝经世文编》收录道光以前清代254位作者的两千余篇经世文章，“凡

① 《魏源集》上册，中华书局1983年版，第160页。

② 刘广京、周启荣:《〈皇朝经世文编〉关于经世之学的理论》，台湾中央研究院《近代史研究所集刊》，第15期。

文字足备经济、有关治世者，无不蒐采”。不仅敢于对清代的吏政、君臣职分、用人政策等敏感问题加以探讨，而且对清代面临的所有社会问题都予以足够的重视，其中较多地收录了税收、漕运、盐法、币制、荒政、水利、河工等事关清代经世实务的内容。此外对清代的军事、刑法、礼俗制度等方面亦有所涉及。成为清代道光以前掌故之渊海，集清代前中期经世实学之大成，对当时和后世的影响十分重大。盛康说：《皇朝经世文编》“钜典宏规，于斯乌萃，言经济者宗之”[①]。晚清汉学大师俞樾也说：“《皇朝经世文编》数十年来风行海内，凡讲求经济者，无不奉此书为矩矱，几于家有其书。”[②]曾国藩、左宗棠等洋务派也都非常重视《皇朝经世文编》，曾国藩曾说：“经济之学，吾从事者二书焉，曰《会典》、曰《皇朝经世文编》。”[③]将《皇朝经世文编》作为学习、钻研经世之学的根柢。对《皇朝经世文编》一书，左宗棠曾反复研读，以至“丹黄殆遍”。他说：“《皇朝经世文编》《五种遗规》两书，体用俱备，案头不可一日离也。”[④]在《皇朝经世文编》的影响下，从晚清至民国初年，还出现了一股“经世文编”热。依《皇朝经世文编》体例的续编之书，竟多达20余种（详见下表）。《皇朝经世文编》在中国近代社会的影响可谓深远。

晚清民初经世文编一览表

文编名称	编者	卷数	刊行年代
《皇朝经世文编》	贺长龄 魏　源	120	道光七年 （1827）
《皇朝经世文编补》	张鹏飞	58	道光二十九年 （1849）
《皇朝经世文续编》	饶玉成	104	光绪七年 （1881）
《皇朝经世文续编》	管窥居士	120	光绪十四年 （1888）
《皇朝经世文续编》	葛士濬	120	光绪十四年 （1888）
《皇朝经世文续编》	盛　康	120	光绪二十三年 （1897）

① 盛康：《皇朝经世文续编·例言》。

② 俞樾：《皇朝经世文续编·序》。

③ 《曾文正公手书日记》，辛亥年七月。

④ 《左文襄公全集·书牍》卷二。

续表

文编名称	编者	卷数	刊行年代
《皇朝经世文三编》	陈忠倚	80	光绪二十三年（1897）
《时务经世分类文编》（又名《时务经世文编初集》）	求是斋主人	32	光绪二十三年（1897）
《皇朝经世文新增时务续编》（又名《皇朝经世文三编增附时务洋务》）	甘韩	48	光绪二十三年（1897）
《皇朝经世文新编》	麦仲华	21	光绪二十四年（1898）
《皇朝经济文编》	求自强主人	128	光绪二十七年（1901）
《皇朝经济文新编》	宜今室主人	61	光绪二十七年（1901）
《皇朝经世文统编》	邵之棠	107	光绪二十七年（1901）
《皇朝经世文统编》（又名《增辑皇朝经世文统编》）	阙名	120	光绪二十七年（1901）
《皇朝经世文四编》	何良栋	52	光绪二十八年（1902）
《皇朝经世文编五集》	求是斋	32	光绪二十八年（1902）
《皇朝经世文新编续集》	甘韩	21	光绪二十八年（1902）
《皇朝经世文续新编》	储桂山	30	光绪二十八年（1902）
《皇朝蓄艾文编》	于宝轩	80	光绪二十八年（1902）
《民国经世文编》	上海经世文社	不分卷	民国三年（1914）

第三节 “皇朝经世文”的补编、续编和新编

晚清经世文编的相与赓续，一方面固然是因为自《皇朝经世文编》问世后，深受士人推崇，使以“经世文编”传播经世实学的形式深入人心；另一方面，随着晚清经世思潮和经世实学的发展，“经世文编”的内容和形式也需因时而变。因此，考察各个时代的经世文续编，可以发现晚清经世实学的演进轨迹。

张鹏飞（1783—1854）于咸丰元年（1851）辑成的《皇朝经世文编补》，是最早出现的续编。张鹏飞针对《皇朝经世文编》“详东南略西北”[①]的弱点，广采西北地区的文章分别补于其中42个子目后，并对原编和续补各文详加批注。但正如该书的题目所昭示的，他只是对《皇朝经世文编》的补充，在内容上并没有多少创新，与《皇朝经世文编》同属道咸经世实学。

张鹏飞曾说他的《皇朝经世文编补》“特初续耳”，以后随着经世实学的发展，“不惮二续、三续、四五续，以助见闻之不逮”[②]。果然，继张鹏飞而起，“二续、三续、四五续”相继出现，种类达20余种之多。与《皇朝经世文编》相比，这些续编和新编无论在内容上，还是在结构上，都有发展。根据这些内容和结构的变化及出现时间的先后，这20余种续编和新编可分为洋务时期、维新时期和新政时期三个阶段，这与晚清经世实学演进的历程正好吻合。

一、洋务时期的续编

19世纪60年代至90年代，一场以“求强”“求富”为目的的洋务运动在中国大地兴起，给经世实学注入新的内容。19世纪80年代至90年代，一批反映洋务时期经世实学的经世文编应运而生。

（一）饶玉成的《皇朝经世文续编》

饶玉成，字新泉，江西东乡人。曾任长沙县典史。李元度称他“天怀夷旷，随遇而安”[③]。饶玉成家富有藏书，曾校印《钦定全唐文》，后又校印《贺编》巾箱本。所辑《皇朝经世文续编》（以下简称《饶编》）120卷（其中16卷有目无文）成于光绪八年（1882），共选辑自道光至光绪初年50余年间的奏疏、文牍等经世文519篇，体例仍仿《贺编》之旧，分为学术、治术、吏政、户政、礼政、兵政、刑政、工政8纲62目。《饶编》实际上是对《贺编》的补辑、续辑。一方面，补选了《皇朝经世文编》“未遑收入”的道光前的“巨制名篇”，如谢济世、黄炎等人文章；另一方面，又续选了道光至光绪初年的经世文章。

①② 张鹏飞：《皇朝经世文编补·序》。

③ 李元度：《饶新泉六十序》，饶玉成编：《皇朝经世文续编》卷十四。

在《饶编》纂辑之际，洋务运动已进行20余年，讲求声光化电、“辟馆选才”以富国强兵的风气已十分浓厚。虽然饶玉成没有把商务、制造、外交等洋务文章专列纲目加以采录，但他是认识到这一点的：“有经世之权者，或操是为左券，而更能变通尽利，施措咸宜，经济文章合为一事，庶及发扬洪烈，诩赞皇猷，亦且显当时而传后世，则是编未始非博雅之一助云尔。”[①]他在《例言》中说：“洋务为千古创局，前编略而不详，近日有志经世之士，类皆于此力肆讲求，兹编于臣工之奏章，私家之著述，凡有涉海防、通商事宜皆为采入，冀为留心时务者之一助。”[②]例如，在“海防”目下，饶氏选辑了林则徐的《请改大鹏营制折》和《敬陈夷务折》、魏源的《筹海篇（议守）》、郭嵩焘的《论海防——先明本末之序》和《论海防——兼顾水陆之防》、李鸿章的《复奏海防条议》、沈葆桢的《复奏洋务事宜疏》等23篇洋务文章，反映了当时关注的焦点所在。说明饶氏虽没专列洋务纲，但其着意洋务的思路已清晰可见。

《皇朝经世文续编》刊行后6年，有管窥居士的《皇朝经世文续编》问世，该书120卷，共收文750篇。其《序》称：“贺耦耕先生《经世文编》成于道光丙戌，阅今六十年。初续于安康张氏，再续于东乡饶氏，风行宇内久矣。今年春，坊友谋重梓行世，嘱予略采近时诸家，补原续所未及。”该编可以说是在《饶编》基础上的补编，它从《饶编》选取了500篇（其中有的将几篇合成一篇），实际只补了270篇，只占全书的三分之一强。因此该编“阅半载竣事，急就成章”。其商业性操作方式十分浓厚，因此，尽管该书成书迅速，但流传不广。

（二）葛士濬的《皇朝经世文续编》

成书于1888年的葛士濬所辑的《皇朝经世文续编》（以下简称《葛编》）是首先打破《皇朝经世文编》成例的一部续作。葛士濬（1845—1895），字子源，上海人。“家学甚伟，又克自奋励，与同志诸子日夕讨究，好谈经济，不屑屑为章句诂训之学”[③]。葛氏认为《皇朝经世文编》“编成于道光丙戌，迄

① 饶玉成：《皇朝经世文续编·序》。
② 饶玉成：《皇朝经世文续编·例言》。
③ 于鬯：《皇朝经世文续编·跋》。

今六十余年。世局既有变迁，论议因之日积”。原有的许多内容已不敷时用。尽管“东乡饶氏、阳湖盛氏皆有赓续”，但“饶编出于光绪壬午，盛编迄今未出”[①]，因此，有必要推出新的续编之作。正如俞樾在《皇朝经世文续编·序》中所言：“近年风会日辟，事变益繁。如洋务为今日一大事，非原书海防所能尽也；奉天、古林、新疆、台湾各设行省，因地制宜，非原书吏治所能尽也；开矿自昔有禁，而今则以为生财之大道，非原书钱币所能尽也；军国之用，取给抽厘，非原书榷酤所能尽也；有轮船以行江海，近又有轮车以行陆，非原书漕运所能尽也；中西算学日新月盛，朝廷辟馆以造就人材，且宽其格以取之，非原书文学所能尽也。”[②] 的确，《皇朝经世文编》体例在许多方面已不能容纳经世实学的新内容，急需加以变化以适应时代的变迁。

于是葛氏在《皇朝经世文编》原有的八纲之外，专设“洋务”一纲。他在《例言》首条中声明：“自道光壬寅以后，中外交涉日繁，有非海防、塞防所能概者。京师总署之设，与六官并重。往岁廷臣恭纂《穆庙实录》，亦闻洋务别为卷帙，兹师其意立‘洋务’一纲，系以七目，曰洋务通论，曰邦交，曰军政，曰教务，曰商务，曰固圉，曰培才。”[③]《葛编》洋务纲共收奏折文章近二百篇。其中不仅收录大量当时声名显赫的洋务大吏如曾国藩、左宗棠、李鸿章、张之洞等人谈论洋务的奏疏和文章，而且选辑了思想家冯桂芬、薛福成等人的论议，如冯桂芬的《重专对议》《采西学议》，薛福成的《条议一则》《船政筹洋刍议》《敌情》等近十篇。《葛编》还收入不少出使过国外的洋务官员的奏疏文章，此类人士对于西方有更多的直接了解，其西学见识远在国内人士之上。如驻英法公使郭嵩焘的《拟陈洋务疏》等；驻日使馆外交官姚文栋的《答倭问兴亚》《日本地理兵要例言》《琉球志跋》等6篇；曾出使法国的李凤苞的《巴黎答友人书》，等等。《葛编》同时还收入美国传教士丁韪良有关外交的15篇文章，显示了编者在选文视野上的拓展。

《葛编》对《皇朝经世文编》体例的另一突破，是将“算学”附于“学术”纲的“文学”目下。葛士濬认为：“《贺编》学术文学类于经子史学大纲暨诸儒论文，采取略备，而仍不及算学。殆例言所谓务非当急，人难尽通者欤。

①③ 葛士濬：《皇朝经世文续编·例言》。

② 俞樾：《皇朝经世文续编·序》。

然天文乐律实古圣治法之本原，而制器测地尤近今经纶之要务，非可以一艺目之，况其致用尚不止此。闭而莫载，遗憾实多。”所以葛氏“别辑各篇，辱以见贻，析为三卷，附列文学类，备学者观览”①。从而突破了《皇朝经世文编》的局限。洋务时期的“采西学”“设局厂”，造成晚清“格致之学”的勃兴，葛士濬的做法正顺应了时代潮流，反映了时代的要求。在葛氏选取的46篇有关算学、天文的文章中，有代表道咸年间精通西洋数学、天文的科学家的作品，如项名达的《对数简法跋》，戴照的《对数简法识》，徐有壬的《截球解义》，顾观光的《四元解序》和《对数探原序》等；也有同光时期的科学家李善兰和伟烈亚力合译的《代微积拾级》一书的序文，以及他俩合译的天文著作《谈天》的序文；还有刘彝程的《论对数根》，沈善蒸的《论海洋深浅之理》，贾步纬的《表算日食法》，金楷理的《翻译航海通书原本》，胡惟德的《更定测北极出地简法》，等等。由上可知，《葛编》一方面收有不少前辈科学精英的大作，另一方面也揽入不少同时代科学家的前沿成果，一定程度上展示了道咸同光之际天文算学的研究水平，对近代数学、天文知识的普及不无裨益。

此外，《葛编》在其他纲目上也有调整和添增。葛氏指出：“《贺编》以顾氏（炎武）《日知录·州县界域》、陈氏（祖范）《分县议》、沈氏（起元）《议覆分立州县书》入吏政官制类，以龚氏（自珍）《西域立行省议》入兵政塞防类，殆以篇目不多，故未别设专门耳。今自奉、吉、新疆、台湾改设行省，建置益繁，且风会日开，舆地一门成专家之学，若仍《贺编》分隶各类，非但散裂难稽，且多无可附丽。”所以“别辑‘疆域’二卷，冠‘户政’十二目之首”。收有岐元《会勘奉吉两省围场荒地界址疏》、崇厚《奉省边防南北路均应添设地方官以资治理疏》等文，但“其言攻守形势者，仍入兵政地利类”②。

《葛编》虽有选文不精之憾，但在紧跟时代潮流、更新体例、开拓新视野方面确实胜于前此诸编。因此，《葛编》在上海一时颇为流行。

（三）盛康的《皇朝经世文续编》

盛康编纂的《皇朝经世文续编》（以下简称《盛编》）刊于光绪二十三年

①② 葛士濬：《皇朝经世文续编·例言》。

(1897)。盛康(1814—1902),字旭人,江苏武进人,盛宣怀之父。1858年曾入胡林翼幕府,后任湖北盐法道。道光以后,“荩臣志士”于国计民生多议论、经营,盛康“曩岁历官两省,即有志蒐辑,以续贺氏之书”。后来在长子盛宣怀的帮助下,“纵览近代名家专集及军兴以来奏牍书札,历年择录,积盈箧衍”①。延揽著名学者缪荃孙、汪洵等参与校订,分类编辑而成《皇朝经世文续编》120卷,共收文2085篇,“合四朝往事系于一编”②。

《盛编》纲目体例基本上与《皇朝经世文编》相同,分学术、治体、吏政、户政、礼政、兵政、刑政、工政八纲。但盛康认识到《皇朝经世文编》原有纲目有的已不能适应新形势的需要,他说:“中叶震业事尚权宜,条约分歧,更变迭出,言交涉者遂为当务之急,专稽经制似非切要,然使内治外交杂出于六政,既莫识变迁之迹,亦难综抚驭之机。”③因此,决定“增损其目”:学术纲首设“圣学”一目“用冠全编”;户政纲增“厘捐”“开矿”“建置”三目;兵政纲增“水师”“团练”“台防”“饷需”四目,删去“屯饷”“山防”两目;将吏政纲中“幕友”目移于“吏胥”目之前,以突出其地位,将“官制”目移于“铨选”目之前,以正其序;礼政纲中将“贡举”单列一目,排于“学校”目后。这样全书变为8纲71目。而有关对外交涉事宜,盛康“拟辑为外编,别立门目,而疆界筹备及洋药之类皆附焉”。但“塞防、海防及农政之禁莺粟仍归六政”④。

《盛编》编辑时间前后长达七年,并延请著名学者缪荃孙、汪洵参与校订,又是武进盛氏思补楼自家刻本,故编印比较精审。但成于1897年的《盛编》并未涉及康梁等人的变法文章,说明盛康的思想停滞于洋务时期而未能与时俱进。

二、维新时期的续编

甲午战争的失败,宣告了洋务事业的破产。在以康有为、梁启超为代表的维新派的推动下,一场声势浩大的维新变法运动迅速在全国兴起,反映变法图强这一时代精神的续编之作竞相出台。而一些新学家,也开始积极地利用“经世文编”这一形式来宣传维新思想。

---

①②③ 盛康:《皇朝经世文续编·叙》。

④ 盛康:《皇朝经世文续编·例言》。

（一）陈忠倚的《皇朝经世文三编》

陈忠倚编辑《皇朝经世文三编》（以下简称《陈编》）始于中日甲午战后的丙申（1896）之春，当时清政府“割地偿费”，举国震动，人心思变。陈忠倚深感有必要变革文编成例和更新内容以适应变局，“于是有《皇朝经世文三编》之辑”[①]。该编成于丁酉（1897）二月，共80卷，体例同《葛编》，分学术、治体及吏、户、礼、兵、刑、工六政及洋务九门。

《陈编》的编辑及时表达了甲午战败后士人要求变法图强的心声。陈忠倚认为：“经世者，经营世事也。世事即国家之事。以《贺编》经营道光壬寅以前之事可也，以《葛编》经营光绪戊子以前之事可也。”“我中国贫弱已久，附庸之国既尽，台澎又见割矣。今日者因循苟活，甘为釜中之鱼，不欲奋鬣飞腾，安于汤渐沸而身渐糜则已。假使欲图富强，非师泰西治法，不能挽回。”[②]于是陈忠倚在文编的“治体”门中特增“变法”一目置于首，专收讨论维新变法的奏议和文章。如康有为的第二、第三、第四次上皇帝书，胡燏棻的《上变法自强条陈疏》，梁启超的《古议院考》，以及韩文举、麦孟华、郑观应等人的有关文章，共计13篇。在“学术”门中增“测算”“格致”“化学”三目，附“医理”于“广论”目下，“原学”目所收皆大都为论西学之文。“户政”门增“商务”目4卷，“礼政”门增“聘使”“约章”等目，“兵政”门增“兵械”“邮政”等目，“工政”门增“制造”“工程”“船政”“矿务”等目。“洋务”门分为“外洋沿革”“外洋军政”“外洋疆域”“外洋邻交”“外洋国势”“外洋商务”“外洋通论”七目，共12卷，最后两卷题为“外洋通论危言”，系摘录外人的言论辑成，意在警惕危亡。而对于《皇朝经世文编》中的“儒行、宗法、礼论、昏礼、丧礼、服制、祭礼”等已不合时用的诸目，“并其目而删之”[③]。

如果说《葛编》对《皇朝经世文编》的变革是局部性的“小手术”，那么《陈编》不啻是对它作了一次移植切除性的“大手术”，它反映了经世实学向近代新学过渡的趋势。

---

① 俞樾：《皇朝经世文三编·序》。

②③ 陈忠倚：《皇朝经世文三编·例言》。

（二）甘韩的《皇朝经世文新增时务续编》

甘韩，又号三鱼堂主人，所辑《皇朝经世文新增时务续编》又名《皇朝经世文三编增附时事洋务》（以下简称《甘编》），光绪丁酉（1897）五月扫叶山房石印。蘅华馆逸史在《皇朝经世文新增时务续编·序》中对于该编产生的时代背景作了说明：“中日有事以后，海内士大夫奋然而起，研求当务之急，以图自强，风气为之一变。承学之士转移心志，弃其帖括词章，而从事于西学洋务者，日见其多。于是洋务西学之书，日新月异，层见叠出。家家自谓抱荆山之玉，人人自谓握灵蛇之珠，购者争先，览者恐后，如三都赋出，洛阳为之纸贵，然求其搜罗美备、体例精善、简而能赅、详而不烦，则寥寥不可多得，学者憾之。三鱼堂主人覃精洋务，有见于此，乃依经世文正续编体例，辑成洋务三编。”① 反映出当时维新思潮风起云涌的态势。

《甘编》分“时务”40卷，“洋务”8卷，无子目，只收录80余篇文章，主要辑录同治、光绪年间洋务官僚（李端棻、盛宣怀、王文韶等）和维新派人士（汪康年、胡燏棻、陈虬等）的言论。“时务卷“以“名臣奏议”为主，兼及“通儒伟论”“各报之要闻”②，其有关洋务、变法的言论大多主张推广学校、以培养中西学兼通的人才，以及以开矿、铁路、邮政、商业等为自强之要途；“洋务卷”以“地球各国之掌故”③ 为主，专述各国国情。

序文谓《甘编》“依经世文正续编体例”，不免言过其实。该编分类和编排均极笼统，根本谈不上遵循原编体例，校印也不够精审，内容更是单薄，远非如序文所宣传。这大概与该编功利性的商业目的大有干系，《序》称：“方今朝廷崇尚西学，将变通取士之法，则是书也，有志功名者所不可少。”④ 因此该编以短小实用来吸引志在功名之人。

（三）麦仲华的《皇朝经世文新编》

与《陈编》几乎同时的麦仲华所辑《皇朝经世文新编》（以下简称《新编》）是全面宣传维新变法思潮的时代产物。

麦仲华（1876—1956），字曼宣，广东顺德人，康有为弟子。据《梁启超年谱长编》载：早在1895年五六月间，梁启超就曾积极筹备编辑一部《经世文新编》以宣传维新变法思想。他在给夏曾佑的信中称：“弟在此又拟辑《经

---

①②③④ 蘅华馆逸史：《皇朝经世文新增时务续编·序》

世文新编》，以新法新义移易旧重心……实际以我辈文字为主。”[①] 梁启超又在给汪康年的两次信中谈道：“此间又欲辑《经世文新编》，专采近人通达之言，刻以告天下，其于转移风气，视新闻纸之力量似尚过之”。又说：“前书所言欲觅大著及同志中文字辑《经世文新编》，此事似可变易中国守旧重心，颇有力量，望留意也。”[②] 但此计划最后没能由他本人完成，而是由其好友麦仲华完成。

梁启超在《序》中称赞《新编》“多通达时务之言，其于化陋邦而为新国有旨哉”。的确，《新编》以变法革新为指归，从纲目到内容都洋溢着“新”的气息。它不遵循《皇朝经世文编》的纲目，而是另立新目，分为通论、君德、官制、法律、学校、国用、农政、矿政、工艺、通商、币制、税则、邮运、兵政、交涉、外史、会党、民政、教宗、学术、杂纂21门，共收文615篇，其中，康、梁二人之文达80余篇，皆是有关变法的各种论议。康门弟子之文为数也不少，如麦孟华（麦仲华之兄）《论中国宜尊君权》等，徐勤《论日本自强之故》《中国除害议》《总论亚洲》等多篇，韩文举《推广中西义学说》《国朝六大可惜论》等，真可谓“以我辈文字为主”。《新编》中还收入英、美、日等外国人的论议之作近90篇，其中以英国传教士李提摩太之文较多，其文大多是针对中国实际介绍西学和提出的一系列变法设想。

麦氏《新编》得到其后续者的颇高评价。邓邦述曾说：“其言虽驳而切于时局，非老生常谈不当事势者之可比。故虽以得罪之故，痛诋深绝，而尝户置一编，不胫而走。少年浮薄之子，则奉为秘籍，以为真不朽之大业也。”[③] 张謇称：“《经世文新编》，取材宏富，分类精详，脱前人六部之窠巢，改经世三编之体制，广集当时名公奏议、多士宏编，诚足示圭臬于后生，树仪型于小子，佥称杰作，可谓名下无虞。”[④] 日本学者百瀬弘认为：“该书不但在体例上打破了以‘六部’为中心的编辑格式，内涵上亦有所创新”，“在经世文编发展史上是一大突破”[⑤]。

①② 《梁启超年谱长编》，上海人民出版社1983年版，第48页。

③ 邓邦述：《皇朝经世文新编续集 · 序》。

④ 张謇：《皇朝经世文续新编 · 序》。

⑤ 转引自黄克武：《经世文编与中国近代经世思想研究》，台湾《近代中国史研究通讯》第2期，1986年9月。

三、新政时期的续编

光绪二十七年（1901），西太后发布“新政”上谕，宣布实行新政改革，史称“晚清新政”。在新政期间，涌现出一大批“经世文”续编。此时的榜样不再是《皇朝经世文编》，而是《皇朝经世文新编》了。

（一）《皇朝经济文编》

《皇朝经济文编》，求自强斋主人辑，共128卷，光绪二十七年（1901）上海慎记书庄石印本。求自强斋主人十分重视经世文编的功用，他说：“经济者，经纶天下之大经而济世以利民。上理其政，下安其业，使寰海澄清，共食太平之福者也……有治人，尤不可无治法。列朝之宪典，近世之规模，皆士君子所宜访求而不能置之不问焉，此经世文之所由辑欤。”①他批评《皇朝经世文编》及其后继者虽“博采兼收”，“犹有所窃憾”。一是“去取太严……未免隘其途而不克广其用”；二是“天子承祖宗艰大之托、国家神器之重，幡然改计，凡体国经野诸政，无不与时变通”，而今之言学、言治等学问非昔日之编所能尽，有鉴于此，编者“汇集名公卿之奏疏与夫魁儒之论说杂著，取其忠诚激发感慨淋漓、有可供朝廷敷布之资者”，“仍循经世文之宗旨”辑成一编②。

该编在《皇朝经世文编》纲目基础上另加“西政”一门，共九门，123目，收文2325篇。比之《皇朝经世文编》，该编子目增加近一倍，如学术门新设格致、测绘、译书、医学目，将前编散见于其他目下的相关内容单独归类，以突出主题。其西政一门，分史略、交涉、制造等22目，专述西洋各国政情。

（二）《皇朝经济文新编》

《皇朝经济文新编》61卷，宜今室主人辑。其《序言》称：“通经贵乎致用”，“士人当为有用之学，明乎经世之学”。“夫所贵乎士者，为其能经国也，能济时也，能著书立法以教农工商而使之有所遵循也”。因而宜今室主人特辑一编，专以讲求经济为宗旨。“凡名卿之奏疏，与夫硕儒之论说、杂著，其有关于内政外交，足供朝廷敷布之资者，莫不旁搜博采，细为编辑。”③

全编共分通论、变法、君德、法律、学校、农政、蚕桑、矿政、工艺、制

①② 求自强斋主人：《皇朝经济文编·序》。

③ 泰云氏：《皇朝经济文新编·序言》。

造（附火器）、船政（附商轮）、币制、商政、税则、邮政、铁路、电报、兵政、交涉、外文、民政、教务、筹洋、杂纂、西医25门，分类大体同于《新编》。所收文章皆围绕新政，就变法、吏治、民生、学校、科举、军制、财政等因革各举所知。

（三）《皇朝经世文统编》

《皇朝经世文统编》（以下简称《邵编》），共107卷，邵之棠辑。该编体例与前编皆不同，它采用经济八科的分类方式。1898年正月，贵州学政严修请设经济特科，因戊戌政变而停止。1901年，慈禧诏令再次举行。《邵编》就是依据经济特科所包括的内容，分为八科专门之学：文教、地舆、内政、外交、理财、经武、考工、格物。八科之下，再分99子目，八科之外，“其无可专属者”另设通论、杂著两门。本编汇集“国朝宝臣魁士有用之文”“东西人士所撰有裨政学”之文2769篇，真可谓鸿篇巨制。其搜罗之广，为其他诸编所不及。但细细翻检一番，不难发现，该编是在前编即《贺编》《饶编》《葛编》《盛编》《陈编》《新编》等的基础上挑选出清初至清季以来有关国计民生、国朝掌故、历史沿革、变政改革的文章，根据新形势重新加以统筹编辑，故名“统编”。从而显示出那一时期旧学向新学过渡、演进的态势。

（四）《皇朝经世文统编》

《皇朝经世文统编》亦名《增辑经世文统编》，编辑者佚名。由于与《邵编》同名且同时同地刊行，极易被误为同一书的不同版本。其实两书体例完全不同，选文也大有出入，并非是同一种版本的书。该统编“本贺氏分门之旧，参以葛制，增立洋务一门，厥数凡九，又各剖为子目”。其子目除刑政门外均有增添，共97目，收文1833篇，内容大多涉及西学、西书、漕、河、农、水利及厂局、铁轨等新政，以封强大吏、洋务官僚的言论为主。

（五）《皇朝经世文四编》

《皇朝经世文四编》52卷，何良栋辑，光绪二十八年（1902）鸿宝书斋石印本。陈邦瑞《序》道出了该编刊行的时代背景：“方今国家讲求实学，广征经济之才，用备维新之佐，取中学为体，西学为用，于是经世文编都人士莫不家置一编，更觉洛阳纸贵矣。独是中西人才层出不穷，而奇文伟论之作，亦日新而月异。今鸿宝斋主人广搜博采，续为四编。”

其体例大体上同于《陈编》，即在原来八纲外另加“外部”一门，共分17目，相当于《陈编》的洋务门。原来八纲的子目多有增加，均系有关西学和新政的，如学术门增有地学、声学、光学、心学、重学、汽学、身学、医学等目，礼政门增有公法、议院、报馆等目，工政门增有机器、铁路等目。全编共9门、128子目。

（六）《皇朝经世文编五集》

《皇朝经世文编五集》32卷，求是斋主人编辑，1902年上海宜今室石印本，收文377篇。关于该编的内容，求是斋主人在《例言》中称：“甲午以后，朝野上下莫不讲求两学。是书蒐罗新政时事，为卷三十有二。……是编取近来中西名人新著言西事之书，为《富国策》《富强策》《庸书》《危言》等书二十余种，并各国日报论说采摭奏议策论以及算学舆地。……是书所辑，皆近译新政切要之书，或海内名人新著罕见之本。”

（七）《皇朝经世文续新编》

《皇朝经世文续新编》又名《续经世文新编》，30卷，收文558篇，储桂山辑。全编分为大局、时势、交涉、舆地、政治、防务、兵学、火器、兵制、海军、西政、西学、天文、格致、文学、工艺、制造、商务、理财、河工、农利、医学、铁路、矿务、刑律、育才、教务、钱币、吏治、变法30门。

张謇《序》云：“一代之兴，必有一代之治。治与时为变通。……　法积久则弊生，设使子孙不得有因革，是速子孙之亡也……老儒宿士硁硁然，以不可更易祖制藉口，何如随时因革之为愈乎？信如是，则经世之书转瞬即为旧物。欲补救当世之弊，亦非时作续貂之请不可。”从而道出了续编经世之书的必要性。张氏指出，由于麦氏《新编》刊行已五载，“识时俊杰之议论渐积成帙，充满于案头，而纷乱不可检读者，指不胜屈”，因此储桂山“与同门友续辑是编……体例与新编异，而命之续集者，便旧名也”①。

（八）《皇朝蓄艾文编》

《皇朝蓄艾文编》80卷，共选文1075篇，于宝轩辑。该编“子目悉仿《麦编》，折衷增省”，少了会党、民政两门，多了水利、地学、边陲、算学四门，

① 张謇：《皇朝经世文续新编·序》。

故本编共 23 门。于宝轩在《序》解释篇名“蓄艾”的意义和来源，他说：“吾中国病深矣……非储药笼于深山，征奇方于海外”，不能医治。“此所以读《孟子》三年求艾一编”。“宝轩学薄识浅，蒿目时艰，向读中西经济文稿，辄命颖留簏中，积久累册，……恐抉择未精，芜秽糅列，因取《孟子》之义，名曰蓄艾。益厕诸贺、盛诸编之后，有愧续貂，不足当经世之道云尔。”① 之所以不称“经世文编”而叫“蓄艾文编”，完全是出于一种自谦。

该编于中外人士之著搜罗宏富。《凡例》称：“兹编宗旨在于救时，辑成后与诸家研校，芟削雷同，不敢剽窃”。如果说《新编》宣传变法思想不免囿于一家之言，忽略了其他诸家变法言论的传播，那么《于编》则不囿于一家之言，广搜博采各家之言，其中外人著述尤其丰富（占全编的 25%）。张之洞评价说：该编“以之备编译局考求原委，证辨是非，不无小补”，“洵经世学一大观也”②。

从《皇朝经世文编》到《皇朝经世文续编》，再至《皇朝经世文新编》，“经世文编”的新学成分越来越多，旧学成分越来越少，其思想内容和学科分类，已不再是传统经世实学所能涵盖的了。晚清经世实学就是在“经世文编”的这种不断承续的过程中，一步一步地走向近代新学。

① 于宝轩：《皇朝蓄艾文编 · 序》。

② 张之洞：《皇朝蓄艾文编 · 序》。

结　语　晚清经世实学价值重估

一、“三种路向”和“四个阶段”——晚清经世实学的流变与演迁

综观晚清经世实学的流变与演迁，从横向考察，可分为“三种路向”；从纵向考察，可分为“四个阶段”。

一、晚清经世实学的“三种路向”

冯友兰曾把中国传统学术分为“子学时代”和“经学时代”两个时期，他说：

> 自汉武用董仲舒之策，“诸不在六艺之科，孔子之术者，皆绝其道，勿使并进”，于是中国大部分之思想统一于儒，而儒家之学，又确定为经学。自此以后，自董仲舒至康有为，大多数著书立说之人，其学说无论如何新奇，皆须于经学中求有根据，方可为一般人所信受。经学虽常随时代而变，而各时代精神，大部分必于经学中表现之。故就历史上中国学术思想变迁之大概言之，自孔子至淮南王为子学时代，自董仲舒至康有为则经学时代也。①

中国古代学术大都以经学为中心，“其学说无论如何新奇，皆须于经学中求有根据”，“于经学中表现之”。晚清经世实学的流变与演迁自然也不例外，它以

① 冯友兰：《中国哲学史》上册，中华书局1984年版，第485页。

经学的三大流派“今文学”“古文学”（又称为“汉学”和“朴学）和“宋学”为“根据”，分别“表现”为三种路向：

1. 今文学路向

“瑆人申受出方耕，孤绪微茫接董生。”[①]在清代前期，“宋学”和“古文学”分别占据着意识形态和学术的中心，而今文经学自东汉末年以后即长期湮灭不彰。直到常州学派的庄存与和刘逢禄重开今文学门径后，今文学才异军突起，“翻腾一度”。今文学“以孔子为政治家，以六经为孔子的政治之学，所以偏重于‘微言大义’”[②]。嘉道年间，今文学的活泼学风吸引了一大批厌弃训诂形声而有志于经世致用的敏感士子，他们开始把眼光从故纸堆转向活生生的、充满尖锐矛盾的社会现实，使今文学派大张其军，并成为“一代学术转捩之枢”[③]。尤其是龚自珍和魏源，他们继承发展了刘逢禄“通经致用”的活泼学风，既鄙弃一味训诂形声的汉学，也藐视空谈心性的宋学，“以经术作政论”，在今文经学的大纛下开学人议政之风，倡变法之议，引导一代学子走向经世实学。“光绪中叶，海内风尚《公羊》之学，后生晚进，莫不手先生（龚自珍）书一编。”[④]到戊戌时期，以康有为、梁启超为代表，更将今文学说与西方政治学说和进化论相糅合，“借经术以文饰其政论”，发动了维新变法运动。因此，今文学的复兴，对于晚清学术和政治的影响颇为深广。陈寅恪曾追忆说：“曩以家世因缘，获闻光绪京朝胜流之绪论。其时学术风气，治经颇尚《公羊春秋》，乙部之学则喜谈西北史地。后来公羊今文之学，递演为改制疑古，流风所被，与近四十年间变幻之政治，浪漫之文学，殊有联系。此稍习国闻之士所能知者也。西北史地以较为朴学之故，似不及今文经学流被之深广。”[⑤]

2. 宋学路向

清朝沿袭明制，崇程、朱为正统，科举考试“一宗朱子”，因此在有清一代宋学一直高踞庙堂。然而经过明末清初思想家们的批判之后，知识界已很

---

① 梁启超：《清代学术概论》，东方出版社1996年版，第68页。

② 周予同：《〈经学历史〉序言》。

③ 梁启超：《近代学风的地理分布》，《饮冰室合集·文集》之四十一。

④ 叶德辉：《郎园北游文存·龚定庵年谱外纪序》。

⑤ 陈寅恪：《朱延丰〈突厥通考〉序》，《寒柳堂集》，上海古籍出版社1978年版，第144页。

难再建立起对理学的虔诚信念。“其沾沾而谈程朱者，不为势利之徒，即为陋儒”[1]。乾隆以后，汉学渐盛，“治宋学者已尟”[2]。宋学“偏重于心性理气，其特色为玄想的，而其流弊为空疏”[3]。嘉道之际的一批治世能臣，如严如熤、陶澍、贺长龄、林则徐等，他们在经世实践中敏锐地感觉到程朱理学在实务方面存在严重不足，因此他们在强调以“义理”修身养性的同时，又非常重视外在事功，积极讲习经世致用之学，主动地以经世实学济宋学“外王”之不足。尤其是贺长龄，他延聘魏源至幕府编辑《皇朝经世文编》，集清代前中期经世实学之大成，以供有志经世者取资借鉴。在当时考据学风仍风靡于世的情况下编辑并刊行此书，显然具有别树一帜的意义，于当时的学风转变无疑起到了非常重要的推动作用。而在他们稍后的曾国藩，更以清醒的政治眼光洞察到清王朝的统治危机需要经世实学的扶持。他在强调“义理”的同时，又肯定了“经济”（经世济民）的重要性，在姚鼐“义理、考据、词章”三学并举观点的基础上，提出了“义理、考据、词章、经济”四学并举的观点，创立了“合汉宋、兼虚实”的经世“礼学”。这是宋学走向经世实学的路径。罗泽南、胡林翼、左宗棠、李鸿章、张之洞等人在咸丰、同治、光绪几朝发展的经世实学，大体都沿着这条路径。

3. 古文学路向

古文学“以孔子为史学家，以六经为孔子整理古代史料之书，所以偏重于‘名物训诂’，其特色为考证的，而其流弊为烦琐”[4]。在乾嘉时期，古文学曾极一时之盛，以致“家家许、郑，人人贾、马”[5]，考据之风充满国中，学术界遂成一“汉学专制”之局。但在晚清空前的社会变动面前，为考据而考据的乾嘉汉学显得苍白无力，其“烦琐碎裂”“不适于用”的流弊暴露无遗。在此一形势下，汉学内部也发生着种种蜕变，呈现出内部更新的趋向。其一，从考古转向通今；其二，从考据回归义理；其三，从治经过渡到治史。追求“求是”与“致用”的统一。这实际上是要重建清初的学术传统。此一学术动向在

① 萧一山：《清代通史》卷中，第781页。

② 皮锡瑞：《经学历史·经学复盛时代》。

③④ 周予同：《〈经学历史〉序言》。

⑤ 梁启超：《清代学术概论》，东方出版社1996年版，第66页。

“最后的朴学大师”[①]章太炎的身上表现得淋漓尽致。章太炎为学追踪顾炎武，一方面，他主张治学要“研精覃思，钩发沈伏，字字征实，不蹈空言，语语心得，不因成说”[②]，反对今文学派强物就我、随意附会的实用主义的治学方法；另一方面主张“用宗教发起信心，增进国民的道德”；“用国粹激动种姓，增进爱国的热肠”[③]。

二、晚清经世实学的“四个阶段”

晚清经世实学产生于晚清古今中西冲突融会的历史大变局中，对传统文化多有创新和突破，往往“为从前四海之内所未知，六经之内所未讲”[④]。因此，“三种路向”并不能完全概括晚清经世实学的流变与演迁。除“三种路向”之外，晚清经世实学还有前后演进的“四个阶段”：

第一阶段：经世实学复兴

嘉、道以降，清朝国势日衰，已成“日之将夕，悲风骤至”的衰世，内忧外患，接踵而至。面对危局，一批以“治平”为己任的文人学士和开明官绅，极力提倡和重振经世致用的学风，以探求纾解民困、匡救时艰的良策，遂使久已湮灭的经世之学迅速复兴。他们“相与指天画地，规天下大计”[⑤]，举凡与国计民生有关的政治、经济、文化、教育等方面的改革，乃至理财、治河、漕运、海运、盐务、水利、刑狱，以及养民、边政、海防、“夷务”等实政之学，统统成为经世之学的重要内容。使得经世致用之学在道咸年间风起云涌，蔚为大观，成为一股气势磅礴的时代思潮。陶澍、林则徐、贺长龄、包世臣、龚自珍、魏源、姚莹、徐松、张穆等，都是这一时期经世派的佼佼者。而对经世实学提倡最力、理论贡献最著者，当首推魏源。他代贺长龄编辑的《皇朝经世文编》一书是晚清经世实学复兴的标志，该书的序文被称为“晚清经世运动之宣言”[⑥]。不仅如此，他还在鸦片战争后完成了面向外部世界的《海国图志》，鲜明地提出了“师夷长技以制夷”的口号，为经世实学增添了崭新的内容，深

① 侯外庐：《中国近代启蒙思想史》，人民出版社 1993 年，第 206 页。

② 章太炎：《再与人论国学书》，《章太炎全集》第 4 卷，第 355 页。

③ 章太炎：《东京留学生欢迎会演说辞》，《章太炎政论选集》，中华书局 1977 版，第 272 页。

④ 薛福成：《出使四国日记》，岳麓书社 1985 年版，第 17 页。

⑤ 梁启超：《清代学术概论》，东方出版社 1996 年版，第 68 页。

⑥ 刘广京：《魏源之哲学与经世思想》，《近世中国经世思想研讨会文集》，第 364 页。

刻影响了晚清思想和学术。

第二阶段：经世实学高潮

第二次鸦片战争的失败，使清朝统治者和士大夫们痛感“创巨痛深”，因此“人人有自强之心，亦人人为自强之言”[①]。一批主张采西学的有识之士，深感以土地、赋税、荒政、礼治、盐政、河工、治兵、漕运等实政为主要内容的传统经世实学已不敷时用，他们接过林则徐、魏源所倡导的“师夷之长技以制夷”的旗帜，采西学，设局厂，谋自强，掀起了一场以“求强”“求富”为目标的洋务运动。这一以“师夷智”为新内涵的经世运动，不仅给经世实学注入了新内容，将晚清经世实学思潮推向高潮，而且造成中国文化结构的异动，为近代“新学”的产生奠定了基础。如果说，道咸间的陶澍、林则徐、包世臣、龚自珍、魏源是晚清经世派的第一代主将，那么，同治光绪间的曾国藩、左宗棠、李鸿章、张之洞便是晚清经世派的第二代核心人物。

第三阶段：经世实学蜕变

19世纪七八十年代，以冯桂芬、郭嵩焘、王韬、马建忠、薛福成、郑观应等为代表的一批接受西学影响日益深化的早期维新派人士，已认识到西方社会的“治乱之源，富强之本，不尽在船坚炮利，而在议院上下同心，教养得法”[②]。仅靠仿造西式枪炮、轮船和创办新式企业并不能使中国富强。他们批评洋务派“仅袭皮毛，而即嚣然自以为足”[③]，主张不仅要学习西方的坚船利炮，还要学习西方的经济、文化和政治制度，实行更深刻的社会变革。早期维新派的经世思想无论是在治体上还是在治法上，都大大逸出中国古学的轨范，已非传统的经世实学所能涵盖。但他们经学的根柢不深，真正称得上“通经致用”的人寥寥无几，因而最终未能完全冲破经学的束缚，完成从经世实学向近代新学的转换。

第四阶段：经世实学终结

甲午战争的惨败，宣告了洋务派三十年自强运动的破产。在以康有为、梁启超为代表的维新派的推动下，一场声势浩大的维新变法运动迅速在全国兴起。作为维新运动的领袖和旗手，康有为、梁启超不仅发动和领导了戊戌变

① 《洋务运动》(一)，上海人民出版社1961年版，第454页。

② 《郑观应集》上册，上海人民出版社1982年版，第233—234页。

③ 王韬:《弢园文录》卷一《变法上》。

法运动，而且以新的时代精神阐释儒学旧传统，创制出一套“不中不西即中即西”的“新学”体系，完成了由经世实学向近代新学的转换。章太炎、严复等人对传统学术的批判和对近代学术精神的诠释，更从逻辑上宣告了晚清经世实学的终结。而晚清新政中科举制的废除和近代学制的确立，使“士”这一旧的社会群体逐渐消失，代之而起的是接受新式教育的各类专业知识分子，这一社会历史的变动使经世实学最终成为历史的陈迹。

二、通往近代新学的桥梁——晚清经世实学在中国文化史上的方位[①]

由于中国近代新学是在西学东渐的直接影响下发展起来的，以致近代新学从内容到形式都深受西学的熏染，不少新学家言必称西学；这样，人们往往把近代新学看成全然是“外铄”的意识形态，看成是西学的东方翻版。此类见解显然失之偏颇。首先，西学同中学一样，也有新旧之分。西学直到 16 世纪以降才发生从“古学”向“新学”的转变，即由古代中世纪文化向近代文化演进。而从 16 世纪末叶以来，中国人所接触的“西学”也是新旧杂糅的。所以笼统地说“西学即新学”，既未能全面反映西学的实际状况，也与西学东渐的历程不甚吻合。其次，近代新学在中国的发生发展，固然深受西学的刺激和影响，但它毕竟不是西学的简单位移，而是中国人在近代中国环境中所作的一种精神创造，是西学与中学既相冲突又相融合的产物。顾颉刚早在民国初年就曾提出：“吾从前以为近三十年的中国学术思想是由易旧为新的时期，是用欧变华的时期；但现在看来，实不尽然。”“在三十年内，新有的东西固然是受了外国来的文化比较吸引而后成的，但是在中国原有学问上——朴学、史学、经济、今文派——的趋势看来，也是向这方面走去，所以容易感受新来的文化。”[②] 因此，我们在考察中国近代新学的特点及形成史时，既要注意“西学东渐”这一横向运动历程，也要探索近代新学与古代文化这一纵向运动的垂直

① 本目参见冯天瑜：《道光咸丰年间的经世实学——“古学”通往“新学”的桥梁》，《历史研究》1987 年第 4 期。

② 顾颉刚：《中国近年来学术思想的变迁观》，《中国哲学》第 11 辑，人民出版社 1984 年版，第 302、307 页。

联系。

梁启超在分析清学衰落的原因时曾说：

> “鸦片战役”以后，志士扼腕切齿，引为大辱奇耻，思所以自湔拔，经世致用观念之复活，炎炎不可抑。又海禁既开，所谓“西学”者逐渐输入，始则工艺，次则政制。学者若生息于漆室之中，不知室外更有何所有，忽穴一牖外窥，则粲然皆昔所未睹也，还顾室中，则皆沈黑积秽。于是对外求索之欲日烈。欲破壁以自拔于此黑暗，不得不先对于旧政治而试奋斗，于是以其极幼稚之“西学”知识，与清初启蒙期所谓“经世之学”者相合，别树一帜，向于正统派公然举叛旗矣。[①]

梁氏认为，晚清学术转变的外部原因固然是“西学”的逐渐输入，而其内在动力，则是清代学术兴起“经世”思潮。这是颇富眼力的见解。

首先，经世实学的兴起在某种程度上是对传统经史之学的“消解”和对传统学术门类的“扩展”。

中国传统学术，以经史为主，其中又尤以经学为中心。无论是经、史、子、集的四部分类，还是义理、考据、辞章（词章）的三分法，都反映出传统学术重道轻艺的倾向（其具体表现是重人文、轻自然、斥技艺）。经世实学的兴起，把不受传统重视的实用的“专门之学”，如财赋、水利、吏治、典章、兵政、农政、荒政等纳入“学”的范围，并提升到一定的高度。经世实学在明清之际兴起，与当时的启蒙思潮相互交织，显示出一种新的时代精神的萌动，是中国学术由“古学”走向近代“新学”的最初征兆。

与明清之际的经世实学相比，晚清经世实学对传统经史之学的“消解”和对传统学术门类的“扩展”表现得更为突出。为应对西方文化的挑战，晚清经世派人士不仅从传统学术中寻找经世致用的文化资源，而且“采西学”“师夷智”。传统的经、史、子、集的各门学术，都在能否“经世致用”的标准下受到检验。王国维曾将清代学术分为国初、乾嘉与道咸以降三个时段，其各自的特征为：“国初之学大，乾嘉之学精，道咸以降之学新。”在治学内容上，道、

① 梁启超：《清代学术概论》，东方出版社 1996 年版，第 65 页。

咸以降之学“言经者及今文，考史者兼辽金元，治地理者逮四裔，务为前人所不为”[1]。所谓“务为前人所不为”，反映出的是一派正统衰落、异军复活的新气象。在学术分类上，晚清经世派人士将“经世”与“义理”“考据”“辞章”并列，明确地在中国学术门类中增加了“经世之学”。而且随着时势的变化，“经世之学”的学术门类也在不断扩展。如果说贺长龄、魏源在《皇朝经世文编》将经世之学分为学术、治体、吏政、户政、礼政、兵政、刑政和工政八门，还基本上属于中国传统学术的研究范围，那么，在接下来的续编、三编、四编和五编中，门目陆续加增，已非初时的八门分科所能涵盖。如 1902 年何良栋编辑的《皇朝经世文四编》，不仅在《皇朝经世文编》原有八门之外另加“外部”门，专门介绍各国情况；而且在子目的设计上，也多有增加和变化。如“学术门”，《皇朝经世文编》分为原学、儒行、法语、广论、文学、师友 6 目，《皇朝经世四编》则分为原学、法语、儒行、书籍、译著、通论、格致、算学、测算、天学、地学、光学、电学、化学、重学、汽学、身学、医学 18 目，虽然仍有原学、法语、儒行、师友等目，但却以讲学、译学、劝学为主。此外，“治体”门增“富强”“变法”等目，“户政”门增银行、赛会、公司等目，“礼政”门增公法、议院等目，“工政”门增机器、铁路等目。这一系列变化，显示出经世实学向近代新学演进的趋势。

当然，晚清经世派人士虽然注重“专门之学”，有发展政治学、经济学、社会学、军事学、历史学等社会科学和自然科学的要求，但因为没有获得实证科学的有力支持，毕竟失之笼统，不能产生明确的近代学科分类的概念。他们所向往的是“君与师之统不分，士与民之薮不分，学与术之治不分”[2]，其理想境界是治、道、学的三位一体。在经世派那里，自然科学与社会科学的分野，自然科学、社会科学内部诸学科的分野都相当含混。至于在方法论上，经世派虽然讲究证据，注重归纳，但很少有人自觉地运用实验手段和数学语言，思维的模糊性和直观性仍是经世学者的通病。凡此种种，都表明晚清经世实学尚未正式进入近代科学的轨范之内。

其次，经世实学注重学术的务实性与致用性，这一价值取向成为晚清士人

① 王国维：《沈乙庵先生七十寿序》，《观堂集林》卷二十三。

② 《龚自珍全集》，上海人民出版社 1975 年版，第 38 页。

认同和吸纳西学的思想基础。

晚清士人正是在经世思潮的引导下，逐渐将目光移向西学，促进了西学的引入。在经世观念的支配下，人们一方面痛感经史之学的无用，将其斥为“无用之学”，力谋从中国学术内部发掘“有用”的经世资源；另一方面则将目光集中到西方近代“有用之学”上。西方近代文化正是在致用的目的下得以逐渐输入，“始则工艺，次则政制”。

经世实学还给中国人提供了接受西学的最初依据。自魏源开始，直至19世纪末叶，中国的进步人士形成一种相当普遍的共识——认为中国古学之弊在于“虚”，不能解决国计民生实际问题；外来西学之长在“实”，可以强国富民。以虚实之别来区分中西文化，当然是肤浅之论，但这是那一历史时期人们对中西文化差异的一种直接感受，包含着部分真理。基于这种认识，晚清进步人士大力介绍西学，意在以西学之“实”补中学之“虚”。他们宣称：“泰西之国岂天国耶？泰西之人岂天人耶？头同圆也，足同方也，趾同五也，肢同四也，心思之慧，才力之雄相为仲伯，而强弱之形、盛衰之势，判若天渊者何哉？务实学不务虚文者之故耳。”[①] 中学“好为高论”，“自蹈于虚无”；而西学“固非索之虚无也”，“其事至实”[②]。这类判断虽然是从传统经世实学中引申出来的，其论虽不精当，却开创了一代务实新风，引导了学习外域先进文化的方向。

所以，经世实学对西学的引导作用，一方面体现在对传统学术的批评和扬弃上，另一方面则体现在对西方学术的向往和不停的介绍上。而正是西学的大规模输入，推动着经世实学从“古学”向近代新学转化。

其三，近代新学是西学与中学既相冲突又相融合的产物，在这一复杂的相互作用过程中，晚清经世实学起到了类似植物嫁接的砧木作用，成为中国古学通往近代新学的桥梁。

晚清中国面临的是“数千年未有之变局”和“数千年未有之强敌”，一批先进人士深知以土地、赋税、荒政、礼治、盐政、河工、治兵、漕运等实政为主要内容的传统经世实学已不敷时用，要应付时艰必须会通中西，不仅“法后

① 《论实学》，《中外经世策论合编》卷二十四。

② 《陈炽集》，中华书局1997年版，第126页。

王”，更要“鉴诸国”。梁启超说：

> 居今日而言经世，与唐宋以来之言经世又稍异。必深通六经制作之精意，证以周秦诸子及西人公理公法之书，以为之经，以求治天下之理；必博观历朝掌故沿革得失，证以泰西希腊罗马诸古史，以为之纬，以求古人治天下之法；必细察今日天下郡国利病，知其积弱之由，及其可以图强之道，证以西国近史宪法章程之书，及各国报章，以为之用，以求治今日之天下所当有事；夫然后可以言经世。①

正是在具体的经世实践中，中西文化逐渐由冲突而融合，形成中国近代新学。维新派领袖康有为为推动变法运动，通过“合经子之奥言，探儒佛之微旨，参中西之新理，穷天人之颐变，搜合诸教，披析大地，剖析今故，穷察后来”②，创制出一套“不中不西即中即西”的“新学”体系，完成了由经世实学向近代新学的转换。在康有为创制“新学”的过程中，“时时取《周礼》《王制》《太平经国书》《文献通考》《经世文编》《天下郡国利病全书》《读史方舆纪要》纬划之，俛读仰思，笔记皆经世纬宙之言。”“复阅《海国图志》《瀛环志略》等书，购地球图，渐收西学之书，为讲西学之基矣。”③晚清经世实学在这里起到了类似植物嫁接的砧木作用，成为从中国“古学”通往近代新学的桥梁。这也是晚清经世实学在中国文化史中所占据的位置和所标志的方向。

晚清经世实学是在晚清古今中西冲突融会的历史大变局中出现的一种特定的文化形态，它既承袭着儒学经世的传统，又孕育着近代新学的某些开放、启蒙的因子。正是这种双重性格，使它能够成为中国传统学术通往近代新学的桥梁。

三、晚清经世实学在东亚各国的传播及影响

由于地域、种族、文化等方面的原因，长期以来在东亚形成了一个以中国为中心的“东亚文化圈”，或曰“汉字文化圈”。中国文化的辐射、传播，主

① 梁启超：《湖南时务学堂学约》，《饮冰室合集·文集》之二。

②③ 《康南海自编年谱》，《戊戌变法》(四)，上海人民出版社1957年版，第117、116页。

导了肘腋之内东亚各地的物质文明和精神生活。继中国明清实学之后，日本、朝鲜等国在17、18世纪也出现了一股实学思潮，伊藤仁斋、贝原益轩、中江岷山、片山蟠桃、李瀷、朴趾源、金正喜、丁若镛等这些日本和朝鲜的实学家都深受明清实学思想的影响[①]。进入19世纪，东亚国家都面临着文化的近代转型和西方列强的挑战，作为东亚大国的中国更是首当其冲。因此，中国人应对世变的学术——晚清经世实学就格外受到东亚各国有识之士的重视。

一、晚清经世实学在日本的传播及影响

鸦片战争的炮声不仅惊破中国士人的"天朝上国"迷梦，在日本也产生震动，清朝的前车之鉴，使日本有识之士痛感日本世界知识的贫乏和了解外国情况的重要。《圣武记》《海国图志》《瀛环志略》等总结鸦片战争经验教训、介绍世界史地的经世名著，对于幕末不太了解世界形势的日本人来说，简直是天赐宝书。因此，这些著作在中国出版后很快就传入日本，并立即被翻译、刻印、择编，广泛流传，在日本朝野风靡一时。

据记载，《圣武记》首次传入日本是在1844年（弘化元年），《海国图志》首次传入日本是在1851年（永嘉四年），《瀛环志略》首次传入日本是在1859年（安政六年）。由这几部书在日本售价的不断增长，可知它们在日本是供不应求和倍受重视的。如《圣武记》1844年初次进口时售价为25匁（"匁"为江户时代日本的货币单位，与"目"价值相等），1848年涨至35匁，而到1859年，已高达160匁3分。《海国图志》1851年初次进口时售价130目，1854年涨至180目，到1859年已高达436匁[②]。

《海国图志》等书传入日本后，很快受到日本有识之士的重视和欢迎。由于输入数量有限，而且大多被幕府的"老中"等高级官员买走，民间很难见到，士人纷纷翻译、训解、评论、刊印，以助各级官员与民众广泛阅读流传。因此，在日本出现很多种翻刻本（按原文翻印）、训点本（在汉文上下旁边加上训读符号或假名）及和解本（日文译本）。《圣武记》早在1850年就有鹫津毅堂训点的《圣武记采要》和翻刻本《圣武记附录》刊印出版。《瀛环志略》

① 详见葛荣晋主编:《中国实学思想史》下册第四编，首都师范大学出版社1994年版，第315—429页。

② ［日］大庭脩:《江户时代日中秘话》，中华书局1997年版，第181—183页。

在1861年也有翻刻本刊行，并由井上春洋、森荻园、三守抑圃等人加以训点。无论是印刷和装帧质量均超过同时期的中国版本。至于《海国图志》，据不完全统计，仅仅在1854年至1856年的三年间，日本刊印的各种选本即有20余种之多①。日本学者增田涉说："若从给予我国以刺激或影响的角度来谈有关世界地理和地志的汉文著作的话，那末恐怕就必须以《海国图志》为第一了。之所以这样说，是因为《海国图志》不仅单纯传播地理、地志知识，它同时也传播了针对当时拥有精锐强大军事力量——军舰和大炮，咄咄逼向东洋的海外各国进行防卫的战略用兵研究。那时，我国正逢培理和普提雅廷来航沿海；同时又受哈里斯强硬外交姿态的刺激，海防议论趋于活跃。另一方面，激于鸦片战争败北之愤，将其实际经验引作教训而由魏源执笔撰写的《海国图志》，连同几乎是由他同时写成的《圣武记》，都是带有具体性质的海防论，因此对我国多有启迪之处。"②

《海国图志》等书传入日本之时，正值日本幕末开国前夕，《海国图志》等书不仅提供世界史地知识，还总结中国鸦片战争的经验教训，提出不少加强海防、抵御外敌的建议，这对于幕末面临西方列强侵略、急于加强海防的日本人来说有很大的启示和帮助。所以杉木达在《海国图志美理哥总记和解跋》中评价："本书译于幕末海警告急之时，最为有用之举。其于世界地理茫无所知的幕末人士，此功实不可没也。"③日本幕末维新志士佐久间象山和吉田松阴，都曾读过魏源的《圣武记》和《海国图志》，吉田松阴更是反复阅读钻研。佐久间象山阅读《圣武记》，看到魏源所论与自己"往往有不约而同者"，称赞魏源为"海外同志"，他说："呜呼！予与魏，各生异域，不相识姓名，感时著言，同在是岁，而其所见亦有暗合者，一何奇也，真可谓海外同志矣！"④吉田松阴也盛赞《海国图志》一书："清魏默深的《筹海篇》，议守、战、款，凿凿中款。清若尽之用，固足以制英寇，驭俄法。""方今俄、美、英、法，纷纷来我国，魏源之书大行于我国。吾读此记，深感于此。"⑤他利用《海国图志》提供的世界知识，结合日本的实际，一方面尖锐批评幕府的锁国政策，一方面提出尊皇攘夷、维新改革的主张⑥。所以梁启超说，《海国图志》"奖励

①③④⑤⑥ 参见自王晓秋：《近代中日文化交流史》，中华书局1992年版，第28—35、37—38、40—41、42—43、43页。

② ［日］增田涉：《西学东渐与中日文化交流》，天津社会科学院出版社1993年版，第24页。

国民对外之观念”，“日本之平象山、吉田松阴、西乡隆盛辈，皆为此书所刺激，间接以演尊攘维新之活剧” ①。

因此可以说《圣武记》《海国图志》《瀛环志略》等书成为幕末日本朝野的重要启蒙读物，尤其是给予要求抵御外敌、革新内政的维新志士以启迪，从而推动日本的开国和维新。

从19世纪60年代起，清政府为配合洋务运动，开始聘请外国人翻译西书，其方法为西人口述，中国学者笔录。这些汉译西书大多为科技书，也有部分外交、贸易等社科书。日本开国后，日本朝野人士通过中国商船、英美军舰以及亲自赴华贸易考察等各种途径，拼命购买收集汉译西书。日本著名思想家吉野作造曾描绘当时日本知识分子通过各种渠道吸收西方文化的迫切心情：“不仅中国新出版的书籍被立即带回日本，即使尚未出版的，也时常传述消息，使日本学者急切盼待。” ② 其中一些书籍很快得到翻印和翻译，广为流传，在日本吸收西方文化，开国维新、文明启蒙的过程中，起了相当作用。增田涉说：“这些读物对于我国，也成为西洋所开发的新知识的供给源泉。可以说，在从幕末到明治时期为求体制改进而进行的启蒙活动上，它们同样也起了不小作用。” ③

据日人考证，当时日本翻刻的汉译西书主要有伟烈亚力与李善兰合译的《谈天》和《代数学》、伟烈亚力与王韬合译的《重学浅说》、丁韪良译《万国公法》、丁韪良著《格物入门》、韦廉臣与李善兰合译的《植物学》，等等 ④。这些汉译西书成为日本幕府、各藩以至明治初年各地各级学校学生的教科书或参考书。而《万国公法》对当时日本政界的影响尤为巨大。该书1864年（同治三年）在中国刊印，同年传入日本，第二年由幕府开成所训点翻印。1688年，即明治政府成立这一年，《万国公法》同时有三个日译本出版。明治初年，《万国公法》的各种节译、全译的日译本不下数十种之多。《万国公法》的内容正是开国以后日本对外交涉所急需的国际法知识，因此受到日本朝野有识之士的高度重视。“特别是在维新之后的明治政府转向开国政策之际，《万国公

① 梁启超：《论中国学术思想变迁之大势》，《饮冰室合集·文集》之七。

② 参见自王晓秋：《近代中日文化交流史》，中华书局1992年版，第48—49页。

③④ ［日］增田涉：《西学东渐与中日文化交流》，天津社会科学院出版社1993年版，第2、7—11页。

法》一书被当局视如经典。”[①]

19 世纪 70 年代，王韬的史著《普法战纪》曾在日本“风炽一时”。与《海国图志》《瀛环志略》当初在日本大受欢迎的情形相似，明治维新期间的日本人对王韬史著蕴藏的丰富信息甚为敏感，争相阅览。日本“深通泰西之事的先觉”粟本锄云在谈到他接触王韬史著的情形时说：“昔家儿贞次郎陪同岩仓大使从欧洲还，于上海购得数部新刊之书，在展示中，内有《普法战纪》。余披览未到半册，窃以为，此书不独行阵之事，交战之迹写活了，其中所杂议论也不陈腐，能脱汉人常见之俗套，实为无与伦比之珍籍。然辗转贷借之人甚多，乃未窥其全豹，至以为憾。恰横滨华商有携来者，则得之。且读且句，遇会心之处，漫加朱批圈点。”[②] 其后，锄云的友人应日本陆军省之命，句读此书，不久，“日本陆军文库别为刊板，行于国中”。《普法战纪》在日本的传播，大大丰富了日本人的世界知识，开拓了日本人的视野。

二、晚清经世实学在朝鲜的传播及影响

朝鲜在开国前一直是清朝的藩属，深受中国文化影响。在中国爆发的鸦片战争，也波及朝鲜学者。李正履（1783—1843）通过 1839—1840 年的燕行，了解到第一次鸦片战争期间急迫的海外形势，首次告知朝鲜国内，作为斥邪论和海防策的文献，介绍《皇朝经世文编》。初版于 1842 年的《海国图志》，1845 年传入朝鲜。但因朝鲜特定的地理位置，近世以来与外界的接触，尤其是与西方的接触，略比中国、日本晚。因而在中国发生的事变并没有受到普遍的重视，道咸经世实学的输入在 19 世纪 50 年代也只影响到金正喜、崔汉绮、南秉哲等少数先觉人物。

金正喜（1776—1856）是朝鲜后期实学中实事求是派的代表，为学主张实事求是。他看过魏源的《海国图志》，称赞此书“不守训诂空，专以实事求是为主”，是“必需之书”。对于龚自珍的学问也十分感兴趣[③]。表明金正喜的思想已受到晚清经世实学的影响，开始从考古之实事求是转向适应现实之

---

① ［日］增田涉：《西学东渐与中日文化交流》，天津社会科学院出版社 1993 年版，第 3 页。

③ 忻平：《王韬评传》，华东师大出版社 1990 年版，第 173 页。

③ ［韩国］林荧泽：《实事求是的学术传统和开化思想》，中国实学研究会编：《中韩实学史研究》，中国人民大学出版社 1998 年版，第 235 页。

实事求是。

崔汉绮（1803—1877）批判宋明理学，提出进化的“运化”史观。他深受《海国图志》的影响，主张“开国”“开化”，学习西方的富强之道，发展近代工商业，使朝鲜传统儒学的实学思想向开化思想过渡。

南秉哲（1817—1863）对经学不感兴趣，却偏爱“算术”，主张学习西方先进的科学技术，“不论人之华夷也”；他认为数学不仅是各门学术的基础，而且是“天下国家经济之系焉”，由此得出数学乃“格致之实学，家国之实用，经世者之所首务”的结论[①]。这一思想和近代学术中重视数学语言的思想是一致的。

进入19世纪60年代后，朝鲜出现“洋扰”危机，以朴珪寿（1809—1876）为首的一批学者超越原先的实学思想的陈旧模式，提出变法自强的政治要求，逐渐形成以“开化”为宗旨的改革团体。以朴珪寿为中心，金玉均、洪英植、徐光范、俞吉濬、金允植等人，认真阅读《海国图志》等著作，并沉迷于从中国输入的汉译西书，受到改革思想与西方文明的双重洗礼。朴珪寿1876年去世后，金玉均、洪英植、徐光范等人，与以译官名义多次进出中国的吴庆锡交往，从他那里读得大量的汉译西书。他们还与僧侣出身、多次“密行”日本、对日本及国际形势颇有了解的李东仁密切接触。这样，以金正均为核心，形成朝鲜近代颇具声势的学术兼政治派别——“开化派”。19世纪末叶，“开化派”分化为以金允植为代表的渐进派和以金玉均为代表的激进派。渐进派主张模仿中国的洋务运动，将学习西方局限于对西洋技术的吸收；激进派主张以日本明治维新为榜样，不仅应学习西方先进的技术，也应学习西方的政治、经济制度[②]。

晚清经世实学在朝鲜的传播虽然不如在日本那样广泛，影响也不如日本深远但对于扩展朝鲜学者的世界知识，促进朝鲜学者的思想转变，推动朝鲜传统实学思想向“开化”思想转化，还是起了重要的作用的。

---

① [韩国]林荧泽:《实事求是的学术传统和开化思想》，中国实学研究会编:《中韩实学史研究》，中国人民大学出版社1998年版，第235—238页。

② 盛邦和:《东亚：走向近代的精神历程》，浙江人民出版社1995年版，第265页。

四、经世传统与现代人文精神建构

经世实学作为一种文化形态虽然在20世纪初叶基本终结，但并不意味着其精神的泯灭。作为一种根深蒂固的传统，经世致用的致思趋向已深入中国文化人的骨髓，左右着中国知识分子的思维方式和行为方式。直到21世纪的今天，经世传统对于现代人文精神的建构，仍有着十分重要的影响。

现代人文精神以彻底的人道主义为至高无上的原则，追求真、善、美的统一。从《周易》的“自强不息”“厚德载物”主张，《礼记·大学》的“诚意、正心、修身、齐家、治国、平天下”的八德目，到范仲淹“先天下之忧而忧，后天下之乐而乐”的吟唱，再到顾炎武“天下兴亡，匹夫有责”的呐喊。处处充溢着积极入世、刚健有为和以天下为己任的人道情怀。而张载的“为天地立心，为生民立命，为往圣继绝学，为万世开太平”之说，更是中国士人对人文关怀的最高概括，它具有超越时空的永恒价值。正是这种人文精神赋予中国文化以顽强的生命力，使中国文化虽历经沧桑、饱经磨难，却始终高潮迭起，承传不绝。中国文化的经世传统是我们建构现代人文精神的重要文化资源。在我们这样一个拥有五千年文明史、现代记忆却只有短暂的一百多年的国度里建构现代人文精神，就更需要我们去深入地发掘和利用传统的人文资源。

随着现代社会的发展，全球知识体系的分科化、专业化愈演愈烈，导致了科学与人文的分裂，知识分子由于专业化的原因越来越缺乏人文关怀。欧美国家的一些有识之士开始呼唤具有深刻人文关怀的新知识分子的形象——“公众知识分子”（the public intellectual），这种新知识分子形象与中国历史上以天下为己任的“士”颇有相通之处[①]。因此，我们继承中国文化的经世传统，建构现代人文精神，还有另一番意义。

然而，经世主义毕竟是中国古代传统，它强调“致用”，而忽略学术的独立性，使之有时为政治附庸，从而抑制了求真精神，忽视“无用”之学，使“纯科学”“纯学术”“纯文学”派别，以及“为科学而科学”“为学术而学术”“为艺术而艺术”等观点，在中国极少出现。王国维指出：

① 杜维明：《人文精神与全球伦理》，《人文论丛》1999年卷，武汉大学出版社1999年版。

我国无纯粹之哲学，其最完备者，唯道德哲学与政治哲学耳。至于周秦两宋间之形而上学，不过欲固道德哲学之根柢，其对形而上学非有固有之兴味也。其于形而上学且然，况乎美学、名学、知识论等冷淡不急之问题哉！更转而观诗歌之方面，则咏史、怀古、感事、赠人之题目弥漫充塞于诗界，而抒情、叙事之作什佰不能得一，其有美术上之价值者，仅其写自然之美之一方面耳。甚至戏曲小说之纯文学亦往往以惩劝为旨，其有纯粹美术上目的者，世非惟不知贵，且加贬焉。[①]

“经世致用”不仅成为评判学术高下的标准，而且成为一种学术能否存在的理由。流风所被，“曲学阿世”“以学干禄”之徒层出不穷。因此，在一个有着悠久经世传统的国度里建构现代人文精神，弘扬求真的科学精神就显得尤为重要。这种求真精神包含着独立思考、怀疑批判的精神，包含着不畏强权、为真理而献身的精神，包含着为学术而学术的精神。

这里需要强调的是，“为学术而学术”的求真精神与经世致用精神彼此之间并非水火不容，以往我们往往只看到二者间的差异与对立。“经世致用”讲的是学术的社会目的，“为学术而学术”虽然也涉及治学目的，但重点讲的是学者治学时的态度。对于学者来说，在以求真的方式来把握世界的时候，真理的内在价值是第一位的，求真本身就是目的，也是学者唯一的真正使命。从狭隘的功利眼光看来，“为学术而学术”似乎是一种脱离实际、脱离实践的态度，违背了“经世致用”的精神。其实不然，只有超越实用理性、超越功利主义，而以“为学术而学术”的态度，去探究真理，才能获得真正有用的知识。一个具有现代人文精神的学者应当超越狭隘的功利主义，着眼于促进人类全面发展的人文主义目的来从事自己的事业。[②] 德国哲学家费希特在《论学者的使命》的著名演讲中，将学者的真正使命概括为：“高度注视人类一般的实际发展进程，并经常促进这种发展进程。”[③] 马克思也曾说：“科学绝不是一种自私自利的享乐。有幸能够致力于科学研究的人，首先应该拿自己的

① 王国维：《论哲学家与美术家之天职》，《王国维先生全集》第5册，台湾大通书局1976年版，第1840页。

② 见冯天瑜：《“学术服务人类”与“为学问而学问”》，《光明日报》1999年5月7日。

③ 费希特：《论学者的使命》，商务印书馆1980年版，第37页。

学识为人类服务。”①

因此，我们在建构现代人文精神时，一定要批判地继承中国文化的经世传统，一方面以出世的态度研究学问，为学术而学术，不计利害而献身于学术；另一方面，以入世的态度关爱人间，以天下为己任，传播知识、捍卫真理，以造福人类。

① 拉法格等：《回忆马克思恩格斯》，人民出版社 1973 年版，第 2 页。

主要参考文献

一、基本文献：

《十三经注疏》，阮元校刻，中华书局，北京，1980年。

《春秋繁露》，董仲舒著，中华书局，北京，1956年。

《公羊经传解诂》，何休撰，《四部备要》本。

《二程集》，程颢、程颐著，上海古籍出版社，上海，2000年。

《四书章句集注》，朱熹撰，上海书店影印，上海，1987年。

《朱子语类》，朱熹著，中华书局，北京，1988年。

《朱子近思录》，朱熹、吕祖谦著，上海古籍出版社，上海，2000年。

《读四书大全说》，王夫之著，中华书局，北京，1975年。

《宋元学案》，黄宗羲、黄百家、全祖望撰，世界书局，上海，1936年。

《明儒学案》，黄宗羲撰，中华书局，北京，1985年。

《孟子字义疏证》，戴震著，中华书局，北京，1961年。

《孟子正义》，焦循著，中华书局，北京，1987年。

《汉学师承记》，附《国朝经师经义目录》《国朝宋学渊源记》，江藩著，中华书局，北京，1983年。

《书古微》，魏源著，《皇清经解续编》本。

《清儒学案小识》，唐鉴撰，《四部备要》本。

《新学伪经考》，康有为著，中华书局，北京，1988年。

《孔子改制考》，康有为著，中华书局，北京，1988年。

《春秋董氏学》，康有为著，中华书局，北京，1990年。

《孟子微·礼运注·中庸注》，康有为著，中华书局，北京，1987年。

《经学历史》，皮锡瑞著，周予同注释，中华书局，北京，1959 年。

《经学通论》，皮锡瑞著，中华书局，北京，1998 年。

《周礼正义》，孙诒让著，《四部备要》本。

《周礼政要》，孙诒让著，《四部备要》本。

《清儒学案》，徐世昌撰，中国书店，北京，1959 年。

《国语》，左丘明著，上海古籍出版社，上海，1978 年。

《史记》，司马迁著，中华书局，北京，1959 年。

《汉书》，班固著，中华书局，北京，1962 年。

《明史》，张廷玉等撰，中华书局，北京，1974 年。

《清史稿》，赵尔巽等撰，中华书局，北京，1976 年。

《明实录》，历史语言研究所缩印本，台北，1968 年。

《清实录》，中华书局影印，北京，1985 年。

《读通鉴论》，王夫之著，中华书局，北京，1975 年。

《宋论》，王夫之著，舒士彦点校，中华书局，北京，1964 年。

《十七史商榷》，王鸣盛撰，商务印书馆，北京，1959 年。

《廿二史劄记》，赵翼撰，中华书局，北京，1963 年。

《廿二史考异》，钱大昕撰，商务印书馆，北京，1958 年。

《四库全书总目》，永瑢等撰，中华书局，北京，1965 年。

《圣武记》，魏源著，中华书局，北京，1985 年。

《海国图志》，魏源撰，岳麓书社，长沙，1998 年。

《归田琐记》，梁章钜撰，中华书局，北京，1993 年。

《浪迹丛谈　续谈　三谈》，梁章钜撰，中华书局，北京，1981 年。

《枢垣记略》，梁章钜撰，中华书局，北京，1993 年。

《道咸宦海见闻录》，张集馨撰，中华书局，北京，1981 年。

《履园丛话》，钱泳撰，中华书局，北京，1979 年。

《啸亭杂录》，昭梿撰，中华书局，北京，1993 年。

《郎潜纪闻》，陈寿祺撰，中华书局，北京，1993 年。

《粤海关志》，梁廷枏撰，文成出版社，台北，1969 年。

《海国四说》，梁廷枏著，中华书局，北京，1993 年。

《夷氛闻记》，梁廷枏著，中华书局，北京，1993 年。

《国朝先正事略》，李元度著，文海出版社，台北，1968年。
《筹办夷务始末》（道光朝），文庆等撰，中华书局，北京，1964年。
《筹办夷务始末》（咸丰朝），贾桢等撰，中华书局，北京，1979年。
《筹办夷务始末》（同治朝），宝鋆等撰，中华书局，北京，1979年。
《续碑传集》，缪荃孙编，文海出版社，台北，1974年。
《中西纪事》，夏燮著，岳麓书社，长沙，1988年。
《蒙古游牧记》，张穆著，光绪二十六年上海石印本。
《朔方备乘》，何秋涛著，光绪六年刻本。
《瀛环志略》，徐继畬著，文海出版社影印本，台北，1974年。
《钦定平定贵州苗匪方略》，文成出版社影印本，台北，1982年。
《钦定剿平粤匪方略》，文成出版社影印本，台北，1982年。
《中兴将帅别传》，朱孔彰著，文海出版社影印本，台北，1972年。
《中兴名将传略》，彭鸿年著，文海出版社影印本，台北，1972年。
《湘军志》，王闿运著，文海出版社影印本，台北，1968年。
《湘军记》，王定安著，文海出版社影印本，台北，1968年。
《普法战纪》，王韬著，光绪丙戌刊本。
《重订法国志略》，王韬著，光绪乙丑刊本。
《扶桑游记》，王韬著，湖南人民出版社，长沙，1982年。
《日本国志》，黄遵宪著，光绪二十四年刻本。
《光绪朝东华录》，朱寿朋撰，中华书局，北京，1958年。
《明经世文编》，陈子龙等辑，中华书局，北京，1962年。
《清经世文编》，贺长龄、魏源辑，中华书局，北京，1992年。
《皇朝经世文续编》，葛士濬辑，文海出版社影印本，台北，1972年。
《皇朝经世文编续编》，盛康辑，文海出版社影印本，台北，1972年。
《皇朝经世文三编》，陈忠倚辑，文海出版社影印本，台北，1972年。
《皇朝经世文四编》，何良栋辑，文海出版社影印本，台北，1972年。
《皇朝经世文新编》，麦仲华辑，文海出版社影印本，台北，1977年。
《皇朝经世文新编续编》，杨凤藻辑，文海出版社影印本，台北，1977年。
《皇朝经世文新编统编》，邵之棠辑，文海出版社影印本，台北，1977年。
《清朝文献通考》，新兴书局，台北，1965年。

《清朝续文献通考》，新兴书局，台北，1965年。

《诸子集成》，中华书局，北京，1954年。

《老子·庄子·列子》，岳麓书社，长沙，1994年。

《庄子集注》，王先谦撰，上海书店影印本，上海，1987年。

《徐光启集》，王重民辑校，上海古籍出版社，上海，1984年。

《南雷文定》，黄宗羲著，《四部备要》本。

《明夷待访录》，黄宗羲著，上海大中书局，上海，1932年。

《日知录集释》，顾炎武著，黄汝成集释，上海古籍出版社，上海，1985年。

《顾亭林诗文集》，顾炎武著，中华书局，北京，1959年。

《黄书·噩梦》，王夫之著，北京古籍出版社，北京，1956年。

《习斋四存编》，颜元著，上海古籍出版社，上海，2000年。

《潜书》，唐甄著，中华书局，北京，1963年。

《文史通义》，章学诚撰，叶瑛校注，中华书局，北京，1985年。

《章学诚遗书》，章学诚撰，文物出版社，北京，1985年。

《述学》，汪中著，《四库丛刊》影印本。

《卷施阁集》，洪亮吉著，文海出版社影印本，台北，1977年。

《雕菰集》，焦循著，丛书集成初编本。

《研经室集》，阮元著，中华书局，北京，1993年。

《惜抱轩全集》，姚鼐著，中国书店，北京，1991年。

《刘礼部集》，《四部备要》本。

《陶文毅公文集》，陶澍撰，文海出版社影印本，台北，1968年。

《龚自珍全集》，上海人民出版社，上海，1975年。

《魏源集》，中华书局，北京，1983年。

《林则徐集》，中华书局，北京，1985年。

《云左山房诗钞》，林则徐撰，光绪丙戌刻本。

《林则徐书简》，杨国桢编，福建人民出版社，福州，1981年。

《黄爵滋许乃济奏议合刊》，中华书局，北京，1959年。

《包世臣全集》，《小倦游阁集·说储》，李星、刘长桂点校，黄山书社，合肥，1991年；《中衢一勺·艺舟双楫》，李星点校，黄山书社，合肥，1993

年；《管情三义·齐民四术》，李星点校，黄山书社，合肥，1997年。

《东塾读书记》，陈澧著，《四部备要》本。

《汉学商兑》，方东树著，商务印书馆，台北，1968年。

《中复堂全集》，姚莹撰，文海出版社影印本，台北，1974年。

《松龛全集》，徐继畬撰，山西人民出版社，太原，1986年。

《养晦堂文集》，刘蓉著，光绪十五年刊刻本。

《乙丙日记》，汪士铎著，《明斋丛刻》民国二十五年刻本。

《陶楼文钞》，黄彭年撰，文海出版社影印本，台北，1968年。

《曾文正公文集》，曾国藩撰，长沙传忠书局光绪二年刻本。

《胡文忠公遗集》，胡林翼撰，光绪六年刻本。

《左文襄公全集》，萃文堂刻刷局光绪十九年版。，

《李文忠公全书》，李鸿章撰，光绪三十一年金陵刻本。

《张文襄公全集》，张之洞撰，北京文华斋1928年刻本。

《校邠庐抗议》，冯桂芬著，光绪二十四年重印本。

《显志堂稿》，冯桂芬撰，光绪二年刊本。

《西学东渐记》，容闳著，徐凤石、恽铁樵译，湖南人民出版社，长沙，1981年。

《越缦堂日记》，李慈铭撰，商务印书馆，上海，1920年。

《花随人圣盦摭忆》，黄濬撰，龙门书店影印本，香港，1965年。

《国朝柔远记》，王之春著，中华书局，北京，1989年。

《郭嵩焘奏稿》，岳麓书社，长沙，1983年。

《郭嵩焘诗文集》，岳麓书社，长沙，1984年版

《郭嵩焘日记》，岳麓书社，长沙，1983年。

《弢园文录外编》，王韬撰，中华书局，北京，1959年。

《适可斋记言》，马建忠撰，中华书局，北京，1960年。

《出使四国日记》，薛福成撰，岳麓书社，长沙，1985年。

《庸庵笔记》，薛福成撰，江苏人民出版社，南京，1963年。

《薛福成选集》，上海人民出版社，上海，1987年。

《郑观应集》，夏东元编，上海人民出版社，上海，1982年。

《人境庐诗草笺注》，黄遵宪著，钱仲联笺注，上海古籍出版社，上海，

1981年。

《陈炽集》，赵树理、曾丽雅编，中华书局，北京，1997年。

《新政真诠——何启、胡礼垣集》，郑大华点校，辽宁人民出版社，沈阳，1994年。

《康子内外篇》（外六种），康有为著，中华书局，北京，1988年。

《康有为全集》，姜义华、吴根梁编校，上海古籍出版社，1987年。

《翁同龢日记》，中华书局，北京，1989年。

《翼教丛编》，光绪二十八年版。

《章太炎全集》，上海人民出版社，上海，1982—1986年。

《严复集》，王栻主编，中华书局，北京，1986年。

《饮冰室合集》，梁启超撰，中华书局，北京，1992年。

二、近人论著

《从理学到朴学》，[美] 艾尔曼著，赵冈译，江苏人民出版社，南京，1995年。

《东亚：走向近代的精神历程——近三百年中日史学与儒学传统》，盛邦和著，浙江人民出版社，杭州，1995年。

《东亚实学与二十一世纪》，第四届东亚实学国际学术讨论会论文集，中国实学研究会编，北京，1998年。

《郭嵩焘评传》，王兴国著，南京大学出版社，南京，1998年。

《近代中国思想人物论——晚清思想》，张灏等著，周阳山、杨肃献编，时报文化出版事业有限公司，台北，1980年。

《近世中国经世思想研讨会文集》，台湾中央研究院近代史所，台北，1982年。

《近百年湖南学风》，钱基博、李肖聃著，岳麓书社，长沙，1985年。

《近五十年中国思想史》，郭湛波著，山东人民出版社，济南，1997年。

《近代经学与政治》，汤志钧著，中华书局，北京，1989年。

《近代中国与新世界：康有为变法与大同思想研究》，[美] 萧公权著，汪荣祖译，江苏人民出版社，南京，1997年。

《近代中日文化交流史》，王晓秋著，中华书局，北京，1992年。

《近代中国社会的新陈代谢》，陈旭麓著，上海人民出版社，上海，1992年。

《近代中国与近代文化》，龚书铎主编，湖南人民出版社，长沙，1988年。

《金明馆丛稿二编》，陈寅恪著，上海古籍出版社，上海，1980年。

《简明清史》，戴逸著，人民出版社，北京，1980年。

《剑桥中国晚清史》，［美］费正清、刘广京编，中国社会科学出版社，北京，1993年。

《江户时代日中秘话》，［日］大庭脩著，徐世虹译，中华书局，北京，1997年。

《康有为大传》，马洪林著，辽宁人民出版社，沈阳，1988年。

《林则徐年谱》（增订本），来新夏著，上海人民出版社，上海，1985年。

《林则徐传》，杨国桢著，人民出版社，北京，1981年。

《廖平学术思想研究》，陈德述等著，四川省社会科学院出版社，成都，1987年。

《李鸿章评传——中国近代化的起始》，［美］刘广京、朱昌崚著，陈绛译校，上海古籍出版社，上海，1995年。

《李鸿章传》，苑书义著，人民出版社，北京，1991年。

《明清史讲义》，孟森著，中华书局，北京，1981年。

《明清文化散论》，冯天瑜著，华中理工大学出版社，武汉，1988年。

《明清实学思潮史》，陈鼓应、辛冠洁、葛荣晋主编，齐鲁书社，济南，1989年。

《明清启蒙学术流变》，萧莲父、许苏民著，辽宁教育出版社，沈阳，1995年。

《明治时代中日文化的连系》，［日］实藤惠秀著，陈固亭译，中华丛书编审委员会，台北，1971年。

《清代七百人传》，蔡冠洛撰，中国书店，北京，1984年。

《清代学术概论》，梁启超著，东方出版社，北京，1996年版

《清代朴学大师列传》，支伟成著，岳麓书社，长沙，1998年。

《清代扬州学记》，张舜徽著，上海人民出版社，上海，1962年。

《清儒学记》，张舜徽著，齐鲁书社，济南，1991年。

《清稗类钞》，徐珂编，中华书局，北京，1984 年。

《清代通史》，萧一山著，中华书局，北京，1984 年。

《清初学术思辨录》，陈祖武著，中国社会科学出版社，北京，1992 年。

《清儒学术拾零》，陈祖武著，湖南人民出版社，长沙，1999 年。

《清儒学案新编》，杨向奎著，齐鲁书社，济南，1994 年。

《清代漕运》，李文治、江太新著，中华书局，北京，1995 年。

《清代盐政与盐税》，陈锋著，中州古籍出版社，郑州，1988 年。

《清代公羊学》，陈其泰著，东方出版社，北京，1997 年。

《求索真文明：晚清学术史论》，朱维铮著，上海古籍出版社，上海，1996 年。

《权势转移：近代中国的思想、社会与学术》，罗志田著，湖北教育出版社，武汉，1999 年。

《人文论衡》，冯天瑜著，湖北人民出版社，2019 年。

《人文精神论》，许苏民著，湖北人民出版社，武汉，2000 年。

《士与中国文化》，余英时著，上海人民出版社，上海，1987 年。

《上海格致书院志略》，王尔敏著，香港中文大学出版社，香港，1981 年。

《太平天国》，中国近代史资料丛刊，上海人民出版社，上海，1957 年。

《戊戌变法》，中国近代史资料丛刊，上海人民出版社，上海，1957 年。

《晚清政治思想史论》，王尔敏著，华世出版社，台北，1980 年。

《晚清变法思想论丛》，汪荣祖著，联经出版事业公司，台北，1983 年。

《晚清政治思想研究》，[日]小野川秀美著，林明德、黄福庆译，时报出版公司，台北，1985 年。

《王韬评传》，张海林著，南京大学出版社，南京，1993 年。

《西学东渐与中日文化交流》，[日]增田涉著，由其民、周启乾译，天津社会科学院出版社，天津，1993 年。

《徐继畬及其瀛环志略》，[美]德雷克著，任复兴译，文津出版社，北京，1990 年。

《薛福成评传》，丁凤麟著，南京大学出版社，南京，1998 年。

《现代精神与儒家传统》，杜维明著，生活·读书·新知三联书店，北京，1997 年。

《新教伦理与资本主义精神》，[德] 马克斯·韦伯著，生活·读书·新知三联书店，北京，1987年

《辛亥革命前十年间时论选集》，张枬、王忍之编，生活·读书·新知三联书店，北京，1963年。

《鸦片战争》，中国近代史资料丛刊，上海人民出版社，上海，1957年。

《洋务运动》，中国近代史资料丛刊，上海人民出版社，上海，1961年。

《月华集》，冯天瑜著，中国社会科学出版社，北京，2000年。

《严复评传》，欧阳哲生著，百花洲文艺出版社，南昌，1994年。

《在传统与现代性之间——王韬与晚清改革》，[美] 柯文著，雷颐、罗检秋译，江苏人民出版社，南京，1995年。

《在中国发现历史——中国中心观在美国的兴起》，[美] 柯文著，林同奇译，中华书局，北京，1989年。

《左宗棠评传》，孙占元著，南京大学出版社，南京，1995年

《中国近三百年学术史》，梁启超著，中国书店，北京，1985年。

《中国近三百年学术史》，钱穆著，中华书局，北京，1986年。

《中国古代思想史论》，李泽厚著，人民出版社，北京，1986年版。

《中国近代思想史论》，李泽厚著，人民出版社，北京，1986年。

《中国近代文化概论》，龚书铎主编，中华书局，北京，1997年。

《中国实学思想史》，葛荣晋主编，首都师范大学出版社，北京，1994年。

《中国思想史》，葛兆光著，复旦大学出版社，上海，2000年。

《中国思想通史》，侯外庐著，人民出版社，北京，1957年。

《中国近代启蒙思想史》，侯外庐，人民出版社，北京，1993年。

《中国经济思想史》，胡寄窗著，上海人民出版社，1981年。

《中国近代史学思潮与流派》，胡逢祥、张文建著，华东师范大学出版社，上海，1991年版。

《中国近代教育史资料》，舒新城编，人民教育出版社，北京，1981年。

《中国近代教育史》，陈景磐著，人民教育出版社，北京，1983年。

《中国现代学术之建立——以章太炎、胡适之为中心》，陈平原著，北京大学出版社，1998年。

《中国前近代思想的屈折与展开》[日] 沟口雄三著，索介然、龚颖译，

中华书局，北京，1997 年。

《中华文化史》，冯天瑜、何晓明、周积明著，上海人民出版社，上海，1990 年。

《中华元典精神》，冯天瑜著，上海人民出版社，上海，1994 年。

《中西体用之间》，丁伟志、陈崧著，中国社会科学出版社，北京，1995 年。

《中国近代史学发展叙论（1840—1949）》，马金科、洪京陵著，中国人民大学出版社，北京，1994 年。

《中国近代文化问题》，《中国近代文化史丛书》编委会编，中华书局，北京，1989 年。

《中日实学史研究》，葛荣晋主编，中国社会科学出版社，北京，1992 年。

《中韩实学史研究》，中国实学研究会编，中国人民大学出版社，北京，1998 年。

《中国 · 日本 · 朝鲜实学比较》，李甦平等著，安徽人民出版社，合肥，1995 年。

《中国文化的现代转型》，湖北大学中国思想文化史研究所编，湖北教育出版社，武汉，1996 年。

《张之洞评传》，冯天瑜、何晓明著，南京大学出版社，南京，1991 年。

《章太炎生平与思想研究文选》，章念驰编，浙江人民出版社，杭州，1986 年。

《章太炎生平与学术》，生活 · 读书 · 新知三联书店，北京，1997 年。

《章太炎年谱长编》，汤志钧著，中华书局，北京，1979 年。

《周予同经学史论著选集》（增订本），朱维铮编，上海人民出版社，上海，1996 年。

《曾国藩及其幕府人物》，李鼎芳著，岳麓书社，长沙，1985 年。

《曾国藩传》，朱东安著，四川人民出版社，成都，1985 年。

《魏源与晚清学风》，齐思和著，《燕京学报》36 卷。

《嘉道史学——从考据到经世》，陆宝千著，台湾中央研究院《近代史研究所集刊》第 4 期。

《经世思想之义界问题》，王尔敏著，台湾中央研究院《近代史研究所集刊》第13期。

《道咸同时期我国的经世致用思想》，李国祁著，台湾中央研究院《近代史研究所集刊》第15期。

《皇朝经世文编关于"经世之学"的理论》，刘广京、周启荣著，台湾中央研究院《近代史研究所集刊》第15期。

《理学与经世——清初〈切问斋文钞〉学术立场之分析》，黄克武著，台湾中央研究院《近代史研究所集刊》第16期。

《经世文编与中国近代经世思想研究》，黄克武著，台湾《近代中国史研究通讯》1986年第2期。

《经世文续编研究》，杨立人著，《近代史研究》1990年第3期。

《经世思潮与洋务运动》，周积明著，《河北学刊》1995年第2期。

《近代经世思潮的演变》，陈振江著，《历史研究》1991年第3期。

《〈切问斋文钞〉与明清〈经世文编〉》，周积明著，台湾《孔孟月刊》第34卷，第8期。

后　记

经世主义是中国学术自先秦以降的一条贯穿性线索，时至晚清，经世实学成为中国学术从古典形态向近代形态转换的重要桥梁。笔者近20年来主要倾力于中国文化的近代转型问题，故“晚清经世实学”是关注重点之一。自20世纪80年代中期以降，先后撰写《从明清之际早期启蒙文化到近代新学》（《历史研究》1985年第5期）、《儒学的经世传统》（《孔子研究》1987年第6期）、《道光咸丰年间的经世实学》（《历史研究》1987年第4期）、《试论道咸年间经世派的“开眼看世界”》（《近代史研究》1991年第2期），另又写过几篇关于龚自珍、魏源、曾国藩、张之洞等人经世思想的文章。此间还参加撰写多卷本《明清实学思想史》的明清之际部分，又与周积明君参加撰写多卷本《中国实学思想史》的晚清部分。然而，十余年来由于不断忙于其他项目，“晚清经世实学”的研习及写作一直未能系统进行，常常引以为憾。自1996年起，黄长义君从我攻读明清文化史博士学位，多就经世思潮展开讨论，每获切磋之乐。1999年长义君获得博士学位后，我们正式协力考析“晚清经世实学”，终于协力完成本书，其间长义君担负主要写作任务，劳绩颇著。多年来，中国实学研究会会长、中国人民大学葛荣晋教授等学界同仁与我们就经世实学研究相与探讨、彼此推引，上海社会科学院出版社承载社长、陈军总编对本书出版给予许多帮助，这都是本书得以面世的重要机缘，在此一并致以衷心谢忱。

冯天瑜 2002年5月27日撰于武汉大学中国传统文化中心